F.B. Meyer
Grandes Hombres de la Biblia
TOMO 1

La misión de Editorial Vida es ser la compañía líder en comunicación cristiana que satisfaga las necesidades de las personas, con recursos cuyo contenido glorifique a Jesucristo y promueva principios bíblicos.

GRANDES HOMBRES DE LA BIBLIA – TOMO 1
Edición en español publicada por
Editorial Vida – 2003
Miami, Florida

© 2003 por The Zondervan Corporation

Originally published in the USA under the title:
    Great Men of the Bible, volume 1
    ©1981 by The Zondervan Corporation
Published by permission of Zondervan, Grand Rapids, Michigan 49530

Diseño interior: *Grupo Nivel Uno, Inc.*
Diseño de cubierta: *Gustavo Camacho*

RESERVADOS TODOS LOS DERECHOS. A MENOS QUE SE INDIQUE LO CONTRARIO, EL TEXTO BÍBLICO SE TOMÓ DE LA SANTA BIBLIA Reina Valera © 1960 SOCIEDADES BÍBLICAS UNIDAS.

ISBN: 978-0-8297-5019-5

CATEGORÍA: Estudio bíblico / General

IMPRESO EN ESTADOS UNIDOS DE AMÉRICA
PRINTED IN THE UNITED STATES OF AMERICA

09 10 11 12 ❖ 9 8 6 5 4 3

Índice

ABRAHAM: el amigo de Dios 7

1. Un vacío en la cantera 7
2. El llamamiento divino 10
3. «Abraham obedeció» 14
4. Los primeros peregrinos 17
5. «Y descendió Abram a Egipto» 21
6. Separado de Lot 23
7. Las dos sendas 26
8. Reposo entre las batallas 29
9. Melquisedec 32
10. La firmeza de la fe de Abraham 35
11. Velando con Dios 39
12. Agar, la esclava 41
13. «¡Se perfecto!» 44
14. La señal del pacto 48
15. El huésped divino 50
16. Intercesión por Sodoma 53
17. Trabajo de ángeles en una ciudad impía 57
18. Un poco de la naturaleza vieja 63
19. La expulsión de Agar e Ismael 66
20. Un lugar tranquilo para descansar 69
21. La mayor de las pruebas 71
22. Macpela y su primera ocupante 78
23. La respuesta del alma al llamamiento divino 81
24. Abraham es unido a su pueblo 85

JACOB: príncipe con Dios 89

1. Las primeras impresiones 89
2. La venta de los derechos de primogenitura 92
3. La bendición hurtada 95
4. La escalera y los ángeles 99
5. La noble resolución 102
6. La educación del hogar 105
7. En la madurez de la vida 109
8. La agitación en el nido 112
9. La lucha de la medianoche 116

10.	El fracaso	120
11.	De regreso a Bet-el	124
12.	La escuela del dolor	126
13.	Vislumbres de la naturaleza de Israel	131
14.	El descanso y su dador	134
15.	Al fin en casa	138
16.	El Dios de Jacob	141

JOSE: amado, odiado y exaltado   145

1.	Los primeros años	145
2.	La cisterna	147
3.	En casa de Potifar	151
4.	El secreto de la pureza	156
5.	Malentendido y aprisionado	157
6.	Los peldaños del trono	162
7.	La primera entrevista de José con sus hermanos	167
8.	La segunda entrevista de José con sus hermanos	172
9.	José se da a conocer a sus hermanos	177
10.	La administración de José	182
11.	El padre de José	185
12.	José junto al lecho de muerte de Jacob	190
13.	Los últimos días y la muerte de José	195

MOISES: el siervo de Dios   201

1.	Nuestro punto de vista	201
2.	La fe de su madre	203
3.	«Hecho ya grande»	206
4.	La liberación por la fuerza	209
5.	El coloquio maravilloso	213
6.	De regreso a Egipto	216
7.	Fracaso y desengaño	218
8.	El amor de Dios demostrado en las primeras cuatro plagas	222
9.	Desarrollo del carácter de Moisés	226
10.	Preparación para el éxodo	230
11.	El paso del mar Rojo	233
12.	El cántico de la victoria	236
13.	Mara y Elim	239
14.	El don del maná	242
15.	Refidim	244
16.	El aspecto divino	247

17. Junto al Sinaí	250
18. La visión de Dios y su efecto	253
19. La oración gramatical incompleta	256
20. La presencia de Dios es nuestro descanso	260
21. La edificación del tabernáculo	262
22. La salida de Sinaí	267
23. Un corazón noble	269
24. Un desengaño amargo	273
25. Fiel ante el reproche	276
26. ¿Cómo Moisés se metió en un aprieto?	278
27. Los preparativos para Pisga	282
28. La muerte de Moisés	285

JOSUÉ: el caudillo del pueblo escogido   289

1. El libro de Josué	289
2. La comisión divina	293
3. La pausa de tres días	295
4. El paso del Jordán	299
5. Las piedras de Gilgal	302
6. Tres días sucesivos	306
7. El Cristo guerrero	309
8. Las murallas de Jericó	313
9. Captura y derrota	317
10. El valle de Acor	320
11. Ebal y Gerizim	323
12. Las artimañas del diablo	326
13. Un día memorable	329
14. El reclamo de la victoria	333
15. El reposo en los lugares celestiales	335
18. Tierra aún sin conquistar	340
17. Un compañero veterano	342
18. Recibir y reinar	346
19. La conclusión de la tarea	348
20. La vida en la Tierra Prometida	352
21. Amad con diligencia	354
22. Las vísperas	356

SAMUEL: el profeta de Dios   361

1. Una época de transición	361
2. La angustia del corazón de una mujer	364

3.	El joven levita	367
4.	La visión de Dios	369
5.	Desgracia sobre desgracia	371
6.	La obra de reconstrucción	375
7.	La victoria de la fe	377
8.	La piedra de ayuda	379
9.	Un gran desengaño	381
10.	La voz de las circunstancias	385
11.	Haz lo que te viniere a la mano	386
12.	Conflictos internos y externos	389
13.	¿Desamparado? ¡Nunca!	392
14.	Orando sin cesar	395
15.	La causa de la caída de Saúl	397
16.	Dos hombres hacen huir a diez mil	400
17.	El fracaso en la prueba suprema	403
18.	Un diálogo extraordinario	406
19.	«Un espíritu malo de parte de Jehová»	409
20.	«El pecado da a luz la muerte»	412
21.	El pecado de los celos	415
22.	«Cruel como la tumba»	417
23.	Un gran ocaso	421
24.	Endor y Gilboa	424
25.	Epílogo	429

ABRAHAM: EL AMIGO DE DIOS

1
VACÍO EN LA CANTERA
Hechos 7:2, 3 e Isaías 51:1, 2

En el gris amanecer de la historia, el primer gran personaje que cautiva completamente nuestra atención es Abraham, principalmente porque se le llama «el amigo de Dios». Es evidente que el estudio de la vida privada y el desempeño exterior de este hombre se merecen bien nuestro atento estudio.

El retrato de Abraham se nos dibuja en las Sagradas Escrituras con tal lujo de detalles, que parece revivir delante de nosotros con las mismas esperanzas y temores, horas doradas y de depresión, que son factores comunes de nuestra propia vida. Se hacen también tantas referencias a su vida en el Antiguo Testamento y el Nuevo, que parece necesario entenderla correctamente a fin de tener en las manos la clave necesaria para la comprensión de muchos pasajes bíblicos difíciles.

Nuestra historia se remonta hasta dos mil años antes de Cristo y nos lleva a la ciudad de Ur de Caldea. No debemos buscar a Ur en la Alta Mesopotamia, donde una tradición errónea la ponía, sino en las ruinas de Mugheir, en las cercanías del golfo Pérsico. Cuarenta siglos de lenta acumulación de sedimentos en la orilla han hecho que el mar retroceda unos ciento cincuenta kilómetros. En cambio, en el momento al cual nos estamos refiriendo, es probable que la ciudad natal de Abraham se encontrara en la costa, cerca del punto donde el río Éufrates vertía sus caudalosas aguas en el mar.

En aquellos tiempos, Ur era una ciudad grande y floreciente que se alzaba junto al mar, dueña de flotas de embarcaciones que navegaban junto a la costa del océano Índico, repletas de productos de su rica y fértil tierra.

La cosecha de cereales era maravillosamente abundante y los datileros alcanzaban un tamaño extraordinario, por lo que pagaban ricamente la ardua labor de los agricultores; los granados, los manzanos, las vides y los tamariscos crecían silvestres. Caldea era una extensa y verde franja de tierra cultivable, que podía atraer y mantener una vasta población. Era especialmente apropiada para el establecimiento de las tribus que se dedicaban a apacentar ganado y necesitaban grandes extensiones de pastizales.

Estos descendientes de Cam eran terriblemente idólatras. En aquella atmósfera clara y transparente, los astros luminosos brillaban con un fulgor extraordinario, seduciendo a los caldeos primitivos a entregarse a un sistema de adoración de la naturaleza que pronto llegó a identificarse con ritos paganos, corrupción e impureza. Era evidente la necesidad de adoptar medidas inmediatas para detener el avance de aquella degeneración moral y salvar a la humanidad. Este proyecto únicamente podía ser realizado por Aquel que más tarde, con énfasis majestuoso, dijo: «Antes que Abraham fuese, Yo soy». El realizó sus propósitos en aquel entonces, como tantas veces lo ha hecho después, escogiendo para sí a un hombre, para poder obrar a través de él y su descendencia, después de que fueran totalmente purificados y preparados, él podría obrar en la raza humana caída, llamarla de nuevo para sí, y elevarla por medio de una palanca moral cuyo punto de apoyo se hallaba fuera de ella.

Habían transcurrido desde el diluvio cuatro siglos, en los cuales se produjeron muchas migraciones. Los hijos de Jafet se habían extendido al norte para poblar Europa y Asia y sentar las bases de la gran familia indoeuropea. Los hijos de Cam se movilizaron hacia el sur, por las fértiles planicies de Caldea. Allá, bajo la dirección del poderoso Nimrod, edificaron ciudades de barro cocido, levantaron templos de los cuales todavía quedan restos y cultivaron las artes de la vida civilizada a un nivel desconocido en el resto del mundo. Se dice que eran muy avanzados en matemáticas y astronomía, en la industria textil, en metalurgia y en el engaste de piedras preciosas. Además, guardaban sus ideas escritas en tabletas de arcilla.

Sucedió que, entre los colonizadores descendientes de Cam se encontraba una familia de los hijos de Sem. Este clan, bajo la dirección de Taré, se había establecido en los ricos pastizales de las afueras de Ur. Para ellos, las ciudades amuralladas, las artes de la civilización y el tráfico comercial tenían muy poca atracción. Constituían una tribu de pastores y habitaban en tiendas o en aldeas de construcción ligera. Además, si verificamos la predicción de Noé (Génesis 9:26), podremos creer que su vida religiosa era más noble y pura que la de aquellos entre quienes se encontraban.

Sin embargo, el virus de la desmoralización muy pronto empezó a producir efecto. La asociación íntima de esta familia semítica con las prácticas abominables e idólatras de los hijos de Cam manchó la pureza y la sencillez de su fe original. Es totalmente seguro que se hallaba muy avanzado un sutil proceso de decadencia moral que los rebajaba al nivel de vida de sus vecinos.

En este ambiente nació Abraham y en él se desarrolló hasta su edad adulta. No obstante, desde el principio de su vida, si es que podemos dar crédito a las tradiciones que circulaban en el lenguaje común del inmutable oriente, Abraham se manifestó en abierta y comprometida oposición a las costumbres paganas que lo rodeaban, no solo en el vecindario sino también en la propia casa de su padre. Se negaba a inclinarse frente al fuego cuando el monarca lo ordenaba, aunque el castigo fuera el martirio. Así que, desde muy temprano, empezó a desprenderse de la cantera del paganismo, como preparación para que fuera tallado y se convirtiera en un pilar de la casa de Jehová.

No se dice nada de esto en las Escrituras, pero no hay nada en ellas que lo niegue tampoco. La madurez de carácter, la fe y la presta obediencia de este hombre desde que tenemos las primeras noticias de él, nos convencen de que tiene que haber existido un largo período de preparación previa a través de fuertes pruebas y dificultades.

Por fin, el Dios de la gloria se le apareció. En qué forma se manifestó a él la gloria de Jehová, no lo podemos imaginar, pero debemos admitir que hubo algunas manifestaciones externas que marcaron un histórico punto de referencia en la vida de Abraham y le proporcionaron la base irrefutable de su fe para el resto de su vida. La visión celestial vino acompañada de un llamamiento divino, semejante al que ha llegado a los corazones leales a lo largo de las distintas generaciones del mundo, para invitarlos a dirigirse a su verdadero destino y tomar su lugar en la regeneración del mundo: «Vete de tu tierra y de tu parentela, y de la casa de tu padre, a la tierra que te mostraré» (Génesis 12:1).

Es imposible decir en manos de quiénes pueden caer estas palabras. De jóvenes que viven entre los impíos campesinos en las plantaciones de té en la India, o de las zonas semisalvajes de Australia. De marineros a bordo de un barco, o de soldados en un campamento. De personas solitarias que confiesan a Cristo en medio de sociedades viciosas y mundanas donde todo contribuye al debilitamiento, y nada al fortalecimiento de un espíritu que está dispuesto, pero es débil. ¡Todos ellos deben tomar nuevos ánimos! Se encuentran viajando por una senda ya muy transitada, en la cual los más nobles representantes de la humanidad los han precedido.

Uno de los síntomas que aparecen al caminar por este sendero es la soledad. Ese fue el tipo de soledad que presionó duramente el corazón de Jesús, pero se trata de una soledad que garantiza la compañía divina (vea Juan 8:16, 29; 16:32).

No se desespere respecto al futuro del mundo. Dentro de él mismo surgirán aquellos que han de elevarlo a un nuevo nivel. Son muchos los Saulos que se preparan en el seno del Sanedrín; muchos Luteros se encuentran en los claustros de la Iglesia; muchos hombres como Abraham se hallan aún bajo la sombra de los grandes templos paganos. Dios sabe dónde hallarlos. Y cuando los tiempos sean más desesperados, ellos conducirán huestes de espíritus peregrinos, tan incontables como las arenas que están a la orilla del mar, o como las innumerables estrellas y nebulosas que llenan el ilimitado espacio sideral.

2
EL LLAMAMIENTO DIVINO
Génesis 12:1, 2

«Mientras vivía en Ur, oponiéndose a la idolatría de su época, con toda su secuela de males y, de acuerdo con la tradición, sufriendo terribles persecuciones por obedecer a su conciencia, «el Dios de la gloria apareció a nuestro padre Abraham ... y le dijo: Sal de tu tierra y de tu parentela, y ven a la tierra que yo te mostraré» (Hechos 7:2, 3).

Cuándo le vino esta aparición divina, no lo sabemos; pero repentinamente una gran luz celestial resplandeció en derredor de Abraham; una forma visible apareció en el centro de la gloria y una voz audible le hizo percibir en forma oral el mensaje del cielo. Dios no hila de esa forma con frecuencia. No obstante es innegable que sigue hablando en el silencio del espíritu que espera y escucha, haciéndole sentir su voluntad al decirle: «Sal» ¡Escuche esa voz en lo íntimo del santuario de su corazón!

Esta misma voz se ha escuchado con mucha frecuencia desde aquella ocasión. «Salid de en medio de ellos, y apartaos, dice el Señor, y no toquéis lo inmundo; y yo os recibiré» (2 Corintios 6:17). ¿No ha escuchado este llamamiento? Sería muy extraño que no. Pero si lo ha escuchado, no permita que nada estorbe su obediencia; levante su tienda y diríjase a donde el Dios de la gloria le indique. Reconozca en la palabra «ven» que él va siempre delante y que si quiere tener su divina compañía, debes seguirlo.

1. Este llamamiento incluía penalidades. A Abraham no le fue cosa fácil abandonar su campamento, desprenderse de sus conocidos y de sus seres queridos y dirigirse a una tierra que él no conocía todavía.

Así debe ser siempre. Debemos estar dispuestos a tomar nuestra cruz cada día si queremos seguir por la senda que él nos señale. Cada paso de avance verdadero en la vida de piedad, tiene su propio altar en el cual tenemos que ofrendar una parte preciosa de nuestra propia vida.

La verdad es que las bendiciones que nos aguardan serán una compensación mayor que la merecida por los sacrificios que podamos hacer. Esta es la verdadera técnica utilizada por Dios para separar con claridad y exactitud la paja del trigo. Hay muchos que no son capaces de soportar una prueba tan fuerte y que nos escudriñe tan profundamente en sus demandas. Son como Flexible, el personaje del conocido libro *El progreso del peregrino*: abandonan el pantano del desaliento por el lado más próximo a su casa. Como el joven rico, se alejan tristes de aquel a quien habían acudido con urgencia. ¿Será este su propio caso?

No puede haber algo más claro que esto: en estos tiempos de crisis, Dios está llamando de manera muy concreta a toda la Iglesia para que realice un gran movimiento de avance.

2. Este fue un llamamiento evidentemente sabio. Fue sabio para *Abraham mismo*. No hay nada que pueda fortalecernos tanto como la separación y el trasplante. Si un joven emigra, es colocado en una posición de responsabilidad o se le deja que se defienda con sus propios recursos, llegará a desarrollar capacidades de las cuales no habría existido ni rastro si se hubiera quedado toda la vida en casa, dependiendo de otros. Bajo la presión de las exigencias saludables, su alma pondrá en acción todo su vigor natural.

Lo que es cierto de las cualidades naturales del alma, es también preeminentemente cierto de la fe. Mientras permanezcamos inertes y reposados en medio de las circunstancias más favorables y tranquilas, la fe dormirá dentro de nosotros como un músculo atrofiado. En cambio, cuando nos vemos sacados de estas circunstancias, sin poder acudir más que a Dios, entonces la fe crece a pasos agigantados y se hace el principio rector de la vida, resistente como un cable de acero y fuerte como un roble.

Mientras el ave se entretenga dando vueltas alrededor del nido, nunca disfrutará del placer de volar. Mientras el muchacho se quede a la orilla o solo llegue hasta donde puede tocar el fondo con las puntas de los pies, no podrá experimentar el éxtasis de batirse con las olas del mar. Abram nunca hubiera llegado a ser Abraham, el padre de los creyentes, el poderoso ejemplo de la fe, si se hubiera quedado a vivir toda su vida en Ur. No; él necesitaba arriesgarse a salir rumbo a lo nuevo y desconocido, para que su fe se pudiera elevar hasta sus más gloriosas dimensiones en su alma.

Es probable que no nos sea necesario separarnos de nuestro hogar y de nuestros amigos; pero tendremos que quitar de nuestro corazón la dependencia más profunda de todo apoyo y sostenimiento terrenal, si queremos llegar a saber algún día lo que significa confiar única y absolutamente en el Dios eterno.

El llamamiento fue sabio para el bien del mundo. Sobre este solo hombre descansaba la esperanza del futuro del mundo. Si él hubiera permanecido en Ur, sería imposible decir si hubiera podido permanecer fiel, o si hubiera sido seriamente infectado por la idolatría que lo rodeaba. ¿No fue sabio, entonces, que fuera desprendido de su hogar y de todas sus relaciones terrenales, para encontrar un nuevo punto de partida religioso para la raza humana?

Es imposible que nos libremos de la influencia de nuestro mundo si vivimos bajo la presión del mismo; pero cuando nos hayamos levantado para salir, en obediencia al llamado de Dios, y ya nos hallemos fuera de su dominio, podremos reaccionar en su contra con un poder irresistible. Arquímedes se jactaba de que sería capaz de mover al mundo si le permitían contar con un punto de apoyo que se hallara fuera del mismo, para usar una palanca. Así que no se sorprenda si Dios le manda salir del mundo para que forme parte de su pueblo escogido y manifestar a través de usted su maravilloso poder en este gran mundo de los humanos.

3. Este llamamiento se hizo acompañar de una promesa. Las órdenes de Dios no siempre van acompañadas de razones, pero sí las acompañan promesas, sean expresas o sobreentendidas. Así como la cáscara encierra la nuez, de la misma manera los mandatos divinos albergan en su corazón las promesas de nuestro Dios. Si el mandato dice: «Cree en el Señor Jesucristo» la promesa es: «Serás salvo». Si el mandato es «dejar padre, madre, casa y posesiones»; la promesa es: «Tendréis cien veces más aquí, y después la vida eterna». Si el mandato es: «Salid de en medio de ellos», la promesa es: «Yo os recibiré, y seré vuestro Dios». Así ocurrió en este caso: Aunque no tengas hijos, haré de ti una nación grande; aunque tengas que alejarte de tu propia familia, en ti serán benditas todas las familias de la tierra. Cada una de estas promesas se ha cumplido al pie de la letra.

Las dificultades y sacrificios por los que hay que pasar a causa del llamamiento, parecen imposibles de soportar; sin embargo, estudie las promesas que lo acompañan. A medida que la «ciudad que tiene fundamentos» vaya asomando en el horizonte, irá empequeñeciendo las proporciones de aquella Ur en que había transcurrido su vida anterior. Entonces sentirá el impulso de levantarse y obedecer.

Francisco de Sales acostumbraba decir: «Cuando una casa se está quemando, sus ocupantes están dispuesto a arrojarlo todo por las ventanas; cuando el corazón está lleno del verdadero amor de Dios, los hombres consideran que todas las demás cosas carecen por completo de valor».

4. Este llamamiento nos muestra el significado de la elección. Dondequiera nos encontramos con seres y cosas mejor dotados que otros de la misma clase. Al principio surge cierto disgusto al pensar en la desigualdad de las disposiciones divinas, hasta que llegamos a comprender que la especialidad concedida a unos pocos tiene la intención de capacitarlos para que ayuden y bendigan mejor a los demás. «Te bendeciré y serás bendición».

¿No es esto una indicación de la voluntad de Dios al elegir a Abraham, y en él a toda la familia de Israel? No se trataba tanto de la salvación de ellos, aunque esta estuviera incluida. Fueron elegidos para que transmitieran a otros las santas enseñanzas y los oráculos que Dios les encomendaría. Era necesario que algunos aprendieran bien primero ciertas definiciones y medios de expresión, y después de aprenderlos, pudieran convertirse en maestros de la humanidad. No hay razón para sentir celos de los escogidos de Dios.

Ellos son los exiliados, los que cargan su cruz, los mártires entre los hombres; pero no les preocupa lo que pueda ocurrirles a ellos, sino que tratan de aprender las lecciones más profundas de Dios, separados de las sendas por donde transitan los demás. Entonces, cuando se dirigen al mundo, les testifican a los hombres acerca de lo que han descubierto en Dios, que sobrepasa todo entendimiento humano y es de incalculable valor para la vida.

5. Este llamamiento es la clave de la vida de Abraham. Fue como un llamado de clarín que sonó al principio mismo para continuar vibrando a lo largo de su historia. La clave de la vida de Abraham es la palabra «separación». Él fue, desde el principio hasta el final, un hombre separado. Separado de su tierra y de su parentela; separado de Lot; separado, como peregrino y extranjero en la región donde vivía; separado del resto de la humanidad debido a sus sufrimientos, que lo condujeron a una relación tan íntima con Dios, como nunca hombre alguno la ha tenido; separado para participar de una preciosa y sublime asociación en aquellos planes e ideales que Dios no pudo ocultarle.

¡Quiera Dios que nosotros también podamos experimentar una separación como la de Abraham; que podamos escuchar el divino llamamiento, irradiado por las promesas de Dios, y que al oír hablar de esa hermosa tierra, de esa ciudad gloriosa y de todos los goces divinos que nos aguardan, seamos capaces de abandonar y olvidar gustosamente todas las cosas terrenales y corruptas que nos han cautivado por tanto tiempo, arruinando nuestra paz y menoscabando nuestras energías! ¡Que levantemos nuestras tiendas para obedecer al llamado de Dios, aunque él nos ordene dirigirnos a un lugar desconocido!

3
«ABRAHAM OBEDECIÓ»
Hebreos 11:8

¡Cuánto significado encierran esas dos palabras! Si Abraham se hubiera negado continuamente a obedecer a la voz divina que le ordenaba emprender su largo y solitario peregrinaje, hubiera tenido que terminar en la oscuridad de una tumba desconocida en la tierra de Ur, como les ha ocurrido y les seguirá ocurriendo a tantos orientales. En cambio, gracias a Dios, Abraham obedeció y, con ese acto, puso la primera piedra de los cimientos sobre los cuales se alzaría la noble estructura de su vida.

Es posible que lea estas palabras alguien cuya vida no ha sido más que desengaños y tristes sorpresas. No ha podido ver realizada la promesa de su juventud. ¿No cree que esto pueda deberse a que escuchó la voz de mando en algún momento en su pasado, llamándolo a un acto de sacrificio personal, y se negó a obedecer? Ese pudo ser su error fatal.

¿No sería bueno averiguar si eso es así, regresar a ese momento y realizar lo que ha venido postergando, si es posible todavía? «Él es clemente y misericordioso; lento para la ira, y grande en misericordia». No utilice su demora como argumento para seguir demorando, sino como razón para actuar inmediatamente. «¿Por qué te detienes?» (Hechos 22:16).

Abraham, según la historia, al principio recibió su llamamiento divino con actitud indecisa y obediencia parcial, y por muchos años se olvidó de él completamente. Sin embargo, la puerta se mantuvo abierta para que él entrara y la bondadosa mano de Dios seguía alentándolo, hasta que levantó sus tiendas y emprendió su largo viaje a través del desierto con todo el entusiasmo y la energía de que era capaz. Este fracaso parcial está lleno de valiosísimas lecciones para nosotros.

ABRAHAM: EL AMIGO DE DIOS

1. Al principio, la obediencia de Abraham fue parcial solamente. Se llevó consigo a Taré. Realmente se dice que «tomó Taré a Abraham su hijo, y a Lot hijo de Harán, y Sara su nuera; y salieron de Ur de los caldeos» (Génesis 11:31). Cómo fue que Taré decidió dejar la tierra de su predilección y las tumbas de sus muertos, donde descansaban los restos de su hijo Harán, no lo sabemos. En realidad él nunca manifestó mucho interés en el traslado de la familia, y sus aspiraciones manifestaban indecisión y confusión; además, su presencia a lo largo del trayecto produjo un efecto desastroso, puesto que retardó la marcha de Abraham e interpuso un paréntesis de varios años en el cumplimiento de una obediencia cuyo primer impulso había sido tan prometedor.

El clan avanzó lentamente a través del valle del Éufrates, donde abundaban los pastizales y las fértiles praderas, hasta que por fin llegó a Harán, el punto desde el cual partían las caravanas que se dirigían a Canaán a través del desierto. Allí acamparon y permanecieron hasta la muerte de Taré. ¿Se debió esto a que el anciano se encontraba muy cansado para seguir la jornada? ¿Le gustó tanto Harán, que no deseaba abandonarla? Cualquiera que haya sido la razón, la familia no siguió adelante en su peregrinación y probablemente, la obediencia de Abraham estuvo detenida por un período de quince años. Durante todo aquel tiempo, no hubo más órdenes ni promesas, ni santa comunicación entre Dios y su hijo Abraham.

«Y de allí, muerto su padre, Dios lo trasladó a esta tierra» (Hechos 7:4). Tenía que morir Taré para que Abraham pudiera reanudar la marcha por la ruta abandonada. Aquí quizá podamos hallar una solución a los misterios que a veces se nos presentan en las distintas maneras en que Dios trata con nosotros; quizá esto nos ayude a entender por qué no se realizan todas nuestras aspiraciones; por qué se trastornan nuestros planes, nuestros ingresos decaen y nuestros hijos se vuelven contra nosotros. Todas estas cosas han venido estorbando nuestro desarrollo y nuestro progreso en la vida cristiana; hasta que, por su misericordia y para nuestro bien, aunque no lo comprendamos, Dios nos deja libres de todo estorbo.

2. La obediencia de Abraham fue posible solamente por la fe. «Tomó, pues, Abraham a Sarai su mujer, y a Lot hijo de su hermano, y todos sus bienes que habían ganado y las personas que habían adquirido en Harán, y salieron para ir a tierra de Canaán» (Génesis 12:5). Eso no era cosa fácil. Por la noche, mientras Abraham se paseaba, observando el firmamento y las estrellas, es probable que se sintiera desesperado y con inclinación a desistir del viaje; pero, la promesa firme de Dios venía a su memoria, y entonces se sentía obligado a obedecer. «Por la fe Abraham, siendo llamado, obedeció para salir al lugar que había de recibir como herencia» (Hebreos 11:8). Los detalles del viaje no los sabía; pero le era suficiente saber que Jehová Dios estaba con él. No se estaba apoyando en la promesa, sino en Dios, que se la había hecho. No tenía la vista fija en las dificultades, sino en el Rey de los siglos, inmortal, invisible, el único y sabio Dios, que le había marcado el camino y, sin lugar a dudas, iría con él hasta el fin.

Así fue como la caravana inició de nuevo el camino. Los camellos con sus grandes cargamentos; los rebaños, cuyos balidos y gritos cundían el ambiente; las mujeres orientales, con una actitud de tristeza ante la sentimental despedida de parte de sus familiares y la gente de su tierra; y el presentimiento de la posibilidad de peligros y desastres. Es probable que Sara se sintiera triste y manifestara cierta renuencia ante la incertidumbre de la nueva jornada. En cambio, Abraham no vacilaba en nada. No se le veía manifestar sombra alguna de duda o incredulidad. Estaba «plenamente convencido de que [Dios] era también poderoso para hacer todo lo que había prometido».

¡Qué fe tan gloriosa! Una fe activa; una fe con grandes posibilidades; la firme decisión de emprender la marcha con las órdenes selladas, que era señal de una confianza inconmovible en el amor y la sabiduría del altísimo y soberano Dios que lo había llamado. Una actitud voluntaria y decidida que lo llevaba a levantarse, dejarlo todo y seguir al Señor, absolutamente seguro de que lo mejor de esta tierra no se compara ni siquiera con las más pequeñas cosas del cielo.

3. Finalmente, la obediencia de Abraham fue total. «Salieron para ir a tierra de Canaán; y a tierra de Canaán llegaron» (Génesis 12:5). Por muchos días, después de dejar la tierra de Harán, lo único que podían contemplar con su fatigada vista era la monotonía del interminable desierto. Los camellos dejaban impresas en la blanca arena las marcas de sus pisadas, mientras que los rebaños se alimentaban escasamente con la amarillenta hierba que hallaban esparcida por el camino.

Hubo un solo punto en el cual los peregrinos pudieron detener su marcha. En el oasis donde se alza hoy la ciudad de Damasco, existía en aquel entonces un lugar cómodo y acogedor que invitaba a los viajeros a detenerse y descansar. Una aldea adyacente a Damasco lleva hasta el día de hoy el nombre del patriarca. También se encuentran trazos de la efímera estadía de Abraham en este lugar en el nombre de su siervo preferido y de confianza, el damasceno Eliezer, a quien hemos de referirnos más adelante.

No obstante, Abraham no intentó establecerse en Damasco. No podía sentir que aquel fuera el lugar que Dios había escogido para él y su familia. Por lo tanto, pronto lo vemos nuevamente en marcha hacia Canaán, adonde deseaba llegar lo más pronto posible. Nuestro principal objetivo en la vida debe ser seguir siempre la voluntad de Dios y andar por la senda que él ha dispuesto para nosotros. Las cosas marchan bien cuando el peregrino, cuya morada permanente es el cielo, obedece de manera meticulosa las extremas demandas de Dios. Si usted se dirige en este momento hacia la tierra de Canaán, no se detenga hasta llegar a ella. Cualquier actitud de desobediencia deja totalmente sin valor todo lo que se haya hecho previamente. El Señor Jesucristo ha de tenerlo todo, o nada; y todas sus demandas deben ser acatadas al pie de la letra. No tienen nada de imposibles.

Por lo tanto, obedezca a Cristo sin demora y sin reservas, convencido de que si le ordena andar por el valle de la muerte, no será por equivocación, sino más bien por alguna legítima y justa razón, la cual no le permite tratarlo de otra manera, y para la cual también tendrá una explicación mucho antes de lo que se imagina.

4
LOS PRIMEROS PEREGRINOS
Génesis 12:4-9

A través de toda la historia de la humanidad, siempre ha existido en una sucesión sagrada e ininterrumpida, un grupo de hombres y mujeres los cuales han confesado que son peregrinos y advenedizos sobre la tierra. En ocasiones, han tenido que vivir apartados de los demás seres humanos en los desiertos y las montañas, morando entre las rocas y las cavernas de la tierra. Con mayor frecuencia se les encuentra por las plazas y los mercados, y también por las casas, distinguiéndose del resto de la gente por su humilde vestimenta, su control y dominio sobre los apetitos y los deseos de la carne, su poco interés por las posesiones materiales, su indiferencia hacia los elogios, las opiniones y el aplauso del mundo que los rodea y la mirada profunda pero inocente que vislumbran sus ojos, evidencia de que sus afectos se centran, no en las cosas transitorias de la tierra, sino en las realidades eternas que, por encontrarse detrás del velo de lo visible, solamente pueden ser comprendidas por la fe.

Estos son los peregrinos. Para ellos las molestias y dificultades de la vida no son tan aplastantes ni tan difíciles de sobrellevar, porque todo esto no puede tocar sus verdaderos tesoros, ni afectar sus más profundos intereses. Son un pueblo que pertenece a un ámbito más sublime. Un peregrino no tiene mayor anhelo que transitar lo más pronto posible la ruta señalada y llegar a su hogar permanente, para lo cual se empeña en cumplir sus deberes, satisfacer las demandas y ser fiel a las responsabilidades que pesan sobre él, pero siempre consciente de que no tiene aquí ciudad permanente, sino que espera la que ha de venir.

El apóstol Pedro escribió su primera carta a «los expatriados de la dispersión» (1 Pedro 1:1), recomendándoles «como a extranjeros y peregrinos» que se abstuvieran de los deseos de la carne. Mucho tiempo antes de esto, en la edad de oro de la prosperidad de Israel, David, en nombre de su pueblo, confesó que ellos eran extranjeros y peregrinos como lo habían sido sus padres.

Veíamos cómo el patriarca continuaba su marcha hacia el sur, dirigiéndose a la Tierra Prometida, sin establecer residencia en ningún lugar hasta llegar a Siquem, en el corazón mismo del sitio donde nuestro Salvador, veinte siglos más tarde se sentó a descansar junto al pozo. En los tiempos de Abraham no había allí ninguna ciudad ni aldea. La región estaba muy poco poblada. El único punto de referencia en ese lugar era el venerable encinar de More. Fue allí, a la sombra de los árboles del valle, donde Abraham levantó su tienda; y allí también donde terminó por fin el largo silencio, un silencio que había durado desde su primer llamamiento en Caldea. «Y apareció Jehová a Abraham, y le dijo: A tu descendencia daré esta tierra. Y edificó allí un altar a Jehová, quien le había aparecido» (Génesis 12:7).

Sin embargo, no se quedó allí por mucho tiempo, sino que prosiguió un poco adelante, hasta un lugar situado entre Bet-el y Hai, donde había una llanura extensa y bella que constituía uno de los mejores lugares de pastos de esa región.

Tres cosas pueden atraer nuestra atención en este lugar: la tienda, el altar y la promesa.

1. La tienda. Abraham debe haber tenido unos setenta y cinco años de edad cuando salió de Harán. Cuando murió, tenía ciento setenta y cinco años (Génesis 25:7). Todo ese siglo intermedio lo pasó mudándose de un sitio a otro y habitando en una sencilla tienda, hecha probablemente de pelo de camello. Esa tienda no era más que un perfecto símbolo del espíritu del patriarca.

Abraham se mantuvo siempre apartado de la gente que poblaba aquellos lugares. No se quedó a vivir en un solo lugar, sino que estuvo trasladándose constantemente de un lugar a otro. La tienda, cuya estructura no requería de cimientos y que podía ser plantada y desarmada en una media hora, era el mejor símbolo de su estilo de vida.

Hasta el final de su vida, Abraham habitó en tiendas. De una tienda sacaron sus restos mortales para que reposaran junto a los de Sara en la cueva de Macpela. «Por la fe habitó como extranjero ... morando en tiendas ... porque esperaba la ciudad que tiene fundamentos» (Hebreos 11:9, 10). Morar en tiendas es algo típico de aquellos que saben que su herencia está más allá de las estrellas.

Es cosa de primordial importancia que los hijos de Dios lleven este tipo de vida de separación, como testimonio ante el mundo. ¿Cómo nos puede creer la gente cuando hablamos de nuestra esperanza, si esta no es capaz de desprendernos de la entrega excesiva a las cosas que nos rodean?

No debemos seguir así. Muchos cristianos profesantes se encuentran muy involucrados en los negocios de la vida, en los placeres, en la lujuria y en la autocomplacencia. Hay muy poca diferencia entre los hijos del reino y los hijos del mundo.

¿Cómo podemos cambiar este estado de cosas? ¿Debemos pronunciarnos en contra de la forma de vida actual? ¿Debemos criticar la mundanalidad de nuestros tiempos? Esto no basta para lograr una corrección permanente. Sería mejor que pensáramos en los maravillosos colores y elementos de los que está hecha la ciudad que vio Juan. Descubramos por la fe las glorias del mundo que esperamos, y seguramente habrá cambios profundos en muchas vidas. Estos harán que surja una verdadera separación respecto del mundo, para llevar un tipo de vida que sacuda a los demás con la realidad de lo invisible, como ningún sermón lo podría hacer por elocuente y erudito que fuera.

2. El altar. Dondequiera que Abraham plantara su tienda, allí también levantaba un altar. Mucho tiempo después de que la tienda había sido quitada, el altar de piedra aún permanecía allí, como un testimonio mudo de que allí había habitado este gran hombre de Dios.

Recordemos también que el altar significa sacrificio, holocausto. Es decir, la ofrenda completamente quemada, la negación de sí mismo y la rendición total. En este sentido, el altar y la tienda deben siempre marchar juntos. No podemos llevar la vida peregrina de la tienda sin tener que experimentar algo de dolor, tal como lo sugiere la idea del altar. De este tipo de vida es de donde surgen la entrega más intensa, la fraternidad más profunda y la comunión más bienaventurada.

Si usted reconoce que su oración privada ha sido estorbada últimamente, quizá sea porque no ha vivido lo suficiente el tipo de vida peregrina, «morando en tiendas». Todo lo que tiene que hacer es confesar que usted es peregrino y advenedizo sobre la tierra. Entonces hallará placentero y natural el invocar el nombre de su Dios. No se dice en las Escrituras que Abraham haya erigido un altar durante el tiempo que permaneció en Harán. Esto fue porque no pudo estar en comunión con Dios mientras se encontraba en un estado de desobediencia al mandato que Dios le había dado.

En el altar de Abraham, él no era el único que adoraba a Dios. En ocasiones, toda la familia del patriarca se congregaba allí para participar de la adoración en común. «Porque yo sé», dice Dios, «que mandará a sus hijos y a su casa después de sí, que guarden el camino de Jehová» (Génesis 18:19). Aquel en quien serían benditas todas las familias de la tierra, practicó la religión familiar. En esto, Abraham constituye un elocuente ejemplo que debiera ser imitado por muchos cristianos cuyo hogar carece de altar familiar.

3. La promesa. «A tu descendencia daré esta tierra» (Génesis 12:7). Tan pronto como Abraham empezó a actuar en obediencia a las órdenes de Dios, esta nueva promesa resonó en sus oídos. Así es siempre. El que desobedece a Dios se encuentra muy pronto transitando por una senda oscura y tenebrosa, sin una sola estrella que lo ilumine. Empieza a obedecer y vivir de acuerdo con las demandas que Dios hace en su Palabra, y pronto comienzan a resplandecer desde el cielo promesas de triunfo y bendición que iluminan los pasos del creyente, haciéndolos cada vez más firmes y llenos de sentido. La vida peregrina y separada siempre se va llenando de promesas.

No existían probabilidades naturales de que la promesa llegara a realizarse, porque «el cananeo estaba entonces en la tierra» (Génesis 12:6). Fuertes caudillos como Mamre y Escol; ciudades florecientes como Sodoma, Salem y Hebrón, los elementos de la civilización se encontraban allí. Los cananeos no eran tribus nómadas. Eran pueblos que se habían establecido y habían echado raíces. Su poderío aumentaba cada vez más, y parecía imposible que llegara el momento en que pudieran ser derrotados y desposeídos por la descendencia de un pastor de ovejas que no tenía hijos.

No obstante, Dios lo había prometido así; y así exactamente ocurrió. Yo no sé qué promesa estará iluminando su vida con una aureola de esperanza. De una cosa puede estar seguro, y es que si usted cumple las condiciones y vive de acuerdo con sus demandas, dicha promesa se cumplirá en forma literal y maravillosa. No ponga la vista en las dificultades ni en las imposibilidades. Cada promesa traerá nueva luz y esperanza a su vida.

5
«Y DESCENDIÓ ABRAM A EGIPTO»
Génesis 12:10

La senda de los escogidos nunca puede ser fácil. Por lo tanto, es una vida que solo se puede vivir por fe. Cuando esa fe es fuerte, osamos desatarnos de las amarras que nos unen a la orilla y lanzarnos a aguas profundas, confiados solo en la palabra y la persona de aquel a cuyas órdenes navegamos. En cambio, cuando la fe es débil, no nos atrevemos a hacerlo; dejando la senda que lleva a las cimas espirituales, nos congregamos con los hombres mundanos, que tienen su porción en esta vida, y que solo con eso se contentan.

1. «Era grande el hambre en la tierra». ¿Hambre? ¿Hambre en la Tierra Prometida? Para un extranjero en tierra extraña, rodeado de gente hostil y suspicaz, cargado con la responsabilidad de alimentar vastos rebaños y recuas de ganado, no era un asunto trivial encararse con la repentina devastación que produce el hambre.

¿Era esto una evidencia de que Abraham se había equivocado al venir a Canaán? Felizmente, la promesa que había recibido poco antes le prohibía contemplar tal posibilidad. Y esta puede haber sido una de las razones principales por las cuales le había sido dada. Aquella promesa no era solo una recompensa por el pasado, sino también una preparación para el futuro; para que el hombre de Dios no pudiera ser tentado más allá de lo que era capaz de soportar. No se sorprenda si tiene que afrontar un «hambre» como aquella. Esto no quiere decir que su Padre esté enojado, sino que permite que vengan las dificultades para probarlo, o para que sus raíces profundicen más aun, como el torbellino hace que el árbol penetre con sus raíces más adentro en el suelo.

2. «Y descendió Abram a Egipto para morar allá». En el lenguaje figurado de las Escrituras, Egipto significa la alianza con el mundo y la confianza en un brazo humano; en un débil aliado. «¡Ay de los que descienden a Egipto por ayuda, y confían en caballos; y su esperanza ponen en carros, porque son muchos, y en jinetes, porque son valientes; y no miran al Santo de Israel, ni buscan a Jehová!» (Isaías 31:1).

En la historia del pueblo hebreo hubo ocasiones en que Dios mismo les permitió a sus siervos buscar un asilo temporal en Egipto. Mientras Jacob estaba detenido por la indecisión en los confines de Canaán, queriendo ir a ver a José, pero temeroso de repetir los errores del pasado, Jehová le dijo: «Yo soy Dios, el Dios de tu padre; no temas de descender a Egipto, porque allí yo haré de ti una gran nación. Yo descenderé contigo a Egipto» (Génesis 46:3,4). Muchos años después, el ángel del Señor se le apareció a José en sueños y le dijo: «Levántate, y toma al niño y a su madre, y huye a Egipto» (Mateo 2:13).

En cambio, parece que Abraham no recibió tal dirección divina. Actuó sencillamente según su propio juicio. Fijó la vista en las dificultades. Se asió al primer medio de liberación que se le presentó, como el que está a punto de perecer ahogado y se agarra de una tabla. De este modo, sin tomar el consejo de su Protector celestial, Abraham descendió a Egipto.

¡Qué error tan fatal, y cuántos lo cometen todavía! Aunque sean verdaderos hijos de Dios, en un momento de pánico adoptan para liberarse ellos mismos unos métodos de los que podemos decir que son, cuando menos, dudosos. Hay mujeres cristianas que se precipitan a casarse con enemigos de Dios, para que estos las saquen de alguna dificultad económica. Hay negociantes cristianos que admiten socios contribuyentes en sus empresas, aunque sean impíos, por amor al capital que traen consigo. ¿Qué es esto, sino descender a Egipto en busca de ayuda?

Hubiera sido mucho mejor que Abraham le entregara la responsabilidad a Dios y le dijera: «Tú me has traído hasta aquí, y ahora necesito que te encargues de proveer lo que necesitamos los míos y yo; aquí me quedo hasta que sepa claramente lo que quieres que haga». Si usted se halla ahora en una posición de extrema dificultad, ponga a Dios entre usted y los desastres que lo amenazan. Eche toda la responsabilidad sobre él. ¿No es él mismo quien lo ha llevado hasta esas dificultades, para tener la oportunidad de fortalecerlo en la fe, mediante una prueba ejemplar de su poder? Espere solamente en el Señor y confíe en él; su nombre es Jehová-jireh; él proveerá (Génesis 22:8,14).

3. Los pecados van encadenados unos a otros. Cuando Abraham perdió la fe y descendió a Egipto, también perdió su valor, y persuadió a su esposa para que dijera que era su hermana. Él había oído hablar de la corrupción de los egipcios y temió que tal vez le quitaran la vida para apoderarse de Sara, quien a pesar de la edad que había alcanzado, todavía debe haber sido muy hermosa.

Era cierto que Sara era medio hermana de Abraham, pero la intención era mentir, y ciertamente engañó a los egipcios, pues ella fue llevada «a casa de Faraón». Este fue un acto cobarde y malvado de parte de Abraham, quien no podía alegar nada en su defensa. También puso así en peligro la simiente prometida. Esto es lo que sucede; cuando perdemos la fe y nos llenamos de pánico, estamos dispuestos a sacrificar todo lo más precioso que tengamos, con tal de escapar.

Es posible que el mundo nos trate bien (Génesis 12:16), pero esa será una miserable compensación por nuestras pérdidas. En Egipto no hay altares, ni comunión con Dios, ni promesas nuevas; solo un hogar desolado, y un terrible remordimiento de conciencia. Cuando el hijo pródigo sale de la casa paterna, aunque obtenga un momentáneo placer prohibido, pierde todo lo que le da algún valor a la vida y se rebaja al nivel de los cerdos. En tal caso, el único recurso que queda es desandar lo andado, para «hacer las primeras obras». Como Abraham, salir de Egipto para ir «al lugar del altar que había hecho allí antes» (Génesis 13:4). Este fracaso de Abraham en Egipto nos revela la naturaleza original del patriarca, que no era heroica, y deja ver una vena de duplicidad y engaño, similar a la que con tanta frecuencia reapareció en sus descendientes.

Debemos estar agradecidos de que la Biblia no encubra los pecados de sus más nobles santos. ¡Qué prueba tan grande de su veracidad encontramos aquí, y cuánto nos consuela esto! Si Dios pudo sacar a su amigo de un material como este, ¿no podemos aspirar a un privilegio semejante, aunque también hayamos violado tristemente el supremo llamamiento de la fe? La única cosa que Dios demanda de sus santos es una obediencia absoluta y una rendición total a su voluntad. Donde estos están presentes, Dios aún puede hacer alguien semejante a Abraham, aunque por naturaleza nuestro suelo está inclinado a la esterilidad y a la producción de malezas.

6
SEPARADO DE LOT
Génesis 13:9

«Subió, pues, Abram de Egipto hacia el Neguev, él y su mujer, con todo lo que tenía, y con él Lot» (Génesis 13:1).

1. ¿Quién era Lot? Era el hijo de Harán, el hermano difunto de Abraham. Probablemente había recibido la herencia de su padre. Parece que era uno de aquellos hombres que siempre van en la dirección correcta, no porque vayan movidos por su obediencia a Dios, sino porque esa es la dirección que llevan sus amigos. Lo rodeaban la inspiración de una fe heroica, la fascinante atracción de lo no experimentado y lo desconocido, la agitación de un gran movimiento religioso; y Lot, arrastrado por la corriente, se decidió a seguir la misma dirección también. Era el «Flexible» del más antiguo «Progreso del peregrino» de que tenemos noticia. Es posible que haya pensado que poseía los mismos anhelos de Abraham, pero era un gran error. Él no era más que un eco.

En todo gran movimiento religioso, siempre ha habido —y siempre habrá— un cierto número de individuos que se entregan a él, sin conocer el poder que lo inspira. ¡Cuidado con ellos! No pueden soportar la presión de la vida de separación para Dios. La sola emoción pasajera muy pronto se les disipará y, como no tienen principios espirituales que tomen su lugar, se convertirán en estorbos y perturbadores de la paz. Es tan cierto que están solo refugiados en el campamento, como que si se les da entrada a sus principios en el corazón, rebajarán el nivel espiritual. Recurrirán a normas mundanas, sugerirán métodos que no se nos ocurrirían si no fuera por culpa de ellos y nos conducirán al «Egipto» del mundo.

Solamente los principios espirituales supremos pueden guiar a alguien a través de la vida real, separada y entregada de los hijos de Dios. Si no es esta su motivación, usted se convertirá primero en tropiezo para los demás, y terminará fracasado. ¡Examínese para ver si está en la fe! ¡Pruébese! Si descubre que está actuando conscientemente movido por razones bajas y egoístas, pídale a Dios que lo inspire con su puro amor. No está mal actuar movido por razones inferiores y moverse en la dirección debida, pero es necesario anhelar lo mejor.

2. La necesidad de la separación. Por su propio bien, Abraham nunca debió haber pensado siquiera en descender a Egipto; en ese caso, en la Biblia se hubiera escrito un párrafo diferente, en el que se describirían las proezas de una fe que había osado permanecer firmemente asida de las promesas de Dios, aun bajo la amenaza del desastre y el acoso del hambre, esperando las órdenes de Dios para trasladarse a otro lugar, o su intervención para hacer posible la estadía. Hay algo en esa visita a Egipto que se asemeja a la vida futura de Lot.

La separación exterior y corporal del mundo de los impíos es incompleta, a menos que vaya acompañada y complementada por la separación interior del espíritu. No basta con salir de Ur, Harán y Egipto. Debemos también librarnos del «Lot» que llevamos dentro. Aunque viviéramos en un monasterio, mientras abrigáramos un principio extraño en nuestro corazón, un «Lot» en nuestra alma, no podría existir esa separación para Dios, que es la condición para el crecimiento de la fe y de todas esas sublimes formas de la verdadera vida que le dan a la tierra apariencias celestiales. Nuestro «Lot» debe marcharse. «Sabed, pues, que Jehová ha escogido al piadoso para sí» (Salmo 4:3). Dios no tolera intrusos dentro de los límites de su propiedad.

¿Es usted una de esas almas que suspiran por la santidad como los ciervos que buscan anhelantes las corrientes de aguas? ¿Ha tenido en cuenta el costo? ¿Puede soportar las fuertes pruebas? La fabricación de un santo no es juego de niños. Hay que separar completamente el bloque de piedra de la cantera de la montaña, antes de que el cincel divino pueda comenzar a darle forma. Se debe echar el oro en el crisol y someterlo al fuego purificador antes que se pueda moldear o martillear para convertirlo en un bello ornamento del Rey.

Debemos estar preparados a morir para el mundo, con sus censuras y alabanzas; a la carne, con sus ambiciones e intrigas; a las delicias de ese tipo de amistad que enfría insidiosamente la temperatura del espíritu; a la vida egoísta, con toda su miríada de manifestaciones exteriores y sutiles; y aun, si es la voluntad de Dios, al gozo y el consuelo de la religión.

Todo esto es imposible para nuestras propias fuerzas. En cambio, si nos rendimos a Dios, nos daremos cuenta de que él, poco a poco, con eficacia y con toda la ternura posible, va desenredando los asfixiantes lazos de las malezas venenosas para llevarnos a una unión de corazones consigo mismo.

Es posible que Abraham ya hubiera sentido el efecto pernicioso de su asociación con Lot, y tal vez anhelara librarse de él, no sabiendo cómo se realizaría esa emancipación. Tal vez usted esté en una situación parecida a esta. Enredado en una alianza que no puede romper, y su única esperanza es soportarla calladamente hasta que Dios lo ponga en libertad. Esa ocasión llegará al fin, pues Dios tiene reservado para usted un destino tan grande, que ninguno de los dos puede dejar que se pierda, solo por un obstáculo cualquiera, trivial y pasajero.

3. Cómo ocurrió la separación. Los valles de los alrededores de Bet-el, que habían sido bastante adecuados para sus necesidades cuando llegaron a Canaán, eran ahora completamente insuficientes.

Los pastores se peleaban siempre por la prioridad en el uso de los pozos y de los pastizales. El ganado se mezclaba continuamente. «La tierra no era suficiente para que habitasen juntos» (Génesis 13:6).

Abraham se dio cuenta en seguida de que no podía dejar que continuara ese estado de cosas, especialmente porque «el cananeo y el ferezeo habitaban entonces en la tierra». Si aquellos belicosos vecinos llegaban a enterarse de las disensiones que había en su campamento, caerían sobre él a la primera oportunidad. Unidos, permanecerían en pie; divididos, serían derrotados. ¡Quiera Dios que la cercanía del mundo tenga el mismo buen efecto de evitar las disensiones y riñas entre los que son hijos de un mismo Padre!

Así fue como Abraham llamó a Lot y le dijo: «No haya ahora altercado entre nosotros dos, entre mis pastores y los tuyos, porque somos hermanos. ¿No está toda la tierra delante de ti? Yo te ruego que te apartes de mí. Si fueres a la mano izquierda, yo iré a la derecha; y si tú a la derecha, yo iré a la izquierda» (Génesis 13:8, 9).

La propuesta era sabia. Abraham vio que los disturbios tenían una razón de ser, y que se podrían seguir produciendo problemas similares continuamente. Entonces se fue a la raíz del asunto y propuso la separación.

Su acción fue magnánima. Sin lugar a dudas, él tenía derecho a escoger primero, pero renunció a su derecho en interés de la reconciliación.

Sobre todo, su gesto estaba basado en la fe. ¿Acaso no se había comprometido Dios a cuidarlo y a darle una herencia?

El hombre que está seguro de Dios, puede darse el lujo de desprenderse de las cosas del mundo. Él mismo es su herencia inalienable, y al tener a Dios, lo tiene todo. Al hombre que se «esfuerza» solo, no le va tan bien a la larga como al que, teniendo el derecho de escoger, se lo entrega a Dios y le dice: «Que los demás escojan ellos mismos si quieren. En cuanto a mí, quiero que seas tú quien escoja mi herencia».

7
LAS DOS SENDAS
Génesis 13:9

Abraham y Lot estaban de pie sobre una de las cimas cercanas a Bet-el. La Tierra Prometida se extendía delante de ellos como un mapa. En tres direcciones por lo menos, no había mucho que pudiera llamar la atención o cautivar la mirada de un pastor de ovejas. Sus ojos recorrerían el perfil de las colinas que escondían a la vista los fértiles valles que se anidaban dentro de su abrazo. Había, no obstante, una excepción a esta monotonía de las colinas hacia el sudeste, donde las aguas del Jordán se esparcían por un amplio valle antes de entrar al mar de la Llanura.

Aun a la distancia, los dos hombres podían discernir la rica exuberancia. Esto impresionó a Lot especialmente; estaba ansioso de conseguir lo mejor para sí y decidido a aprovechar al máximo la oportunidad que la inesperada magnanimidad de su tío le había puesto en el camino.

Pero llegaría el día en que deploraría amargamente su decisión, y le debería todo cuanto tenía al mismo hombre de quien ahora estaba a punto de sacar ventaja.

Lot escogió la llanura. No preguntó qué había escogido Dios para él. Su decisión estaba completamente determinada por la concupiscencia de la carne, la de los ojos y la vanagloria de la vida.

No condenemos demasiado a Lot porque no haya decidido según las condiciones morales y religiosas del caso, no sea que, al juzgarlo, dictemos sentencia sobre nosotros mismos. Lot no hizo más de lo que hacen todos los días muchos que se llaman cristianos.

Por ejemplo, un cristiano le pide que vaya a ver la apartada propiedad que está a punto de comprar en el campo. Ciertamente, es un lugar encantador; la casa es espaciosa y bien situada, el aire perfumado con el aroma de los árboles, la huerta y los extensos pastos; la vista es fascinadora. Cuando usted acaba de ver todo aquello, le pregunta qué va a hacer los domingos. —Bueno —dice él— en realidad, no había pensado en ello. —O tal vez responda— Creo que por aquí no hay ninguna iglesia cuya alabanza se parezca a lo que acostumbramos, pero es imposible tenerlo todo. Además, dicen que la gente de por aquí es muy buena.— ¿No es este el espíritu de Lot, quien cambió el altar del campamento de Abraham por las llanuras de Sodoma, porque el pasto parecía verde y abundante? Muchos persisten en levantar los ojos para escoger ellos mismos, basados en las más sórdidas consideraciones.

Si Abraham lo hubiera reprendido, tal vez Lot habría respondido con petulancia: —¿Qué te crees? ¿Que nosotros tenemos menos deseos que tú de servir al Señor? Sodoma necesita el testimonio que nosotros podemos darle. ¿No es necesario que la luz brille en las tinieblas y que se esparza la sal donde hay podredumbre? —Abraham no hubiera podido refutar estos razonamientos, pero hubiera tenido la convicción interior de que aquellas no eran las consideraciones que habían movido a su sobrino a tomar su decisión. Por supuesto, si Dios envía un hombre a Sodoma, lo mantendrá allí, como mantuvo a Daniel en Babilonia, y nada podrá hacerle daño. Pero si Dios no lo envía expresamente a Sodoma, ir sería un disparate, un crimen y un gran peligro.

Observe cómo Lot se precipitó al centro de la corriente: primero vio, luego escogió, después se separó de Abraham, en seguida viajó hacia el oriente, a continuación fue poniendo sus tiendas hacia Sodoma, luego habitó allí y terminó por convertirse en consejero del lugar y sentarse a las puertas. No obstante, su poder como testigo del Señor había desaparecido. Si alzaba la voz en protesta contra los vergonzosos vicios, se reían de él o lo amenazaban con violencia. Fue llevado cautivo por Quedorlaomer. Su propiedad fue destruida en la toma de las ciudades. Su mujer fue convertida en un pilar de sal. La plaga de Sodoma dejó una marca muy evidente en sus hijas. Verdaderamente dolorosos deben haber sido los últimos días de aquel infortunado hombre, encogido en una cueva, despojado de todo, cara a cara con las consecuencias de su vergonzoso pecado.

Ahora pasemos a un tema más agradable, y sigamos considerando las relaciones del Dios Todopoderoso con Abraham, a quien estaba educando para mantener con él la comunión de un amigo.

1. Dios siempre se acerca a sus escogidos. «Y Jehová dijo a Abram, después que Lot se apartó de él». Es posible que Abraham se sintiera muy solo. A todos nos disgusta pensar en separarnos de amigos y compañeros. Es muy duro ver cómo se van de uno en uno y nos sentimos obligados a seguir solos por el camino. Pero, si en realidad deseamos ser solo para Dios, es inevitable que haya muchos eslabones rotos, muchos compañerismos abandonados, y que se dejen muchos hábitos y convencionalismos.

Pero no consideremos solamente el lado oscuro de la nube. Miremos también el otro lado, iluminado por el arco iris de la promesa divina. Entiéndase que, una vez que el espíritu se ha atrevido a aceptar la vida de consagración a la voluntad de Dios a la cual somos llamados, quedará inundado de visiones, palabras de consuelo y voces de las cuales no tenía ni idea.

2. Dios les hará más bien a los que confían en él, que el que pueden hacerse ellos mismos. Dos veces encontramos en el contexto la expresión «alzar los ojos». Pero, ¡qué grande el contraste! Lot alzó sus ojos según el dictado de la prudencia mundanal, para espiar lo que sería para su propia ventaja. Abraham alzó los ojos, no para discernir cuál sería la mejor ganancia para sus intereses materiales, sino para contemplar lo que Dios le habla preparado. ¡Cuánto mejor es tener los ojos fijos en Dios hasta que nos diga: «Alza ahora tus ojos, y mira desde el lugar donde estás hacia el norte y el sur, y al oriente y al occidente. Porque toda la tierra que ves, la daré a ti y a tu descendencia para siempre» (Génesis 13:14,15)!

Dios honra a los que lo honran. Él no priva de ninguna cosa buena a los que caminan en rectitud. Si continuamos actuando con rectitud, dándole lo mejor al prójimo para evitar las riñas, poniendo por delante los intereses de Dios, y en último lugar los nuestros, sacrificándonos para la venida y gloria del reino celestial, sabremos que Dios mismo se encargará de nuestros intereses y lo hará infinitamente mejor que nosotros.

Al leer estas refulgentes palabras: «Hacia el norte y el sur, y al oriente y al occidente», nos acordamos de otras: «La anchura, la longitud, la profundidad y la altura, y ... el amor de Cristo, que excede a todo conocimiento» (Efesios 3:18, 19). Las promesas de Dios siempre van en una escala ascendente. Toda promesa conduce a otra más completa y bendita que ella misma. Así es como Dios nos incita a la santidad. No nos da nada hasta que nos atrevemos a actuar, de modo que él nos pueda probar. No nos lo da todo desde el principio, para no abrumarnos. Además, mantiene siempre a nuestro alcance una infinita reserva de bendiciones.

3. Dios nos asigna sus dones. «Levántate, ve por la tierra a lo largo de ella y a su ancho». Con toda seguridad, esto significa que Dios deseaba que Abraham se sintiera tan libre en aquella tierra, como si tuviera los títulos de propiedad en la mano. Debía disfrutarla, viajar por ella y considerarla suya. Por fe, Abraham debía considerarla como si ya estuviera en posesión absoluta de ella.

Hay una lección muy profunda aquí en cuanto a la apropiación por fe. «Mira que te mando que te esfuerces y seas valiente», le dijo Dios a Josué en seis ocasiones diferentes. Las palabras «te esfuerces» son una referencia al poder de las muñecas para sostener lo que las manos han asido. «Seas valiente», se refiere a la tenacidad de las articulaciones de los tobillos para mantenerse firmes en pie. Quiera Dios que nuestra fe sea fuerte para asirse de las bendiciones, y para mantenerlas en pie.

No debe sorprendernos que Abraham se haya trasladado a Hebrón (palabra que significa «fraternidad») y edificado allí un altar dedicado al Señor. Las nuevas mercedes nos exigen una comunicación más profunda con nuestro Amigo Todopoderoso, que nunca deja ni abandona a los suyos.

8
REPOSO ENTRE LAS BATALLAS
Génesis 14:9

El conflicto que se registra en Génesis 14 no era solamente un problema de fronteras. Fue una expedición de represalia y conquista. Quedorlaomer era el Atila, o el Napoleón de su tiempo. Susa, la capital de su imperio, quedaba al otro lado del desierto, más allá del río Tigris, en el Elam. Muchos años antes de que Abraham entrara en Canaán como pacífico emigrante, este temible conquistador se había movido hacia el sur, sometiendo a las ciudades que quedaban en el valle del Jordán, para apoderarse así de la llave maestra del camino que llevaba de Damasco a Menfis. Cuando Lot estableció su residencia en Sodoma, las ciudades de la llanura ya estaban pagando tributo a este poderoso monarca.

Al fin, los habitantes de Sodoma, Gomorra, Adma y Zeboim se cansaron del yugo elamita y se rebelaron. Entonces Quedorlaomer se vio obligado a emprender una segunda expedición para castigar esta revuelta y reafirmar su poder. Su plan, evidentemente, era devastar todos los campos que rodeaban a esas ciudades del Jordán, antes de establecerse en ellas.

Por último, las fuerzas aliadas se concentraron en las vecindades de Sodoma, donde encontraron una resistencia muy fuerte. Animados por la naturaleza asfaltosa del suelo, en el cual los jinetes y los carros se movían con dificultad, los habitantes de las ciudades se arriesgaron a una batalla campal. Sin embargo, a pesar de los pozos de asfalto, la batalla se decidió en contra de los afeminados y disolutos hombres de la llanura. A la derrota de la tropas siguieron la captura y el saqueo de las ricas ciudades, y todos los que no pudieron escapar fueron encadenados como esclavos y unidos a la caravana del victorioso ejército.

«Tomaron también a Lot, hijo del hermano de Abram, que moraba en Sodoma, y sus bienes, y se fueron» (Génesis 14:12). Entonces uno de los sobrevivientes de aquel día fatal logró llegar hasta el campamento de Abraham: «Oyó Abram que su pariente estaba prisionero, y armó a sus criados ... y cayó sobre ellos» (Génesis 14:14-15).

1. He aquí la abnegada y exitosa interposición de un escogido a favor de los demás. Oculto por las montañas, Abraham había observado desde lejos los movimientos de los devastadores.

Pero la verdadera separación nunca actúa así. Es cierto que el escogido es separado para Dios, pero a fin de que reaccione con más eficiencia en medio del mundo que Dios ama, y para el cual tiene grandes propósitos de misericordia al elegir a sus pocos justos. La separación genuina es consecuencia de la fe, que siempre obra mediante el amor; y este amor anhela tiernamente por el rescate de aquellos que están cautivos en las redes de la mundanalidad y el pecado. La fe nos hace independientes, pero no indiferentes. Fue suficiente para la fe de Abraham el oír que su pariente había sido llevado cautivo, para armarse y emprender la persecución de inmediato.

La interposición de Abraham fue tan exitosa, como abnegada y pronta. Partió con una pequeña fuerza, pero sus rudos reclutas se movieron rápido, y fue así como al cabo de cuatro o cinco días alcanzaron al confiado y orgulloso ejército en medio de las colinas donde el Jordán busca su origen. Adoptando la táctica del ataque nocturno, cayeron de repente sobre las descuidadas huestes y las persiguieron, causándoles el pánico, hasta la antigua y lejana ciudad de Damasco. «Y recobró todos los bienes, y también a Lot su pariente y sus bienes, y a las mujeres y demás gente» (Génesis 14:16).

Los hombres que llevan una vida de separación y entrega a Dios, son los que actúan con más prontitud y éxito cuando llega la hora de la acción.

2. Un momento de gran éxito es con frecuencia la señal para que surja una gran tentación. El rey de Sodoma no había estado entre los prisioneros. Es probable que se salvara gracias a una oportuna huida a las montañas, desde el campo de batalla. Cuando recibió la noticia de la valiente y triunfante expedición llevada a cabo por el patriarca, se dispuso a encontrarlo y darle la bienvenida.

Los dos se encontraron en el valle del Rey, lugar que se volvería famoso con el correr de los años, situado cerca a la ciudad de Salem, título que estaba destinado a convertirse en la palabra «Jerusalén».

Agradecido por el socorro y la liberación dados por Abraham, el rey de Sodoma le propuso que entregara solamente las personas que habían sido llevadas cautivas, y que guardara para él y sus aliados todos los despojos.

Debe haber sido una oferta muy tentadora. No era cosa despreciable para un pastor que se le brindara la oportunidad de apoderarse de un botín procedente de ciudades bien establecidas, grandes y opulentas, especialmente cuando parecía tener cierto derecho a él.

No obstante, Abraham no quiso prestarle oídos a tal tentación ni por un momento. En realidad, parece que ya había pensado en el asunto, puesto que, como si se refiriera a algún negocio anterior, dijo: «He alzado mi mano a Jehová Dios Altísimo, creador de los cielos y de la tierra, que desde un hilo hasta una correa de calzado, nada tomaré de todo lo que es tuyo, para que no digas: Yo enriquecí a Abram». ¡Qué expresión tan majestuosa de la independencia que tiene la fe viva!

Hay un estrecho paralelo entre esta sugerencia del rey de Sodoma y la tentación del Señor en el desierto, cuando Satanás le ofreció todos los reinos del mundo a cambio de un acto de obediencia. Además, ¿no nos asalta a todos esta tentación? ¿No nos tienta a todos el dorado salario de la mundanalidad? El mundo sabe que, con solo aceptar sus subsidios, habremos entregado nuestra independencia para rebajarnos a su nivel, incapaces ya de testificar contra él. Como Sansón, estaremos despojados de nuestro poder al perder la cabellera de nuestra fuerza, y seremos tan débiles como los demás hombres.

Además, ¿qué derecho tenemos para depender de lo que el mundo nos dé, si somos los herederos del dueño de cielos y tierra, hijos del Gran Rey quien, al darnos a su Hijo, también prometió entregarnos con él todas las cosas? Felices los que prefieran vivir de la pensión que les brinde la providencia cotidiana de Dios, a depender del oro de Sodoma, salario de iniquidad.

3. La gracia antecedente de Dios. Es posible que Abraham no se hubiera portado con tanta grandeza de espíritu en el segundo conflicto, si no hubiera sido preparado para él mediante el maravilloso encuentro con un rey más grande que todos los demás que hemos nombrado. Después de la derrota que le infligió a Quedorlaomer, el hebreo se había encontrado con Melquisedec, el rey-sacerdote de Salem. Este trajo consigo pan y vino, y bendijo al fatigado conquistador. ¿No es este todavía el trabajo del Señor Jesucristo? Él viene a nosotros cuando regresamos cansados del diario batallar. Nos visita cuando sabe que se acerca una gran tentación. No solo ora por nosotros, como lo hizo por Pedro, sino que nos prepara para el conflicto. Nos pone en la memoria y el corazón alguna nueva revelación, alguna nueva observación acerca de su personalidad, o algún pensamiento profundamente espiritual, para que nos ayuden cuando acuda contra nosotros el enemigo. ¡Qué misericordia tan inigualable! Él nos advierte del peligro y nos prepara para la batalla con anticipación; nos sostiene firmes con las bendiciones de su bondad.

¡Rey de los corazones leales, permite que podamos encontrarnos contigo con más frecuencia en los caminos de la vida, especialmente cuando algún tentador se disponga a tejer alrededor de nosotros las redes del mal; y que, protegidos por tu bendición, estemos preparados para recibir tu gracia a fin de enfrentarnos a todo lo que pueda esperarnos en el futuro aún desconocido!

9
MELQUISEDEC
Hebreos 7:1

En cierto sentido, Cristo fue hecho según el orden de Melquisedec; pero en un sentido más profundo todavía, Melquisedec fue hecho según el orden del Hijo de Dios. El escritor de la epístola a los Hebreos dice que Melquisedec fue «hecho semejante al Hijo de Dios» (Hebreos 7:3) para que entre los hombres hubiera cierta premonición o anticipación de esa vida gloriosa que ya se estaba viviendo en el cielo a favor del hombre y que, a su debido tiempo, se manifestaría en nuestro mundo, en el mismo lugar donde Melquisedec vivió a semejanza de Cristo.

1. Melquisedec fue sacerdote. Parece haber tenido esa compasión por las necesidades de sus tiempos que es la verdadera marca de un corazón sacerdotal (Hebreos 4:15). Por este motivo, había adquirido tanta influencia sobre sus vecinos, que estos reconocían espontáneamente los derechos que le daba su posición exclusiva y especial. El hombre tiene necesidad de un sacerdote. En todas las edades, los hombres han escogido de entre sus semejantes a uno que los represente a ellos delante de Dios, y a Dios delante de ellos. Es un instinto natural que fue satisfecho en la persona de nuestro glorioso Señor que, al mismo tiempo que nos representa ante Dios, frente al cual se halla cara a cara, intercediendo continuamente, conoce nuestras debilidades, nos socorre en las tentaciones y se compadece de nuestra ignorancia. ¿Por qué seguir buscando entonces?

2. Este sacerdocio también era universal. Abraham no había sido circuncidado. Aún era gentil. En su condición de padre de numerosas naciones, estuvo ante Melquisedec, adoró a Dios y recibió la bendición de las santas manos del rey-sacerdote. No fue así con el sacerdocio de Aarón. Para participar de sus beneficios, había que volverse judío, sometiéndose al rito de iniciación del judaísmo. En el pectoral del sumo sacerdote solo aparecían nombres hebreos. Sus labios consagrados solo oraban por las necesidades y pecados de los hebreos. En cambio, Cristo es el sacerdote de toda la humanidad. Él atrae a sí a todos los hombres. El único derecho que tenemos acerca de él, es que llevamos la naturaleza que él tomó en una unión irreversible con la suya propia; que somos pecadores y penitentes oprimidos por una necesidad consciente. Él es nuestro Sacerdote; el nuestro, como si nadie más tuviera derechos sobre él. Todas las razas, pueblos, naciones y lenguas convergen a él, y son bien recibidos.

3. Este sacerdocio fue superior a todos los órdenes sacerdotales humanos. Si alguna vez un sacerdocio tuvo supremacía indiscutible sobre los demás sacerdocios del mundo, éste fue el aarónico. Sin embargo, aun este tiene que rendir obediencia al sacerdocio de Melquisedec. Y así lo hizo, pues Leví estaba en las entrañas de Abraham cuando el patriarca se encontró con Melquisedec, y en Abraham le pagó los diezmos y se arrodilló delante de él como señal de sumisión, bajo la bendición de quien era mayor que él (Hebreos 7:4-10).

4. Este sacerdocio compartió el misterio de la eternidad. No tenemos que suponer que este misterioso personaje no haya tenido realmente padre, ni madre, ni principio de días, ni final de vida. No se nos da ninguna información al respecto. Sin lugar a duda, estos detalles quedan envueltos en la oscuridad para que haya una aproximación todavía más clara del tipo, que le dé gloria al antitipo, que es el que permanece para siempre. Él es el Anciano de días, el Rey de los siglos, el Yo soy. Hecho «según el poder de una vida indestructible ... viviendo para siempre para interceder». Si en la visión de Patmos el cabello de su cabeza aparece blanco como la nieve, no es por deterioro, sino por el fuego incandescente. «Permanece para siempre, tiene un sacerdocio inmutable». «Es el mismo ayer, y hoy, y por los siglos». Él hace por nosotros lo mismo que hizo por los patriarcas del mundo antiguo, y lo que hará por el último pecador que pida su ayuda.

5. Este sacerdocio fue real. «Melquisedec, rey de Salem, sacerdote». Aquí tampoco hay analogía con el sacerdocio levítico.

Las funciones sacerdotales y las reales se mantenían en una cuidadosa separación. Uzías quedó leproso cuando trató de unirlas. En cambio, ¡cuán maravillosamente se combinaron en la vida terrenal de Jesús! Como Sacerdote, tuvo compasión, ayudó y alimentó a los hombres; como Rey, mandó a las olas. Como Sacerdote, pronunció su sublime oración intercesora; como Rey, hizo promesas que son prerrogativa de su poder real. Como Sacerdote, sanó la oreja de Malco; como Rey repudiado en favor del César, se le persiguió hasta la muerte. Como Sacerdote, intercedió por sus asesinos y le habló del Paraíso al ladrón moribundo, en tanto que su realeza era atestiguada por la proclama clavada en la cruz. Como Sacerdote, sopló sobre sus discípulos y les dijo: «Mi paz os dejo»; como Rey, ascendió a los cielos para sentarse en su trono.

¿Cuál es su actitud hacia él? Hay muchos que están dispuestos a tenerlo como Sacerdote, pero se niegan a aceptarlo como Rey. Esto no servirá de nada. Él debe ser Rey para poder ser Sacerdote. Este es el orden en que debe ser Rey: primero, lo justificará; después le dará su paz, que sobrepasa todo entendimiento. No desperdicie un tiempo precioso engañándose, ni discutiendo con él; acepte la situación tal cual es, y deje que su corazón sea la Salem, la ciudad de la paz, en la cual él reine para siempre como sacerdote y rey.

6. Este sacerdocio recibe diezmos de todos. «Abraham el patriarca dio diezmos del botín, (Hebreos 7:4). Esta antigua costumbre nos avergüenza a los cristianos. El patriarca dio más al representante de Cristo, que lo que muchos de nosotros le damos al mismo Cristo. Si nunca antes lo ha hecho, decídase a darle a su Señor el diezmo de su tiempo, sus ingresos y todo. «Traed todos los diezmos al alfolí». No, glorioso Señor, no nos contentaremos con esto solamente. Tómalo todo, pues todo te pertenece.

10
LA FIRMEZA DE LA FE DE ABRAHAM
Génesis 15

En este capítulo aparecen por primera vez en las Escrituras cuatro frases muy importantes, pero cada una de ellas está destinada a ser repetida con frecuencia, y con muchas variaciones atractivas. Primero encontramos la frase «vino la palabra de Jehová». Aquí, por primera vez, se nos dice que el Señor es un escudo. También suena por vez primera la campana de plata de la consolación divina: «No temas». Encontramos también por primera vez en la historia una palabra grande y poderosa: «Creyó».

La palabra del Señor vino a Abraham sobre dos asuntos diferentes.

1. Dios le habló a Abraham acerca de su temor. Abraham acababa de regresar de la victoria sobre Quedorlaomer y experimentaba la reacción natural al largo e inusitado esfuerzo, al establecerse de nuevo en el curso de la vida pastoril, plácida e imperturbable. En este estado de ánimo, era más susceptible al temor; y tenía una buena razón para sentirlo. Aunque era cierto que había derrotado a Quedorlaomer, al hacerlo se había buscado un acerbo enemigo. El brazo del rey-guerrero había sido bastante largo para alcanzar a Sodoma; ¿por qué no iba a ser tan largo y fuerte como para tomar venganza por su derrota en aquel solitario?

Además de todo esto, como viento nocturno en tierra desértica pasaba una y otra vez por el corazón de Abraham un sentimiento de solitaria desolación, de desengaño y de esperanza diferida. Ya habían pasado más de diez años desde su entrada a Canaán. Tres promesas sucesivas habían encendido sus esperanzas, pero nunca habían parecido más lejanas de convertirse en realidad. Ni un centímetro cuadrado de terreno era suyo, ni había señal alguna del hijo tan esperado; nada de todo aquello que Dios le había predicho.

Esas eran las circunstancias cuando llegó a él la Palabra del Señor: «No temas, Abram; yo soy tu escudo, y tu galardón será sobremanera grande». Aun así, Dios no se contenta con vagas promesas. Nos da sólidos motivos de consuelo al hacernos nuevas revelaciones de su persona. Nada le habría podido servir de mayor consuelo al indefenso peregrino, sin estacada ni ciudad amurallada para protegerse, con sus rebaños esparcidos a todo lo ancho y largo del campo, que oír que Dios mismo los rodeaba a él y a los suyos, como un escudo vasto e impenetrable, aunque fuera invisible: «Yo soy tu escudo».

Desde que llegó este pensamiento a la humanidad, esta no ha cesado de alzar la mano para alcanzarlo, y nunca ha dejado que se disipe. Es un pensamiento muy útil para algunos de nosotros. Todos los días andamos en medio de peligros; nos atacan hombres y demonios, ya sea en ataque abierto, o en puñalada artera; insinuaciones despectivas, malas sugerencias, burlas, sarcasmos, amenazas; todas estas cosas se levantan contra nosotros. No obstante, si hacemos la voluntad de Dios y confiamos en su protección nuestra vida será maravillosa. La atmósfera divina se derrama alrededor de nosotros para hacernos impenetrables ante cualquier ataque. Bienaventurados los que han aprendido el arte de permanecer dentro de la inviolable protección del Dios eterno, contra quien todos los dardos se quiebran y las espadas se desvían, y todas las chispas de malicia se extinguen con el mismo sonido que una antorcha que se apagara en las salobres aguas del mar.

Ahora bien, la protección de Dios no es solo externa. Él es la recompensa y satisfacción del corazón solitario. Aquello fue como si le hubiera pedido a Abraham que considerara cuánto ganaría al tenerlo a él mismo: —Ven, hijo mío, y medita en esto. Aunque nunca llegaras a tener ni un metro cuadrado de terreno, y tu tienda permaneciera silenciosa mientras alrededor de ella resuenan alegres risas infantiles; con todo, no habrías salido de tu tierra en vano, pues me tienes a mí. ¿No te basta conmigo? Yo lleno los cielos y la tierra; ¿no podría también llenar un espíritu solitario? ¿No soy yo tu recompensa sobreabundante y grande, a punto de compensarte con mi amistad, a la cual te estoy llamando, por todos los sacrificios que puedas haber hecho?

2. Dios le habló a Abraham acerca de la ausencia de un hijo en su hogar. El patriarca dormía en su tienda de campaña, cuando Dios se le acercó en visión. Al amparo de esa visión, Abraham pudo abrirle su corazón al Señor. En la callada vigilia de aquella noche, Abraham vertió ante Dios la amarga agonía de su corazón. «Mira que no me has dado prole, y he aquí que será mi heredero un esclavo nacido en mi casa». Es como si le hubiera dicho: —Yo esperaba algo más que esto; al reflexionar en tus promesas, creí que con toda seguridad me pronosticaban un hijo de mi propia sangre, pero el lento correr de los años no me ha traído la realización de mis esperanzas, así que me imagino que no te supe entender. Nunca tuviste otra intención que hacer que mi mayordomo heredara mi nombre y mis bienes. ¡Pobre de mí! Es un desengaño muy amargo, pero eres tú el que lo ha hecho así, y está bien.

Es así como con frecuencia comprendemos mal a Dios e interpretamos sus demoras como negaciones. Esas demoras no son la respuesta final de Dios para el alma que en él confía. Son como el invierno antes del despertar de la primavera. «Luego vino a él palabra de Jehová, diciendo: No te heredará éste, sino un hijo tuyo será el que te heredará ... Mira ahora los cielos y cuenta las estrellas, si las puedes contar ... Así será tu descendencia» (Génesis 15:4, 5). Desde aquel momento, las estrellas brillaron con un nuevo significado para él, como símbolos de la promesa divina.

3. «Y creyó a Jehová». Es maravilloso que los hombres inspirados de todos los tiempos citen esas palabras con tanta frecuencia.

a. *Creyó antes de someterse al rito de la circuncisión.* El apóstol Pablo insiste de manera especial en esto, al demostrar que los que no son judíos pueden tener fe también, y ser contados entre los hijos espirituales del gran padre de los creyentes (Romanos 4:9-21; Gálatas 3:7-29). La promesa de que heredaría el mundo, le fue hecha a Abraham cuando todavía no era más que un cansado peregrino; por eso es segura para toda su simiente, no solo la que es según la Ley, sino también la que es según su fe, puesto que Abraham es el padre de todos los que hemos creído.

b. *Creyó a pesar de que lo prometido era prácticamente imposible desde el punto de vista natural.* Parecía imposible que aquel par de ancianos tuviera un hijo. La experiencia de muchos años decía: «No puede ser». La naturaleza y la lógica decían: «No puede ser». Cualquier amigo o consejero humano hubiera dicho al instante: «¡Imposible!» Abraham oyó calladamente todas las opiniones «y no se debilitó en la fe» (Romanos 4:19). Siguió confiando con el mismo ahínco en las promesas divinas. Su respaldo era la fidelidad de Dios. Se apoyaba totalmente en que Dios es digno de confianza. Se apoyaba por completo en que la veracidad divina era totalmente de fiar. Estaba plenamente convencido de que Dios era poderoso para realizar cuanto le había prometido. Usted que es hijo de Dios, por cada vez que le parezca imposible que Dios cumpla sus promesas, ponga diez veces su mirada en ella: este es el modo de fortalecer la fe.

«Tampoco dudó, por incredulidad, de la promesa de Dios, sino que se fortaleció en la fe» (Romanos 4:20).

c. *Su fe estaba destinada a pasar por fuertes pruebas.* Si usted ha estado recogiendo piedras durante todo el verano, y las envía al lapidario, es probable que él le devuelva la mayoría de ellas a los pocos días. Sin embargo, tal vez retenga una o dos, y cuando usted le pregunte por ellas, le responderá: —Las que le devolví no tienen mucho valor; no tenían nada que justificara la dedicación de mi tiempo y habilidades. En cambio, estas otras son diferentes; puedo pulirlas y tratarlas durante meses o años y cuando termine el proceso, su belleza compensará todos sus deseos.

Algunas personas pasan por la vida sin soportar muchas pruebas; son de naturaleza liviana y trivial, incapaces de soportar mucho ni de aprovechar la fuerte disciplina que en otros casos es tan necesaria y produce tan rica recompensa después de perfeccionar su obra. Dios no dejará que ninguno de nosotros sea probado más allá de lo que pueda resistir. Ahora bien, cuando tiene en sus manos una naturaleza como la de Abraham, que puede dar grandes resultados, no debe sorprendernos que la prueba continúe por largo tiempo, casi hasta que aquella persona no resista más. El patriarca tuvo que esperar quince años más, con lo que se completaron veinticinco años en total, entre la primera promesa y su realización con el nacimiento de Isaac.

d. *Su fe se le contó por justicia.* La justicia de Abraham no nació de sus obras, sino de su fe. «Así Abraham creyó a Dios, y le fue contado por justicia» (Gálatas 3:6). ¡Qué milagro tan maravilloso de la gracia! El que pone toda su confianza en el Señor Jesucristo con una sencillez así, será considerado justo a los ojos del Dios eterno. No podemos comprender todo lo que significan esas hermosas palabras. solo esto es evidente: que la fe nos une a él de modo tan absoluto, que somos uno con el Hijo de Dios para siempre.

Hay quienes enseñan que la justicia que Dios nos atribuye es como algo separado de Cristo que se arroja sobre los harapos del pecador para cubrirlos. Es más cierto y mejor considerarla una bendición debida a nuestra identificación con él por medio de la fe; así como él se hizo uno con nosotros al recibir la naturaleza humana pecadora, nosotros nos convertimos en uno con él al ser hechos justicia de Dios en él. Jesucristo se hace justicia para nosotros, y somos aceptos en el Amado. La fe no tiene en sí nada que pueda producir este hecho maravilloso de que se nos atribuya una justicia que no es nuestra; la fe es solamente el eslabón de unión con Cristo, y al unirnos con el Hijo de Dios, nos hace participantes de todo lo que él es: alfa y omega, principio y fin, primero y último.

11
VELANDO CON DIOS
Génesis 15:7

No es fácil velar con Dios, ni esperar por él. Dios está continuamente en camino a lo largo de todas las épocas; nosotros nos cansamos en unas pocas horas. Cuando su modo de tratar con nosotros nos deja perplejos e intrigados, el corazón que se ha enorgullecido de su inalterable lealtad, comienza a desfallecer con recelos y a preguntarse: ¿Cuándo podremos confiar absolutamente y sin temores?

En las relaciones humanas, una vez que un corazón ha encontrado su descanso en otro, puede soportar las pruebas de la distancia y la espera. Pueden pasar años sin escucharse ni una palabra, ni un suspiro que rompa la triste monotonía. Pueden surgir extrañas contradicciones que impidan la comprensión y confundan la mente, pero la confianza nunca vacila ni se abate. Sabe que todo está bien. Se contenta con existir sin una señal, y con estar en silencio sin tratar de explicar ni defenderse. ¿Cuándo trataremos así a Dios? Ciertamente sería glorioso que el corazón del hombre fuera capaz de esperar un milenio, inconmovible a pesar de la demora, incapaz de ser alterado por la duda.

En esta etapa de su educación, Abraham no había aprendido esta lección. Esta fue la amarga queja con que respondió a la promesa divina de que heredaría la tierra de la cual todavía no poseía ni un metro cuadrado: «Señor Jehová, ¿en qué conoceré que la he de heredar?».

¡Qué humano es todo esto! No que él fuera absolutamente incrédulo, sino que quería una señal tangible de que iba a suceder como Dios lo había dicho; algo que pudiera ver, algo que sería como el símbolo sagrado siempre presente de la herencia futura.

1. Velando junto al sacrificio. En aquellos tiempos, en que los contratos escritos eran muy raros, si no absolutamente desconocidos, los hombres empeñaban su palabra entre sí con las sanciones religiosas más solemnes. Se le exigía a la parte contratante que trajera ciertos animales, que se mataban y cortaban en pedazos. Estos se colocaban en el suelo de manera que se dejara un pasaje estrecho entre ellos, por el cual pasaba cada parte contratante en ambas direcciones, a fin de ratificar y confirmar su solemne promesa.

A este antiguo y solemne rito se refirió Jehová cuando dijo: «Tráeme una becerra de tres años, y una cabra de tres años, y un carnero de tres años, una tórtola también, y un palomino. Y tomó él todo esto, y los partió por la mitad, y puso cada mitad una enfrente de la otra» (Génesis 15:9,10).

Todavía era de madrugada. El día comenzaba, y Abraham se sentó a velar. Las horas seguían su curso, pero no había voces, ni nadie que respondiera.

El sol seguía ascendiendo en el cielo y calentando cada vez más los trozos de carne que yacían expuestos sobre la arena, pero todavía no venían ni la voz ni la visión. Los buitres, animales impuros, atraídos por el olor de la carroña, se reunían para devorarla, y exigía constante atención ahuyentarlos. ¿Pensó Abraham en algún momento que estaba sentado allí haciendo el papel de tonto? ¿Evitó las curiosas miradas de sus siervos y de su esposa Sara, porque estaba semiconsciente de haber tomado una posición que no podía justificar?

Todos tenemos que pasar por una disciplina parecida. Horas de espera en Dios; días de vigilia. Preocupémonos por no perder la paciencia, y no les demos tregua a los buitres. No podemos impedir que vuelen emitiendo gritos de desaliento, ni que hagan círculos a nuestro derredor como para atacar; pero podemos impedir que se posen. Esto debemos hacerlo en el nombre y con la ayuda de Dios. «Aunque la visión tardará aún por un tiempo ... Aunque tardare, espéralo» (Habacuc 2:3).

2. El horror de una gran oscuridad. Al fin se ocultó el sol, y la veloz noche oriental dejó caer su pesado velo sobre la escena. Agotado por el conflicto mental, la vigilia y el esfuerzo del día, Abraham quedó sumido en un profundo sueño. En ese sueño, su alma se debatía en unas densas y aterradoras tinieblas; de modo que casi lo paralizó y quedó sobre su corazón como una pesadilla. «He aquí que el temor de una grande oscuridad cayó sobre él».

Delante de Abraham se desplegó entonces una visión larga y tenebrosa acerca del futuro. Pudo ver la historia de su pueblo a través de los siglos, extranjeros en tierra extraña, esclavizados y afligidos. ¿Acaso no contempló la angustia de sus almas y su cruel sumisión bajo el látigo del capataz? ¿No oyó sus gemidos y vio a las madres llorando por sus bebés condenados a morir tragados por el insaciable Nilo? ¿No fue testigo de la construcción de aquellas ciudades cimentadas en la sangre y el sufrimiento? Esto era en verdad suficiente para llenarlo todo de densas tinieblas.

No obstante, aquel sombrío tejido estaba cruzado por una serie de hilos de plata. Los esclavizados tendrían su éxodo con grandes riquezas, y sus opresores serían derrotados con un juicio aplastante. Volverían a la Tierra Prometida de nuevo. En cuanto a él, se iría a sus padres en paz y sería sepultado en edad avanzada.

La vida humana está compuesta por momentos de esplendor y por neblinas del alma; sombra y sol; oscuro nublado seguido por un esplendoroso día lleno de luz y sin nubes. En medio de todo esto, la justicia divina realiza sus propios planes.

Si usted está lleno de horror a la gran oscuridad debida a los juicios de Dios sobre la humanidad, aprendan a confiar en esa infalible sabiduría que es asesora de su inmutable justicia; y sepa que aquel que atravesó por los horrores de las tinieblas del Calvario gritando su abandono, está dispuesto a hacerle compañía a través del valle de sombras de muerte, hasta que vea el sol alumbrando en la lejanía.

3. La ratificación de la alianza. Cuando Abraham despertó el sol ya había descendido. Las tinieblas lo cubrían todo. «Estaba oscuro». Una solemne quietud se cernía sobre el mundo. Entonces vino el aterrador acto de la ratificación. Por primera vez desde que el hombre salió por las puertas del Edén, aparecía el símbolo de la gloria de Dios, esa terrible luz que después brillaría en el pilar de nubes, y sería el resplandor de la «shequina».

En la densa oscuridad, la misteriosa luz, una antorcha de fuego, pasó lenta y majestuosamente por entre los pedazos divididos. Mientras esto sucedía, una voz dijo: «A tu descendencia daré esta tierra, desde el río de Egipto hasta el río grande, el río Éufrates» (Génesis 15:18).

Recuerde esa promesa hecha con la más solemne confirmación, nunca revocada desde entonces, y nunca realizada completamente. Durante unos pocos años, en el reinado de Salomón, el dominio de Israel casi llegó a estos límites, pero solo fue un breve período. La plena realización de esa promesa todavía espera en el futuro.

Por medio de dos cosas inmutables, su palabra y su juramento, Dios nos ha dado una fuerte confirmación a los que estamos amenazados por las tormentas que nos arrojan contra las rocas de la orilla. Sigamos a nuestro Predecesor; lancemos nuestra ancla, que es la esperanza, dentro del velo que nos separa de lo invisible: allí penetrará en un terreno que no cede, se sostendrá hasta que amanezca, y la seguiremos hasta entrar al cielo que nos ha sido garantizado por inmutable disposición de Dios (Hebreos 6:19, 20).

12
AGAR, LA ESCLAVA
Génesis 16:1

Ninguno de nosotros sabe lo que significa separarse de la escena familiar de nuestro Harán para seguir a Dios hasta las tierras de separación que se hallan en el más allá.

He aquí una emocionante manifestación de la tenacidad con la cual la vida interior de Abraham sobrevivió. La larga espera de diez interminables años, las reiteradas promesas de Dios, el hábito de la comunicación con Dios mismo: todo esto ciertamente hubiera sido suficiente para erradicar y quemar todo deseo de ayudar personalmente a convertir en realidad las promesas divinas. De seguro que ahora este hombre experimentado ha de esperar hasta que Dios, en su propio tiempo y a su modo, haga lo que ha dicho. Era de esperar que hubiera resistido con todas sus fuerzas cualquier intento para inducirlo a realizar por sus propias fuerzas e ingenio la promesa de Dios acerca de su simiente. Con toda seguridad esperaría humilde y calladamente a que Dios cumpliera su palabra por los medios que Él considerara más adecuados.

En lugar de eso, escuchó el razonamiento de las conveniencias. La fe nacida en un corazón sencillo espera a que Dios realice sus propósitos, segura de que no fallará. En cambio la desconfianza, al reaccionar en la propia vida, nos lleva a tomar los asuntos en nuestras propias manos.

1. El origen de este razonamiento. «Dijo entonces Sarai a Abram». Mientras él estaba en comunión con Dios, ella proseguía en silencio la rutina de los quehaceres domésticos, meditando en muchas cosas.

Era evidente que Abraham debía tener un hijo; pero Dios no había dicho en definitiva que el hijo sería de ella. Abraham era monógamo estricto; pero las costumbres más desmoralizadas de aquellos tiempos garantizaban el derecho de llenar el harem con otras mujeres, quienes ocupaban un rango inferior al de la esposa principal y cuyos hijos, según las costumbres generales, eran considerados como los de la propia esposa. ¿Por qué no cedía su esposo a ese concepto del matrimonio? ¿Por qué debía casarse ahora con la sierva? Para ella, era un sacrificio heroico. Sin embargo, su amor por Abraham, su falta de esperanza en la posibilidad de tener un hijo propio y su incapacidad para concebir que Dios cumpliera lo prometido por otros medios que no fueran los naturales, se combinaron para darle forma a su proposición.

Nadie más podía haberse acercado a Abraham con una proposición tal, con la mínima esperanza de éxito. Pero cuando Sara se la hizo, el caso cambió. Parecía ser algo muy adecuado para convertir en realidad la promesa divina, y «atendió Abram al ruego de Sarai».

2. Las tristes consecuencias. Tan pronto como se obtuvo el fin propuesto, los resultados, como un cultivo de ortigas, comenzaron a aparecer en aquel hogar, que hasta entonces había sido la morada de la pureza y la felicidad, pero que ahora estaba destinado a ser la escena de la discordia. Al ser puesta en la posibilidad de rivalizar con Sara, y encinta con el hijo que Abraham tanto anhelaba, y que sería el joven amo del campamento, Agar despreció a su estéril ama, y no hizo ningún esfuerzo por ocultar su desdén.

Esto era más de lo que Sara podía soportar. Fue más fácil hacer un acto heroico de sacrificio, que soportar todos los días la conducta insolente de la sirvienta que ella misma había elevado a esa posición. Tampoco fue razonable en su irritación; en vez de asumir la responsabilidad que le correspondía por haber ideado el lamentable suceso tan lleno de amargura para ella, reprendió con gran encono a su esposo, diciéndole: «Mi afrenta sea sobre ti ... Juzgue Jehová entre tú y yo» (Génesis 16:5).

De esta conveniencia carnal surgieron muchas tristezas. Penas para Sara, quien en esta ocasión, y en el futuro, debe haber bebido hasta las heces de la copa de la amargura, los celos y el orgullo herido, del odio y la malicia. Dolores para Agar, arrojada del hogar del cual había soñado con llegar a ser la ama, y en el que se había considerado imprescindible. Amarguras para Abraham, reacio a separarse de quien, a juzgar por las apariencias humanas, se convertiría ahora en la madre del hijo que bendeciría su vida; enojado, además, por la inusitada amargura de los reproches de su mujer.

3. La víctima cuya vida fue tan afectada. Abraham, para mantener la paz de su hogar, no se atrevió a interponerse entre su esposa y su esclava. «He aquí», dijo, «tu sierva está en tu mano; haz con ella lo que bien te parezca». Ella actuó de inmediato, movida por este implícito consentimiento. La airada ama trató tan mal a la muchacha, que ella huyó de su presencia y tomó el camino, marcado por las caravanas, hacia su tierra nativa.

«El ángel de Jehová» (aquí por primera vez se usa la importante expresión que, según muchos, expresa cierta evidencia de manifestación del Hijo de Dios en forma de ángel) «la halló junto a una fuente de agua» que fue muy conocida en los tiempos de Moisés. Allí, cansada, triste y solitaria, se sentó a descansar. ¡Con cuánta frecuencia el ángel del Señor todavía nos halla en nuestros momentos extremos! Sus preguntas no pueden ser más pertinentes, tanto para Agar como para nosotros: «¿De dónde vienes tú, y a dónde vas?» Amable lector: Responda esas dos preguntas antes de continuar con la lectura: ¿Cuál es su origen y cuál su destino?

Después le dio un claro mandato que sigue aplicándose desde entonces: «Vuélvete ... y ponte sumisa». Llegará un día en que Dios mismo abrirá la puerta y sacará a Agar de aquel hogar (Génesis 21:12-14). Hasta que ese momento llegue, trece años más tarde, debe regresar al lugar que ha dejado, soportar su carga y realizar su deber de la mejor manera posible: «Vuélvete ... y ponte sumisa».

Todos tenemos la inclinación a obrar como lo hizo Agar. Si nuestra carga es pesada, y nuestra cruz es dura, escapamos en un arranque de impaciencia y orgullo herido. Buscamos nuestra propia salida a las dificultades. Sin embargo, no es esta la manera correcta.

Debemos volver atrás en nuestras pisadas; debemos doblegarnos humildemente bajo el yugo. Debemos aceptar lo que Dios nos ha deparado, aunque sea consecuencia de la crueldad y el pecado de otros. Venceremos cediendo. Escaparemos volviendo. Al final, cuando hayamos aprendido perfectamente la lección, la puerta de la prisión se abrirá sola.

Mientras tanto, el corazón de la fugitiva se alegra con la promesa (Génesis 16:10). El ángel del Señor le muestra cuáles serán los resultados de su obediencia. Va meditando en ellos dentro de su espíritu, y descubre que el camino de regreso al hogar ya no está sembrado de pedernal, sino suavizado con flores.

13
«¡SÉ PERFECTO!»
Génesis 17:1

Transcurrieron lentamente trece interminables años después del regreso de Agar al campamento de Abraham. Su hijo Ismael nació y creció en la tienda del patriarca, como heredero reconocido del campamento, pero dando muestras de la naturaleza ruda de que había hablado el ángel (16:12). Abraham debe haber estado perplejo ante manifestaciones tan extrañas, pero el corazón del anciano se enternecía con el muchacho y se apegaba a él, por lo que intercedía a menudo para que Ismael viviera rectamente delante de Dios.

Durante todo ese largo período no se le apareció Dios, ni le anunció nada nuevo. No había habido una pausa tan larga desde que Dios le había hablado en Harán. Debe haber sido una experiencia terrible, que lo haría volver a la promesa recibida para examinar su corazón y ver si la causa de todo estaba en él mismo.

Al fin, «era Abraham de noventa y nueve años, cuando le apareció Jehová», y le hizo una nueva revelación de sí mismo. Le descubrió las condiciones de su pacto, y le dirigió el memorable encargo que todavía resuene en los oídos y el corazón de todos los creyentes: «Anda delante de mi y sé perfecto».

1. La orden divina. «Anda delante de mí y sé perfecto». Los hombres han tropezado tristemente en la palabra «perfecto». No han errado al enseñar que esta expresión habla de una experiencia posible para el ser humano, pero se han equivocado al tratar de imponerle su propio significado a la palabra, y afirmando que Dios espera del hombre que cumpla esta orden por sus propias fuerzas, o que ellos mismos ya han alcanzado esa perfección.

A menudo se supone que la palabra «perfección» denota una moralidad impecable, lo que en el mejor de los casos es un concepto negativo, y deja escondida la fuerza positiva de esta poderosa palabra. Por supuesto que la perfección es más que la impecabilidad. Si se admite esto, y también que contiene la idea de plenitud moral, entonces es aun más absurdo que cualquier mortal afirme que la posee. La propia afirmación demuestra la falta de perfección, y revela poco conocimiento de la vida interior y de la naturaleza del pecado. La impecabilidad absoluta es totalmente imposible para nosotros, porque no tenemos un conocimiento perfecto. Así como nuestra iluminación va en constante aumento, también continuamente estamos descubriendo el mal en cosas que en otras ocasiones nos permitíamos sin ningún remordimiento. Las palabras del apóstol Pablo deberían estar en nuestros labios para que clamásemos con él: «No que lo ha alcanzado ya, ni que ya sea perfecto; sino que prosigo» (Filipenses 3:12).

Además de todo esto, la palabra «perfecto» tiene connotaciones diferentes a las que con frecuencia se le dan. Por ejemplo, cuando se nos dice que el hombre de Dios debe ser perfecto (2 Timoteo 3:17), la idea subyacente es la de un obrero que «está completamente equipado para su trabajo». También cuando nos unimos a la oración en la que se pide al Dios de paz que nos haga aptos o perfectos en toda obra buena para hacer su voluntad, en realidad estamos pidiendo que se nos una al Señor para que él, nuestra gloriosa Cabeza, pueda hacer su voluntad a través de nosotros con toda libertad (Hebreos 13:20, 21).

Entonces, ¿cuál es la verdadera fuerza e importancia de las palabras «anda delante de mí y sé perfecto»? La comparación de los diversos pasajes donde aparece, aclara su significado sin lugar a dudas y nos lleva a pensar en la «entrega de todo corazón». Denota la entrega absoluta del ser.

Este grado de entrega siempre ha sido muy apreciado por Dios.

Abraham por su carácter y obediencia demostró esta entrega. Por tanto, Dios se ligó a él y a los suyos con un pacto eterno.

Aquí cabe preguntarse: ¿Está mi corazón en una relación perfecta con Dios? ¿Estoy consagrado a de todo corazón? ¿Ocupa él el primer lugar en mis planes, placeres, amistades, pensamientos y acciones? ¿Es su voluntad mi ley; su amor mi luz; son sus asuntos mis asuntos, y su aprobación mi recompensa mayor? ¿Tiene acaso que compartirme con otros?

solo se puede mantener esa actitud mediante un gran cuidado al caminar por la vida. «Anda delante de mí y sé perfecto». Debemos tener el propósito de estar constantemente conscientes de la presencia de Dios, dándonos cuenta inmediata cuando la más aterciopelada de las nubes corra su velo por un momento sobre su rostro, y preguntarnos si acaso la causa de eso no habrá sido algún pecado muy sutil. Debemos cultivar el hábito de sentirlo cerca, como el amigo de quien nunca nos separaríamos, en el trabajo, en la oración, en la recreación y en el descanso, aunque esto no quiere decir que vayamos a vivir de modo forzado o afectado. Tampoco debemos vivir con descuido o despreocupación. ¿Le agradaría andar con Dios? Entonces, que no haya nada en su corazón o en su vida, que usted no esté dispuesto a permitir que inspeccionen los santos y misericordiosos ojos de Dios.

2. La revelación que sirvió de fundamento a esta orden. «Yo soy el Dios Todopoderoso» (El-shaddai). ¡Qué nombre tan admirable! ¡Cuántas emociones no habrá despertado en el absorto corazón de su oyente! Él había conocido a Dios por otros nombres, pero no por este. Esta fue la primera de una serie de revelaciones acerca de las profundidades de significado que yacen en el insondable abismo del nombre divino. Cada una de ellas ha señalado una época en la historia de la humanidad.

En las relaciones de Dios con el hombre se encuentra invariablemente que cierta revelación trascendente precede a la orden divina respecto de algún deber nuevo y difícil. La promesa abre la puerta para el precepto; él da lo que manda, y por lo tanto manda lo que quiere. Dios pone en práctica este principio ahora. No está llamando a su siervo a ningún juego de niños. Andar siempre delante de él cuando el corazón está debilitado, hay pocas fuerzas y la tentación tiene la fuerza necesaria para arrastrarlo a derecha o izquierda. Ser perfecto en entrega y obediencia, cuando hay tantas luces que se cruzan en el camino para distraer, fascinar y dejar el alma perpleja. Renunciar a todos los métodos basados en el esfuerzo propio, aunque sean muy tentadores. Estar separado de todas las alianzas que otros se permiten y siguen. Esto es posible solamente a través del poder del Todopoderoso. Ese es el motivo de que lo tranquilice diciendo: «Yo soy el Dios Todopoderoso».

Todo esto es tan cierto ahora como siempre. Si usted se atreve a aventurarse más dentro de la senda de la separación, rompiendo su dependencia de la ayuda de las criaturas y de todo esfuerzo propio; contentándose con andar solo con Dios, sin ayuda de nadie más, sino solo de él, verá cómo todos los recursos de la omnipotencia divina serán puestos a su disposición. Entonces sería necesario que los recursos de la Omnipotencia se agotaran, antes de que fracasara su causa por falta de ayuda.

3. El pacto propuesto por Dios. «Y pondré mi pacto entre mí y ti». Un pacto es una promesa hecha bajo las ratificaciones más solemnes y que compromete a las partes que la aprueban de modo definido y grandioso. No podemos menos que consentir con el hecho de que el Dios Todopoderoso propuso entrar en un pacto eterno con su criatura, un pacto ordenado en todas las cosas y seguro, y más estable que las colinas eternas.

a. *Se refería a la simiente.* Hubo esta vez un marcado avance. En Harán había sido: «Haré de ti una gran nación». En Betel: «Tu simiente será como el polvo de la tierra». En Mamre: «Cuenta las estrellas; así será tu descendencia». En cambio ahora le dice tres veces al patriarca que se convertirá en el padre de muchas naciones, lo cual explicaría más tarde el apóstol Pablo. Según él, en esto quedan incluidos todos los que comparten con Abraham su fe, sean de donde sean, aunque no procedan de su descendencia natural (Gálatas 3:7-29). En recuerdo de aquella promesa, Dios le cambió un poco el nombre para que significara «padre de una gran multitud».

b. *Se refería a la tierra.* «Y te daré a ti y a tu descendencia después de ti, la tierra en que moras, toda la tierra de Canaán en heredad perpetua» (Génesis 17:8). Esta promesa todavía no se ha cumplido. La palabra «perpetua» debe significar algo más que esos pocos siglos de gobierno interrumpido e incierto. Llegará el momento en que nuestro Dios, que es fiel a su pacto, edificará otra vez el tabernáculo de David, que está caído, y reparará sus ruinas, y aquella tierra volverá a ser habitada por la descendencia de su amigo Abraham.

c. *Se refería al niño que habría de venir.* Hasta ese momento, Abraham no pensaba sino que Ismael sería su heredero. Dios le dijo: «Ciertamente Sara tu mujer te dará a luz un hijo, y llamarás su nombre Isaac» (v. 19).

Dios se compromete a ser el Dios de nuestra descendencia. A nosotros nos corresponde reclamar el cumplimiento de su promesa. No con gemidos lastimeros, sino con una fe callada y decidida, pidámosle que cumpla lo prometido.

14
LA SEÑAL DEL PACTO
Génesis 17:2

En las Escrituras se dice tres veces que Abraham es «el amigo de Dios». En el momento de agonía cuando le llegó noticia al rey Josafat de la gran alianza de gentiles que se había formado contra él, se presentó en el templo, y dijo: «Dios nuestro, ¿no echaste tú los moradores de esta tierra... y la diste a la descendencia de Abraham tu amigo para siempre?» (2 Crónicas 20:7).

Santiago, al cerrar su comentario acerca de la fe y las obras, afirma que, cuando Abraham creyó en Dios, «le fue contado por justicia y fue llamado amigo de Dios» (Santiago 2:23).

Lo mejor de todo es que Jehová mismo usa este título para reconocer los sagrados lazos que existen entre este espíritu tan probado y él: «Pero tú, Israel, siervo mío eres; tú, Jacob, a quien yo escogí, descendencia de Abraham mi amigo» (Isaías 41:8).

Casi parece que los capítulos 17 y 18 del Génesis se hubieran escrito para mostrar la familiaridad e intimidad que existían entre el Dios eterno y el hombre que tuvo el honor de ser llamado su «amigo». Sin embargo, no debemos suponer que hay algo único y exclusivo en esta maravillosa historia. Su propósito fundamental es convertirse en ejemplo de la manera en que el Dios eterno se relaciona con sus verdaderos santos de todas las épocas. Todo lo que Dios fue para Abraham, lo ha sido para centenares y millares de santos suyos, y sigue queriéndolo ser para nosotros.

Examinemos estas antiguas líneas a la luz que les dan las palabras de nuestro Salvador: «Ya no os llamaré siervos, porque el siervo no sabe lo que hace su señor; pero os he llamado amigos,» (Juan 15:15).

Dios nos ofrece gratuitamente su amistad en el Señor Jesucristo. No la merecemos. Simplemente, somos deudores suyos, siempre en bancarrota, y nos maravillamos de la insondable riqueza de su gracia. ¿No diríamos que la causa primera de esa amistad radica en el anhelo del corazón del Eterno por mantener comunión con sus criaturas? Sin embargo, siempre será un misterio que la busque entre nosotros, los hijos caídos de Adán.

¡Qué destino tan maravilloso tenemos a nuestro alcance! Los primeros nacidos de la luz podrían aspirar en vano a él. Cuando más, solo pueden ser espíritus ministradores, llamas de fuego, corazones amorosos, seres de extraordinario poder, obedientes a su Palabra. En cambio nosotros podemos ser los amigos de Dios; hijos e hijas del gran Rey; miembros del cuerpo de Cristo. El cerebro casi se aturde cuando contempla esta realidad que centellea ante él: la bendición que nos espera, tanto en este mundo como en las edades que se vislumbran en la lejanía del futuro.

¡Amigos de Dios! ¿Por qué no sacar más provecho de sus trascendentales privilegios? ¿Por qué no hablar con él de todo lo que le preocupa y angustia, con la misma libertad de Abraham? La vida debería ser una larga conversación entre Dios y nosotros. No deberíamos terminar ni un día sin que lo repasásemos con nuestro paciente Señor; sin confesarle nuestras faltas; sin aligerarnos el corazón de penas y amarguras al confiárselo todo a él. Bastaría que nos humilláramos y escucháramos en silencio, para oír el dulce y emocionante acento de su voz, suave y apacible, abriéndonos profundidades que los ojos no han visto, ni el oído ha escuchado, pero que él ha preparado para los que lo aman y esperan en él.

No obstante, debemos cumplir tres condiciones para poder gozar de esta bendita amistad: separación, pureza y obediencia. Todas ellas fueron establecidas en el rito de la circuncisión, dado a Abraham en esta ocasión, tanto para él como para sus descendientes.

solo en proporción a nuestro conocimiento del significado espiritual de la circuncisión, podemos entrar en la gozosa apropiación de la amistad de Dios. Si queremos, nuestro Señor y Salvador puede producir en nosotros este bendito resultado espiritual. él es capaz de hacerlo, y está dispuesto.

1. La separación. Abraham y sus descendientes quedaron marcados por medio de este rito como un pueblo escogido. Es así como cualquiera de nosotros puede ser admitido a la amistad con Dios. El derramamiento de la sangre de Cristo y su muerte —la cruz y la tumba— deben separarnos de nuestra vida pasada y de toda complicidad con la maldad.

En ocasiones, Dios les pide expresamente a los creyentes que se queden en el lugar donde los llamó por motivos especiales relacionados con el ministerio, y porque las tinieblas necesitan de la luz. En cambio, en la mayoría de los casos las notas del clarín que llaman suenan para todos los que desean conocer la dulzura de la comunión divina: «Salid de en medio de ellos, y apartaos, dice el Señor, y no toquéis lo inmundo; y yo os recibiré, y seré para vosotros por Padre» (2 Corintios 6:17, 18).

Esta fue la clave de la vida de Abraham, y es el significado interno del rito de la circuncisión.

2. La pureza. «Al echar de vosotros el cuerpo pecaminoso carnal, en la circuncisión de Cristo» (Colosenses 2:11). Difícilmente se encuentra una gracia que Dios aprecie más que esta: mantenerse puro en medio de un ambiente impuro, caminar con un traje inmaculado aun en un lugar pervertido como Sardis; ser tan sensible a las manchas de la impureza, como lo es la nariz más delicada a un mal olor. Esta es una condición de gran valor para Dios y en la cual él mismo se revela.

La pureza se puede alcanzar solamente mediante una gracia especial del Espíritu Santo, y haciendo dos cosas: primero, alejarnos al instante de cualquier cosa que haga surgir pensamientos impuros; segundo, buscando perdón inmediatamente, cuando sabemos que nos hemos dejado vencer, aun por un momento, por la insidiosa y mortal fascinación de la carne.

Confiemos en que él va a mantener a los suyos en ese estado de pureza y castidad que Dios tanto aprecia; esta es la circuncisión de Cristo.

3. La obediencia. Para Abraham este rito debe haber parecido menos necesario que para algunos otros de su campamento. Sin embargo, lo llevó a cabo tan pronto como Dios le dio la orden. «En el mismo día fueron circuncidados Abraham e Ismael su hijo». ¿No nos recuerda esto a aquel que dijo: «Vosotros sois mis amigos, si hacéis lo que os mando»? La obediencia inmediata al deber conocido es una condición indispensable para tener intimidad con Dios; y si el deber es tedioso y difícil, entonces recordemos que le debemos pedir más gracia aún a Dios. No hay ningún deber al cual seamos llamados, que sea demasiado difícil de realizar con que solamente extendamos las manos para recibir la fortaleza que Dios nos ofrece.

No obedecemos para llegar a ser amigos; pero como hemos llegado a ser amigos de Dios, nos apresuramos a obedecer. El amor es más inexorable que la ley, y por amor al que nos llama con un título tan querido, nos produce gozo emprender y realizar lo que el Sinaí con todos sus truenos no podría impulsarnos a intentar.

15
EL HUÉSPED DIVINO
Génesis 18:1

Durante un viaje real, cuando un soberano decide quedarse en el hogar de uno de los súbditos de su dominio, el acontecimiento se convierte de inmediato en tema para los cronistas, y la familia escogida para tan alto honor es tenida en profundo respeto. ¿Qué diremos, pues, en presencia de un episodio como este, en que el Dios de los cielos se convirtió en huésped de su siervo Abraham?

No hay dudas en cuanto a la augusta personalidad de uno de los tres que visitaron la tienda del patriarca. En el versículo 1 se nos dice claramente que Jehová se le apareció en el encinar de Mamre, estando él sentado a la puerta de su tienda en el calor del día. En el versículo 10 descubrimos el acento de las palabras divinas en la promesa que afirma con toda certeza que Sara tendrá un hijo. Además de eso, se nos dice que dos ángeles llegaron a Sodoma por la noche. Es evidente que eran dos de los tres que se sentaron como huéspedes de Abraham junto al árbol que le daba sombra a su tienda bajo el ardiente sol. En cuanto al otro, quien durante aquellas horas maravillosas había sido el único en hablar, su dignidad se revela en la asombrosa discusión que tuvo lugar en las alturas de Mamre, cuando Abraham, de pie en presencia del Señor, intercedió ante aquel que es el Juez de toda la tierra.

Parece que al principio Abraham no se dio cuenta de toda la importancia del episodio en el cual estaba tomando parte. Así también nosotros con frecuencia no juzgamos rectamente a los personajes que conocemos. A veces, solo cuando ya se han ido para siempre, pensamos en ellos y nos damos cuenta que hemos estado agasajando ángeles sin saberlo. Actuemos siempre y en todo lugar de tal manera que, al rememorar el pasado, no tengamos de qué lamentarnos, y no tengamos que reprocharnos por haber dejado de hacer algo que hubiéramos hecho, si nos hubiéramos dado cuenta de la oportunidad que teníamos delante.

1. Abraham atendió a los visitantes con genuina hospitalidad oriental. Corrió a encontrarlos y se inclinó a tierra. Les ofreció agua para los pies, y descanso para su extenuado cuerpo, bajo la amplia sombra de la tienda. Le pidió a su esposa que comenzara a amasar la harina para cocinar el pan sobre las piedras calientes. Él mismo escogió el becerro más tierno, sin delegar este trabajo en nadie. También fue él quien les sirvió la comida a los visitantes, y como buen siervo, permaneció en pie a su lado bajo el árbol, mientras ellos comían. Los cristianos tenemos muy poco de qué enorgullecernos —y mucho que aprender— si consideramos las acciones de este santo de la antigüedad, y el trato que les dio a los tres extraños que llegaron hasta su tienda.

2. ¿Podría venir Cristo a nosotros disfrazado como un extraño? Por supuesto, que si viniera en todo su esplendor de Hijo del Altísimo, todo el mundo lo recibiría y lo atendería con suntuosa hospitalidad. Sin embargo, esto no serviría para revelar nuestra verdadera personalidad. Así que, para probarnos, él nos visita como caminante, hambriento y sediento; o como extraño, enfermo y desnudo. Los suyos le mostrarán misericordia, sin importar cómo venga disfrazado, aunque no lo reconozcan y se sorprendan después al saber que le ministraron. En cambio, los que no son verdaderamente suyos no podrán discernirlo, lo dejarán ir sin prestarle ninguna ayuda y al ser juzgados escucharán la sentencia del Señor: «En cuanto no lo hicisteis a uno de estos más pequeños, tampoco a mí lo hicisteis» (Mateo 25:45).

3. Dios nunca queda en deuda con nosotros. Él se cuida de pagar por los agasajos que se le hagan, con esplendidez de Dios y Rey.

Cuando usa el barco pesquero de Pedro, se lo devuelve casi sumergido por el peso de los pescados que él condujo a las redes. Se sienta con sus amigos en una fiesta de bodas de campesinos, y paga sus sencillas atenciones con varios cántaros que rebosan agua convertida en vino. Usa los cinco panes de cebada y los dos peces de un muchacho, pero este recibe una abundante comida. Envía a su profeta a quedarse en la casa de una viuda, y les suple harina y aceite por muchos días. Abraham tampoco salió perdiendo con su diligente hospitalidad, pues mientras comían, el Señor le predijo el nacimiento del hijo de Sara: «De cierto volveré a ti; y ... he aquí que Sara, tu mujer, tendrá un hijo» (v. 10).

Sara escuchaba detrás de la delgada cortina de pelo de camello y, al oír las palabras, se rió con incredulidad. Aquel de quien nada se puede ocultar y cuyos ojos son como llamas de fuego, notó inmediatamente su risa: «Entonces Jehová dijo a Abraham: ¿Por qué se ha reído Sara diciendo: ¿Será cierto que he de dar a luz siendo ya vieja? ¿Hay para Dios alguna cosa difícil? (Génesis 18:13, 14).

Con extraña simplicidad, ella respondió a través de la cortina, negando que hubiera reído, pues tuvo miedo. Su respuesta provocó una severa y firme represión: «No es así, sino que te has reído» (v. 15). Estas son las únicas palabras audibles que sepamos, que se cruzaron entre Dios y la esposa de Abraham. Sin embargo, parece que la llevaron a encontrar la verdadera fe, pues se dice: «Por la fe también la misma Sara, siendo estéril, recibió fuerza para concebir; y dio a luz aun fuera del tiempo de la edad, porque creyó que era fiel quien lo había prometido» (Hebreos 11:11).

4. Esta es la verdadera ley de la fe. No ponga la mira en su fe o en sus sentimientos. Dirija su mirada hacia las palabras de la promesa y, sobre todo, hacia aquel que promete. Él es el Omnipotente. ¿Ha prometido alguna vez algo que no pudiera realizar? «Fiel es el que prometió». Pase los ojos de la fe a la promesa, y de esta al que la hizo.

5. «¿Hay para Dios alguna cosa difícil?» Esta es una de esas preguntas de Dios que quedan sin respuesta. Quizá le parezca difícil, casi imposible, que Dios deba cumplir su palabra, por ejemplo, en la conversión de ese amigo por quien ha orado de acuerdo con 1 Juan 5:16. Tal vez le parezca difícil triunfar de las calumnias que le hayan hecho, o mantener dominada su naturaleza pecadora y arrojar de si los malos pensamientos, sometiéndolos todos a cautividad por obediencia a Cristo; difícil volverse dulce y gentil, perdonador y amable; difícil producir en sí mismo los frutos de una naturaleza santa y hermosa. Todo esto podrá ser difícil, pero nunca demasiado para el Señor: «Para Dios todo es posible» (Mateo 17:26). Tal como Sara lo experimentó, para los que creen, todas las cosas son posibles. La única cosa que le estorba a Dios es nuestra incredulidad. Recuerde que la fe es la actitud receptiva del alma, engendrada y mantenida por la gracia de Dios. Cristo es el autor y consumador de la fe; no solo en lo abstracto, sino también en la experiencia personal del alma. La fe es un don de Dios. Para recibirla, lo que necesita es identificar su voluntad con la de Cristo. Que no se trate solo de un deseo pasajero, sino de toda la fuerza de voluntad de su ser. La voluntad dispuesta a creer con anhelo, paciencia y perseverencia. Dirija su mirada siempre hacia el Señor. Estudie sus promesas; piense acerca de la naturaleza divina; esté siempre dispuesto a desprenderse de todo cuanto contriste a su Santo Espíritu. Tan cierto como las verdades proclamadas por Cristo, es que estará haciendo nacer y sustentando en su interior ese tipo de fe que puede mover montañas y reírse de los imposibles.

16
INTERCESIÓN POR SODOMA
Génesis 18:22, 23

Al terminar aquel día, los misteriosos huéspedes se fueron por las colinas hacia Sodoma y Abraham se fue con ellos para encaminarlos. Sin embargo, no llegaron los tres hasta la culpable ciudad sobre la cual ya habían comenzado a acumularse las nubes cargadas de tormenta. Esa noche entraron en ella dos ángeles solos. ¿Dónde quedó su compañero? Se había quedado atrás para seguir conversando con su amigo. La tradición señala todavía el sitio en medio de las montañas, en la cabecera de una larga y pendiente quebrada que lleva a las salinas aguas del mar Muerto. Allí se quedó rezagado el Señor para decirle a Abraham todo lo que guardaba en su corazón.

Abraham era el «amigo de Dios», y la amistad nos da derecho a escuchar los secretos que se encubrirían de los demás. La Biblia griega de los Setenta ha presentado muy bien el espíritu de la discusión divina, al poner la pregunta de este modo: «¿Encubriré yo a mi siervo Abraham lo que voy a hacer?» (v. 17). El Señor no hace nada que no haya revelado primero a sus santos siervos y profetas.

Las palabras siguientes nos muestran una razón más para revelarle todo lo que iba a suceder: «Porque yo sé que mandará a sus hijos y a su casa después de sí, que guarden el camino de Jehová, haciendo justicia y juicio» (Génesis 18:19). ¿Tendría temor de que Abraham y sus hijos dudaran de la equidad de sus juicios, si los justos eran destruidos juntamente con los impíos, y si las ciudades de la llanura eran arrasadas sin que se les revelara su pecado por un lado, y el despliegue de la misericordia divina por el otro?

1. El peso del anuncio hecho por Dios. «El clamor contra Sodoma y Gomorra se aumenta más y más». Al oído del patriarca no llegaba ningún sonido. Aunque Sodoma pareciera tranquila, Dios escuchaba un clamor: el de una tierra obligada a soportar semejante cicatriz; el de la creación inanimada que gemía angustiada; el de los oprimidos, de los humillados, de las víctimas de la violencia y la lascivia humanas. Estos eran los clamores que habían llegado a los oídos del Señor Dios de los ejércitos.

«Descenderé ahora, y veré». Dios es el único que conoce completamente la verdadera situación antes de poner en marcha sus sentencias. Él está no solamente listo, sino deseoso de darnos el beneficio de cualquier excusa, pero un pecado tan notorio como el que se manifestó en Sodoma aquella noche, es suficiente para decidir de una vez para siempre el destino de una comunidad impía cuando comparezca ante aquel que es juez y testigo a la vez.

«Y si no, lo sabré». Había algo terrible en estas palabras que para Abraham fueron una clara indicación de que se aproximaba la destrucción del lugar, puesto que en su oración alude una y otra vez a la inminencia de su suerte. Pero, ¿qué hay que Dios no sepa? Sí; es necesario que lo recordemos todos, y en especial los que no han aceptado a Cristo en su vida: de Dios no se puede esconder nada. Él investigará las ramificaciones más secretas de los pecados del impío, exponiéndolos ante las miradas del universo con el fin de mostrar que son justos sus juicios, que no quedarán sin ejecutar.

2. La impresión que esta revelación dejó en la mente de Abraham. Tan pronto como los ángeles partieron, dejando a Abraham a solas con el Señor, un tumulto de emociones llenó su mente. Apenas se atrevía a argumentar con Dios; ¿qué era él, sino «polvo y ceniza»? Sin embargo, se vio impulsado a tratar de evitar la destrucción que amenazaba a las ciudades de la llanura.

Los motivos que lo impulsaban tenían dos aspectos. En primer lugar, sentía una natural inquietud por su sobrino Lot. Ya habían pasado veinte años desde que se había separado de él, pero no había dejado de seguir sus movimientos con el afecto más tierno. El fuerte impulso del afecto natural lo animó a hacer un gran esfuerzo para salvar a Sodoma, no fuera a ser que su sobrino también pereciera en la destrucción. La verdadera religión no tiende a destruir los impulsos del verdadero amor natural, sino a realizarlos.

También tenía temor de que la destrucción total de las ciudades de la llanura pudiera crear prejuicios contra Dios en los pueblos vecinos. Abraham no negaba que muchas de las personas de aquel enervante y lujurioso valle merecían el destino que estaba a punto de cumplirse en las ciudades; pero no podía pensar que todos los pobladores del valle fueran igualmente inmorales. Temía que si todas eran borradas del mapa, las naciones de alrededor tendrían un motivo para hacer reproches contra la justicia de Dios, y lo acusarían de injusticia, por destruir juntamente al justo con el impío.

Esta pasión por la gloria de Dios ardía con una llama fuerte y clara en el corazón de Abraham, y de allí salió su maravillosa intercesión. Cuando lleguemos a estar tan íntimamente identificados con los intereses de Dios como lo estuvo él, llegaremos a sentir como él. Desearemos ardientemente que la naturaleza de Dios sea respetada en medio de los hijos de los hombres. De ser necesario, nos contentaremos con yacer agonizantes en el surco, con tal de oír los gritos de triunfo en medio de los cuales nuestro Rey cabalga sobre nosotros rumbo a la victoria.

3. Los elementos de la intercesión de Abraham.
  a. *Fue una oración solitaria*. Esperó hasta que no hubiera nadie que oyera la maravillosa forma en que derramó su alma: «Abraham estaba aún delante de Jehová». Es fatal, aun para la devoción más

intensa de todas, orar siempre en la presencia de otra persona, aunque sea la persona más amada. Todo santo debe tener un lugar en el que pueda encerrarse a orar al Padre que está en lo secreto.

b. *Fue una oración prolongada.* «Abraham estaba aún delante de Jehová». Aunque leamos la historia en unos pocos minutos, la escena puede haber durado horas. No podemos ascender de prisa a los pináculos más elevados de la oración. Por supuesto, nuestro Dios siempre está listo para oír y responder las oraciones cortas que le hacemos durante el día, pero no podemos mantener esta costumbre de hacer oraciones breves y fervorosas, a menos que cultivemos las prolongadas. ¡Cuánto perdemos por no saber esperar delante del Señor!

c. *Fue una oración muy humilde.* «He aquí ahora que he comenzado a hablar a mi Señor, aunque soy polvo y ceniza». «No se enoje ahora mi Señor, si hablare solamente una vez». «No se enoje ahora mi Señor, si hablare». «He aquí ahora que he emprendido el hablar a mi Señor». Mientras más cerca nos encontremos de Dios, más conscientes estaremos de nuestra propia indignidad; delante de él, los ángeles se cubren el rostro, y ni los cielos parecen limpios en su presencia.

d. *Su oración se basó en la creencia de que Dios tenía los mismos principios morales que él.* «¿Destruirás al justo con el impío?... Lejos de ti el hacer tal... El Juez de toda la tierra, ¿no ha de hacer lo que es justo?» Hay un interés infinito en todo esto. Fue como si Abraham hubiera dicho: —Dios Todopoderoso, yo no consideraría justo el destruir juntamente al justo con el impío; y estoy seguro de que cualquier número de justos que hubiera me impediría hacerlo. Si esto es obligatorio para el hombre, por supuesto que debe serlo mucho más para ti, que eres el Juez de la tierra. —Dios no se enojó, sino que consintió en lo que Abraham le rogaba. Por lo tanto, podemos decir que, aunque Dios pueda actuar de modos que estén por encima de nuestro entendimiento, él no contradice los principios morales que ha colocado en nuestro corazón.

e. *Fue una oración perseverante.* Abraham insistió seis veces. Cada vez que se le concedía su petición, crecían su fe y su valor y sacaba ventaja de su éxito en la oración, al repetir con insistencia su ruego. A primera vista, parece como si hubiera forzado a Dios a contestar sus peticiones de mala gana. No es cierto. En realidad, Dios lo estaba animando a seguir, y si se hubiera atrevido a pedir al principio lo que pidió al final, hubiera conseguido más que todo lo que pidió o imaginó cuando comenzó a interceder. ¡Qué lástima que se haya detenido en el número diez! No podemos imaginarnos todo lo que hubiera alcanzado, si hubiera continuado. Tal como sucedió, el Todopoderoso estaba obligado, por las exigencias de su propia naturaleza, a superar los límites puestos por Abraham, al sacar de Sodoma las únicas personas que tenían alguna posibilidad de ser consideradas como «justas».

No había diez justos en Sodoma; pero Lot, su esposa y sus dos hijas fueron salvados, aunque las tres mujeres estaban profundamente infectadas con el contagio moral del lugar. Así, la justicia de Dios quedó claramente afirmada y defendida a los ojos de los pueblos vecinos.

Observamos uno de los grandes principios de la forma en que Dios gobierna al mundo. Toda una ciudad se hubiera salvado, si se hubieran encontrado solo diez justos dentro de sus murallas. Los impíos se dan muy poca cuenta de cuánto le deben a la presencia de los hijos de Dios entre ellos. ¡Cuán poco sabe el mundo de la deuda que tiene con los santos, que son la sal que impide su corrupción y la luz que detiene la restauración del caos y la tinieblas! No podemos menos que lamentarnos por el mundo, a medida que avanza hacia su triste y tenebroso destino. Intercedamos por él desde las alturas de Mamre. ¡Que nosotros y nuestros seres queridos seamos sacados de él por el Salvador, antes de que las plagas finales se desaten con toda su fuerza sobre él, para producir la inevitable destrucción!

17
TRABAJO DE ÁNGELES EN UNA CIUDAD IMPÍA
Génesis 19

Las aguas del mar Muerto ondean sobre parte del lugar donde estuvieron una vez las ciudades de la llanura, con su agitada vida, pensamientos y negocios. Todos los sonidos de la alegría, la tristeza o la industria humanas, la marcha del soldado, los llamados de los pastores, el murmullo del mercado y las voces de los niños que juegan al aire libre, han quedado silenciados por esa terrible desolación, cuyo aspecto es un aplastante testimonio a favor de la veracidad de la Palabra inspirada.

El mar Muerto se halla en medio de desoladas montañas, a casi cuatrocientos metros por debajo del nivel del mar Mediterráneo. Mientras el viajero camina por sus alrededores, viene irremisiblemente a su memoria el día en que «Jehová hizo llover sobre Sodoma y sobre Gomorra azufre y fuego de parte de Jehová desde los cielos; y destruyó las ciudades, y toda aquella llanura, con todos los moradores de aquellas ciudades, y el fruto de la tierra» (vv. 24, 25).

1. Las razones que justificaron este acto supremo de destrucción.

a. *Fue una misericordiosa advertencia para el resto de la humani-*

dad. La lección del diluvio ya casi se había borrado de la memoria del hombre. La familia humana, desenfrenada, había hecho terribles progresos en el campo del vicio desvergonzado y abierto. Por lo tanto, era totalmente sabio y misericordioso lanzar una advertencia para recordarles a los transgresores que hay unos límites, más allá de los cuales el Juez de toda la tierra no les permitiría pasar.

Las advertencias de Dios son movidas por la misericordia, aun cuando no se les preste atención. Bien se ha dicho que esta catástrofe de Sodoma pertenece a esa clase de terrores en los que el hombre sabio puede ver «la amorosa bondad del Señor».

b. *Además, con este terrible acto, lo único que hizo el Todopoderoso fue adelantarles las consecuencias de sus propias acciones.* Las naciones no son destruidas hasta que estén podridas hasta la médula de los huesos. A cualquier observador inteligente le hubiera parecido claro, de aventurarse a salir en Sodoma durante la noche, que la ciudad estaba inevitablemente a punto de desmoronarse. Sus horribles delitos contra la naturaleza ya le habían carcomido el corazón y, en el curso natural de los acontecimientos, la destrucción completa no se haría esperar mucho tiempo.

Entre a las tiendas de Abraham y encontrará la sencillez y la hospitalidad, adornos de un carácter verdaderamente noble, que garantizan la perpetuidad de su nombre y el futuro glorioso de sus hijos. Ahora vaya a Sodoma y en aquella sofocante atmósfera encontrará toda una población enervada en el lujo, corrompida hasta lo más íntimo con los vicios, entre la cual no hay siquiera diez justos, en tanto que «pureza» y «santidad del hogar» no son allí más que palabras necias.

Esto nos inspira una solemne lección. El oleaje de los imperios siempre se ha movido hacia el occidente. Babilonia, Egipto, Grecia y Roma han sostenido sucesivamente el poder supremo para sumirse más tarde en el olvido. ¿Se apartará ese poder de quienes lo detentan actualmente, como se apartó de los demás? No es imprescindible que así sea, pero si observamos cómo aumentan la extravagancia y el lujo, los gastos desmedidos en placeres, el vicio que se exhibe desvergonzadamente en las calles, la adulación a las riquezas, la obsesión con los juegos de azar, la destrucción progresiva de los lazos matrimoniales, bien podemos abrigar los temores más tétricos acerca del futuro. La única esperanza de estas sociedades se halla en el importante papel que pueden desempeñar en la evangelización del mundo. Si fracasan en esto, nada podrá impedir su caída.

c. *Esta destrucción* solo *tuvo lugar después de una cuidadosa investigación*. «Descenderé ahora y veré». En estas sencillas palabras entrevemos uno de los principios más sagrados de la actuación divina. Dios no actúa de prisa, ni de oídas. Él ve por sí mismo para tener en cuenta todas las circunstancias atenuantes. Esta es una deliberación característica de Dios. Él no quiere que nadie se pierda, y es lento para la ira. Los juicios son su manera extraordinaria de obrar. El no ha hecho sin causa nada de lo que ha hecho (Ezequiel 14:23).

d. *Mientras estuvo pendiente el juicio, Dios les envió numerosas advertencias.* En primer lugar, la conquista de Quedorlaomer, unos veintisiete años antes de la época sobre la cual estamos escribiendo. También, la presencia de Lot, debilitada por su poca firmeza, pero que aun así era una protesta a favor de la justicia (2 Pedro 2:7, 8). Finalmente, la liberación y restauración obtenidas mediante la enérgica actuación de Abraham. Una y otra vez les había advertido Dios a los hombres de estas ciudades cuál sería su inevitable fin si no se arrepentían.

Dios no trata de modo diferente a las personas en particular. El camino del pecado está sembrado de señales de peligro, de luces rojas y señales explosivas que le advierten al pecador el peligro que corre si continúa por esa vía. Dios dispuso las cosas de tal manera, que no podemos dar ningún paso hacia abajo sin que comience a sonar un innumerable conjunto de timbres que nos adviertan el peligro que nos espera. ¡Todas las señales están en contra de los transgresores!

Atender a estas advertencias es acercarse a la salvación. Despreciarlas, perseverando en el pecado a pesar de todo, conduce al silenciamiento del alma y el endurecimiento del corazón, y se corre el riesgo de caer en la blasfemia contra el Espíritu Santo, puesto que ese pecado imperdonable no es un acto, sino un estado, la situación en que cae un alma que no siente, ni puede sentir; que está completamente insensible y despreocupada respecto de su estado. El que cae en él no es perdonado, sencillamente porque no admite el perdón ni siente la necesidad de él y, por lo tanto, no lo pide.

e. *Vale la pena recordar que Dios salvó a todos los que pudo.* Lot era un triste náufrago que había tenido un comienzo noble. Cuando salió de Ur en compañía de Abraham, prometía una vida de poder y frutos poco comunes, pero era uno de esos personajes que no soportan el éxito.

Cuando descendió a Sodoma, atraído al principio solamente por sus buenos pastos, no hay duda de que sus intenciones eran mantenerse separado de sus habitantes, y vivir fuera de sus murallas. Sin embargo, la mariposa no puede revolotear alrededor de la llama sin exponerse al peligro de morir quemada. Con dificultad fue sacado de Sodoma, como cuando se separa el hierro candente de la quemadura, y por pura decencia ponemos un velo a las escenas finales de su vida. No obstante, aun un fracasado como él fue salvado de la destrucción.

No solo él fue rescatado, sino también su esposa, quien no había caminado mucho trecho fuera de la ciudad antes de mirar atrás con una mezcla de desobediencia y desprecio, con lo que demostró que no le quedaba esperanza alguna. También lo fueron sus dos hijas, cuyos nombres llevan el estigma eterno de la infamia. Si Dios tuvo tanto cuidado de garantizarles la seguridad a ellos, ¡cuán malos deben haber sido aquellos que dejó abandonados a su suerte! ¿No está claro que él salvó a todos los que estaban al alcance de las posibilidades de su misericordia? Entre los definitivamente perdidos, no habrá uno solo que pueda alegar el más débil de los derechos a ser contado entre los salvos; en cambio, entre los salvos habrá muchos cuya presencia nos sorprenderá mucho. «Vendrán del oriente y del occidente ... pero los hijos del reino serán echados fuera».

2. Los motivos de la visita de los ángeles. Fueron tres:

a. *La causa inmediata fue su propio amor por el ser humano.* Los ángeles nos aman. Aunque saben que nosotros estamos destinados a una dignidad ante la cual palidece la de los más elevados serafines, ninguna envidia afecta la pura benevolencia que palpita dentro de esos santos espíritus. Para ellos, basta que Dios lo quiera así, y que seamos amados por su dulce Amo, el Señor Jesucristo.

b. *La causa eficiente fue la oración de Abraham.* «Así, cuando destruyó Dios las ciudades de la llanura, Dios se acordó de Abraham, y envió fuera a Lot de en medio de la destrucción» (Génesis 19:29). Siga orando. No deje de orar por ese ser amado que se encuentra en tierras lejanas en medio de una Sodoma de iniquidad. Tal vez le parezca imposible descender a rescatarlo, o ayudarlo de cualquier otro modo; pero como respuesta a su oración, Dios enviará a sus ángeles al lugar donde se encuentre ese ser amado suyo. Los ángeles de Dios van a todas partes. Toda una Sodoma no es capaz de impedir que sus víctimas sean tocadas por los ángeles, del mismo modo que es imposible que los ambientes corrompidos por los cuales pasan, puedan manchar su brillante presencia. Mientras usted está orando, los ángeles de Dios se hallan ya en camino para cumplir sus deseos, aunque su progreso pueda ser estorbado por causas escondidas a nuestra vista o conocimiento (vea Daniel 10:12, 13).

c. *No obstante, la causa fundamental fue la misericordia de Dios.* «Según la misericordia de Jehová para con él» (v. 16). La misericordia: ese es el último eslabón de la cadena. No hay nada más allá de ella. Este será también el tema de nuestra alabanza por toda esa eternidad cuya estrella matutina ya ha brillado en nuestro corazón.

El mundo todavía está lleno de Sodomas; y hay personas como Lot, a quienes conocemos o amamos, o tienen alguna relación con nosotros, sentadas a sus puertas. ¿Por qué quedarnos por detrás de los ángeles en nuestro celo por arrancarlos de la maldad como se desprende el hierro candente de la piel quemada?

3. Los ángeles fueron al lugar donde se encontraba Lot. «Llegaron, pues, los dos ángeles a Sodoma a la caída de la tarde» (v. 1). ¿Qué? ¿Fueron los ángeles a Sodoma? Sí, a Sodoma, y a pesar de que eran ángeles. Un rayo de luz es capaz de pasar a través de la atmósfera fétida de algún patio sucio, y salir de ella sin que su pureza haya sido manchada. También los ángeles pueden pasar una noche en Sodoma, rodeados de una caterva de pecadores, y seguir siendo ángeles inmaculados.

Este es el espíritu del Evangelio de Cristo: «Va en busca de la [oveja] perdida hasta que la encuentra». No debemos esperar a que los pecadores vengan a nosotros; debemos ir nosotros a ellos. Dondequiera que haya personas, debemos ir a predicar el evangelio. Aun en los lugares menos pensados puede haber algún Lot que habría muerto en sus pecados, si alguien no hubiera ido en su busca.

4. Se contentaron con trabajar para unos pocos. Las frutas que se arrancan del árbol con la mano tienen un valor especial. Todos los seguidores más selectos del Señor fueron resultado de su ministerio personal. Uno tras otro, les dijo: «Sígueme». Su vida estuvo llena de encuentros personales. Él iba en busca de cada cual, individualmente (Mateo 4:19, 21; 9:9; Lucas 14:5). Lo vemos dedicar gran tiempo y conversación para ganar a una solitaria mujer de dudosa reputación (Juan 4). Creía en el valor de ir tras la oveja perdida. El apóstol Pablo afirma que él amonestaba y enseñaba a todos «a fin de presentar perfecto en Cristo a todo hombre» (Colosenses 1:28).

Es muy probable que sean más las personas salvas a través del evangelismo personal, que por medio de la predicación de sermones. No es el sermón el que las gana, sino la sosegada conversación con un obrero cristiano, una carta de sus padres o las palabras de un amigo.

Nunca sabemos las consecuencias y los frutos que habrá cuando ganamos un alma para Cristo. James Brainerd Taylor pasó a la presencia de Dios en plena juventud, pero no antes de haber ganado centenares de almas a través del evangelismo personal. De su biografía tomamos el siguiente ejemplo, que representa muy bien a muchas otras circunstancias similares.

En cierta ocasión, le quitó el freno a su caballo para que pudiera beber de un pozo que estaba a la orilla del camino. Otro jinete hizo lo mismo en ese momento. El siervo de Dios, mientras los caballos saciaban su sed, se volvió al extraño y le dijo algunas ardientes palabras acerca del deber de ser discípulo de Cristo y el honor que representa. Un momento más tarde se habían separado y viajaban en diferentes direcciones, pero la Palabra de Dios quedó sembrada como semilla incorruptible, y produjo la conversión de aquel que la recibió a la orilla del camino, quien se convirtió en cristiano y se hizo misionero. Con frecuencia se preguntaba quién habría sido el instrumento de su conversión, y en vano lo buscaba. No logró identificarlo hasta años más tarde, cuando en un paquete de libros que le enviaron desde su tierra natal, descubrió la historia de aquella vida consagrada, y vio en la portada el rostro que siempre había contemplado, en sueños y despierto, desde aquella corta pero memorable entrevista.

Se ha dicho que el método verdadero para ganar almas es poner todo el corazón en el alma de alguien, y perseguirla hasta que haya aceptado o rechazado definitivamente el evangelio de la gracia de Dios. Felipe fue sacado del gran avivamiento de Samaria para internarse en un camino desierto y ganar a una sola persona temerosa de Dios.

¿Le ha hablado alguna vez del Señor al cartero, a su compañero de trabajo o a su vecino? La evangelización del mundo no tardaría mucho en completarse si todos los hombres enseñaran a sus vecinos y a sus hermanos, diciendo: «¡Conoce al Señor!»

5. Los ángeles le advirtieron claramente a Lot el peligro en que se encontraba. «¿Tienes aquí alguno más?... Sácalo de este lugar; porque vamos a destruir este lugar, por cuanto el clamor contra ellos ha subido de punto delante de Jehová; por tanto, Jehová nos ha enviado para destruirlo» (Génesis 19:12, 13). Hoy en día, tenemos miedo de hablarles a los hombres de este modo. Nuestros labios no están acostumbrados a ello. Nos hemos propuesto ser más diplomáticos que Cristo. Sin embargo, él no usó palabras disimuladas para hablar del gusano que no muere y del fuego que no se consume. El crujir de dientes; el llanto desesperado; la llamada ante la cual ninguna puerta se abrirá, son argumentos que salieron más de una vez de sus labios. (Vea Mateo 8:12; 13:42, 50; 22:13; 24:51; 25:10-12, 30; Marcos 9:43-48; Lucas 13:25-28.) Es evidente en su enseñanza que consideraba al hombre capaz de cometer un error irreparable.

Es posible que el final del día de gracia esté más cerca de lo que pensamos. Escape para salvar su vida; no mire a lo que queda atrás, ni se aparte del costado abierto de Jesús, que es el único refugio contra el justo juicio sobre el pecado. No descanse hasta que haya puesto al Señor Jesús entre usted y la justicia que lo persigue.

6. Los ángeles obligaron a Lot a apresurarse. «Y al rayar el alba, los ángeles daban prisa a Lot» (19:15). Se quedaron de mala gana en su casa, a diferencia de la presteza con la que habían aceptado la hospitalidad de Abraham. Pasaron aquella corta y sofocante noche convenciendo a Lot acerca de la certeza y el terror de la inminente destrucción. Tanto, que lo hicieron ir a despertar a sus yernos. Sin embargo, una vida carente de firmeza interna no es capaz de detener al descarriado, ni despertar al que duerme para que se preocupe de su alma. Se suele decir que debemos conformarnos un poco con las costumbres de nuestros días si queremos ejercer una influencia salvadora sobre los hombres. Esto es un fatal error. Si vivimos en Sodoma, no tendremos poder para salvar a la gente de Sodoma. Tenemos que estar separados de sus habitantes para poder salvarlos de las cataratas de perdición eterna. «Mas pareció a sus yernos como que se burlaba» (v. 14).

Cuando volvió de su fracasada misión, Lot parecía contagiado con el escepticismo de los que habían ridiculizado sus advertencias. «Y deteniéndose él». ¿Cómo dejar a su familia, las cosas de su casa y todas sus propiedades, por lo que parecía ser una tonta aventura? «Y deteniéndose él, los varones asieron de su mano».

Fue una ayuda manual. Era la urgencia del amor que no toma un «no» por respuesta. Los dos ángeles tenían las manos ocupadas, cada una de ellas aferrada a la mano de un pecador demorado. ¡Quiera Dios que conozcamos más a fondo este santo entusiasmo que salva a los hombres del fuego! (vea Judas 23).

Apresuremos a los pecadores. Digámosles a todos: «Escapa para salvar la vida; es mejor perderlo todo, que perder el alma. No te detengas en ningún lugar hasta llegar a la ciudad de refugio, que es el mismo Jesucristo. ¡Apresúrate!» Este es el momento aceptable; hoy es el día de salvación.

18
UN POCO DE LA NATURALEZA VIEJA
Génesis 20:9

Un mal puede permanecer latente, permitido e impenitente en nuestro corazón por muchos años, hasta engendrar el fracaso y la tristeza en nuestra vida. No obstante, lo que escapa a nuestro conocimiento, está patente en toda su desnuda deformidad ante los ojos de Dios. Una vez que él descubra el foco canceroso, puede poner en nosotros el deseo de someternos a una cirugía que nos libre del cáncer del pecado para siempre.

Estas palabras han sido inspiradas por el versículo trece de este capítulo, que indica una malvada conspiración entre Abraham y Sara hecha unos treinta años antes. Al hablar con el rey de los filisteos, el patriarca deja ver una clave que nos permite comprender mejor el fracaso que tuvo cuando entró por primera vez a la Tierra Prometida y, bajo la presión del hambre, descendió a Egipto; y también la repetición de ese fracaso que vamos a ver ahora. Esto fue lo que dijo: «Y cuando Dios me hizo salir errante de la casa de mi padre, yo le dije: Esta es la merced que tú harás conmigo, que en todos los lugares adonde lleguemos, digas de mí: Mi hermano es».

Este pacto secreto entre Abraham y su esposa en los primeros días de su éxodo, se debió a su débil fe en el poder de Dios para cuidarlos, consecuencia de su limitada experiencia con su todopoderoso Amigo.

Sin embargo, la existencia de este convenio secreto era contraria a la nueva relación que él tenía con Dios. Era un defecto secreto de su fe, que destruiría su eficacia en las tenebrosas pruebas que se acercaban. Dios podía haberlo ignorado en esos primeros días, cuando la fe de Abraham era aún joven, pero no lo podía permitir cuando esa fe llegaba a una madurez tal, que cualquier defecto sería detectado al instante.

El juicio y la erradicación de este mal latente ocurrieron de la siguiente manera: El día anterior a la caída de Sodoma, el Todopoderoso le dijo a Abraham que, llegado cierto momento del año siguiente, tendría su heredero. Era de esperarse que pasara los meses de embarazo de Sara bajo el encinar de Mamre, que estaba repleto de tantos gratos recuerdos. Sin embargo, «de allí partió Abraham a la tierra del Neguev, y acampó entre Cades y Shur, y habitó como forastero en Gerar» (Génesis 20:1).

Gerar era la capital de una raza de hombres que habían desposeído a los habitantes originales de esa tierra, y estaban pasando gradualmente de la vida pastoral nómada a la de nación guerrera sedentaria. Su jefe ostentaba el título de Abimelec, que significa «mi padre el rey».

Aquí el acuerdo entre Sara y Abraham era un oportuno recurso, aunque ya estuviera casi olvidado, y detrás de él se escondió la incredulidad de Abraham. Él conocía la inmoralidad de su época. Por eso temía que el monarca pagano, enamorado de la belleza de Sara, lo matara por causa de su esposa. Entonces recurrió de nuevo a la mentira, al llamarla hermana. Actuó como si Dios no pudiera haberlos defendido, librándolos de toda maldad, como había hecho en días pasados.

1. Su conducta fue muy deshonrosa para Dios. Entre aquellas primitivas tribus, Abraham gozaba de la reputación de ser el siervo de Jehová. Por tanto, podían juzgar la personalidad de aquel a quien no podían ver, por las tendencias que podían discernir en su siervo. ¡Qué triste que las normas morales de Abraham demostraran ser inferiores a las de ellos! Tanto, que el mismo Abimelec se vio en condiciones de reprenderlo.

Es muy triste que un inconverso censure al que profesa tener una piedad superior, por decir mentiras. Es lamentable también confesar que es bastante frecuente que estos hombres tengan normas morales más elevadas que las de muchos que se consideran piadosos. El hindú abstemio se escandaliza de las embriagueces de algunos que se llaman cristianos y hasta lo invitan a abrazar la religión de ellos. El trabajador aborrece el credo que profesa su jefe un día a la semana, pero no pone en práctica en los otros seis. Portémonos prudentemente con los inconversos, para no manchar nuestro testimonio cristiano.

2. Su conducta también quedó en posición de inferioridad en comparación con el comportamiento de Abimelec. Aquí se nos presenta este rey como el más noble de los dos. Lo vemos levantarse muy temprano, dispuesto a corregir de inmediato su gran error. Pone a sus siervos en conocimiento de lo ocurrido. Compensa a Sara con abundantes presentes. Expresa su reproche y reprensión en un tono notablemente amable y gentil. Sencillamente, le dice a Sara que su posición como esposa de un profeta bastaría para servirle de seguridad y velo (v. 16). En su comportamiento hay una atmósfera de elevada nobleza que se gana toda nuestra admiración y respeto.

Al concluir este capítulo, consideremos algunas lecciones prácticas:

a. *Nunca estaremos completamente seguros mientras estemos en este mundo.* Abraham ya era anciano. Habían pasado treinta años desde la última vez que había cometido aquel pecado. Nunca se gloríe de que ya no comete los pecados del pasado: solo la gracia de Dios hace que se mantengan bajo control. Si usted deja de permanecer en Cristo, revivirán y volverán a visitarlo.

b. *No tenemos ningún derecho a lanzarnos delante de la tentación que con frecuencia nos ha dominado.* Los que a diario piden: «No nos metas en tentación», deberían preocuparse por no darle ocasión de entrada a la tentación contra la cual oran. No debemos esperar que los ángeles nos tomen en sus brazos cada vez que decidamos arrojarnos por un precipicio.

    c. *La actitud de Dios ante el pecado de Abraham debe animarnos.* Aunque Dios tiene una controversia secreta con su hijo, no lo aparta de sí. Al rey Abimelec le dijo que era hombre muerto; lo detuvo por medio de una terrible enfermedad y le pidió que buscara la intercesión del mismo hombre que lo había engañado tan gravemente y quien, a pesar de todos sus fracasos, todavía era profeta y gozaba de poder delante de él.

    ¿Ha pecado, haciendo caer una mala reputación sobre el nombre de Dios? No se desespere. Apártese de ese pecado y confiéselo con lágrimas de arrepentimiento y confianza infantil, como debe haber hecho Abraham. Confíe entonces en la paciencia y el perdón de Dios, y deje que su amor, como fuego consumidor, lo libre de todo pecado oculto o disimulado.

19
LA EXPULSIÓN DE AGAR E ISMAEL
Génesis 21:10

El Todopoderoso amador de las almas conocía la prueba que esperaba a su hijo, y se dispuso a prepararlo para ella, librándolo de ciertas inconsecuencias que persistían aún, y que habrían paralizado la actuación de su fe en la hora de la prueba. Ya hemos visto cómo una de ellas —el pacto secreto entre Abraham y Sara— fue expuesta a la luz y juzgada. Ahora veremos cómo Dios resolvió otro asunto más: la conexión del patriarca con Agar y su hijo.

    No podemos entender completamente de qué modo la presencia de Agar e Ismael estorbaba en Abraham el desarrollo de una vida de fe más noble. ¿Estaba su corazón todavía apegado a la joven que le había dado su primer hijo? ¿Había en este arreglo alguna satisfacción secreta porque al menos había logrado lo que deseaba, aunque sin la bendición de Dios? ¿Tenía algún temor de que si se le pedía que entregara a Isaac, le sería más fácil hacerlo, pues le quedaría Ismael como hijo y heredero? Así le fueron arrebatados los ídolos que acariciaba, uno tras otro, para que se entregara, desnudo e incapaz de nada, a la omnipotencia del Dios eterno. «Este dicho pareció grave en gran manera a Abraham» (v. 11).

    La separación definitiva de Abraham respecto de aquellas cosas que habrían sido perjudiciales para el ejercicio máximo de la fe, se realizó al nacer el hijo por tanto tiempo prometido, hecho al que se alude al principio de este capítulo (Génesis 21), y que lo llevó a la crisis de la que hablamos.

«Visitó Jehová a Sara, como había dicho, e hizo Jehová con Sara como había hablado» (Génesis 21:1). Nunca será excesiva nuestra confianza en Dios. La palabra más insignificante de Dios es como una estaca de madera incorruptible clavada en la Roca de la Eternidad, que nunca cederá, y a la cual podemos asirnos confiadamente para siempre.

1. Debemos estar preparados para esperar el momento escogido por Dios. «Y Sara concibió y dio a Abraham un hijo en su vejez, en el tiempo que Dios le había dicho» (v. 2). El tiempo llegó al fin; y entonces la risa que llenó el hogar del patriarca hizo que los dos ancianos olvidaran la larga y tediosa vigilia. «Y llamó Abraham el nombre de su hijo que le nació, que le dio a luz Sara, Isaac» (v. 3). Isaac significa «risa». Si usted está esperando, anímese, pues Aquel en quien espera no lo defraudará, ni llegará cinco minutos tarde a la cita que tiene con usted. Muy pronto su tristeza se convertirá en gozo.

La risa de incredulidad con la cual Sara recibió el primer anuncio de su cercana maternidad (18:12) se transforma ahora en la risa de la esperanza convertida en realidad.

¡Alma; bienaventurada serás cuando Dios te haga reír! Entonces la tristeza y el llanto huirán para siempre, como la oscuridad al llegar el alba.

La paz del hogar de Abraham permaneció intacta al principio, aunque es posible que se hayan presentado algunos ligeros síntomas de la ruptura que se acercaba. El disgusto que Sara había manifestado por Agar muchos años antes, nunca se había extinguido; solo se había convertido en brasas en su corazón, en espera de algún pequeño incidente que lo avivara y lo encendiera en llamas otra vez. Tampoco la apasionada naturaleza de Agar había olvidado jamás el duro tratamiento que la había impulsado a escapar para tratar de sobrevivir de la mejor manera posible en el inhóspito desierto. Es posible que Abraham haya tenido que interceder sufridamente con frecuencia para mantener la paz entre ellas. Al fin las habitaciones de las mujeres no pudieron seguir encerrando aquella discordia, y salió a luz el escándalo.

2. La ocasión inmediata de esta abierta ruptura fue el destete de Isaac. «Y creció el niño, y fue destetado; e hizo gran banquete el día que fue destetado Isaac» (v. 8). Pero en medio de toda la alegría de la feliz ocasión, de repente una sombra se robó la escena, y se posó sobre el alma de la madre. Los celosos ojos de Sara vieron a Ismael burlándose. ¡Y no era de sorprenderse! Esto despertó todos los celos de Sara que habían permanecido latentes y que seguramente habían sido probados fuerte y frecuentemente durante los últimos pocos años por el carácter arrogante e independiente de Ismael. No iba a soportarlo más. ¿Por qué debía ella, la esposa del jefe y madre de su heredero, tolerar la insolencia de un esclavo? Entonces le dijo a Abraham, con todo el escarnio y el sarcasmo que le inspiraban sus viejos celos: «Echa a esta sierva y a su hijo, porque el hijo de esta sierva no ha de heredar con Isaac mi hijo» (v. 10).

3. Recordemos aquí el uso que el apóstol Pablo hace de este incidente. En sus días, los judíos, orgullosos de ser los descendientes directos de Abraham, no querían aceptar la posibilidad de que alguien que no perteneciera a su grupo pudiera ser hijo de Dios y heredero de la promesa. Se adjudicaban unos privilegios y una posición exclusivos. Cuando comenzaron a nacer de nuevo multitudes de gentiles en el seno de la Iglesia cristiana al iniciarse la predicación del evangelio entre ellos, y afirmaron que eran la simiente espiritual, con todos sus derechos, fue cuando los que, como Ismael, habían nacido solamente según la carne, persiguieron a los que, como Isaac, habían nacido según el Espíritu. En todos los lugares hubo judíos dispuestos a resistirse a la predicación del evangelio, que les negaba la exclusividad de sus privilegios, y a perseguir a los que no entraran a la Iglesia a través de los ritos del judaísmo. Muy pronto, la nación judía se vio rechazada, echada a un lado. Las edades sucesivas han visto el crecimiento de la Iglesia de entre los que fueron perseguidos entonces, mientras los hijos de Abraham según la carne han tenido que vagar por el desierto, desfalleciendo de sed por la verdadera agua de vida (Gálatas 4:29, 30).

4. Hay otro significado más profundo aún. La esclava Agar, quien quizá naciera en el desierto del Sinaí, puesto que parecía conocerlo bien, es un buen símbolo del espíritu de legalismo y esclavitud que busca la vida mediante la observancia de la ley, dada desde aquellas venerables alturas. Agar es el pacto del monte Sinaí, en Arabia, «el cual da hijos para esclavitud», y «junto con sus hijos está en esclavitud» (Gálatas 4:24, 25). En cambio Sara, la mujer libre, representa el pacto de la gracia. Sus hijos nacen de la fe, la esperanza y el amor; no están atados por el espíritu del «deber», sino por los impulsos de la gratitud espontánea; su hogar no está en las ceñudas hendiduras del Sinaí, sino en la Jerusalén de arriba, que es libre, y es la madre de todos nosotros. En aquellos momentos, señala el apóstol, no había lugar para Agar y Sara, con sus respectivos hijos, en la tienda de Abraham. Si Ismael estaba allí, era porque Isaac no había nacido todavía, pero al llegar Isaac, Ismael debía salir. Igualmente, los dos principios —el legalismo, que insiste en el desempeño del rito externo de la circuncisión; y el de la fe, que acepta la obra realizada por el Salvador— no pueden coexistir en un mismo corazón. Es una imposibilidad moral. Por eso, al dirigirse a los conversos de la Galacia, quienes eran tentados por los maestros judaizantes a mezclar el legalismo y la fe, el apóstol les pide que sigan el ejemplo de Abraham, y que echen fuera el espíritu de esclavitud que mantiene al alma en una agonía perpetua de inquietud.

5. **El resto de la historia es narrado con brevedad.** Con mucha tristeza, Abraham sacó a Agar y a su hijo de su hogar, dándoles una última y dolorosa despedida. Salieron muy de mañana, antes de que el campamento despertara. Abraham debe haber sufrido profundamente al poner el pan en su mano, atar con sus propios dedos el odre de agua en su hombro, y besar a Ismael una vez más.

Fue mejor así. Dios atendió a las necesidades de ambos. Cuando ya se le acababan las esperanzas a la madre, y el hijo yacía moribundo por la sed en el abrasador sol del mediodía bajo la delgada sombra de un arbusto del desierto, el ángel de Dios calmó sus suspiros, le indicó el pozo de agua que sus lágrimas le impedían ver y le prometió que su hijo se convertiría en una gran nación. «Entonces dijo Dios a Abraham: No te parezca grave ... En todo lo que te dijere Sara, oye su voz» (v. 12).

Así fue desechado un obstáculo más, y Dios dio un paso adelante en la preparación de su «amigo» para la victoria suprema de su fe, que ya estaba cerca, y de la cual toda su vida había sido una preparación.

20
UN LUGAR TRANQUILO PARA DESCANSAR
Génesis 21:33, 34

Ya hemos visto que el todopoderoso Amigo de Abraham, con sabiduría y ternura, lo había estado preparando para la prueba cercana; primero, al sacar a luz su pacto secreto con Sara; y luego, librándolo de la presencia de Agar y su hijo. Ahora tendría que preparar su espíritu aun más, a través de este período de pacífico descanso junto al pozo del juramento. Saliendo de Gerar, el patriarca viajó con sus lentos rebaños a lo largo del fértil valle que se extiende desde el mar hacia el campo. Al llegar a un lugar apropiado para acampar, Abraham cavó un pozo que probablemente sea uno de los que todavía hay allí, y cuya agua, que se encuentra a unos cuarenta pies de profundidad, es pura y potable. Los abrevaderos del ganado se encuentran esparcidos muy cerca de la boca del pozo, cuyas piedras están gastadas profundamente por la fricción de las cuerdas que se usan para sacar el agua a mano. Es probable que estas mismas piedras fueran talladas originalmente siguiendo las indicaciones del patriarca, aunque su posición haya sido alterada por obreros árabes en fecha posterior. Poco tiempo después de establecerse Abraham allí, el rey Abimelec, acompañado de Ficol, el príncipe de su ejército, llegó al campamento con la intención de hacer un tratado que los obligara, no solamente a ellos, sino también a sus hijos: «Júrame aquí por Dios, que no faltarás a mí, ni a mi hijo ni a mi nieto» (v. 23). Antes de comprometerse formalmente bajo estas sanciones solemnes, Abraham expuso un asunto que todavía es tema de disputa en el Oriente Medio. Los pastores de Abimelec habían arrebatado violentamente el pozo de agua que los siervos de Abraham habían cavado. El rey negó de inmediato tener conocimiento alguno de aquella acción realizada sin su conocimiento y permiso. En el tratado hecho por los dos príncipes se puso lo que nosotros llamaríamos una cláusula especial con referencia a este pozo, destinado a ser tan famoso en el futuro. Se llamó «Beerseba», «el pozo del juramento» o «de siete», número que se refiere a las siete ofrendas o víctimas sobre las cuales se hizo el juramento.

Para conmemorar aun más el tratado, Abraham plantó un tamarisco. Puesto que este es un resistente árbol que permanece siempre verde, perpetuaría por mucho tiempo la memoria de la transacción en aquellas tierras, donde la mente humana se fija ansiosa en todo lo que interrumpa la monotonía del paisaje. Allí también edificó un altar o santuario e «invocó el nombre de Jehová Dios eterno. Y moró Abraham en tierra de los filisteos muchos días». ¡Qué días tan felizmente largos! ¡Quién hubiera sabido que la prueba más grande de toda su vida todavía estaba por llegar, y que del despejado firmamento estaba por caer un rayo que amenazaba destruir toda su felicidad de un solo golpe!

1. Vivamos junto al pozo. Existe entre los cristianos contemporáneos una tendencia a magnificar lugares y escenas especiales, asociados con momentos de bendición; pero muchos están en peligro de olvidar que, en vez de hacer un peregrinaje anual al pozo, deberían establecer su residencia junto a él y vivir allí.

El agua de este pozo nos habla de la vida de Dios, que está en el Señor Jesucristo, y permanece guardada para nosotros en las insondables profundidades de la Palabra de Dios. El pozo es profundo, pero el balde de la fe puede alcanzar su precioso contenido y traerlo al labio sediento y al corazón anhelante. ¡Si pudiéramos darnos cuenta de modo práctico de lo que Jesús quiso decir cuando afirmó: «El agua que yo le daré será en él una fuente de agua que salte para vida eterna»!

Abra su corazón a las enseñanzas del Espíritu Santo. No se contente con menos que con un profundo y grato conocimiento de la Biblia.

2. Protejámonos bajo el pacto. Abraham no temía ningún mal, debido al juramento de Abimelec. Tanto más segura y tranquila debería estar el alma del creyente, que se protege bajo ese pacto eterno que es «ordenado en todas las cosas, y será guardado» (2 Samuel 23:5). Hay cristianos que dudan de su salvación eterna y están temerosos de caer de la gracia y perderse. Para ellos, este consejo es especialmente apropiado: «Viva junto al pozo del juramento».

La pregunta básica es: ¿Cree en Jesucristo? Digámoslo en palabras más sencillas aún: ¿Está dispuesto a que el Espíritu Santo cree en usted una fe viva en el Salvador del mundo? Si es así, puede apropiarse de las bendiciones del pacto confirmado por la decisión y el juramento de Dios.

Si creemos, todo esto se vuelve real para nosotros. Somos perdonados; nuestro nombre está inscrito en la lista de los salvos; somos adoptados y recibidos en la familia de Dios; tenemos dentro de nosotros el principio de una vida que es eterna, como la vida de Dios. ¿No ha de confortarnos esto en medio de tantos sufrimientos desgarradores?

Regocíjese con todas las cosas buenas que le da el Señor su Dios. Plante sus árboles; acomódese a su sombra y aliméntese de su fruto. Escuche la sonora risa de su Isaac. No tema al futuro; confíe en el gran amor de Dios. Viva junto al pozo, y abríguese bajo el pacto. Así, si las pruebas se acercan, podrá afrontarlas mejor, con un corazón fuerte y sereno.

21
LA MAYOR DE LAS PRUEBAS
Génesis 22:2

Mientras haya hombres sobre la tierra, volverán a este relato con inextinguible interés.

1. «Probó Dios a Abraham». No quiere decir esto que Dios tentara a Abraham, sino que lo puso a prueba. Es Satanás quien nos tienta para sacar a luz la maldad que hay en nuestro corazón. En cambio, Dios lo que hace es ponernos a prueba, para que salga a relucir lo bueno.

Tanto los incidentes comunes de la vida diaria, como las incesantes oportunidades de ejercitarnos y fortalecernos, y las crisis excepcionales, están planeados para que recibamos a través de ellos las gracias de la vida cristiana.

2. Dios no nos manda las pruebas, sean grandes o pequeñas, sin prepararnos de antemano. Él «os dará juntamente con la tentación la salida, para que podáis soportar» (1 Corintios 10:13). Por lo tanto las pruebas son el voto de confianza de Dios acerca de nosotros. Él nos envía muchos sucesos insignificantes para probarnos, antes de permitir que nos sobrevenga una prueba mayor. «Aconteció después de estas cosas, que probó Dios a Abraham».

3. A menudo, Dios nos prepara para las pruebas venideras dándonos alguna nueva y bendita revelación de sí mismo. Observamos que, al concluir el capítulo anterior, se dijo que Abraham «invocó allí el nombre de Jehová Dios eterno». No sabemos que él se haya referido a Dios de este modo anteriormente. Lo había conocido como el Dios todopoderoso (17:1), pero no como el Dios eterno. La inmutabilidad, la eternidad, la independencia respecto del cambio y del tiempo, que son características esenciales de Jehová, se presentaron todas de repente ante su alma en aquellos momentos de una forma nueva y más vívida. El nombre nuevo lo capacitaría para resistir mejor la fuerte impresión de la tristeza que lo esperaba.

4. La prueba tocó el punto más sensible de Abraham. Tenía que ver con su hijo Isaac. Nada más de cuanto lo rodeaba pudo haber constituido una prueba tan dura como algo concerniente al heredero de la promesa, el hijo de su ancianidad y la risa de su vida. Su amor fue puesto a prueba. Él había hecho mucho por amor a Dios. Sin que le importara el precio, siempre había puesto a Dios en primer lugar, contento de sacrificarlo todo por amor a él. Por esto había salido de la casa paterna; había renunciado a las esperanzas que tenía puestas en Ismael, sacándolo al desierto para que no regresara, como se haría más tarde con el macho cabrío expiatorio. Sin embargo, si se le hubiera preguntado si creía que amaba a Dios por encima de todas las cosas, tal vez no se hubiera atrevido a decir que sí. Nunca podemos medir nuestro amor por los sentimientos. La única prueba verdadera de amor la da lo que somos capaces de hacer por la persona a quien decimos amar. En cambio, Dios sabía cuán verdadero y fuerte era el amor de su hijo, y que lo amaba a él más que a todo. Entonces lo sometió a la prueba suprema, para que en adelante todos los hombres supieran que un hombre mortal puede amar tanto a Dios, que le da el primer lugar, aunque en el otro plato de la balanza se encuentre su ser más amado. ¿No le gustaría amar así a Dios? Entonces dígale que está dispuesto a pagar el precio, si él hace surgir ese amor dentro de usted.

5. También fue una prueba muy dura para su fe. Isaac era el hijo de la promesa. «En Isaac te será llamada descendencia». Una y otra vez, aquel niño había sido mencionado por Jehová como el eslabón esencial entre aquel par de ancianos y la vasta posteridad que les prometía. En cambio, ahora le pedía al padre que sacrificara a su único hijo. Fue una gigantesca prueba para su fe. ¿Cómo podría Dios cumplir su palabra, y al mismo tiempo hacer que Isaac muriera? Aquello era totalmente inexplicable para el pensamiento humano. Si Isaac hubiera sido de edad suficiente para tener un hijo que perpetuara la simiente de futuras generaciones, la dificultad habría desaparecido. En cambio ahora, ¿cómo podría morir Isaac sin hijos, y aún así cumplirse la promesa de una posteridad que surgiría de él y sería innumerable, como las estrellas y los granos de arena? Dice la epístola a los Hebreos que la mente del anciano estaba cautivada por un solo pensamiento: Dios es poderoso. «Pensando que Dios es poderoso para levantar aun de entre los muertos, de donde, en sentido figurado, también le volvió a recibir» (Hebreos 11:19). Él sabía que de algún modo Dios iba a cumplir su palabra. No tenía que razonar acerca de esto, sino limitarse a obedecer. Ya había visto el poder de Dios en acción dando vida, en Isaac, cuando en su ancianidad no quedaban esperanzas. ¿Por qué no depositar toda su confianza en Dios otra vez? De todos modos, debía seguir haciendo lo que se le había ordenado, y descansar en la inagotable abundancia almacenada en el secreto de las manos de Dios. ¡Quién tuviera una fe así! Creer con toda sencillez lo que Dios dice; estar seguro de que Dios lo hará todo tal cual lo ha prometido. No alarmarse. Quitar la mirada de las circunstancias que amenazan con imposibilitar la realización de la promesa, y ponerla en la inmutable veracidad de la palabra empeñada por Dios.

6. Fue una prueba para la obediencia de Abraham. La palabra del Señor debe haber venido a él en una visión nocturna, y a la mañana siguiente, muy de madrugada, el patriarca ya estaba en camino. La noche anterior, al acostarse, no tenía la menor idea de la misión con la que iba a salir al amanecer. No obstante, actuó inmediatamente. «Y Abraham se levantó muy de mañana» (v. 3). No permitió que nadie más ensillara el asno, cortara la madera, ni interfiriera con la rapidez de su actuación. «Enalbardó su asno ... y cortó leña para el holocausto, y se levantó, y fue al lugar que Dios le dijo».

7. Esta prueba no violentó ninguno de los instintos naturales de su alma. En primer lugar, estaba muy familiarizado con la voz de Dios para equivocarse. La había escuchado con demasiada frecuencia para cometer un error en esta solemne crisis. También estaba seguro de que Dios tendría alguna manera de liberar la vida de Isaac. Además, en su época este tipo de sacrificio era muy común, y nunca se le había enseñado específicamente que su todopoderoso Amigo los aborrecía. Uno de los primeros principios de la antigua religión cananea exigía que los hombres sacrificaran a sus primogénitos por sus transgresiones; el fruto del cuerpo por el pecado del alma. No que los padres fueran menos sensibles que en nuestros días, sino que tenían un sentido más profundo de terror del pecado no perdonado, y se inclinaban ante dioses desconocidos, a quienes atribuían sed de sangre y sufrimiento. Ningún precio era demasiado alto para apaciguar las terribles demandas de la ignorancia, la superstición y la conciencia de pecado.

Tal vez Abraham hubiera presenciado ritos similares poco tiempo antes, y al hacerlo, habría pensado en Isaac. Quizá se había preguntado si debía hacer lo mismo con él, y se maravillaba de que nunca se le hubiera pedido ese sacrificio. Así que no se sorprendió mucho cuando Dios le dijo: «Toma ahora tu hijo ... y ofrécelo». Iba a aprender que, aunque Dios exigía tanto amor como el que los gentiles les daban a sus crueles dioses imaginarios, no permitía sacrificios humanos, ni ofrecimientos de hijos. Ya tendría lugar un sacrificio mayor que todos los demás, destinado a quitar los pecados. Por eso, Dios permitió que la obediencia de Abraham llegara hasta cierto punto, para detenerlo con toda urgencia. Así sabríamos en el futuro que Dios no exige, permite ni acepta la sangre humana como sacrificio; mucho menos la de un joven inteligente y noble. Él no se deleita en tales cosas.

Nunca sabremos lo que fueron esos tres días de silencioso viaje para Abraham. A pesar de la preocupación del patriarca por sus propias penas, tuvo necesidad de disimularlas bajo una apariencia de resignación, y aun de felicidad para que ni su hijo ni sus siervos adivinaran la agonía que le estaba royendo el corazón.

Por último, al tercer día vio a lo lejos la meta de su viaje. Dios le había indicado que le diría cuál de las montañas era el sitio asignado para el sacrificio. La tradición, que parece bien confirmada, ha asociado ese monte de la «tierra de Moriah» con el lugar en el cual siglos más tarde estuvo la era de Arauna el jebusita, y después el templo de Salomón. Esto es muy adecuado, porque así este gran acto de obediencia habría tenido lugar en el mismo sitio donde una multitud de víctimas y ríos de sangre serían sombra del sacrificio supremo que prefigura este pasaje.

Tan pronto como pudo ver el monte indicado, Abraham les dijo a sus jóvenes siervos: «Esperad aquí con el asno, y yo y el muchacho iremos hasta allí y adoraremos, y volveremos a vosotros» (v. 5). ¡Cuán significante es esa palabra «adoraremos» en este texto! Refleja el estado de ánimo que llenaba la mente del patriarca. Estaba preocupado con el bendito ser por cuya orden había emprendido aquella misión tan dolorosa. Consideraba que su Dios, en el momento de pedirle este sacrificio tan grande, solo merecía adoración completa. Le parecía que su tesoro más amado y costoso no era demasiado grande para dárselo a ese Dios grande y glorioso que era el único objetivo de su vida.

Es de especial importancia que notemos las palabras de absoluta confianza que Abraham les dirigió a sus siervos antes de dejarlos: «Yo y el muchacho iremos hasta allí y adoraremos, y volveremos a vosotros». Esto fue algo más que una profecía inconsciente: fue la seguridad que tenía su fe inconmovible, de que Dios se interpondría de alguna manera para salvar a su hijo, o por lo menos, levantarlo de los muertos si era necesario. En todo caso, Abraham estaba seguro de que Isaac y él regresarían muy pronto.

8. El hijo de Abraham sintió la influencia de la conducta de su padre. Se contagió de su mismo espíritu. No sabemos cuántos años tenía; tendría por lo menos edad suficiente para soportar el esfuerzo de una marcha larga a pie, y sería bastante fuerte para cargar la leña al subir al monte, pues su padre la había puesto sobre sus hombros. Muy contento, doblegó su fortaleza juvenil bajo el peso de la leña, así como aquel que sería más grande que él, habría de cargar la cruz en la Vía dolorosa. Es hermoso ver el evidente interés que el muchacho puso en los procedimientos mientras iban juntos.

En todos los sacrificios anteriores, Abraham había llevado consigo un cordero, pero en esta ocasión la inquisidora atención de Isaac se centró en el hecho de que no había cordero para el holocausto, y con una sencillez que debe haber tocado lo más sensible del corazón de Abraham, le dijo: «Padre mío ... he aquí el fuego y la leña; mas ¿dónde está el cordero para el holocausto?» Debe haber sido como una puñalada para el dolorido corazón de Abraham. Con indicios de un conocimiento profético mezclado con una fe inconmovible en aquel por cuyo amor estaba sufriendo, el padre respondió: «Dios se proveerá de cordero para el holocausto, hijo mío. E iban juntos».

9. Llegó el momento en que no pudo seguir guardando el secreto. «Y cuando llegaron al lugar que Dios le había dicho, edificó allí Abraham un altar, y dispuso la leña». ¿Se puede imaginar al anciano recogiendo lentamente las piedras, trayéndolas de lo más lejos posible, colocándolas con reverente y juiciosa precisión y atando la leña con toda deliberación? Pero al final, cuando todo estuvo listo, Abraham tuvo que volverse a su hijo para descubrirle el fatal secreto que lo sacara de su perplejidad. La inspiración echa un velo sobre esa última y tierna escena: el momento en que el padre le da a conocer las órdenes que ha recibido, los entrecortados suspiros, los besos humedecidos por las lágrimas, la inmediata sumisión del hijo, bastante fuerte y crecido para rebelarse si lo hubiera querido. Luego, ató el joven cuerpo sin mayor esfuerzo, porque el corazón de su hijo ya había aprendido el secreto de la obediencia. Finalmente, lo levantó para ponerlo sobre la leña del altar. Era un espectáculo que debe haber reclamado toda la atención del cielo. Era una prueba de todo cuanto el hombre mortal es capaz de hacer por amor a Dios. Era también una evidencia de fe infantil que debe haber conmovido el corazón del Dios eterno, y haber hecho vibrar las fibras más íntimas de su ser. ¿Amamos usted y yo a Dios de esta forma? ¿Es él para nosotros más que nuestros seres más amados y cercanos? Supongamos que ellos estuvieran a un lado, y Dios al otro. ¿Iría usted con él, aunque le costara perderlos a todos ellos? Usted piensa que sí. Pensarlo solamente es ya una gran cosa.

El cuchillo estaba en alto, relampagueando con los rayos del sol matutino, pero Dios no permitió que cayera. Junto con la prueba, Dios había ideado también la escapatoria. «Entonces el ángel de Jehová le dio voces desde el cielo, y dijo: Abraham». Seguramente, Abraham estaba deseoso de aferrarse a cualquier cosa que le ofreciera la oportunidad de suspender o demorar aquello, y dijo mientras volvía contento a su costado la mano que ya tenía levantada: «Heme aquí». Luego siguen unas palabras que hablan de liberación: «No extiendas tu mano sobre el muchacho, ni le hagas nada; porque ya conozco que temes a Dios, por cuanto no me rehusaste tu hijo, tu único» (v. 12).

«Y llamó Abraham el nombre de aquel lugar, Jehová proveerá» (Jehová-jireh). Esto se convirtió en proverbio, y los hombres se decían: «En el monte de Jehová será provisto». Son palabras ciertas. No habrá verdadera liberación hasta que hayamos llegado al monte del sacrificio. Dios no nos da la liberación completa hasta que lleguemos al punto más extremo de nuestra necesidad. Cuando nuestro Isaac está en el altar, y el cuchillo está a punto de descender sobre él, es cuando el ángel de Dios se interpone para liberarnos.

Cerca del altar había un zarzal. Cuando Abraham levantó los ojos para mirar alrededor, vio un carnero trabado allí por los cuernos. Nada hubiera sido más oportuno. Él había querido mostrar su gratitud y la plenitud de la entrega de su corazón, y con mucho gozo fue, tomó el carnero y lo ofreció en holocausto en lugar de su hijo. Aquí hallamos muy clara la gran doctrina de la sustitución. Se nos enseña que solo se puede conservar la vida cuando se entrega por completo.

Este acto de Abraham nos capacita mejor para entender el sacrificio hecho por Dios para salvarnos. La humilde sumisión de Isaac, acostado sobre el altar con la garganta descubierta para ser degollado, nos da una idea más clara de la obediencia de Cristo al morir. La restauración de Isaac a la vida, como quien regresa de entre los muertos, después de haber estado muerto por tres días en la mente de su padre, simboliza la resurrección de Cristo en la tumba de José de Arimatea.

Antes de que partiera de la montaña, Dios le dijo: «Por mí mismo he jurado ... por cuanto has hecho esto, y no me has rehusado a tu hijo, tu único hijo; de cierto te bendeciré, y multiplicaré tu descendencia como las estrellas del cielo y como la arena que está a la orilla del mar; y tu descendencia poseerá las puertas de sus enemigos. En tu simiente serán benditas todas las naciones de la tierra, por cuanto obedeciste a mi voz» (vv. 16-18). No piense que esta experiencia es única y aislada. Dios jamás acortará su mano a favor de todo hombre que se atreva a lanzarse a algo que le parece niebla cerrada, para darse cuenta después de que debajo de él hay roca sólida donde afirmar sus pies.

10. Todos los que creemos, somos hijos del fiel Abraham.
Nosotros, aunque gentiles y separados de Abraham por el correr de los siglos, podremos heredar las bendiciones que él ganó; tanto más, cuanto más de cerca sigamos sus pisadas. Esa bendición es para nosotros, si la reclamamos. Abraham volvió a sus siervos con una luz nueva en el corazón. «Y se levantaron y se fueron juntos a Beerseba; y habitó Abraham en Beerseba», pero el halo de aquella visión iluminó los lugares más comunes de su vida, como lo hará también en la nuestra, cuando de los montes del sacrificio regresemos a los valles del deber cotidiano.

22
MACPELA Y SU PRIMERA OCUPANTE
Génesis 23:4, 19

Cuando Abraham descendió por la ladera del monte Moriah, acompañado por Isaac, todavía le quedaban por delante cincuenta años de vida. De estos, pasaron veinticinco antes del suceso que aparece en este capítulo. Es posible que todos esos años le parecieran iguales. Fueron pocos los acontecimientos que rompieron su monotonía.

Tal vez nunca podremos darnos cuenta de cómo se relacionaban entre sí los miembros de un hogar como el de Abraham. Vivían juntos a través de largos e ininterrumpidos períodos, y todas sus relaciones sociales eran entre ellos. Así pues, cuando la muerte se llevaba un rostro amado y familiar, tiene que haber dejado tras sí un vacío que nunca se llenaría, y que difícilmente se olvidaría. No es de asombrarse, por lo tanto, que se haga resaltar tanto la muerte de Sara, el suceso principal de ese medio siglo en la vida de Abraham.

1. Lo primero que llama nuestra atención son las lágrimas de Abraham. «Y murió Sara en Quiriat-arba, que es Hebrón, en la tierra de Canaán». Parece que Abraham estaba ausente de su hogar, tal vez en Beerseba, cuando Sara exhaló el último suspiro; pero vino inmediatamente «a hacer duelo por Sara, y a llorarla». Esta es la primera vez que vemos llorar a Abraham. Sara yace inerte ante él, y brota incontenible su tristeza.

Sara había sido la compañera de su vida durante unos setenta u ochenta años. Era el único vínculo con el hogar de su infancia. solo ella podía apreciar lo que decía cuando él hablaba de Taré y Nacor, o de Harán y de Ur de los caldeos. solo ella quedaba, de todos los que treinta años antes habían compartido las durezas de su peregrinaje. Mientras estaba de rodillas a su lado, ¡qué cúmulo de recuerdos deben haber pasado por su mente; sus planes comunes y sus esperanzas, temores y alegrías! La recordaba como su inteligente y hermosa esposa joven, como su compañera de peregrinaje, como la estéril perseguidora de Agar, como la prisionera del faraón y de Abimelec, como la amante madre de Isaac, y cada recuerdo hacía brotar nuevas lágrimas.

Hay quienes dicen que los hombres no deben llorar, o que no es de cristianos hacerlo. Nos consuelan con un frío estoicismo, aconsejándonos que nos enfrentemos a los momentos más agitados de nuestra vida con el rostro rígido y sin lágrimas. Hay muy poca relación entre estos y el verdadero espíritu del evangelio y de la Biblia. La fe no nos hace inhumanos o desnaturalizados, sino que purifica y ennoblece todas esas emociones naturales de las cuales está revestida nuestra compleja naturaleza. Jesús mismo lloró. Pedro lloró amargamente. Los efesios lloraron sobre el cuello de Pablo, cuyo rostro pensaban que nunca más volverían a ver. Cristo todavía está en pie junto a cada enlutado y le dice: «Llora, hijo mío, que yo también lloré».

2. Observe la confesión de Abraham. «Y se levantó Abraham de delante de su muerta, y habló a los hijos de Het, diciendo: Extranjero y forastero soy entre vosotros; dadme propiedad para sepultura entre vosotros» (vv. 3, 4). ¿Ve cómo la tristeza revela lo que hay en el corazón? Cuando vemos a Abraham como el patriarca rico y poderoso, el emir, el príncipe de un poderoso clan, no podemos adivinar sus pensamientos secretos. Él ha estado en esa tierra durante sesenta y dos años, y probablemente está tan enraizado en ella como cualquiera de los príncipes vecinos. Así podemos pensar, hasta que lo vemos enviudar de su amada Sara. Entonces, en medio de su tristeza, se oye al verdadero hombre expresando su pensamiento más secreto: «Extranjero y forastero soy entre vosotros».

Estas palabras son extraordinarias y nunca fueron olvidadas por sus hijos. Se grabaron tan profundamente en el pensamiento de su pueblo, que el autor de Hebreos las convierte en la inscripción que domina sobre el cementerio donde yacen los buenos y grandes de la nación judía: «Conforme a la fe murieron todos éstos sin haber recibido lo prometido, sino mirándolo de lejos, y creyéndolo, y saludándolo y confesando que eran extranjeros y peregrinos sobre la tierra» (Hebreos 11:13).

Podemos preguntarnos qué sería lo que mantuvo este espíritu en Abraham por tantos años. Hay solo una respuesta: «Porque los que esto dicen, claramente dan a entender que buscan una patria» (Hebreos 11:14). Desarraigado de su tierra natal, el patriarca nunca pudo volver a echar raíces en ningún país, y su espíritu siempre estuvo alerta, y se extendió anhelante hacia la cuidad de Dios. No quiso contentarse con nada menos que esto, y por lo tanto, Dios no se avergonzó de llamarse su Dios, puesto que le había preparado una ciudad. ¡Cuánto nos avergüenza a algunos de nosotros la grandiosidad de esta alma! Decimos que buscamos una ciudad, pero nos cuidamos bien de asegurarnos una posición entre los ciudadanos de este mundo. Decimos que consideramos todas las cosas como basura, pero el entusiasmo con el que nos esforzamos por acumular los tesoros terrenales rastrillo en mano, es un sorprendente comentario sobre nuestras palabras.

3. Observe la fe de Abraham. Los hombres suelen enterrar a sus muertos junto a sus antepasados. Las tumbas de pasadas generaciones son heredadas por su posteridad. A los descendientes de emigrantes que viven en todas las naciones de América les gusta visitar los tranquilos cementerios de pueblo donde yacen sus ancestros europeos. Al judío le gusta viajar a Palestina cuando ya es anciano, para poder ser enterrado si muere allí en un suelo consagrado por el remanente de su raza. Es posible que Abraham pensara primero en la lejana tumba de la ciudad de Harán, donde estaban enterrados Taré y Harán. ¿Debía llevar los restos de Sara allá? Decidió que no. Aquel país ya no tenía nada que ver con él. La única tierra en la que tenía algún derecho, era aquella en la que había vivido como extranjero. Allí vivirían sus hijos en los años venideros, y las generaciones que llevarían su nombre se extenderían como las arenas de las orillas del mar, y como las estrellas en el firmamento de medianoche. Por consiguiente, era necesario que fijara la tumba en la que yacerían Sara, madre del pueblo y él, padre suyo, en el corazón mismo de aquella tierra. Así sería como el núcleo alrededor del cual se reunirían sus descendientes en el porvenir.

Cuando los príncipes oyeron su petición, al instante le ofrecieron que escogiera el lugar para el sepulcro, afirmando que ninguno de ellos podría retener su sepulcro y negárselo a un príncipe tan poderoso. Más tarde, cuando buscó su intercesión con Efrón hijo de Zoar para obtener la cueva de Macpela, que estaba al extremo de su campo, y Efrón prometió regalársela en presencia de los hijos de su pueblo, Abraham se negó con firmeza. Así, después de muchos discursos de cortesía, en el digno estilo que todavía prevalece entre los orientales, «quedó ... la heredad con la cueva ... y todos los árboles ... como propiedad de Abraham, en presencia de los hijos de Het y de todos los que entraban por la puerta de la ciudad» (vv. 17, 18). Su testimonio tenía el mismo efecto de obligatoriedad en aquellos rudos tiempos, que los documentos legales tienen en los nuestros.

Allí Abraham enterró a Sara; allí Isaac e Ismael enterraron a Abraham; allí fueron enterrados Isaac y su esposa Rebeca; allí Jacob enterró a Lea, y allí José enterró a Jacob su padre. Es muy posible que sea allí donde, guardados por celosos mahometanos, intactos después de tantos tormentosos cambios que han barrido el paisaje que rodea su tranquilo lugar de reposo, duermen esos restos aún, manteniendo posesión de esa tierra y anhelando la llegada del momento en el cual, a una escala mayor y más prominente, se realizará la promesa hecha por Dios a Abraham.

23
LA RESPUESTA DEL ALMA AL LLAMAMIENTO DIVINO
Génesis 24:58

Remóntese treinta y tres siglos en el pasado. La suave luz de un ocaso oriental cae delicadamente sobre los fértiles pastizales bañados por el gran Éufrates. Mientras su penumbra ilumina el paisaje donde se esparcen como puntos de rebaños, casas y aldeas, llena con una especial riqueza de color la aldehuela de Harán, fundada cien años atrás por Taré, quien, mientras viajaba hacia el norte de Ur, resolvió no avanzar más. El anciano estaba profundamente apesadumbrado por la reciente pérdida de su hijo menor, y le dio su nombre al pueblecito naciente. Allí murió Taré, y de allí salió la caravana siguiendo las órdenes de Dios a través del desierto en busca de la ignota tierra prometida. No obstante, una rama de la familia —la de Nacor— todavía vivía allí. Su hijo Betuel era el jefe de la familia. En el momento de la narración, había al menos una madre, un hermano llamado Labán y una hija joven, Rebeca.

Esta ocupa el centro de la bucólica escena que contemplamos. Había pasado toda su juventud en su pueblecito. Conocía por su nombre a todos sus habitantes, y había oído hablar de aquellos familiares suyos que, antes de su nacimiento, se habían ido más allá del gran desierto, y de quienes no habían sabido casi nada durante tantos años. Nunca se había imaginado la vastedad del mundo, y en sus sueños más extraños no pensó sino en vivir y morir dentro de los estrechos límites de su tierra natal. De pies ligeros y modales modestos, de corazón puro, amable, generosa y de rostro hermoso, como nos cuenta la historia sagrada, ¡cuán poco se imaginaba que la providencia de Dios la sacaría pronto de su tranquilo hogar y la lanzaría al poderoso mundo exterior que quedaba más allá de las arenas del desierto que cubrían el horizonte!

Al atardecer de un día muy especial, un extraño se detuvo junto al pozo de las afueras de la aldehuela. Traía consigo una imponente caravana de diez camellos, ricamente enjaezados y con la apariencia de venir de un viaje muy largo. Allí esperaba la pequeña caravana, como si nadie supiera qué hacer a continuación. Es muy probable que su jefe fuera el anciano Eliezer, el mayordomo de la casa de Abraham. El patriarca ya estaba avanzado en años, su hijo Isaac tenía cuarenta años de edad, y el anciano padre deseaba verlo bien casado. Aunque su fe nunca ponía en duda que Dios cumpliría su promesa de darle descendencia, sin embargo, deseaba llegar a tener también en sus brazos el segundo eslabón entre él y su posteridad.

Por eso había comprometido a su siervo fiel con un doble juramento: primero, que no tomaría esposa para Isaac de entre las hijas de los cananeos vecinos, sino de su propia familia que moraba en Harán; y segundo, que nunca sería cómplice del regreso de Isaac a la tierra de la cual él había salido.

Puesto que había llegado al pueblo a la caída de la tarde —«a la hora de la tarde, la hora en que salen las doncellas por agua»— el devoto jefe de la caravana le pidió a Dios que le enviara un «buen encuentro». Se dirigió al Todopoderoso como «Jehová, Dios de mi señor Abraham», diciéndole que si prosperaba su camino le estaría mostrando misericordia a su señor. La sencillez y confianza de su oración son hermosas, y seguramente son reflejo de la piedad que reinaba en aquel vasto campamento establecido alrededor del pozo de Beerseba, y que había sido consecuencia de la profunda relación entre Abraham y Dios, quienes llevaban tanto tiempo caminando juntos.

Nosotros también tenemos el privilegio de poder hablar con él acerca de los detalles más pequeños de nuestra vida. Las cosas más diminutas no son demasiado pequeñas para aquel que tiene contados hasta los cabellos de nuestra cabeza. Fue santa y feliz la inspiración que dirigió al piadoso siervo a pedir que aquella doncella que respondiera con cortés prontitud a su petición de agua, fuera la señalada por Dios para novia del hijo de su señor. Le sucedió lo que siempre les sucede a los que han aprendido a confiar como niños. «Antes que él acabase de hablar», la respuesta lo estaba esperando junto a él.

No necesitamos explicar en detalle todo lo que siguió: los regalos de valiosas joyas; el reconocimiento reverente de la bondad de Dios al responder a su oración, al inclinar la cabeza para adorarlo; la rápida carrera a la casa; la admiración de la madre y el hermano por los espléndidos regalos; el emocionado relato del inesperado encuentro; la hospitalidad de Labán, acentuada por sus habilidades de negociante, y cuyas palabras de bienvenida fueron más vehementes ante la vista de los opulentos arreos de los camellos; el heno y el forraje para los animales, el agua para los pies de los cansados viajeros y la comida para el jefe de la partida, quien se negó a comer hasta revelar el mensaje que traía y cumplir su misión; la relación en elocuentes y atractivas palabras, de la grandeza de Abraham; el relato de la forma maravillosa en que Dios había guiado al mensajero y le había señalado a Rebeca; la petición final de que sus familiares hicieran misericordia y verdad con su señor, y el rápido y decidido consentimiento en palabras que hicieron inclinar al anciano siervo a tierra en santo éxtasis de adoración ante Jehová. Estas fueron las palabras: «He ahí Rebeca delante de ti; tómala y vete, y sea mujer del hijo de tu señor, como lo ha dicho Jehová» (v. 51).

Entonces él sacó de sus tesoros joyas de oro y plata y vestidos para adornar a Rebeca; su madre y Labán también recibieron valiosos regalos, según los deseos de su corazón. «Y comieron y bebieron él y los varones que venían con él, y durmieron». Al amanecer, rechazando todas las invitaciones a quedarse más tiempo, el mayordomo de Abraham emprendió el camino de regreso, llevando consigo a Rebeca y a su nodriza. A través de la fragancia del aire matutino llegó a ella la última voz de su hogar, que le decía: «Hermana nuestra, sé madre de millares de millares, y posean tus descendientes la puerta de sus enemigos» (v. 60).

Debemos pasar por alto los detalles de la historia, pero saquemos en conclusión dos o tres lecciones que nos ayuden a comprender el llamamiento divino y la respuesta del alma.

1. Una lección para aquellos que llevan consigo el llamamiento de Dios.

a. *Saturemos nuestra obra con oración.* Así como su señor, el siervo no daba ni un paso sin antes orar. Tenía una misión muy difícil. ¿Sería posible que una jovencita dejara el hogar paterno para cruzar el vasto desierto en compañía de un hombre completamente extraño, y convertirse en esposa de uno a quien no había visto nunca antes? Quizá no quisiera seguirlo, y aunque ella hubiera querido, tal vez sus familiares se opusieran. A pesar de todo, Eliezer oró una y otra vez, y la bendición de Dios coronó su encomienda con un éxito completo.

También a nosotros se nos envía a veces a misiones imposibles. Humanamente hablando, parece que nuestra misión está destinada al fracaso, pero los que confiamos en Dios no tenemos la palabra «fracaso» en nuestro vocabulario. Triunfamos aunque nos amenace el desánimo. Obrero cristiano: ¡Nunca salga a ninguna misión divina, ya sea en busca de una sola alma, o de toda una congregación, sin la oración: «Envíame un buen encuentro hoy»!

b. *Digamos mucho en alabanza de nuestro Señor.* Es hermoso ver con cuánta elocuencia habla el anciano de su amo y señor. No dice nada de sí mismo, ni se exalta en lo más mínimo, porque está totalmente absorto en el relato acerca de su señor distante y ausente. ¿No fue esta también una de las características de los apóstoles, que no se predicaron a sí mismos, sino al Señor Cristo Jesús? Sus palabras son como un cristal transparente, cuyo propósito es dejar que lo atraviese solamente la gloria del Señor. ¡Perdámonos usted y yo también en este tema! Además, cuando se les adjudique algún éxito a nuestras palabras, debemos estar seguros de darle toda la gloria a aquel de quien proceden.

2. El llamamiento mismo fue dirigido a una pobre y sencilla joven. Se le invitaba a unirse en matrimonio con un hombre de la más rica y noble aristocracia de la tierra. No se le hizo el llamamiento por sus merecimientos, riqueza ni belleza, sino porque era el deseo del corazón y la decisión de Abraham. Este es el llamamiento que reciben todas las almas que escuchan el evangelio. Él tiene su Hijo unigénito y muy amado. Ha decidido llamar a los hombres sin merecimiento alguno de parte de ellos, para que formen la Iglesia verdadera, que será su esposa para siempre. Este llamamiento le llega a usted, no por que tenga bienes de fortuna, dignidad o belleza; sino porque así él lo ha decidido en su propio corazón.

El pecador que obedece ese llamamiento, pierde su propio nombre para tomar el de él. En su nombre, será adornado con sus mejores alhajas; compartirá sus riquezas; se sentará con él en su trono; todas las cosas serán suyas. Si aún no lo ha hecho, ¿sería usted capaz de seguir a ese Hombre? ¿Lo dejaría todo para ser de Cristo? Póngase bajo la escolta del bendito Espíritu Santo, que intercede por la causa de Jesús como hizo el siervo de Abraham por Isaac; y deje que el Espíritu lo lleve hasta Jesús.

3. Lo que debemos hacer con el llamamiento.

a. *Debemos encontrar lugar para él.* El Señor nos pregunta dónde está el cuarto de huéspedes. No había lugar para Cristo en el mesón, pero nosotros debemos alojarlo en nuestro corazón.

b. *Debemos dar testimonio de él.* «Y la doncella corrió, e hizo saber en casa de su madre estas cosas» (v. 28). Tan pronto como usted haya oído su llamado, y recibido las arras de la promesa, que son los símbolos de su herencia, debe ir a su casa y a sus amigos para decirles cuán grandes cosas ha hecho el Señor con usted.

c. *No debemos tardarnos, ni buscar el consejo de los hombres.* Los hombres y las circunstancias tienden a hacernos dejar para después la salida hacia nuestro peregrinaje. Sin demora, tan pronto se nos haga la pregunta «¡Irías con este Hombre?», debemos responder con toda rapidez: «Iré».

El viaje fue duro y agotador, pero por todo el camino, el corazón y el ánimo de la jovencita eran sostenidos por la información que le daba el siervo fiel, quien llenaba la distancia que la separaba todavía de su destino con relatos del hogar al cual iba, y del hombre con quien iba a unir su vida. Ya lo amaba, y anhelaba ardientemente verlo.

En el crepúsculo de un día llegó el encuentro. Isaac había salido a meditar a la hora de la tarde, lamentándose con tristeza por la muerte de su madre, esperando con anhelo la llegada de su esposa, y entrelazando todo con pensamientos piadosos. Cuando alzó la mirada por encima de los pastizales, vio que venían unos camellos, y las dos almas jóvenes saltaron de gozo. ¡Qué encuentro tan feliz! Rebeca olvidó en aquel instante todas las pruebas y durezas del viaje, y la pérdida de sus amigos.

Muy pronto, en el antes silencioso hogar había de nuevo bullicio de voces infantiles. Por varios años, el patriarca gozó de la presencia de sus nietos, a quienes les contaba la historia de su pasado, en el que su alma anciana quería vivir. Los niños no se han de haber cansado de escuchar en especial una de las historias: la de cuando su padre subió una vez a una cumbre del monte Moriah, para volver como si hubiera resucitado de entre los muertos.

24
ABRAHAM ES UNIDO A SU PUEBLO
Génesis 25:8

Ningún ser humano puede rivalizar con Abraham en la reverencia universal que ha evocado entre todas las razas a través de los tiempos. ¿Cuál es el secreto de esta fama universal? No se debe a que haya encabezado uno de los movimientos más grandes en pro de la familia humana, ni a que diera muestras de vigor varonil e intelectual, ni tampoco a que poseyera vastas riquezas. Fue más bien la extraordinaria nobleza y grandeza de su vida religiosa la que le aseguró un venerado recuerdo en medio de todas las generaciones de la humanidad.

1. La base de su carácter fue una fe poderosa. «Abraham creyó a Dios». Con esa fe dejó su tierra natal y viajó a la que le fue prometida, aunque no se le indicara con toda claridad. Con esa fe esperó muchos años, seguro de que Dios le daría el hijo de la promesa. Por esa fe vivió una vida nómada, morando en tiendas de campana y sin tratar de regresar al desarrollado país del que había salido. Por esa fe estuvo preparado para ofrecer a Isaac y enterrar a Sara.

2. A su fe se añadían su virtud y su varonil valor. ¿Qué pudo haber sido más varonil que la rapidez con que armó a sus siervos, salió con ellos y rescató a Lot y sus bienes, o el heroísmo que mostró al atacar al disciplinado ejército de Asiria con un grupo de pastores sin disciplina, y volver victorioso por el largo valle del Jordán?

3. Al varonil valor se añadió su conocimiento. Toda su vida fue discípulo de la escuela de teología de Dios. Creció en el conocimiento de Dios y de la naturaleza divina, que al principio había sido para él un terreno desconocido. Un panorama antes ignorado se abrió ante su vista.

4. Al conocimiento se añadió el control de sí mismo. La forma en que rechazó la oferta del rey de Sodoma es prueba de que tenía control de sí mismo. También supo dominarse a pesar de los problemas causados por los pastores de Lot. No hay otro tipo de carácter más atractivo, que el del hombre que tiene control de sí mismo porque es siervo de Dios; y puede gobernar bien a otros porque se gobierna bien a sí mismo.

5. Al control de sí mismo, se añadió la paciencia. Al hablar de él, la voz inspirada del Nuevo Testamento afirma que esperó con paciencia (Hebreos 6:15). No era una paciencia corriente la que le permitió esperar tantos años sin murmurar ni quejarse, sino la paciencia del que espera el momento perfecto de Dios (Salmo 131:2, 3).

6. A esta paciencia, añadió la piedad. Una de las principales características de Abraham fue su piedad: un constante sentido de la presencia de Dios en su vida, unido al amor y la entrega a él. Dondequiera que levantaba sus tiendas, su primera preocupación era levantar también un altar a Dios. Siquem, Hebrón y Beerseba, presenciaron por igual estas pruebas de su reverencia y amor al Señor. En todos los momentos de angustia, se volvió a Dios con la misma naturalidad de un niño que busca a su padre; y existió una relación tan santa entre su espíritu y el de Dios, que el nombre por el cual es más conocido en la actualidad en todo el Oriente Medio, es el amigo.

7. A la piedad añadió la bondad hacia los suyos. Algunos hombres que son entregados a Dios carecen, sin embargo, de las tiernas cualidades que los deberían relacionar con sus familiares allegados. No fue así con Abraham. Él era un hombre lleno de afecto. Bajo la apariencia exterior de serenidad y severidad de aquel poderoso jefe, palpitaba un corazón amoroso y lleno de afecto. Escuche su apasionada exclamación: «¡Oh, que Ismael viva delante de ti!»

8. A la bondad con los suyos se añadió su amor. En sus relaciones con los hombres podía ser generoso, sincero y dadivoso; dispuesto a pagar la gran suma que se le pidió por la cueva de Macpela sin regateos ni quejas; despojado de todo falso orgullo; justificado delante de Dios y, por lo tanto, capaz de derramar sobre los hombres la benéfica influencia de un corazón noble, tranquilo y genial.

9. Todas estas virtudes abundaban en él, y no lo dejaron estéril o sin fruto; le dieron seguridad a su llamamiento y elección y le prepararon una amplia entrada al reino eterno de Dios nuestro Salvador.

10. Abraham «exhaló el espíritu». No luchó con la muerte; no se aferró a la vida. Estaba contento de irse; y cuando el ángel mensajero lo llamó, sin ninguna resistencia y con la prontitud del que consiente con alegría, su espíritu volvió a Dios.

11. «Fue unido a su pueblo». Esto no puede referirse a su cuerpo, puesto que no fue enterrado junto a sus antepasados, sino junto a Sara. Por tanto, se refiere con toda seguridad a su espíritu.

¡Qué hermoso sinónimo de la palabra «muerte»! Morir equivale a unirnos a nuestro pueblo; pasar a un mundo donde se está reuniendo el gran clan, dando gritos de bienvenida a todos los que van llegando a través de las sombras de la muerte. ¿Dónde está su pueblo? ¡Ojalá que sea el pueblo de Dios! Si es así, los que llevan su nombre, de pie en la otra orilla, son más numerosos que los pocos que lo rodean aquí; muchos a quienes usted nunca ha conocido, pero que son sus hermanos; muchos a quienes ha amado y perdido por un poco de tiempo; muchos que quieren compartir con usted la felicidad que ya disfrutan. Allí están, esperando alborozados su llegada. Cerciórese de no defraudarlos.

12. «Y lo sepultaron Isaac e Ismael sus hijos en la cueva de Macpela». Había grandes diferencias entre ellos. Ismael era el hijo de la esclava; Isaac, el de la esposa. Ismael, el hijo de la conveniencia; Isaac, el de la promesa. Ismael, silvestre y libre, «asno salvaje», individualista, orgulloso, independiente, pronto para airarse y dispuesto a la venganza; Isaac, callado y reservado, sumiso y humilde, dispuesto a cargar la leña, a quedar en la oscuridad, a ser atado, a entregar sus pozos y a dejar que su esposa manejara su hogar. Sin embargo, todas las diferencias se borran en ese momento de supremo dolor. Saliendo de las fortalezas del desierto rodeado de sus rudos seguidores, Ismael se unió al otro hijo del padre común, quien lo había desplazado como heredero y era tan diferente a él. En aquella hora se suavizaron todas las diferencias.

Los restos del hombre que se había atrevido a confiar en Dios al precio que fuera, y quien había caminado como peregrino tan largas distancias, fueron depositados solemnemente junto al polvo dejado por el cuerpo de Sara, su fiel esposa. Con toda probabilidad, allí reposan todavía, y de allí serán levantados a la llegada del Rey.

De un material ordinario, Dios levantó un hombre con quien poder comunicarse en estrecha amistad y una vida que ha ejercido una profunda influencia en todos los pueblos desde aquel entonces.

JACOB: PRÍNCIPE CON DIOS

1
LAS PRIMERAS IMPRESIONES
Génesis 25

Hay muchas razones para incluir la historia de Jacob entre los interesantes relatos acerca de los grandes hombres de la Biblia.

1. Jacob fue el padre de la raza hebrea, y un hebreo característico. Los hebreos se llaman a sí mismos con el nombre de Jacob; y se apellidan con el nombre de Israel (vea Isaías 44:5). Hablamos de Jacob en vez de Abraham, como el fundador del pueblo al cual dio el nombre porque, aunque Abraham fue su antepasado directo, no lo fue de modo exclusivo. Ismael, el silvestre hijo del desierto, también lo reclama como padre, del mismo modo que el industrioso judío. Eso no es todo. También los gentiles tenemos razones para estar orgullosos de poder remontar nuestro linaje hasta aquel gran hombre, el peregrino a quien Dios llamó su amigo.

Ninguna persona inteligente puede ignorar este pueblo maravilloso. Su historia es, sin duda, la clave de las complicaciones de la política moderna, y es posible que su redención sea el fruto de esos grandes dolores de parto que están empezando a agitar a todos los pueblos, y que se anuncian mediante todas las calamidades nacionales que se ven hoy en día.

Si podemos entender la vida de Jacob, podremos entender también la historia de su pueblo. Los extremos que nos asombran en ellos están todos presentes en él. Como ellos, él es el intrigante más exitoso de su tiempo; y como ellos, tiene también esa profunda espiritualidad y esa penetrante fe que son las más grandes de todas las cualidades y capacitan al hombre para el más elevado cultivo del que es capaz el espíritu humano. Como su pueblo, él pasa la mayor parte de su vida en el exilio, y en medio de duras situaciones de trabajo y penas; y también como él, está inseparablemente apegado a esa amada tierra, a la cual está asido únicamente por la promesa de Dios y las tumbas de sus héroes.

No obstante todo esto, el carácter de Jacob fue purificado mediante una fuerte disciplina. Su pueblo ha estado pasando por esa disciplina a través de los siglos; y de seguro, gracias a su fuego purificador serán expulsados los elementos más bajos de su naturaleza hasta que reconozca a Jesús, el verdadero José que es sangre de su sangre.

2. Jacob también tiene mucho en común con nosotros. Sus fracasos nos recuerdan los nuestros. Se aprovecha de su hermano cuando este está dominado por el hambre. Engaña a su padre. Responde con sus propios engaños a los engaños de Labán. Cree que puede calmar la ira de Esaú hacia él con regalos. Tacaño, astuto y débil son tres buenos términos que le podemos aplicar, pero nadie está libre de los gérmenes de esta cosecha en su propio corazón.

«También yo pertenezco a ese grupo, pero me hallo bajo la gracia de Dios», podríamos decir con verdad.

Sus aspiraciones son las nuestras. También nosotros tenemos sueños en los que vemos ángeles y hacemos nuestras promesas cuando salimos de casa. También nos parece algo insignificante el trabajo duro cuando nos impulsa un amor que lo domina todo. También nos aferramos en anhelante paroxismo al ángel que se va a marchar, para que nos bendiga antes de irse. También nosotros volvemos a nuestro Bet-el a enterrar los ídolos. Confesamos también que somos peregrinos y extraños en la tierra. También reconocemos que Dios nos cuida como un pastor (Génesis 48:15), y también esperamos de él la salvación (Génesis 49:18).

Nos identificamos además con sus tristezas. En toda vida hay un momento en que se deja un hogar para luchar solo, una agotadora lucha por la existencia, una cojera que nos trae a la memoria alguna terrible crisis, y unas canas que ha hecho nacer el dolor. Todos hemos sollozado por las esperanzas que nunca se han realizado, y por las cuales nos sentimos burlados. «No han llegado» (Génesis 47:9).

Es un consuelo muy grande saber que los santos de la Biblia, que brillan ahora como estrellas en el cielo, fueron hombres con pasiones semejantes a las nuestras. Anímese; si Dios pudo tomar hombres como Jacob y Simón hijo de Jonás, para convertirlos en príncipes y reyes, de seguro podrá hacer lo mismo con usted. Quizá la disciplina llegue a ser tan intensa como el fuego, pero el resultado final será glorioso.

3. En Jacob podemos seguir las huellas de la obra del amor divino. «Y amé a Jacob» (Malaquías 1:2). Fue un amor prenatal. Antes de que Jacob naciera, ya era objeto del amor de Dios (Romanos 9:11). No comenzó por lo que nosotros éramos, y continuará a pesar de lo que hayamos sido.

Fue un amor ferviente. Fue tan fuerte en comparación, que el amor que rodeó a Esaú bien podría llamarse aborrecimiento (Romanos 9:13), pues Dios amaba a Esaú en la misma forma en que ama a todos los hombres. Él no odia nada de lo que ha hecho, pero había tanta diferencia de temperatura entre su amor por Jacob y el que le profesaba a Esaú, como la diferencia que hay en el corazón humano entre el amor y el aborrecimiento.

Fue un amor disciplinario. Solemos tener una idea muy pobre del amor. Pensamos que amor es solamente lo que acaricia, calma y dice cosas dulces. Conocemos muy poco ese amor que puede decir «no»; que puede usar la vara, el azote y el fuego; así es el amor de Dios.

Si se nos hubiera pedido que dijéramos cuál de estos dos hombres era el favorito del cielo, con toda seguridad habríamos escogido el que no lo era.

Ante nosotros tenemos a Esaú: velludo, de amplias espaldas, pelirrojo y amigo de la caza; lleno de impulsos de generosidad afectuoso con su anciano padre, capaz de perdonar al hermano que le había hecho un mal tan grande. Llegó a ser un príncipe famoso, y el ancestro de un linaje real (Génesis 34). Al contemplarlo, nos sentimos inclinados a imitar las palabras de Samuel cuando el hijo mayor de Isaí entró a su presencia: «De cierto delante de Jehová está su ungido» (1 Samuel 16:6).

Ahora vemos a Jacob. Exiliado de la casa paterna en su juventud; en su edad madura, peón al servicio de un pariente; en el atardecer de su vida, desgastado por la ansiedad y los problemas; en su ancianidad, extranjero en tierra extraña. Sin embargo, es el amado de Dios; y es ese mismo amor especial el que lo expone a tan dura disciplina.

4. La vida de Jacob nos da un indicio acerca de la elección divina. Aquí hay elección divina. Jacob era el menor, y su vida tiene tanta enseñanza para los hijos menores, como la incomparable parábola del hijo pródigo. Todavía no ha nacido un niño, cuando Dios ya tiene un plan perfecto para él.

Es imposible ignorar que Dios quiere de algunos hombres que sean líderes, maestros y gobernantes de la humanidad. ¿Por qué los elige? ¿Para la comodidad, el ocio y el éxito? No, puesto que estas cosas le caen en suerte a Esaú, y no a Jacob. Aquellos a quienes Dios escoge para una misión, parecen destinados a soportar los embates del dolor, la tristeza y las preocupaciones.

Tenemos que afirmar que esa elección divina está pensada para que aquellos que son objeto de ella sirvan a los demás a lo largo de la historia. Son escogidos, no para ellos mismos ni para su propio beneficio futuro, sino para el bien de la obra que, por su posición privilegiada, pueden hacer a favor de la humanidad.

Ciertamente, este ha sido uno de los resultados de la elección de Jacob y su pueblo. Fueron escogidos para maestros y líderes espirituales de la humanidad. No para su propia comodidad, sino por amor a un mundo moribundo y en tinieblas. Para eso les dio Dios luz y vida, mantuvo su existencia contra una suerte adversa, y los preparó y fortaleció con su energía espiritual, como se carga de electricidad una poderosa batería.

Así se explica también la dura disciplina por la cual han pasado. Era necesaria, no solamente para su beneficio, sino por toda la humanidad, a la que estaban destinados a servir; para que estuvieran libres de influencias dañinas y surgieran como vasos escogidos de Dios, desbordantes de bendiciones para el mundo.

2
LA VENTA DE LOS DERECHOS DE PRIMOGENITURA
Génesis 25

Estos dos hombres eran hermanos gemelos, pero nunca los ha habido tan diferentes. Antes de que nacieran ya se había predicho que serían muy distintos. En el momento de nacer, esto se hizo evidente. Después, las diferencias se hicieron cada vez mayores.

Tenían un aspecto físico distinto. Esaú tenía la piel áspera y velluda. Daba la impresión de tener una gran fortaleza física, notable capacidad para resistir la fatiga, y un temperamento que lo inclinaba a emprender aventuras peligrosas y emocionantes. Jacob era lo contrario: de piel más delicada, suave, rasgos oscuros y más frágil de constitución, no era rival para su corpulento hermano en fuerza física, pero lo aventajaba en astucia.

Tenían intereses distintos. Esaú era un hábil cazador, hombre del campo y el bosque. En cambio, a Jacob le agradaba el sosiego de la vida doméstica. El ejercicio violento y los peligros que buscaba Esaú, no tenían fascinación para él. Mientras Esaú estaba ausente, él se contentaba con las pacíficas ocupaciones de una vida de pastor tranquilo. Cada cual con su gusto.

Eran de caracteres totalmente opuestos. Muchas de las cualidades de Esaú hacen que nos caiga bien, y seguramente su personalidad nos hubiera atraído más que la de su hermano. Era impetuoso, pero generoso; irreflexivo, pero franco. Aunque le faltara fervor religioso, sabía ser buen hijo. Si bien los deseos de su corazón estaban en los placeres de la caza, era además una buena compañía y un hombre cabal. No obstante, y a pesar de todo esto, era sobre todo sensual. Las Escrituras lo llaman profano (Hebreos 12:16). Es decir, era un esclavo de los sentidos; acogía cualquier cosa que lo hiciera vibrar de placer, aunque este fuera pasajero.

En cambio Jacob era un hombre común, tranquilo, bajo cuya calmada apariencia se escondían profundas capacidades. En medio de toda la astucia y doblez de su naturaleza, había una capacidad inmensa de fervor y fe religioso. A diferencia de Esaú, fue capaz de comprender lo que significaba el derecho de primogenitura, con todo su resplandor y su gloria espiritual. Mientras Esaú andaba ocupado en sus placeres, Jacob sentía en su interior la extraña agitación de una naturaleza que no se satisfacía con nada dentro de los estrechos límites de su campamento, sino que suspiraba por esa herencia espiritual que encerraba en sí el derecho de primogenitura.

Veamos ahora este derecho de primogenitura, el trato y el amargo grito de Esaú.

1. La primogenitura. ¿En qué consistía? No en la prosperidad mundana, pues es muy probable que Esaú, el que la perdió, tuviera más que Jacob, el que se quedó con ella.

No era tampoco inmunidad a las penas. Cuando Jacob la recibió, cayeron sobre él todos los males humanos posibles. Cayado en mano, se desprendió de su hogar para buscar un país distante. Pasó los mejores años de su vida de peón en la casa de un pariente.

Cojeando a causa del tendón que le tocó el ángel, tuvo que inclinarse delante de Esaú; enterró a Raquel, su esposa favorita; sufrió con las llagas abiertas en su propio hogar; fue despojado de sus hijos, y se quejó de que los años de su peregrinaje habían sido malos y pocos.

Fue una triste y angustiada vida la que exhaló en la tierra de los faraones, quizá en una cámara repleta de jeroglíficos. Cualquier cosa que fuera la primogenitura, es evidente que no era la exención del dolor y la tristeza, pues de estos, Jacob, que se quedó con ella, tuvo infinitamente más que Esaú, que la perdió.

Esta era una herencia espiritual. Daba el derecho de llegar a ser el sacerdote de la familia o del clan. Convertía a su posesor en un eslabón dentro del linaje que traería el Mesías al mundo.

2. El trato. Un día Jacob estaba en pie junto a una olla de delicioso potaje, hecho con esas lentejas rojas que hasta el día de hoy son el elemento esencial de un plato altamente apreciado en Siria y Egipto. En ese momento, apareció Esaú, desfallecido de hambre. «Te ruego que me des a comer de ese guiso rojo», le dijo con impaciencia.

Aunque Jacob no era tan egoísta como parece, de repente se le ocurrió que aquella era un buena oportunidad para quedarse con el derecho de primogenitura y convertirse en el líder espiritual del clan. Entonces, sabiendo que su hermano estimaba en poco su primogenitura, le hizo la extraordinaria propuesta de trocarla por su potaje.

Esaú aceptó la propuesta. Dijo el petulante cazador: «He aquí yo me voy a morir; ¿para qué, pues, me servirá la primogenitura?»

Entonces le pasó a Jacob su primogenitura. Este le dio a cambio pan y potaje de lentejas; Esaú comió y bebió, y siguió su camino.

No podemos exonerar de culpa a ninguno de esos hombres. Jacob no fue solamente traidor con su hermano, sino también infiel a Dios. ¿No se le había dicho al oído a su madre con toda claridad que el mayor de los hermanos serviría al menor?

En cuanto a Esaú, nunca podremos olvidar las advertencias de las Escrituras: «Mirad bien ... no sea que haya algún fornicario, o profano, como Esaú, que por una sola comida vendió su primogenitura» (Hebreos 12:15, 16). Entre nosotros hay muchos que, venidos al mundo con maravillosos talentos, desechan todas esas posibilidades de bendecir y ser bendecidos a cambio de una breve zambullida en la laguna Estigia de una indulgencia sensual y egoísta.

Si hubiéramos estado junto a Esaú, nos habríamos apresurado a ponerle la mano en el hombro y pedirle que se detuviera a pensar antes de trocar lo espiritual por lo físico, lo eterno por lo temporal, lo invisible por lo visible. El potaje del diablo humea; tiene un delicioso olor y promete hacer más por nosotros que toda la Biblia.

3. El amargo grito de Esaú. Cuando Esaú vio que Dios le había quitado de veras la primogenitura, «clamó con una muy grande y muy amarga exclamación» (Génesis 27:34), pero su grito llegaba demasiado tarde. «No hubo oportunidad para el arrepentimiento, aunque lo procuró con lágrimas» (Hebreos 12:17).

«No hubo oportunidad para el arrepentimiento». En muchos corazones, esas palabras son señal de que ha muerto la esperanza.

Cuando el compungido pecador rememora con lágrimas y lamentos su negro pasado, el adversario de las almas le susurra al oído que él ha pecado demasiado profundamente para arrepentirse, y se ha desviado demasiado del camino para que pueda volver sobre sus pasos. El enemigo respalda su insinuación con estas terribles palabras: «No hay oportunidad para el arrepentimiento».

¿Es cierto eso? ¿Es posible que un alma, a este lado de la muerte aún, llegue a alcanzar una situación tal que sus lágrimas y oraciones choquen contra un cielo inconmovible que solo le devuelva un eco? No puede ser. Es posible que un hombre se endurezca tanto, que no desee la salvación: este es el pecado de muerte; el pecado que nunca tendrá perdón; y no lo tiene porque el pecador no lo desea ni lo busca. En cambio, es imposible que un hombre que desee arrepentirse no encuentre pronta ayuda en la gracia del Espíritu Santo.

El «arrepentimiento» mencionado en Hebreos 12:17 no se relaciona con la salvación, sino con el deseo de cambiar el pasado. Esaú no despreciado su primogenitura, y el trueque que hizo con ella no fue un acto aislado, sino una consecuencia del estado de su corazón. El pasado de pecado es irrevocable. Todos lo sabemos. Daríamos cuanto tenemos por borrar un mal pasado, y hacer como si nunca hubiera existido, pero es imposible. No hay oportunidad de arrepentimiento, a menos que lo busquemos diligentemente y con lágrimas No podemos deshacer los hechos de la vida pasada.

En cambio, aunque el pasado sea irrevocable, no es irreparable Dios mismo no puede deshacer el pasado, pero puede y quiere perdonar. «Y os restituiré los años que comió la oruga» (Joel 2:25). El nos dará nuevas oportunidades para demostrar que es genuino el arrepentimiento que mostramos acerca de las decisiones tomadas en el pasado, y el grado de lealtad con que deseamos servirlo en las decisiones del futuro. Como en el caso de Pedro, no mencionará siquiera nuestras tres negaciones, pero nos dará tres oportunidades para decirle cuánto lo amamos.

3
LA BENDICIÓN HURTADA
Génesis 27

No debe asombrarnos saber que a Jacob le vino la tentación de una fuente inesperada, que lo halló desprevenido.

1. La tentación tuvo como origen una carnal petición de Isaac. A veces nos cuesta trabajo pensar que el Isaac de este capítulo sea el mismo que de el que cuando niño fue sumiso, llevó sobre sus fuertes y jóvenes hombros la leña para el altar, mientras se preguntaba acerca del cordero, y se sometió humildemente a que su padre lo atara para sacrificarlo. Aquella vida humana tuvo un radiante amanecer que por alguna razón, se cubrió rápidamente de nubes.

¿Cuál fue esa razón? ¿Fue la prosperidad acerca de la cual leímos en el capítulo anterior? ¿Fue un afecto desordenado por los placeres de la mesa? Parece haber habido mucho de esto en su carácter. Le dijo a Esaú: «Hazme un guisado como a mí me gusta». Rebeca conocía muy bien la debilidad de su marido a este respecto: «Haré de ellos viandas para tu padre, como a él le gusta». Hay una insinuación triste en todo esto, y bastante para dar cuenta de todo. El hombre que, a punto de morir, piensa primero en un delicioso plato, no es probable que brille como estrella de resplandor especial en el firmamento celestial.

Muchos años habían pasado desde aquel memorable día en el monte Moriah, y muchas señales le decían a Isaac que su sol estaba llegando al ocaso. La señal principal era la pérdida de la vista. Dios ha dispuesto misericordiosamente que tales señales, como campanadas de alerta, suenen para mostrarnos hasta dónde hemos viajado, y qué tan cerca estamos del término de la vida. Muchas personas que de no ser por esto, hubieran descendido descuidadamente a la tumba, han despertado ante esas señales y han dicho: «Ya soy viejo, y no sé cuándo moriré. Debo prepararme para el acto final».

Hallamos indicios de lo mejor del carácter de Isaac en la triple preparación que hizo para su fin.

Hizo su última disposición testamentaria. Si usted no lo ha hecho, hágalo de una vez. No hay momento mejor que el presente. No deje nada incierto; nada al azar ni razón alguna para que haya disensión tristeza entre sus herederos. Puso a un lado los *cuidados* terrenales.

Aunque vivió varios años después de esto, estaba retirado. Fue el crepúsculo de su vida, el mejor tiempo para la meditación y la oración. *Transmitió su bendición.* Aunque se haya propuesto ir contra los propósitos de Dios, es hermoso ver que el anciano tuviera el deseo de transmitir su bendición antes de morir.

2. La tentación llegó a Jacob a través del amor sin escrúpulos de Rebeca. Jacob era su hijo favorito. Tenía una relación mucho más estrecha con él, que con el aventurero Esaú. Tan pronto como oyó la petición hecha por Isaac a Esaú, resolvió de una vez ganar su bendición para su hijo menor.

No podemos menos que admirar su amor. Se sacrificó por el hijo que no vería ya más. No le importaron las consecuencias personales. No le importó lo que le pudiera sobrevenir, con tal de que Jacob ganara. «Hijo mío, será sobre mí tu maldición». Por él sacrificó esposo, hijo mayor, principios; todo. Esa es la prodigalidad de afecto con que muchas mujeres se entregan constantemente por sus seres amados.

Sin embargo, el amor de Rebeca no estaba basado en principios.

Un amor así es tan terrible como un fuego que se desprende del control de las barras de hierro para dejar tras sí una senda chamuscada y ennegrecida. El amor es la felicidad o la ruina de la vida; su felicidad, si está arraigado y cimentado en una entrega penetrante y dominante a la pureza, la verdad y los principios: en una palabra, a Dios; su maldición, si conduce el barco de la vida según sus propios e incontrolados caprichos. Mantengamos el corazón por encima de todo lo que nos es más precioso, porque eso es lo que le da sentido a la vida.

3. La astuta y débil naturaleza de Jacob reaccionó ambiciosamente ante la tentación. Jacob no era un hombre completamente malo, pero tenía una deplorable debilidad. Él mismo no habría tramado este plan ni lo hubiera puesto en marcha, pero no tuvo el valor de negarse a la fuerte voluntad y el deseo de su madre, especialmente cuando vio que ella estaba dispuesta a cargar con todo el riesgo. Cuando ella lo presionó, obligándolo por la obediencia debida a ella como hijo (v. 8), fue débil, y no quiso negarse por considerar aquello un acto ilegal; sino que sugirió que era inoportuno, y corrían el riesgo de ser descubiertos. «He aquí, Esaú mi hermano es hombre velloso, y yo lampiño. Quizá me palpará mi padre, y me tendrá por burlador, y traeré sobre mi maldición y no bendición». Cuando el hombre cede y se aparta de lo recto bajo la presión de lo que parece conveniente o ventajoso, se halla a punto de caer.

Tal fue la caída de Jacob. Mientras mantengamos nuestra posición a favor de lo que es legal, nos mantendremos firmes. En cambio, cuando comencemos a discutir con el tentador en el nivel inferior de que puedan descubrirnos y fracase nuestro intento, nos encontraremos dominados por sus cálculos, y conducidos como bueyes adornados hacia el matadero. Jacob cayó en esta falta, a la que están expuestos todos los hombres débiles; y así, cuando su madre le mandó por segunda vez que obedeciera a su orden (v. 13) y fuera al rebaño a buscar dos buenos cabritos, «fue y los tomó, y los trajo a su madre».

El primer paso que dio, fue seguido rápidamente por otros que parecieron necesarios.

Se vistió como su hermano e imitó su piel. Mientras se cocinaba la carne, Rebeca fue al ropero de Esaú, a buscar ropas apropiadas y olorosas. Hecho esto, preparó las delicadas pieles de los cabritos para cubrir las manos y la nuca de Jacob. Todo se hizo con rapidez, antes de que llegara Esaú. Cuando todo estuvo listo, Jacob se preparó para desempeñar su papel.

Engañó a su padre con una abierta falsedad: «Yo soy Esaú tu primogénito; he hecho como me dijiste ... Come de mi caza, para que me bendigas».

Usó el nombre de Dios de modo impío. Como respuesta a la pregunta de Isaac acerca de lo rápido que había encontrado caza, se atrevió a decir: «Jehová tu Dios hizo que la encontrase delante de mí».

Debe haberse llenado de terror cuando se vio forzado a seguir adelante paso a paso, consciente de que era arrastrado por una rápida corriente, pero sin atreverse a parar. Se le debe haber paralizado el corazón de susto por un momento, cuando el anciano entró en sospechas, dudó de su voz e insistió en tocarlo, olerlo y tenerlo cerca. ¡Qué horror que Dios lo hiciera caer muerto! Fue un alivio muy grande salir otra vez a respirar el aire fresco, aunque las palabras de la deseada bendición lo compensaron muy escasamente por la agonía que había padecido. Se debe haber aborrecido a sí mismo. Le debe haber parecido que el sol había perdido la mitad de su fulgor.

No obstante, este es el hombre que llegó a ser príncipe de Dios. Si así le sucedió a él, ¿acaso no habrá esperanza para nosotros, que tanto nos parecemos a Jacob? Si el todopoderoso Hacedor pudo convertir esa arcilla en un vaso tan hermoso, ¿qué no podrá hacer por nosotros?

Recuerde esto, sin embargo: Dios debe implantar la naturaleza que él educa en Israel, el príncipe. Cuando hablamos de la educación de Dios debemos poner mucho cuidado en lo que queremos decir, y cómo lo decimos, no sea que favorezcamos un error. En medio de todo su pecado, debe haber habido en Jacob buenas cualidades personales que lo hicieran capaz de recibir la educación de Dios y de convertirse en Israel. La posesión de esa naturaleza mejor fue la que capacitó a Jacob para levantarse a un nivel espiritual para el cual Esaú no tenía aptitud ni gusto.

Sin duda, el Dios de amor amaba a Esaú, pero no había en la naturaleza de aquel mundano la fe ni los elementos de nobleza que, por medio de esa fe, habían sido implantados en el corazón de su hermano. Aunque pongamos una roca en un tiesto, la cubramos con musgo, le echemos agua, la saquemos al sol y le demos luz y aire, seguirá siendo una roca. Si Esaú hubiera pasado por la disciplina de Jacob, habría seguido siendo Esaú. La disciplina de la gracia de Dios no puede hacer nada en una vida, a menos que exista en ella el germen de esa nueva naturaleza divina de la cual Nuestro Señor le habló a Nicodemo: «Lo que es nacido de la carne, carne es; lo que es nacido del Espíritu es espíritu ... Os es necesario nacer de nuevo» (Juan 3:6, 7).

4
LA ESCALERA Y LOS ÁNGELES
Génesis 28

Cuando Esaú se dio cuenta de que Jacob le había hurtado su bendición, sintió odio por él y decidió matarlo. Era de esperar de su naturaleza dura e impetuosa. Las amenazas llegaron a oídos de Rebeca y la llenaron del temor de ser privada de ambos en un mismo día: Jacob, la niña de sus ojos, a manos de su hermano; y Esaú, al ser obligado como un segundo Caín a convertirse en prófugo de la justicia por el asesinato de su hermano.

Sin embargo, Rebeca entendía perfectamente el temperamento de Esaú. Si Jacob se ausentaba por un corto tiempo, todo quedaría olvidado. Así que decidió que Jacob debía atravesar el desierto hasta Harán; para vivir por un tiempo con su hermano Labán. No le dio a su esposo todas las razones por las cuales Jacob debía marcharse rumbo a Harán, pero adujo algunas buenas y obvias, como la necesidad de conservar incorrupta la santa simiente, y de conseguirle a Jacob una esposa idónea.

Isaac aceptó la propuesta. «Llamó a Jacob, y lo bendijo, y le mandó diciendo: No tomes mujer de las hijas de Canaán. Levántate, ve a Padán-aram ... y toma allí mujer de las hijas de Labán, hermano de tu madre. Y el Dios omnipotente te bendiga». Jacob, no sin antes derramar muchas lágrimas, salió de Beerseba y se fue hacia Harán.

En el camino recibió una revelación por medio del sueño de los ángeles y la escalera.

1. Circunstancias en que recibió la revelación. Jacob se sentía solo. No era tan joven, pues ya había llegado a la madurez, pero es casi cierto que esta era la primera vez que salía del abrigo de su hogar. Con las primeras luces de la aurora, al comenzar su viaje, es posible que haya tenido una estimulante sensación de independencia, frescura y novedad. En cambio, cuando la noche corrió sus cortinas sobre el mundo, trajo a su mente la soledad y la melancolía.

Este fue el momento especial en que Dios se acercó a su espíritu. Así ha sido a menudo con otros hombres. Recuerde por un momento su primera noche fuera del hogar, ya fuera escolar, aprendiz, trabajador o estudiante, y dígame si no fue un momento sagrado de su historia personal, en el que Dios tomó los colgantes zarcillos recién desprendidos de la enredadera de su amor, para envolverlos alrededor de sí mismo. Entonces, usted se dio cuenta de su presencia, y se aferró a él como nunca antes.

Jacob estaba atravesando el umbral de la independencia. Es solemne el momento en que un hombre se hace independiente, y es en ese momento cuando el Todopoderoso, se encuentra con nosotros como un caminante que nos ofrece su compañía para la senda no recorrida. Feliz el que acepta esa ayuda, y transfiere su sentimiento de dependencia de los padres terrenales al Amigo celestial. Cuando una persona se dispone a dejar que él la lleve, cesan para ella las ansiedades y los cuidados, pues tan pronto como un espíritu se entrega al Dios de amor, él lo toma para sí, asume toda la responsabilidad y se encarga de todas sus necesidades. ¡Ojalá que todos los hijos de Dios supieran lo que significa pasarle a su compasivo Señor todas las preocupaciones, ansiedades y cuidados momento a momento, en el mismo instante en que surgen, con la seguridad de que las recibe directamente en sus manos! Para el creyente no hay en realidad una verdadera independencia. Si nos separamos de Cristo es como ser cortado como una rama que luego se seca. El secreto del reposo, el fruto y el poder es una unión permanente con él, una unión que el tiempo no puede dañar y la muerte no puede disolver.

También tenía miedo. ¿Qué le impediría a Esaú perseguirlo cuando se diera cuenta de su huida? Él conocía bien aquellos parajes; era ligero de pies, o podría usar perros para rastrearlo y alcanzarlo. Además, el campo estaba lleno de ladrones y bestias salvajes. Fue entonces cuando Dios calmó sus temores al mostrarle que aquel lugar solitario estaba lleno de huestes de ángeles dispuestos y deseosos de favorecerlo con su vigilancia y protección celestial. Aun el lugar más solitario es tan seguro para nosotros como el más concurrido, pues Dios está allí. Este consuelo nos viene de aquel que no puede mentir: «¡No temas!,» Por eso nos atrevemos a decir: «El Señor es mi ayudador; no temeré lo que me pueda hacer el hombre» (Hebreos 13:6).

2. Los elementos constitutivos de esta revelación. El Espíritu de Dios siempre transmite su enseñanza a sus siervos con el idioma que toma de sus alrededores. Bet-el era una tierra desolada en el corazón de Canaán. No tenía ninguna cosa extraordinaria. Las colinas y laderas estaban salpicadas de grandes placas de roca pelada.

Al huir hacia el norte, el viajero se encontró cubierto de repente por la veloz noche oriental. No podía hacer otra cosa que acostarse en el duro suelo y ponerse en la cabeza una roca como almohada. Así durmió y soñó. En su sueño, su mente entretejió muchos de los pensamientos de la vigilia en una fantástica mezcla. El imponente aspecto de aquellas enormes rocas, el recuerdo de que Abraham había construido uno de sus primeros altares allí, su última mirada a ese firmamento maravilloso, tachonado con las brillantes constelaciones de una noche oriental; todas estas cosas se tejieron en sus sueños.

Parecía que las grandes losas de caliza se habían juntado para convertirse en una gigante escalera que iba desde el lugar donde estaba acostado hasta las estrelladas profundidades que estaban por encima de él. Por esa escalera, los ángeles subían y bajaban, poblando con sus multitudes la desolada región. Era evidente que estaban muy preocupados por el hombre que yacía dormido en el suelo, pero esto no era todo. Desde el extremo superior de la escalera, se dejó oír como una música la voz de Dios.

Hay aquí tres puntos interesantes:

a. *La escalera.* Jacob se debe haber sentido oprimido por un complejo de inferioridad y pecado, y por la distancia que lo separaba de su hogar. Fue muy agradable saber que había un medio de comunicación entre él y Dios.

Aun el más débil y pecador puede escalar a través de Jesús desde las cercanías del infierno hasta el pie del trono eterno.

A Dios gracias, no quedamos a la deriva, a merced de cualquier corriente; nuestro ennegrecido barco se halla amarrado junto al resplandeciente barco de la gracia celestial, y hay una plancha para pasar del uno al otro.

b. *Los ángeles.* Estos subían: así ascienden nuestras oraciones. Los ángeles descendían: así descienden las respuestas de Dios. Esto nos recuerda los nervios sensores y motores del cuerpo: los primeros suben con el mensaje de dolor desde las extremidades hasta el cerebro; los segundos descienden con indicaciones acerca de lo que se debe hacer. Nos sería conveniente meditar con más frecuencia sobre el servicio que nos prestan los ángeles. Dios les encarga que nos guarden en todos nuestros caminos; ellos nos llevan en sus brazos, puesto que son «enviados para servicio a favor de los que serán herederos de la salvación» (Hebreos 1:14).

¡Qué consuelo tan grande debe haber experimentado Jacob! Supo, para su gran sorpresa, que aquel paraje solitario era «la puerta del cielo», pues parecía que toda la población celestial lo rodeaba, y había en él multitudes en movimiento. Ya no tendremos necesidad de dejarnos dominar por sentimientos de soledad si recordamos que, aun en las horas de retiro, vivimos en el corazón mismo de una vasta hueste de ángeles. Oiríamos sus cantos y los veríamos, si nuestros sentidos no se hallaran obstruidos a causa del pecado.

c. *La voz de Dios.* Él dio respuesta a sus pensamientos. Se sentía solo, pero Dios le dijo: «Yo estoy contigo». Tenía temor de Esaú, pero Dios le prometió: «Te guardaré». No sabía qué dificultades le aguardaban, pero Dios le prometió traerlo sano y salvo de regreso. Las apariencias parecían contradecir la promesa divina, pero Dios le dijo: «No te dejaré hasta que haya hecho lo que te he dicho».

¿No es maravilloso que Jacob no viera estas gloriosas realidades hasta cuando se quedó dormido? Dios se movía tanto en aquel campo antes de que él se durmiera, como después, pero él no lo sabía. solo lo supo cuando se quedó dormido.

Hay una lección para nosotros en este antiguo relato en que el Señor esperó hasta que su elegido se durmiera antes de revelarle el secreto de su presencia. ¿No estamos quizás demasiado despiertos, demasiado a la expectativa de las cosas terrenales y pasajeras? ¿No sería mejor que nos olvidáramos más de estas cosas, para que nuestra visión espiritual pudiera contemplar las cosas invisibles y eternas?

No podremos caminar con Dios, a menos que tengamos estos períodos de tranquila visión espiritual. Necesitamos escapar de nosotros mismos, de nuestros cuidados e intereses, de nuestra propia individualidad, para estar abiertos a las revelaciones de Dios.

Este bendito sueño puede ser un regalo de Dios, en respuesta a la infantil confianza que depositamos en él.

Jesucristo nos busca, y viene a nuestro encuentro, precisamente al lugar donde nos encontramos. Uno de los extremos de esta escalera es el oro de su divinidad; el otro es la plata de su humanidad. Los peldaños son la serie de acontecimientos que lo llevaron desde la cuna de Belén hasta la diestra poderosa del Padre, donde se sienta hoy. ¡Cuánto podría ganar usted si enviara a Dios su carga de pecado, preocupación y temor por medio de los ángeles de la oración y la fe que suben hasta él, con lo que recibiría de vuelta en su corazón a los ángeles de la paz, el gozo, el amor y la gloria, que desean descender hasta donde se halla usted!

5
LA NOBLE RESOLUCIÓN
Génesis 28

Al estudiar la vida de Jacob, estamos viendo la educación espiritual de un hombre que llegó a ser Israel, Príncipe con Dios, y en cuya naturaleza original había poco digno de admiración. Hubo tres etapas en las relaciones de Dios con aquel hombre inicialmente astuto e intrigante.

Para comenzar, Dios se reveló a Jacob. Este pudo haber seguido por años en una soñolienta autocomplacencia, ignorando los males que se abrigaban en su pecho. Así que Dios permitió que una gran tentación se le atravesara en el camino. No tenía que sucumbir a ella, pero lo hizo, y al hacerlo, se encontró cara a cara con la inexpresable bajeza de su propio corazón. La primera e indispensable obra del Espíritu Santo en el espíritu humano, es la convicción de pecado.

En segundo lugar, Dios permitió que Jacob sufriera la pérdida de todos sus amigos y bienes terrenales. Lo vimos en el capítulo anterior solitario, despojado de todo y temeroso. No tenía ninguna posesión, con excepción de un botijo de aceite (28:18) y su báculo (32:10). Estaba asustado debido a la ira de su hermano. Se vio obligado a contentarse con una piedra por almohada en aquel paraje desolado. Sin embargo, no es el último hombre que ha tenido razón para bendecir a Dios para siempre por haber barrido de su existencia tantas cosas que consideraba absolutamente necesarias. La voz del Espíritu, esa vocecita casi imperceptible, solo se puede oír cuando todas las otras se callan.

Finalmente, Dios pone en la vida de Jacob una revelación de su amor. «He aquí una escalera que estaba apoyada en la tierra, y su extremo tocaba en el cielo». La escalera nos recuerda el amor de Dios. ¿No le viene a la mente el momento en que se le reveló por vez primera el amor de Jesucristo? Él mismo puso en su corazón la convicción de que era todo para usted. Probablemente, esa convicción hiciera brotar las lágrimas de sus ojos mientras estas u otras palabras parecidas salían de sus labios: «Me amó y se entregó a sí mismo por mí» (Gálatas 2:20).

La revelación del amor de Dios tiene cinco resultados en el espíritu que la recibe:

1. Lo capacita para descubrir a Dios con rapidez. Jacob tenía tendencia a localizar a Dios en las tiendas de su padre, como hay quienes hoy en día creen encontrarlo en la capilla, la iglesia o el ministro; y suponen que la oración y la adoración son más aceptables allí que en ningún otro lugar. En aquel lugar, Jacob aprendió que Dios está en todas partes: tanto en un paraje desierto como en el altar de Isaac, aunque sus ojos hayan estado demasiado enceguecidos para percibirlo. Si su espíritu es reverente, discernirá la presencia de Dios aun en medio de un desierto. En cambio, si es descuidado y despreocupado, no podrá encontrarlo ni en el rostro del mismo Señor Jesucristo. Si estuviéramos llenos de Dios, sabríamos que todo lugar es sagrado y todo momento santo; en todos los sucesos veríamos una escalera extendida hacia el cielo, y nuestro espíritu, lleno de felicidad, estaría aprovechando constantemente la oportunidad de correr hacia arriba por los luminosos escalones para abrazar a nuestro amadísimo Señor.

Hasta este momento, el Señor ha estado en muchas de las zonas desérticas de su vida, pero usted no se ha enterado de su presencia. Ha estado a su lado en la solitaria alcoba del dolor; en las situaciones fastidiosas; en la senda áspera; pero sus ojos han estado velados. Con razón su senda ha sido tan triste. En cambio, bastará que se apropie del mensaje de la cruz de Jesús, «Dios me ama», para que nunca más vuelva a sentirse solitario o despreciado. Descubrirá entonces que esos lugares desolados no son más que una de las mansiones que hay en la casa de nuestro Padre. Podrá tener comunión con él lo mismo en la ladera de una colina que en medio de la congregación y con frecuencia se verá impulsado a exclamar, al encontrar nuevas revelaciones divinas en los lugares más inesperados: «No es otra cosa que casa de Dios, y puerta del cielo».

2. Le inspira un piadoso temor. «Y tuvo miedo, y dijo: ¡Cuán terrible es este lugar!» «El verdadero amor echa fuera el temor», ese temor lleno de tormento, pero hace nacer en nosotros otro temor, el temor reverente hacia Dios, que se estremece ante la idea de causarle tristeza, y le aterra perder la oportunidad más pequeña de hacer su santa voluntad. El amor verdadero siempre está libre de temor aunque sea temeroso. No tiene temor porque posee la libertad que da una confianza carente de dudas; pero es temeroso porque no quiere perder ni un solo grano de tierno afecto, ni poner sombras momentáneas sobre el rostro del Amado.

3. Lo impulsa a consagrarse a él. Una lectura superficial puede hacernos suponer que, fiel a su viejo carácter, Jacob trató de negociar con Dios, y prometió tomarlo como suyo bajo ciertas condiciones: «Si fuere Dios conmigo, y me guardare en este viaje en que voy, y me diere pan para comer y vestido para vestir» entonces ... No obstante, una lectura más profunda lo libra de esta triste imputación, y les baja el tono a las palabras para que signifiquen que si el Señor es su Dios, entonces la piedra es casa de Dios. Sea cual fuere el sentido de las palabras, es evidente que este fue el momento de su consagración

¿La ha hecho usted también? Es la única condición para tener salud, paz y poder en el alma. Entréguese a él ahora. Tan pronto como usted decida hacerlo, él aceptará lo que le entrega. Si no es capaz de entregarse a sí mismo, láncese a sus pies y pídale que sea él quien tome todo lo que usted es y posee. Responderá su oración y lo hará suyo para siempre.

4. Lo impulsa a consagrarle todo cuanto le pertenece. «De todo lo que me dieres, el diezmo apartaré para ti». No hay razón para dudar de que este se convirtió en el principio moral de la vida de Jacob. Si así es, tenemos que decir que avergüenza a la mayoría del pueblo cristiano que no aparta nada para el Señor por principio, y que da un insignificante e incierto porcentaje de sus ingresos. A la Iglesia no le faltaría nada, si todos sus miembros actuaran según este principio.

¡Tome la firme resolución de dar sistemáticamente para la causa del Señor; y de apartar, como primicias de ganancias e ingresos, una cierta parte, que será considerada distinta y exclusiva del Señor, para usarla según él le indique!

Los fallos en este aspecto de la vida cristiana producen con frecuencia esterilidad espiritual y falta de gozo. Esa es la razón por la cual muchos de los ángeles que suben a Dios, nunca vuelven a bajar, o si lo hacen regresan con las manos vacías. Por eso sembramos mucho y cosechamos muy poco; comemos y no quedamos satisfechos; bebemos y no nos saciamos, y ponemos nuestro salario en una bolsa llena de perforaciones. Le hemos robado a Dios en las ofrendas y los diezmos. En cambio, si nos decidimos a darle los diezmos de todo, y a traerlos al alfolí (su casa), lo veremos abrir las ventanas de los cielos para derramar sobre nosotros bendiciones hasta que sobreabunden.

5. Lo llena de gozo. «Siguió luego Jacob su camino» (29:1). Con toda presteza se fue. Sus pies llevaban alas de gozo y parecía que no tocaban la tierra. Esta será nuestra feliz suerte, con que solo creamos en el amor que Dios nos tiene. «En Jehová se gloriará mi alma; lo oirán los mansos, y se alegrarán» (Salmo 34:2).

6
LA EDUCACIÓN DEL HOGAR
Génesis 29

Después del amor de Dios, viene el amor humano como factor esencial en la educación del espíritu. El encuentro de Jacob con Raquel en el primer pozo al cual llegó, nos recuerda que, aunque no hay nada más importante que la unión de dos corazones, no hay nada que la gente haga con más descuido.

Por supuesto, no negamos que Jacob pudiera encontrar su otro yo en la hermosa chica del pozo, bajo el sol del mediodía oriental; y que esta joven fuera efectivamente la mujer sin la cual su vida hubiera quedado incompleta. Sin embargo, es una inmensa necedad dejar que un asunto de tanta importancia dependa solamente de una pasión pasajera, o de los encantos de unas maneras fascinantes y un rostro hermoso. Prepare su mente para esto; pruebe los espíritus para ver si son de Dios. No de un paso irrevocable sin orar antes intensamente, pidiéndole a Dios que impida que usted cometa un error, y que le revele su voluntad.

No es suficiente pensar y orar de este modo cuando un nuevo afecto ya nos ha cautivado. Es de suma importancia que estos asuntos se conviertan en temas de oración y meditación en las primeras etapas de la vida, cuando el gran afecto supremo no es todavía más que un sueño y un ideal. Las madres deben hablar de esto con sus hijas, y los padres con sus hijos, como Isaac con Jacob (28:1, 2). Los hombres jóvenes, siempre que piensan en estos asuntos, deben convertir sus pensamientos en oraciones pidiéndole a Dios que los guíe, como lo hizo con el siervo de Abraham, a la mujer que él ha escogido para que sea su ayuda idónea. Las mujeres cristianas deben convertirse en protegidas de Dios, y dejar que él escoja por ellas.

1. Las cuatro condiciones para un verdadero hogar.

a. *Debe haber un amor muy superior a todo.* Esta fue una unión por amor. Es suficiente explicación que se diga: «Jacob amó a Raquel» (v. 18).

No hace falta demostrar cómo la presencia de un amor supremo es la base y justificación de la monogamia, la unión de un solo hombre con una sola mujer. Si este amor no existe, no debe haber matrimonio.

b. *El matrimonio debe ser* «*solo en el Señor*». El de Jacob fue así.

Él, como Esaú pudo haber tomado una esposa de las hijas de Het, versadas en las idolatrías e impurezas que trajeron maldición a la tierra. En cambio, guiado por los consejos de sus padres, cruzó el desierto para casarse con una joven que hubiera sido criada en un hogar en el que todavía se guardara la memoria de la adoración del Dios de Abraham, de Nacor y de su padre Taré (31:53).

La Biblia hace sonar sus sirenas de alerta desde el principio hasta el fin contra los matrimonios mixtos. «No os unáis en yugo desigual con los infieles» (2 Corintios 6:14). El matrimonio mixto es fuente de abundante angustia. En el curso de una experiencia pastoral ya extensa, nunca he conocido uno que goce de felicidad perfecta. En estas uniones, no suelen ser los creyentes los que llevan a sus cónyuges inconversos a Cristo; sino que ellos mismos son arrastrados a una deplorable situación que los lleva a reprocharse continuamente el estado en que se hallan. ¿Cómo puede haber entendimiento en las cosas más profundas? Ambos saben que hay un importante asunto sobre el cual no están de acuerdo, y esto es una fatal barrera para que la unión sea completa. El cónyuge inconverso desprecia al cristiano, porque se ha casado faltando a sus principios. El cristiano está desengañado, porque la aparente influencia ganada antes del matrimonio se disipó poco después de que los lazos quedaron irrevocablemente atados. Muchas jóvenes cristianas se han casado con inconversos en la esperanza de salvarlos, y se han arrepentido amargamente de su decisión.

c. *Un verdadero hogar debe estar cimentado en la buena voluntad de padres y amigos.* El halo de un futuro más brillante y prometedor circunda la unión de dos corazones jóvenes, cuando está ratificada en medio de las felicitaciones de amigos que se alegran con ellos. Es sabio y justo, en cuanto sea práctico, que los hijos consulten en tales asuntos a aquellos cuyo amor ha convertido en celosos guardianes de su vida mientras esta se va abriendo como una flor a las nuevas experiencias. También es bueno hacerlo por cortesía, aun cuando los años maduros les hayan dado el derecho de escoger y actuar por sí mismos. Ahora bien, si los padres quieren tener estas confidencias cuando sus hijos sean mayores, deben convertirse en sus confidentes mientras todavía son jóvenes.

d. *Debe haber cierta esperanza de vivir decorosamente.* En la amplia y rica tierra donde se encontraba Jacob, no había mucha dificultad al respecto. Es un asunto mucho más complicado en medio de las condiciones de nuestra aglomerada vida moderna.

Debe existir cierta solvencia económica. Joven, le recomiendo que escoja una compañera que, aunque sea culta y refinada, tenga gusto en ocuparse de los detalles prácticos de la economía doméstica, y sepa hacerlo. Señorita, entréguele su corazón a un hombre que la ame tanto, que esté dispuesto a mantenerse fiel a su afecto aunque sea a través de años de perseverante noviazgo, si es necesario.

Cualquiera puede realizar un acto de galantería; en cambio, hace falta ser un verdadero hombre para trabajar como Jacob por siete largos años para ganar a su amada.

2. El poder de un gran amor. «Así sirvió Jacob por Raquel siete años; y le parecieron como pocos días, porque la amaba» (20). Estas palabras encantan por su belleza y verdad. El amor tiene el poder de convertir un camino difícil en fácil, y hacer corto el aburridor tiempo de espera. Nos hace olvidar muchas cosas que, en su ausencia, serían insoportables.

¿Se le hace difícil negarse a sí mismo, hacer los sacrificios necesarios para hacer la voluntad de Dios y confesarlo? Acuda al Espíritu Santo, y pídale que derrame el amor de Cristo en su corazón; que lo enseñe a amar a aquél que lo amó primero. A medida que las olas de ese amor se levanten en su corazón, lo irán haciendo vivir, no para sí mismo, sino para él; entonces, serán livianas las cargas que antes lo aplastaban, serán agradables los caminos antes agotadores; volarán las horas que antes se arrastraban pesadamente y los años parecerán días. Las obras hechas con amor siempre son ligera.

3. Conclusión. Si no se ha casado, no se lamente, como si su vida fuera incompleta. Su estado no es más elevado, como se ha enseñado falsamente acerca del celibato, pero tampoco es un fracaso o una vergüenza. Deje de medirse por patrones humanos. Usted debe ser solamente lo que su Padre celestial quiere que sea. Tal vez lo haya mantenido libre del limitado círculo de un hogar, para que derrame su amor en aquellas personas que no tienen a nadie más que las ame.

¿Está desilusionado? Jacob recibió una gran desilusión con la pobre Lea y ella tuvo que pasar muchas horas de amarga angustia. Su padre la había forzado a vivir con un hombre que no la amaba y que quería librarse de ella. Su corazón de mujer suspiraba por un amor que nunca llegó. Pocas historias son más conmovedoras que la historia secreta de Lea, revelada en los nombres que les dio a los hijos y las razones que tuvo para dárselos. Sin embargo, recordemos también que ella encontró una compensación en el amor de aquellos hijos fuertes y sanos que la saludaban con el título de «madre», tan apreciado por el corazón de una mujer. Sin duda, hay compensaciones en su suerte, a menos que esté tan amargado, que no pueda verlas. Esta es la mejor de todas: «Ha mirado Jehová mi aflicción» (v. 32). Mientras tanto, no desista de cumplir el deber que tiene para con Dios.

¿Está felizmente casado? Entonces cuídese de no convertir su felicidad en un ídolo, o de suponer que ya no hay necesidad de velar. ¿No es algo notable que la esposa más querida de Jacob haya sido la fuente de su derrota y desgracia en años posteriores, porque escondió en su equipaje los ídolos domésticos de su padre?

¿Se hizo usted cristiano después de casarse con una persona no convertida? Entonces, no trate de alterar sus relaciones en manera alguna (1 Corintios 7:13,14); espere confiado que usted mismo será el feliz medio para ganar a ese ser amado para Cristo. Persiga este propósito, no tanto por medio de la conversación constante, sino más bien por la belleza y solidez de su vida: «Para que también los que no creen a la palabra, sean ganados sin palabra por la conducta de sus esposas» (1 Pedro 3:1).

7
EN LA MADUREZ DE LA VIDA
Génesis 30

En el capítulo anterior, vimos como Jacob edificó para sí un hogar. Pero, ¡qué hogar! La presencia de las dos hermanas allí fue fatal para su paz. Las que habían sido bastante felices como hermanas antes que él viniera, ahora ya no podían vivir en esas estrechas habitaciones como esposas del mismo marido, sin la manifestación incesante de sus celos. Cada una tenía sus propias quejas. La pobre Lea sabía que Jacob nunca la había amado, y que ella no era la esposa predilecta; y aunque Dios la compensó dándole lo que era el orgullo de las mujeres orientales, un buen número de hijos, aun esto fue causa de angustias para ella, pues Raquel la envidiaba. Se sentía terriblemente desolada en su propio hogar, y los nombres de sus hijos son como hitos que van marcando el campo de su miseria. Raquel debe haber pasado también por grandes angustias; es cierto que tenía el amor de su marido, pero no podía estar segura de guardarlo; y tenía la mortificación de ver crecer a los hijos de su hermana como herederos de su esposo. Oraba con insistencia, se consumía de angustia y se irritaba.

¿Por qué asombrarse entonces de que los hijos de aquel hogar crecieran indisciplinados y malos? Rubén, inestable como el agua, excitable y apasionado; Siméon, lento para obedecer, pero pronto para una desesperada crueldad; y Leví, cómplice voluntario de su crimen. Cuando los hijos no salen buenos, a menudo se debe a la falta de educación en el hogar; y esto es con más frecuencia resultado de lo que ven, que de lo que se les enseña. Como quiera que haya sido Jacob, las impresiones recibidas en las tiendas de las mujeres, en cuanto a insultos y bajas pasiones, hubieran sido suficientes para echar a perder a cualquier niño.

No es tanto la vida doméstica de Jacob, como sus transacciones comerciales, lo que tenemos que considerar ahora.

Sirvió catorce años para pagar la dote de sus dos esposas; y ya había pasado ese período cuando Raquel dio a luz a José, su primogénito. Tan pronto como la madre y el niño estuvieron en condiciones de emprender el largo y fatigoso viaje, Jacob declaró su intención de regresar a Canaán; y esta decisión fue probablemente acelerada por el mensaje de Rebeca de que ya no había razón para su ausencia.

Esta noticia alarmó a Labán, quien tenía gran aprecio por los servicios de Jacob y era bastante astuto para no dejarlo ir sin antes hacer algún esfuerzo por retener a un siervo tan valioso. En seguida Jacob se aprovechó de la oportunidad de independizar económicamente a su gran familia, que seguía en aumento; y así se cerró el negocio.

Las ovejas orientales son casi totalmente blancas y las cabras son negras; las multicolores son raras. Jacob propuso, por lo tanto, que se retiraran de una vez todas las listadas y manchadas; y que todas las de ese color que el rebano produjera después, serían su salario. No había ningún daño en esto, a menos que ya hubiera decidido sacar una ventaja injusta de Labán, lo cual dejaría una oscura mancha sobre su nombre. Fuera premeditado o no, lo cierto es que Jacob actuó como un tramposo y un bandido. Labán le confió sus rebaños para que los cuidara, sin sospechar ni por un momento que Jacob alteraría el proceso normal de la naturaleza. Jacob, en cambio, no dudó en usar todas las artimañas posibles para sacar ventaja a costa de Labán, poniendo medios para procurar para sí el producto de las ovejas más fuertes del rebaño, y dejarle a Labán las enfermizas y débiles.

Me sorprende ver que los comentaristas más antiguos traten insistentemente de justificar esta acción de Jacob. ¡Esa tentación no me convence!

Acerquémonos y discutamos con Jacob, quien se halla sentado junto a sus rebaños bajo el ardiente sol oriental, y escuchemos cuidadosamente sus excusas y ruegos.

Al principio, es posible que hable de su urgente necesidad de protección personal: «Mi tío siempre trata de defraudarme y humillarme. Si no hubiera hecho esto, él se habría salido de nuevo con la suya. Hay que luchar con las armas del enemigo. Como él ha decidido actuar conmigo como un bandido, yo no veo que haya de malo en volver sus propias armas en su contra». Este razonamiento no murió con Jacob; está todavía regado por todo el mundo en actos y palabras; y los hombres buenos también se ven tristemente tentados a usarlo. Ahora bien, si usted cree verdaderamente en el Dios Todopoderoso, puede estar seguro de que la falsedad fracasará y la justicia ganará al final, de manera que es preferible responder al fraude con la fe, a la astucia con la conciencia y a la violencia con la fortaleza divina. ¡Recuerde que el Señor le prometió guardarlo!

Aunque sus competidores le hagan trucos malvados y sucios, usted vivirá para verlos atrapados en la misma fosa que cavaron y perforados por su propia espada. En cambio, si usted continúa actuando en justicia, seguirá firme hacia el éxito.

Tal vez presente como segundo argumento la familiar fórmula de que los negocios son negocios. Me parece extraño oír hablar así a numerosos profesionales cristianos. Tienen una norma de moralidad para el día del Señor, y otra para los seis días restantes. Permiten en los negocios cosas contrarias al espíritu y la letra de la Palabra de

Dios, y que no aprobarían en ningún momento en las actividades comunes de la vida cotidiana, y aplacan su conciencia con el conocido refrán: «¡Los negocios son negocios!» Si así fueran las cosas, la mayor parte de la vida de casi todos los hombres se pasaría fuera del círculo de influencia de los mandamientos divinos, pero no puede ser así. La moral del evangelio se parece a la ley de la gravedad, que determina por igual la senda de un granito de polvo en la brisa del otoño y el movimiento de los mundos en el espacio sideral.

Es posible que Jacob alegue en su tercer intento de defensa que esta era la práctica general. «Otros pastores lo hacen. Labán debe estar informado de todo esto; o al menos, debería estarlo. Allí donde fueres, haz lo que vieres. Yo no soy peor que los demás». No obstante, el que todos lo hagan no quiere decir que el pecado deje de ser pecado. Esta es la diferencia entre las leyes divinas y las humanas. Si todos los hombres quebrantan una ley humana, esta queda abrogada en los estatutos o códigos; no es posible hacerla cumplir. En cambio, si todos los hombres quebrantaran una ley divina, se les aplicaría la pena a todos.

En cuarto lugar, Jacob podría insistir en que tenía que engañar para conseguir su pan. «Usted bien sabe que hay que vivir de algo ...».Sin embargo, su queja no tiene fundamento. No hay necesidad de ella. ¿En qué habríamos quedado hoy si todos los mártires hubieran esgrimido el argumento de que era más importante vivir que actuar justamente? Todos los hombres tenemos que decidir entre estas dos alternativas. Debe sentirse satisfecho de perder todas las cosas e incluso morir, si con eso mantiene inviolades las inestimables alhajas que Dios ha puesto a su cuidado.

El doble juego de Jacob parece haber tenido éxito: «Y se enriqueció el varón muchísimo, y tuvo muchas ovejas, y siervas y siervos, y camellos y asnos» (v. 43). Pero lo que los hombres llaman éxito, y que algunas veces es una cosa superficial y temporal, no prueba nada en cuanto a la rectitud o fracaso de una vida. Muchas vidas nobles a los ojos de Dios han sido fracasos si se las juzga por las normas humanas. En cambio, muchos fracasos a juicio del hombre han sido grandes éxitos ante Dios y sus ángeles.

No me parece correcta la conocida expresión «Ser honrado siempre paga». Si simplemente vamos a ser honrados porque vale la pena, estamos rebajando mucho la calidad de nuestra vida, y nuestros cimientos pueden ceder en tiempos de tormenta. Debemos ser honrados, no porque sea una buena norma que produzca dividendos, sino porque es un buen principio moral; porque es justo, noble y piadoso; pero sobre todo porque al serlo, agradamos a Dios.

No trace una línea de separación entre la casa de Dios y el lugar donde hace sus negocios. La oficina y la fábrica pueden ser tan casa de Dios como el más santo de los altares. El alma piadosa permanece junto a Dios, sea cual sea su ocupación. Si usted no puede mantener su comunión con Jesús en sus negocios diarios, déjelos cuanto antes. En cambio, si son legítimos, él estará a su lado, aunque su presencia esté velada para los ojos de todos los demás.

Haga cuanto tenga que hacer, en el nombre del Señor Jesús. En ese nombre acostumbramos orar. Aprenda ahora a obrar, también en ese nombre. ¡Dígalo aun ante las tareas más humildes, y las verá brillar con belleza celestial! ¡Póngalo sobre las dificultades, y verá cómo a su conjuro las puertas que parecen de hierro se abrirán solas!

¡Haga sociedad con el Señor Jesús! ¡Consúltelo antes de tomar nuevos rumbos, o asignarles materiales a clientes nuevos, o hacer compras al por mayor! ¡Haga que todas las transacciones y anotaciones de sus libros estén abiertas a su mirada! No olvide tampoco dividir con El las ganancias que le correspondan. Una vida comercial con tales principios, nunca podrá zozobrar en los bajíos de la bancarrota.

8
LA AGITACIÓN EN EL NIDO
Génesis 31

En el sublime canto con el cual Moisés, el gran legislador, concluyó su mensaje a Israel, nos traslada a las alturas para ponernos junto a un nido de águilas (Deuteronomio 32:11), construido en medio de precipicios inaccesibles. Los aguiluchos ya están bastante fuertes y maduros para volar, pero se aferran al nido familiar. No se atreven a aventurarse en el aire que desconocen, ni a confiar en sus inquietas alas, pero deben aprender a volar. Los espera en los amplios océanos del espacio un gozo que sobrepasa con mucho a los del rudo nido en el cual han sido criados. Así es como el águila agita su nido y los empuja hacia afuera. ¡Qué angustia la de los pichones al ver el nido destruido y ellos mismos lanzados a lo que al parecer es una destrucción segura! En cambio, después de tirarlos al aire ascendente, cuando aprenden con grata experiencia la libertad y el éxtasis del vuelo, ¡cuán agradecidos deben estar con la madre, que no esquivó cobardemente la difícil tarea, y que sigue volando y planeando debajo de ellos, lista para recogerlos si les faltan las fuerzas! Allí, en medio del aire, los deja caer otra vez para recogerlos de nuevo, y de esta manera ir aumentando su seguridad y fortaleza. Para sustentarse en su vuelo, desarrollan nuevas fuerzas que no conocían cuando permanecían en el nido.

Esto es una hermosa parábola acerca de la vida humana. Todos nos apegamos al viejo nido: el hogar donde nacimos. Decimos con petulancia insistente: ¡Quedémonos aquí para siempre. No nos hablen de ese mundo exterior tan grandioso; aquí estamos contentos; quedémonos! Sin embargo, el gran amor de Dios nos tiene preparado algo mejor. Él sabe que en la vida hay alturas y abismos que están escondidos de nuestra vista hasta que pasemos adelante. Podrá ser muy aguda la agonía del momento en que el nido sea sacudido y nos encontremos arrojados dentro de un elemento extraño, pero no puede compararse siquiera con la gloria revelada al instante; la gloria de la fe que se cierne sobre lo invisible; la gloria de la esperanza que se enfrenta a la nube cargada de tormenta; la gloria de un amor siempre ascendente hacia el sol.

Estas ideas dan la clave de la experiencia que sigue en la atribulada vida de Jacob. Aunque él no podía adivinarlo en ese entonces, no obstante, al volver atrás, podemos entender fácilmente por qué se terminó de repente su residencia en Harán y se quebrantó su hogar. Así fue conducido a través del desierto, como fugitivo celosamente perseguido, tal como lo había sido años antes, solo que en la dirección contraria.

En realidad, Jacob ya estaba muy contento en aquella tierra extraña. Estaba perdiendo rápidamente el espíritu de peregrino; sus esposas, infectadas con la idolatría de la casa paterna, estaban en peligro de corromper la mente de sus hijos. Era evidente que tenía que destruir su nido de Harán; que debía convertirse en extraño y peregrino, como lo habían sido sus padres. Este fue otro paso que lo acercó al momento en que llegó a ser Israel, príncipe con Dios. Es posible que este sea su destino; si es así, acepte humildemente la disciplina que lo empuja hacia él. La mano que rompe el nido de su pasado es la misma que perforaron los clavos. Lo está empujando hacia las benditas realidades que aún no ha experimentado, pero que lo esperan en el futuro.

1. La orden de partir. «También Jehová dijo a Jacob: Vuélvete a la tierra de tus padres, y a tu parentela, y yo estaré contigo» (v. 3). No sabemos si se trató de una voz audible, pero estamos seguros de que surgió un impulso muy fuerte dentro de su corazón.

Hay muchas clases de voces en el mundo, y ninguna carece de significado; pero mientras más profundamente participemos de la naturaleza de «sus propias ovejas», menor será nuestra equivocación al creer reconocer la voz del Buen Pastor. Si no está muy seguro, espere hasta que lo esté. La única condición es estar dispuesto a cumplir su voluntad tan pronto como la vea claramente. Si tiene dudas, espere con fe hasta que todas las demás puertas se cierren y quede solo una senda abierta delante de usted.

Cuando Dios nos habla al corazón, sus palabras suelen ser corroboradas por las circunstancias externas. «Veo que el semblante de vuestro padre no es para conmigo como era antes» (v. 5). Por algún tiempo, sus relaciones habían sido tensas. Labán había alterado su método de calcular el salario de Jacob diez veces durante los últimos seis años, y ahora se presentaban los síntomas de una abierta ruptura.

Es muy amargo ver cambios en la actitud de otras personas hacia nosotros; sobre todo, si no los podemos evitar. Sin duda, Dios está en todo esto. Anímese, que es solo parte del proceso para convertirlo en príncipe; no hay otro modo de cambiar una naturaleza mala, como la de Jacob, para remplazarla por algo mejor.

2. La tenacidad de las circunstancias. Cuando el espíritu peregrino intenta obedecer la voz de Dios, la casa siempre está llena de vecinos que tratan de disuadirlo de su precipitada resolución. Algo así le pasó a Jacob.

Es evidente que temiera que sus esposas se opusieran a su regreso. Hubiera sido lo más natural. ¿Era posible que consintieran de inmediato a su propuesta de separarlas de su tierra y de su parentela? Este temor debe haber detenido mucho a Jacob. Por lo menos, pensó que era necesario fortificarse con argumentos que apoyaran su proposición. Sin embargo, Dios ya había estado obrando en ellas; y les había preparado el corazón, de modo que consintieron de una vez acerca del plan, diciendo: «¿Tenemos acaso parte o heredad en la casa de nuestro padre? ... Ahora, pues, haz todo lo que Dios te ha dicho» (vv. 14, 16).

En los esfuerzos de Labán por retener a Jacob, tenemos un ejemplo vivo de la insistente fuerza con la cual el mundo quiere detenernos cuando estamos a punto de darle la espalda para siempre. Nos persigue, con todos sus aliados, por más de siete días (v. 23). Nos pregunta por qué no estamos contentos de vivir en él (v. 27). Profesa su deseo de hacer que nuestra religión sea más agradable al mezclarla con sus propias maldades (v. 27). Apela a nuestros sentimientos, y nos pide que no seamos tan crueles (v. 28). Nos amenaza (v. 29). Se burla de nuestra repentina compunción, después de tantos años de disfrutar tranquilamente de su compañía (v. 30) Nos reprocha la incongruencia de exaltar tanto a Dios, cuando aún abrigamos el pecado en nuestro interior: «¿Por qué me hurtaste mis dioses?» (v. 30). ¡Amigo, qué triste es cuando nosotros, que profesamos tener tanta fe, les damos ocasión a nuestros enemigos para hacer escarnio, debido a los ídolos secretos que ellos saben que llevamos con nosotros! Algunas veces no somos nosotros los culpables, sino nuestras «Raqueles»: nuestras esposas, o hijos, o amigos. No obstante, no debemos quedarnos tranquilos, hasta que sepamos que nuestro campamento está libre de ese mal.

¡Quiera Dios que se pueda apartar de la vida mundana que ha vivido por tanto tiempo! ¡Apártese del todo! ¡Llame a sus amigos para que vean su solemne acto, pero sobre todo, llame a Dios para que sea testigo de su decisión de que nunca más el demonio, el mundo y la carne vengan a su campamento, ni usted vaya al de ellos! Este es el verdadero Mizpa sobre el cual vigila el Señor.

3. El cuidado divino. Jacob debe haber vibrado de emoción y gozo, al decirles a sus esposas: «El Dios de mi padre ha estado conmigo» (v. 5). Bendito aquel por quien pelea Dios. Será más que vencedor. Así lo experimentó Jacob y, al terminar su encuentro con Labán, pudo repetir que estaba seguro de que el Dios de su padre había estado con él (v. 42).

Al frente de sus rebaños y recuas, con sus esposas, hijos y siervos, cruzó el Éufrates y el desierto, a la mayor velocidad que le permitía su difícil marcha; y los ángeles del Señor lo acompañaban. Después se encontró con sus radiantes huestes (32:1). Su huida no fue sospechada durante tres días; entonces Labán salió con rápidos camellos en su persecución y los alcanzó, mientras ellos todavía se hacían camino entre las colinas de Galaad, abundantes en bosques y aguas. Fue un momento de grave peligro, y fue entonces cuando Dios se interpuso: «Y vino Dios a Labán arameo en sueños aquella noche» (v. 24). El sueño hizo irresistible fuerza sobre Labán, y le impidió llevar a cabo sus propósitos de hacerle mal a Jacob.

Jacob era un hijo indigno y lleno de defectos, pero Dios no lo dejó ni lo desamparó. Dios cercó con su protección a su imperfecto hijo, y esto fue parte de esa amante disciplina, con la cual iba llevando a Jacob hacia una meta que nunca había imaginado.

Jacob creía que él era un pastor modelo (v. 38), pero se daba poca cuenta de que estaba bajo la protección del Pastor que guarda a Israel como un rebaño, que nunca cabecea de sueño, ni se queda dormido. Esa es la clase de protección que él quiere dispensarnos a usted y a mi.

9
LA LUCHA DE LA MEDIANOCHE
Génesis 32

A la mañana siguiente a su entrevista con Labán, Jacob levantó su campamento de las alturas de Galaad, y se dirigió lentamente hacia el sur. No se imaginaba siquiera que aquel día iba a traerle la gran crisis de su vida.

Esta escena maravillosa, en mi opinión, no corresponde al cambio que llamamos conversión. Esta quedó determinada, con seguridad, con la visión angélica de Bet-el. Antes bien, puede compararse con esa bendición posterior que a veces le viene al cristiano después de algunos años de experiencia y profesión religiosa. Según la naturaleza de las cosas, no hay razón para que sea así. Tampoco la hay para que, en el momento de la conversión, no entremos de una vez al conocimiento y gozo de todas las posibilidades de la vida cristiana. Sin embargo, en la realidad sucede con frecuencia que intervienen unos años de peregrinaje por los desiertos de la vida entre la liberación de la Pascua, y el paso del Jordán hacia la tierra de la promesa, el reposo y la victoria. Muchos hijos de Dios que no tienen dudas de haber sido aceptados y perdonados por Dios, están conscientes de que viven una experiencia cambiante e intermitente; pasa a un clima que lleva a su gloriosa fructificación las semillas que yacían sin desarrollarse dentro de su naturaleza. Esta fue la experiencia de Jacob después de esa noche memorable.

En este capítulo se narran tres sucesos que corresponden a la mañana, la tarde y la noche de ese día.

1. Por la mañana, se nos dice que le salieron al encuentro los ángeles de Dios. Esas palabras tiemblan con una belleza mística indescriptible. ¿Cómo sucedió eso? ¿Vinieron en grupos de a dos o tres? ¿O quizá, al dar vuelta a algún recodo del paso de la montaña, vio una larga procesión de ángeles que caminaban con vestiduras resplandecientes ceñidas por bandas doradas, a los acordes de alguna música celestial? ¿Le recordaría aquello a Bet-el, del cual lo separaban ya veinte años? ¿No le daría el valor y la preparación necesarios para el peligro que le esperaba?

No cabe duda de que estas huestes de ángeles siempre se cruzan en nuestro camino; como tenemos los ojos cerrados, no las vemos. Ahora bien, las veamos o no, siempre podremos confiar en que están cerca, especialmente durante las pruebas más duras.

2. Al pasar de la mañana a la tarde, Jacob sintió que su espíritu era totalmente sacudido por una terrible noticia. Él había enviado mensajeros para que le anunciaran a Esaú su regreso, y lo prepararan sicológicamente. Ahora habían regresado los mensajeros con mucha prisa para informarle que Esaú venía a su encuentro con cuatrocientos hombres. Jacob sintió pánico, ¡y con razón! Todo lo suyo estaba en peligro: esposas e hijos, rebaños y ganados; las ganancias cuidadosas de seis años de trabajo. El cerro de Mizpa le impedía la vuelta atrás; había quemado el puente tras de sí. En sus alrededores había bandas de ladrones, ansiosas de apoderarse del rico botín, a la menor señal de vacilación o temor, pero continuar parecía precipitarse a una inevitable ruina. solo quedaba una alternativa, a la cual se vuelven la mayoría de los hombres cuando han fallado todos los demás medios. ¡Por lo menos, podía orar, y se entregó a la oración! Tal vez hacia mucho tiempo que no oraba así.

Hay muchos síntomas saludables en esa oración. En cierto modo, puede servir como un molde en el cual se puede verter nuestro propio espíritu cuando se derrita en el horno ardiente de las penas.

Comenzó citando la promesa de Dios: «Me dijiste». Al orar, apóyese en una promesa que le dé capacidad suficiente para abrir las puertas de los cielos y tomarlo a la fuerza.

Luego pasó a la confesión: «Menor soy que todas las misericordias». Le pasaron por la mente el engaño a su anciano padre, su conducta con Esaú, sus engaños a Labán. Se reveló toda la maldad de su corazón y su vida, como un panorama que aparece cuando el firmamento de medianoche se ilumina con un relámpago. Se declaró indigno. Un lamento así puede exprimir mucha amargura de espíritu de nuestro corazón afligido y asombrado.

Entonces pide su liberación: «Líbrame ahora de la mano de mi hermano, de la mano de Esaú». Por supuesto, estaba bien orar así, pero creo que no fue una oración completamente sincera, porque casi no la había terminado cuando pasó al plan que lo ocupaba antes de apartarse a orar. Todos tenemos esa tendencia a orar, y luego preparar nuestro propio plan de liberación. De seguro, la actitud más noble es, después de orar, esperar a que Dios desarrolle su plan y nos guíe de un modo nunca imaginado. Nunca en toda su vida, vemos al Señor Jesús hacer sus propios planes.

3. A medianoche. Jacob ya había enviado su propiedad, sus hijos y aun su amada Raquel, al otro lado del Jaboc. «Hizo pasar el arroyo a ellos ... así se quedó Jacob solo». Allí, solo, meditó en el pasado, pensó en el futuro y sintió la maldad de aquellos motivos que lo habían impulsado a vender su alma. Vio el triste fracaso que era su vida, y así, de repente, se dio cuenta que de que tenía junto a sí un misterioso combatiente que lo obligaba a luchar con él, en parte física y en parte espiritualmente. Aquella lucha duró hasta rayar el alba.

¿Fue un combate físico? No hay razón para negarlo. Al contrario, la hay para afirmarlo, ya que, al continuar el viaje, Jacob estaba cojo. Fue una realidad material, que los israelitas contemporáneos todavía conmemoran, pues se abstienen de comer la parte de los animales que corresponde al tendón que se le encogió en el muslo a Jacob. Los hombres no quedan cojos por conflictos imaginarios. En todo caso, la lucha externa fue solo un símbolo de la contienda espiritual que conmovía el alma del patriarca.

¡Recuerde que fue el extraño el que comenzó la lucha: «Y luchó con él un varón»! A veces se cita este pasaje como ejemplo de la insistencia de Jacob en la oración. No hay tal. No que Jacob quisiera conseguir algo de Dios, sino que él —el Ángel de Jehová— tenía una controversia con este hijo suyo engañoso y lleno de doblez.

Quería quebrantar su autosuficiencia para siempre, para dar lugar al desarrollo del Israel que yacía paralizado y sepultado dentro de él.

¿No le ha salido al encuentro todavía «este varón» que luchó con Jacob? ¿No ha sentido un sagrado descontento consigo mismo? ¿No ha pensado en abandonar ciertas cosas que ha apreciado por mucho tiempo, aunque le cueste mucho hacerlo? Esta convulsiva angustia, estas luchas celestiales y estas obras misteriosas no nos vienen de hombre, ni de la voluntad de la carne, sino de Dios. Es él quien está obrando en usted, y lucha con usted. A él sea la gloria por su paciencia, interés y amor tan delicados.

Al principio, Jacob prevaleció: «...el varón vio que no podía con él». La fortaleza del que, años antes, había rodado la piedra del pozo para las ovejas de Raquel, todavía estaba presente, y él no estaba de humor para someterse. Así también todos nosotros nos resistimos al amor de Dios. Cada uno de nosotros está dotado de ese maravilloso poder que nos permite prevalecer contra Dios; y él sabe, con tristeza, que no puede prevalecer contra nosotros, sin tomar ciertas fuertes medidas que no nos dejen más alternativa que ceder.

Entonces el extraño lo tocó en la articulación del muslo. Cuando Dios se propone bendecir un alma, toca aquello que la capacita para oponérsele. Ante este toque, se encoge y consume, y le deja una cojera permanente hasta el final de su vida. Recuerde que el tendón nunca se encoge, sino bajo el toque de la mano divina, que es un toque de su tierno amor. Por eso han abortado sus planes; Dios ha tocado el tendón de su fortaleza y éste se ha secado. ¡Si usted todavía prevalece contra Dios, apresúrese a ceder, no sea que le sobrevenga algo peor!

JACOB: PRÍNCIPE CON DIOS

Entonces Jacob dejó de resistir y se asió de él. Al rayar el alba, el Ángel quería partir; pero no podía, porque Jacob lo tenía agarrado con fuerza. La solicitud de que lo dejara ir, indica con cuánta tenacidad el patriarca se aferró a él en busca de apoyo. Había abandonado la postura de defensa y resistencia, y se había asido del Ángel como un hijo asustado se aferra a su padre. En la historia del espíritu humano, es un momento feliz aquél en que se echan ambos brazos alrededor del Salvador resucitado, para colgarse de él a fin de no dejarlo ir. ¿Ha llegado usted a este punto de rendición? Si aún no es así, pídale a Dios que le muestre cuál es el tendón que lo hace demasiado fuerte, para que él lo bendiga; pídale que lo toque para que ya usted no pueda ofrecer más resistencia. Entonces descubrirá la triple bendición que Dios le tiene preparada.

a. *El cambio de nombre.* En tiempos de Jacob, no se ponían nombres porque sonaran bien, o por capricho, sino de acuerdo con la personalidad. Cuando Jacob quiso que el Ángel de Jehová lo bendijera, este le dijo inmediatamente: «¿Cuál es tu nombre?» Él respondió: «Jacob». Era tanto como decirle: —Por naturaleza, soy un suplantador, un bribón y un tramposo. —Nunca se arrepienta de hablarle a Dios de su verdadera personalidad— : Mi nombre es Pecador.

El varón le dijo: «No se dirá más tu nombre Jacob, sino Israel». Este nombre significa «príncipe con Dios». El cambio de nombre indica cambio de personalidad. Jacob quedó revestido con el nombre y la naturaleza de un príncipe. solo hay un camino hacia el principado: la espinosa senda del rendimiento absoluto y la fe. ¿Por qué no se entrega ahora completamente a Dios y le presenta todo su ser en sacrificio vivo? (Romanos 12:1, 2).

b. *Poder.* El versículo 32:28 viene significando lo siguiente: «Ahora, puesto que eres príncipe, tienes poder junto a Dios, y vencerás al hombre». Suspiramos por el poder, pero debemos obtenerlo del Creador. El hombre que quiera tener poder con los hombres, debe tenerlo primero con Dios; y solo podremos tener poder con Dios, cuando haya fracasado nuestra propia fuerza, y quedemos cojos. ¡Quiera Dios que se seque el tendón de nuestra propia fortaleza, para que podamos obtener la fortaleza que viene de Dios!

c. *La visión beatífica.* «Vi a Dios cara a cara». Nuestros momentos de visión llegan cuando se aproxima el alba, pero son producto de la agonía del terror, la larga vigilia de la medianoche, la angustia extrema del conflicto, y la pérdida de nuestra propia fortaleza. El precio es alto, pero la visión compensa todos los sacrificios. Los sufrimientos no merecen comparación alguna con la gloria que nos es revelada.

Así es la vida; una lucha prolongada contra el amor de Dios, que anhela convertirnos en miembros de la realeza. Al pasar los años, comenzamos a abrazar aquello contra lo cual antes luchábamos, y al rayar el alba en el cielo, despertamos para darnos cuenta de que estamos vivos y contemplamos a Dios cara a cara: eso es el cielo.

10
EL FRACASO
Génesis 33, 34

El combate de medianoche que acabamos de observar, fue el comienzo de una nueva época en la vida de Jacob. En aquel momento, avanzó a un nuevo nivel de experiencia: el de Israel, el príncipe. No obstante, recordemos que una cosa es avanzar hasta un nivel así, y otra mantenerse en él. Algunos, cuando logran algún progreso, se aferran a él y siguen con la bendición; otros, después de disfrutarlo por un momento, se echan atrás. Es una lástima que Jacob haya descendido tan pronto del glorioso nivel al que lo había elevado el Ángel.

Este descenso está indicado por el hecho de que las Escrituras lo sigan llamando Jacob. Era de esperarse que este nombre fuera reemplazado por el nuevo, como «Abram» había sido desplazado por «Abraham», pero no fue así. ¿Como podría ser llamado Israel, cuando había vuelto tan pronto a la vida de Jacob, y a la vida de astucia, adulación e intrigas que por tanto tiempo había vivido? Ya se le llamará habitualmente Israel, pero ese momento no ha llegado aún.

Debemos observar ahora las tres evidencias de fracaso que se mencionan en estos capítulos:

1. El primer fracaso fue su actitud en el encuentro con Esaú.
Al amanecer, «alzando Jacob sus ojos, miró, y he aquí venía Esaú, y los cuatrocientos hombres con él». Así es la vida. Está llena de experiencias muy variadas.

A menudo vemos que una gran bendición —como la que recibió Jacob en Peniel, junto a los vados del Jaboc— viene a prepararnos para una gran prueba. Dios nos pone alertas y nos prepara, con las bendiciones de su bondad. No se sorprenda ni desanime, si después de una temporada de bendiciones especiales viene una época de duras pruebas; en realidad, lo sorprendente es más bien que no ocurra así. Cuando esto venga, haga lo que Jacob no hizo: ¡extraiga con abundancia cuanto necesite de todos esos recursos de fortaleza y consuelo almacenados durante los días anteriores de esplendor y paz!

Hay dos modos de darles frente a los problemas. Uno es el de la carne; el otro, el del Espíritu. La carne se aterra, ora con pánico y luego se humilla ante el problema, como Jacob, quien se inclinó a tierra siete veces al acercarse a su hermano. El camino de la fe es mucho mejor. La fe se abraza a Dios; y lo oye decir: «Estoy contigo y te guardaré». Cree en él, y sabe que va a cumplir la palabra dada recuerda que en el pasado, Dios le había atado las manos a Labán, y deduce que puede hacer otro tanto de nuevo.

Es posible que usted tema encontrarse mañana mismo con algún Esaú. Alguien que le exija algo, alguien a quien usted le debe algo; un terrible problema o una gran dificultad. Por eso, se preocupa hoy y hace planes, urde intrigas y trama salidas, como lo hizo Jacob, haciendo seguir esos planes a sus esposas, hijos y siervos, para irse humillando y arrastrando al día siguiente hacia el problema.

Hay un modo más excelente. No levante los ojos hacia ese Esaú temido. ¡Elévelos más arriba, hasta aquél de quien viene nuestro socorro! Entonces podrá afrontar las dificultades con un espíritu sereno. Los que han visto el rostro de Dios no tienen por qué temer la presencia de un hombre mortal.

Además de todo esto, cuando la oración ha precedido a la dificultad, la prueba resulta inferior a lo que pensábamos. Jacob temía ese encuentro con Esaú, pero cuando este llegó, corrió a su encuentro, lo abrazó, se echó sobre su cuello y lo besó y ambos lloraron. El heroico Gordon solía decir que en sus solitarios viajes a lomo de camello, con frecuencia tenía en su oración un encuentro con los jefes hostiles, y los desarmaba antes de llegar sin compañía alguna a su presencia. Nadie puede adivinar, a menos que lo haya experimentado, lo que vale una oración de fe en las dificultades y agonías de la vida.

En este caso, es hermoso ver que Dios fue mejor con Jacob que sus temores o su fe. Mientras él temía lo peor, su amigo celestial estaba preparando su liberación.

2. El segundo fracaso fue el subterfugio al cual recurrió Jacob para librarse de la compañía de Esaú. Cuando Esaú le ofreció la protección de sus soldados, sintió pánico, pues les tenía más miedo que a los bandidos del desierto. Trató de evadir la propuesta con muchas excusas, especialmente con la explicación de que sus niños y sus rebaños no podían mantener el rápido paso de ellos. Finalmente, para satisfacer a Esaú por la separación, le prometió llegar a Seir donde él vivía.

No creo que Jacob tuviera intenciones de ir a Seir, pues tan pronto como vio la retaguardia de las fuerzas de Esaú cuando este se retiraba, echó a andar en dirección opuesta, rumbo a Sucot. Tales mentiras y subterfugios eran indignos del hombre que había visto a los ángeles de Dios cara a cara.

¡Qué fracaso tan terrible fue este! El brillante amanecer se había nublado demasiado rápido y si no hubiera sido por la maravillosa ternura de Dios, no sabemos cuánto más se hubiera alejado Jacob, o cuán lejano hubiera quedado el día en que fuera finalmente digno de llevar el nombre de Israel.

3. El tercer fracaso fue establecerse en Siquem. Dios no le había dicho que fuera a Siquem, sino «Yo soy el Dios de Bet-el». Betel y no Siquem, era la meta señalada. Pero siempre estamos demasiado listos para no corresponder a los planes de Dios para elevarnos y bendecirnos.

Jacob fue a Salem, una ciudad de Siquem, pero hizo algo peor aún: levantó sus tiendas frente a la ciudad, como hiciera Lot frente a Sodoma. ¿Qué lo llevó allí? Cualquiera que haya sido la razón, sigue en pie la triste y solemne realidad de que Jacob plantó sus tiendas frente a la ciudad. ¿No están muchos cristianos haciendo todavía la misma cosa hoy en día? Viven fuera del mundo, pero muy cerca de sus límites. Están lo suficientemente lejos para justificar su profesión religiosa, pero tan cerca para correr a sus placeres. Escogen su iglesia, pasatiempos y sus amigos de acuerdo con un solo principio: hacer igual que los demás y buscar buenas relaciones para sus hijos. ¿Qué es todo esto sino levantar las tiendas junto a Siquem?

Jacob hizo algo peor aún; sin contentarse con haber erigido su tienda frente a la ciudad, compró la parcela del terreno «donde plantó su tienda». Abraham compró un lote para enterrar a sus muertos, y esto no constituía un deterioro de su espíritu de peregrino, sino más bien lo puso en mayor relieve. En cambio Jacob estaba abandonando el espíritu y las actitudes del peregrino, y compró lo que Dios había prometido regalarles a él y a su descendencia. Un verdadero espíritu de fe hubiera esperado en silencio, hasta que Dios hubiese cumplido su reiterada promesa.

Es posible que tratara de tranquilizar su conciencia edificando el altar y dedicándolo al Dios de Israel. Sin embargo, cuando el altar y el mundo rivalizan, no cabe duda acerca de cuál va a vencer. Las puertas de Siquem nos atraen con mucha fuerza por nuestras tendencias naturales, y pronto nos vemos con nuestros hijos en marcha hacia Siquem mientras las malezas del abandono crecen alrededor del altar, o este se va destruyendo y cae en desuso.

«Salió Dina la hija de Lea, la cual esta había dado a luz a Jacob, a ver a las hijas del país». Algo asombroso, pero era de esperar. ¡Pobre joven! Se debe haber sentido muy sola, pues era la única hija de la familia. Se fue por una senda que en su fantasía juvenil le parecía mucho más atractiva que la aburridora rutina del hogar. No hizo caso de las advertencias que se le deben haber hecho, y todo terminó —como ha ocurrido en millares de casos similares— en un dolor, una ruina y una desgracia inexpresables.

La joven fascinó al joven príncipe y cayó en la tentación. Es la antigua historia que siempre parece nueva. Por un lado el rango, la riqueza y el apetito desenfrenado; por el otro, la belleza, la debilidad y la ligereza ante la tentación. ¿Quién tenía la culpa de la caída? ¿Siquem? Sí. ¿Ella? También. Y Jacob. De allí en adelante, se reprocharía la destrucción de la inocencia de su hija. Todo había sucedido por haber descendido Jacob desde su nivel de Israel hasta su antigua naturaleza pecadora.

Tratemos de entender la recaída de Jacob, y veamos cómo podemos protegernos de que nos pase lo mismo.

Surge, en primer lugar, de la confianza en el impulso recibido en un momento dado, como si fuera suficiente para impulsar el alma a través de todos los días venideros. Entonces se descuidan la oración y el estudio bíblico. Todos estamos muy inclinados a cambiar la comunión permanente con el Hijo de Dios por alguna experiencia momentánea; morar en el pasado muerto, en vez de en el presente vivo. solo se puede evitar este error mediante el cuidadoso cultivo de una amistad cotidiana con el Salvador vivo. Y aun esto solo se puede obtener mediante la gracia del Espíritu Santo.

En segundo lugar, puede surgir de la energía natural interior del hombre, que el apóstol Pablo llama «carne». Antes de la regeneración, tratamos de justificarnos a nosotros mismos; después de ser regenerados, queremos santificarnos a nosotros mismos. Nuestra vida debe depender más de Dios.

En tercer lugar, estos fracasos surgen porque estamos conscientes de las intensas emociones que llenaron nuestro corazón en otros tiempos, y suponemos que al perderlas también hemos perdido, en realidad, esa actitud espiritual que teníamos entonces. Todas las experiencias más profundas de la vida cristiana consisten en actos de la voluntad, acompañados de emociones o no, y que permanecen cuando el resplandor del sentimiento ha pasado. Por lo tanto, Dios nos retira la emoción de la vida, para enseñarnos a vivir por fe y voluntad.

Si usted sabe que ha fallado en alguno de estos casos, pida perdón y restauración; y confíe en que aquél que guarda las almas fieles cuidará de usted como de la luz de las sagradas lámparas del templo.

11
DE REGRESO A BET-EL
Génesis 35

Bet-el no era en sí gran cosa. Imagínese una larga cordillera de quebradas colinas que van de sur a norte. Las laderas orientales, desoladas y hendidas por las tempestades, descienden hasta el Jordán. Las occidentales dan hacia las partes más densamente pobladas de Palestina. Por el valle, al pie de las montañas, pasa el camino principal de Palestina, que ha sido trillado por muchos viajeros a través de los siglos. Es un sendero montañoso, quebrado y rudo, que sigue el desigual curso del valle y está interceptado por innumerables canales. Del camino hacia arriba, las laderas de la montaña están salpicadas de grandes losas de roca pelada. No se ve ninguna casa, no hay tierras cultivadas que rompan la expansión de los pastizales de las montañas, ni hay animales domésticos que compartan el dominio del águila, las cabras silvestres y los conejos.

En cambio, para Jacob, Bet-el era el lugar más sagrado y memorable de toda la tierra. Fue allí donde, en la primera noche de su huida de la casa, la escalera mística pareció unir la tierra y el cielo, llena de ángeles dedicados a su santo ministerio.

Habían pasado muchos años desde entonces; años de dura disciplina, que habían revelado la bajeza, la astucia y la debilidad de su naturaleza. Había caído mucho más abajo que cuando habla hecho sus primeros votos, y tal parece que comenzaban a manifestarse síntomas aún peores. Hasta parece haber tolerado los ídolos que eran comúnmente adorados entre su gente, y de cuya presencia estaba perfectamente consciente (v. 2). ¡Qué caída tan grande la del hombre que había levantado tantos altares a Jehová, y era el depositario de las verdades que el mundo esperaba! Por el bien del mundo, y por el suyo propio, era esencial que se le obligara a reconquistar el terreno que tan tristemente había perdido. Fue entonces cuando dijo a los de su casa: «¡Levantémonos, y subamos a Bet-el!»

Una voz (¿o más bien un instinto dentro de él?) clamaba: «¡Vé y mora una temporada en Bet-el; contempla una vez más la escena familiar; reposa tu cabeza otra vez sobre esa roca que colocaste como pilar; y medita en la manera como el Señor tu Dios te ha guiado!»

Las circunstancias adversas le daban otra razón más. Estaba en un lío terrible. Se había establecido y cavado un pozo para proveerse de agua. Este pozo llegó a tener tanta fama, que las generaciones siguientes lo conocerían como «el pozo de Jacob». Se había identificado íntimamente con la vida de la localidad durante varios plácidos años, y luego sus hijos habían hecho que los habitantes de esa tierra lo odiaran por la pasión frenética con que habian vengado el deshonor de su hermana. Estaba en peligro inminente de destrucción por las enfurecidas tribus que lo rodeaban. Tenía que irse a alguna parte, y fue en ese momento cuando le vino el impulso de subir a Bet-el.

Ese impulso tuvo su origen en Dios mismo: «Dijo Dios a Jacob: ¡Levántate y sube a Bet-el, y quédate allí!» ¿Por qué quería Dios que Jacob subiera a Bet-el otra vez? Porque Bet-el estaba asociado con una de las experiencias espirituales más benditas de su vida. El llamamiento para regresar a Bet-el era equivalente a una invitación a retornar a ese fervor, esa devoción y esos santos votos que habían hecho de aquélla erosionada montaña la casa misma de Dios y la puerta del cielo. Era como si le hubiera dicho: «Vuelve y quédate tan cerca de mí como lo estabas cuando pusiste esa piedra y la ungiste con aceite».

Hay palabras que no se pueden expresar en nuestros oídos sin despertar en nosotros una reacción inmediata. Así debe haber sonado la palabra Bet-el al oído de Jacob. «Entonces Jacob dijo a su familia y a todos los que con él estaban: Quitad los dioses ajenos que hay entre vosotros, y limpiaos, y mudad vuestros vestidos, y levantémonos, y subamos a Bet-el».

Entonces fue a Bet-el, al amparo del cuidado esmerado de Dios; edificó un altar allí, y Dios se le apareció otra vez.

1. Muchos cristianos están sufriendo de deterioro espiritual. Casi no se dan cuenta, pues les ha llegado en silencio mientras se apartaban de su Bet-el y su Peniel. Las canas le aparecen al hombre sin darse cuenta. Las frutas del verano comienzan a podrirse por dentro antes de que su superficie esté cubierta de manchas. La persona va resbalando tan insensiblemente, que llega a estar más lejos de Dios que cuando tuvo su primer encuentro con él en los felices y sagrados días del pasado.

2. Los ídolos son el síntoma inevitable del deterioro incipiente. Vaya a los bosques en el otoño, y contemple las familias de hongos que se esparcen en abundancia por todos los claros umbrosos y poco frecuentados. Crecen mejor donde la sombra es más profunda y el suelo está más impregnado con los productos de la putrefacción. De modo semejante, siempre que el otoño del deterioro se posa sobre la vida espiritual, los ídolos comienzan a crecer como hongos.

Se pueden esconder los ídolos, como hizo Raquél, pero ellos no se quedan escondidos. Encuentran su salida, y llega el momento en que, lo que se ocultaba como pecado, se exhibe con orgullo. Es posible que algún descarriado lea estas líneas, consciente de que las cosas no son ahora lo que eran entre él y Dios antes. Él puede testificar por su propia amarga experiencia, que en igual proporción al deterioro de la vida interior ha ido creciendo el amor a algún ídolo. Se ha dedicado a conseguir una buena reputación, o una fortuna; y mientras más han aumentado sus energías en esta dirección, más han menguado en la otra.

3. Se deben entregar estos ídolos para que haya victoria y paz. La razón para la huida de Jacob de delante de esas tribus extranjeras fue, por supuesto, la acción inmisericorde y censurable de sus hijos; pero, por encima de todo, estaba el hecho de que Jacob había estado tolerando la existencia de la idolatría en su campamento. Yo siempre he visto que la experiencia cristiana, ese fracaso y esa derrota indican la presencia de algún ídolo en alguna parte, y la necesidad de una consagración más completa a Dios. Póngase de rodillas; mire si hay ídolos en su vida, como debiera haberlo hecho Jacob; revise los equipajes traídos en los camellos, a pesar de lo que diga Raquel; saque las cosas malditas y entiérrelas.

Jacob obró con sabiduría al enterrar esos ídolos de inmediato. Si los hubiera guardado o llevado consigo, se habría visto tentado a sacarlos otra vez. Fue mucho mejor dejarlos allí mismo, bajo el roble de Siquem, antes de salir para Bet-el. No puede sorprendernos la maravillosa obra de Dios en Efeso después del espléndido acto de fe que tuvo lugar en el mercado de aquélla ciudad (Hechos 19:19).

Concluyamos, pues, con este mensaje: arroje sus ídolos, y vuélvase a Bet-el. Arrepiéntase y haga las primeras obras. Ore como solía hacerlo. Estudie la Biblia como era su costumbre. Pase el día del Señor como lo hacía antes. Levante un altar ahora en el sitio donde lo construyó años atrás. Entréguese de nuevo a Dios. Olvide las cosas que quedan atrás; prosiga hacia las que están delante. Entonces Dios se le manifestará otra vez para restaurarle el nombre y la bendición reales que creía perdidos del todo. Aún más, le prometerá una fructificación maravillosa en el servicio, e inmensas posesiones en la tierra prometida (vv. 11, 12). Todas estas cosas le están reservadas, si entierra sus ídolos, sube a Bet-el y pone allí su morada.

12
LA ESCUELA DEL DOLOR
Génesis 35— 42

Nunca me sorprende oír a las personas que dicen que una cantidad extraordinaria de pruebas les sobrevino cuando el cielo parecía estar más cerca, y amaban más a Cristo que nunca antes. Así debe ser; si no, la bendición obtenida se borraría de su alma, como la imagen se borra de la placa fotográfica, a menos que sea «fijada» en el cuarto oscuro.

Se nos dice que, después de haber dejado los ídolos atrás, Jacob había regresado a Bet-el, y había reconstruido el altar, renovando su consagración. Entonces «apareció otra vez Dios a Jacob ... y le bendijo». ¿Está usted consciente de que la bendición del Todopoderoso descansa sobre su persona? ¿Se le ha revelado Dios otra vez, si ha habido una larga y triste interrupción de su intimidad con él? Si no es así, ¿no sería sabio hacer lo que hizo Jacob? ¡Pídale a Dios que le señale cuáles son sus ídolos! ¡Dígale que quiere ser para siempre única y exclusivamente de él! ¡Aparte de sí no solamente el pecado, sino también todo lo que sea estorbo o retraso para su carrera cristiana! Si no tiene fuerza de voluntad para hacerlo usted mismo, dígale que quiere hacerlo, y que lo ayude en su debilidad. Cuando le haya entregado así su voluntad, conságrese nuevamente a él. Es posible que se le aparezca de una vez, inundando su espíritu con el mismo gozo inefable del pasado, o puede que lo haga esperar un poco. Poco importa, relativamente, si puede decir con la seguridad que da la firmeza en la fe: «Soy suyo, y de ahora en adelante, nada me separará de su amor».

Verdaderamente, fue muy grande la bendición que Dios le concedió a Jacob. «Y le dijo Dios: Tu nombre es Jacob; no se llamará más tu nombre Jacob, sino Israel será tu nombre». Israel, el Príncipe con Dios. Sin embargo, esto no fue todo: Dios lo constituyó padre de naciones y reyes y prometió darle la tierra en la cual era peregrino como sus padres antes de él. Estas dos bendiciones, la fructificación y la posesión, solo son posibles para los que han pasado por la escuela del sufrimiento.

No tenemos que alargarnos más en las posibles razones por las cuales, a partir de este momento, la senda de Jacob se vio envuelta en las sombras de un dolor externo cada vez mayor. No obstante, podemos ver lo que eran esas sombras. Es interesante observar que, al intensificarse estas, su vida se fue haciendo más realizada y fructífera, y la realeza se fue manifestando cada vez más en ella.

Jacob es progresivamente reemplazado por Israel, el Príncipe.

Hay cuatro entierros en el capítulo 35, incluyendo el de los ídolos en Siquem. Esto fue el principio de dolores.

Primero, murió Débora; la anciana aya de Rebeca y su dama favorita, quien había acompañado a su joven señora cuando, muchos años atrás, había dejado su hogar del otro lado del Éufrates para convertirse en la esposa de Isaac. Ella debió haber sido motivo de muchos recuerdos y un eslabón que los ligaba a ese pasado santo.

Para Jacob, de seguro fue una experiencia muy triste la sepultura de los restos de la amiga más íntima de su madre bajo aquél roble de Bet-el. La tristeza que causó su muerte parece que fue extraordinaria, pues aun se llegó a conocer el roble, en años siguientes, como «el roble de los terrores».

Todavía le esperaba un dolor mayor. Venían viajando de Betel y les faltaba poco para llegar a Efrata. La vanguardia de la marcha avanzaba presurosa hacia el lugar del campamento. De repente, una llamada de la retaguardia los hizo detener. La amada Raquél ya no podía dar ni un paso más adelante. Las noticias de su extrema agonía y el peligro en que estaba, silenciaron los grupos multicolores de jinetes y esclavos, siervos e hijos.

Toda la agonía de aquéllos amantes corazones no pudo detener el espíritu que se iba; la madre vivió solo lo suficiente para ver a su segundo bebé, y para poner todo su dolor en el nombre que le dio; luego murió, y fue sepultada allí, en el camino a Efrata, que es Belén. Jacob se reprochó, años más tarde, el no haberla colocado con el resto de la familia, en la antigua cueva de Macpela; y nunca pudo olvidar aquél lugar solitario del camino a Efrata (48:7). Aún hoy en día, los viajeros se apartan del camino para visitar la tumba de Raquél.

Otra angustia más le estaba preparada a este hombre tan probado. Sufrimos intensamente por los pecados de nuestros seres queridos, y cuando el padre vio a Rubén y a Judá con el alma manchada por una impureza indescriptible, es probable que sintiera que estaba bebiendo la copa más amarga de su vida.

Esto no fue todo. Vivió para ver que la disensión y el odio desbarataban su hogar. Los hermanos mayores envidiaban y odiaban a José, uno de sus hermanos menores, hijo de su amada Raquél siendo él ya de edad avanzada. Es cierto que su parcialidad hacia este hijo avivó la llama de la discordia. Fue un error entregarle la costosa túnica que lo separaba como el heredero y príncipe del clan según la costumbre oriental, pero podemos entender fácilmente la inclinación natural del anciano hacia el prometedor muchacho cuyos sueños daban a entender el gran futuro que lo esperaba.

Lo peor estaba todavía por llegar. Un día, los hijos le trajeron la bien conocida túnica, pero estaba sucia y manchada de sangre. «Esto hemos hallado; reconoce ahora si es la túnica de tu hijo, o no». Tal vez sospechara un crimen, pero si lo hizo, no lo declaró, y solo dejó entrever su sospecha después en la amargura de su tristeza (42:36) Por lo menos manifestó la posibilidad de que el cuerpo de José hubiera sido despedazado y devorado por una bestia salvaje. solo los que han experimentado angustias semejantes pueden comprender sus lamentos.

Otra tristeza más le estaba reservada. Jacob fue llamado a presenciar el momento en que su anciano padre exhaló el último suspiro; y tal vez, una vez más, para oír cuando sus temblorosos labios pronunciaban la bendición que le había salido tan cara. «Y exhaló Isaac el espíritu, y murió, y fue recogido a su pueblo». Se reunió al gran clan de sus antepasados, y sus dos hijos lo sepultaron. Esaú llegó, procedente de Edom. Era el próspero hombre mundano de negocios, quien años atrás había esperado este momento propicio para su propósito de matar a Jacob, pero que había sido endulzado y ablandado por la influencia sanadora del tiempo. Llegó también Jacob, cojeando al caminar, quebrantado por sus duros trabajos y azotado por sus recientes pérdidas, para ayudar a su hermano a enterrar a su padre. Por un momento, quedaron inmóviles de pie los dos mellizos cuyas vidas habían sido lucha y contraste, reconciliados en presencia del gran silencio de la tumba y prontos a tomar sendas cada vez más divergentes, para no volver a encontrarse jamás, ni ellos ni sus descendientes de las generaciones futuras.

Pisándole los talones al luto, llegaron esas terribles hambres que asuelan a los países orientales, y diezman a sus habitantes. La familia de Jacob no estuvo exenta. Los hijos parecen haber estado aletargados en esa indiferencia sólida nacida de una larga privación y solo la petición de su padre vino a despertarlos. «¿Por qué os estáis mirando?» Y descendieron a Egipto, el granero del mundo en aquélla época, para volver después de un agonizante intervalo de suspenso. Simeón no estaba con ellos; y para recobrarlo y conseguir más trigo Jacob debía arriesgar a su hijo «de la mano derecha», Benjamín, el muchacho que le había costado la muerte de Raquél.

Además de todo esto, ya se daba cuenta de que su vida se acercaba a su fin, y debía prepararse para seguir a sus padre por la senda invisible. Sus años habían sido pocos en comparación con los de sus padres, y le parecía que había fracasado. Así como le tocaron en suerte a Jacob estas penas; también a nosotros nos pueden tocar, y cuando nos lleguen, debemos saber aceptarlas con fe.

1. No juzgue por las apariencias. Jacob dijo: «Contra mí son todas estas cosas». Estaba totalmente errado. José estaba vivo; era el gobernador de Egipto, enviado allí por Dios para conservarles la vida y para ser el sustento de sus últimos años. Simeón también estaba vivo; era el vínculo bendito que atraía y obligaba a sus hermanos a volver a la presencia del extraño gobernador de Egipto. Benjamín regresaría de nuevo y a salvo. Todas las cosas, lejos de estar en su contra, cooperaban para su bien. Cultive el hábito de mirar el lado brillante de las cosas. Si hay solo unas pocas nubes flotando en el firmamento de su vida, no diga que todo está nublado; y si todo el cielo está encapotado, salvo una pequeña hendidura azul, saque ventaja de ella; no exagere la obscuridad.

2. Adquiera la certeza de que Dios tiene un propósito para todas sus penas. La falta aparente de propósito de ciertos dolores es a veces su ingrediente más penoso. Podemos sufrir con más alegría de ánimo si podemos ver con claridad el fin que se está alcanzando. Si no podemos, se nos hace difícil quedarnos quietos y descansar. No obstante, el creyente sabe que no le puede sobrevenir nada que no sea permitido por el amor de Dios. Todas las calamidades tienen un propósito específico, y el Todopoderoso varia sus métodos para relacionarse con nosotros; siempre escoge aquélla prueba que realizará sus intenciones con mayor prontitud y perfección, y solo la continúa por el tiempo suficiente para lo que haya de hacerse. Le recomiendo esa preciosa promesa si cree que sus penas son superiores a cuanto usted pueda resistir. No durarán para siempre, y además, se acomodarán a sus necesidades específicas y a su fortaleza personal. Lo que harán será realizar aquéllo que el gran Labrador se ha propuesto.

3. Recuerde que nada puede separarlo del amor de Dios. Cuando Jacob meditó en estos pasajes oscuros de su vida desde las serenas alturas de su lecho de muerte, vio como no había visto nunca antes, que Dios lo había pastoreado durante toda su vida, y que su Ángel lo había libertado de todo mal (48:15-16). No nos damos cuenta de esto en el momento de la prueba; pero no tenemos ninguna experiencia en la vida, sino bajo la mirada de ese Pastor que no duerme, ni ningún peligro sin la interposición de sus incansables manos. ¡Anímese, usted que desciende al oscuro valle de las sombras! El Buen Pastor va a su lado, aunque no lo vea. Su vara y su cayado le infundirán aliento. Sí, y su propia voz le hablará con dulzura. ¡No tema!

4. Piense en la gloria de la eternidad. No mire las cosas visibles, sino las invisibles. Ponga en un plato de la balanza sus penas, si quiere; pero ponga en el otro la gloria que saldrá de su dolor. Anhele la llegada del momento cuando sean desechados todos los vestigios de su Jacob («el hombre viejo»), para que Israel («el hombre nuevo») sea el nombre más adecuado para su alma. ¿No será eso bastante compensación por el dolor, puesto que usted habrá llegado a ser uno con Cristo, lo cual es el cielo en miniatura?

13
VISLUMBRES DE LA NATURALEZA DE ISRAEL
Génesis 47

El arroyo al correr se limpia a sí mismo. Así pasó con la vida de Jacob. La disciplina de la vida, como fuego refinador, no falló en su propósito. La escoria de su naturaleza estaba casi eliminada al fin, y la naturaleza más noble de Israel iba apareciendo. El cambio se ve en el nombre con el que se le designa en las Escrituras. El nombre viejo, Jacob, es poco usado, y en su mayor parte, Israel es el título de su nobleza.

Antes de que podamos estudiar los indicios de su progresivo ennoblecimiento de carácter, haremos bien en observar que el nombre Jacob, aunque se use poco, no se ha eliminado completamente. Nunca podremos olvidar lo que fuimos, ni lo que pudimos haber sido, si no nos hubiera ayudado y controlado la gracia de Dios. La naturaleza de Jacob sigue introduciéndose en la vida de Israel; pero, con el correr de los años, la intimidad con Dios se convierte en posesión permanente, y las intrusiones son cada vez menos frecuentes, de modo que al final, la naturaleza de Israel tiene dominio casi indisputable de su vida.

Tenemos que observar algunas manifestaciones de esta naturaleza de Israel en Jacob. Durante más de veinte años, Jacob se lamentó de la muerte de José. La monotonía de esos años se vio interrumpida solamente por nuevas desgracias; podemos captar unos pocos suspiros de ese corazón abatido. Cuando vio la túnica de José ensangrentada: «Descenderé enlutado a mi hijo hasta el Seol»; al escuchar las primeras noticias sobre el severo gobernador, el señor de la tierra: «Me habéis privado de mis hijos»; a la petición de sus hijos para que dejara ir a Benjamín: «No descenderá mi hijo con vosotros ... Haréis descender mis canas con dolor al Seol»; en la renovación de la petición: «¿Por qué me hicisteis tanto mal, declarando al varón que teníais otro hermano?»; al dar al fin su consentimiento, además de su indicación de que debían llevar algunas cosas sabrosas de sus escasas provisiones, dijo tristemente y casi con desesperación: «Y el Dios Omnipotente os dé misericordia delante de aquél varón, y os suelte al otro vuestro hermano, y a este Benjamín. Y si he de ser privado de mis hijos, séalo».

La noche de lamentos fue seguida por la mañana de gozo. ¡Qué emoción tan grande debe haber llenado su corazón cuando todo el grupo de sus hijos se presentó una vez más delante de él con tan maravillosas noticias! Benjamín y Simeón también estaban allí. El amor los había unido en la tristeza, como una cadena de doce eslabones, de la que ya no se perdería ni uno solo. Además, por encima de todo, José todavía vivía y era el gobernador de toda la tierra de Egipto. Es sorprendente que el ya anciano corazón resistiera el golpe de la noticia, y que su frágil organismo no sucumbiera bajo la presión de tan repentina emoción. Al principio no podía creerlo todo, pero la vista de los carros lo convenció. Entonces surgió un destello del espíritu real de su fe, el espíritu de Jacob vivificado. «Entonces dijo Israel: Basta; José mi hijo vive todavía: iré, y lo veré antes que yo muera».

Antes de salir de Canaán, tuvo una última entrevista con su omnipotente Amigo. Esta tuvo lugar en Beerseba, la última parada entre los verdes pastizales de la Tierra Prometida antes de entrar a las estériles arenas que quedaban entre ellos y Egipto. Todo le recordaba su infancia, pasada allí. Pudo encontrar las ruinas del altar de su padre y el pozo que éste había perforado, y «ofreció sacrificios al Dios de su padre Isaac». Su mente se debatía anhelante en cuanto a su deber. Por una parte, el amor a José, y su necesidad, lo atraían a Egipto; por otra, el recuerdo de los males que les habían sobrevenido a sus antepasados al descender a Egipto, lo hacían dudar sobre si debía ir. Dios se lo aclaró todo: «No temas de descender a Egipto, porque allí yo haré de ti una gran nación. Yo descenderé contigo a Egipto; y la mano de José cerrará tus ojos». La voz de Dios nos da gran consuelo cuando estamos dolorosamente perplejos.

1. Hay una vislumbre de la naturaleza de Israel en su encuentro con José. ¡Con cuánta emoción lo esperaba! Cuando, en los confines de Egipto, supo que el segundo carruaje en importancia de toda aquélla tierra lo llevaba a los brazos de su hijo que había estado perdido por tanto tiempo, se levantó para encontrarlo; no como el Jacob de tiempos pasados, sino como Israel, el Príncipe. «Entonces Israel dijo a José: Muera yo ahora, ya que he visto tu rostro, y sé que aún vives».

2. Hay una vislumbre más de la naturaleza de Israel en la bendición del Faraón. José no se avergonzó de su anciano padre, ni lo dejó en la penumbra, aunque fuera viejo, decrépito y cojo. Había pasado toda su vida en tiendas y con rebaños de ovejas, e ignoraba completamente las cortesías. Era exiliado, emigrante y fracasado. Estaba presente allí como consecuencia de su ruina material. Por lo tanto, había un gran contraste entre él y el glorioso Faraón, cuya corte abundaba en ciencia e inteligencia, con sus soldados y sacerdotes, su riqueza y su esplendor. Aún así, cuando Jacob se presentó delante del Faraón, lo circundaba tanta grandeza moral, que el monarca más grande del mundo se inclinó para recibir su bendición.

«¿Cuántos son los días de los años de tu vida?», fue la afectuosa pregunta del poderoso monarca. La respuesta fue bastante triste, y fue la naturaleza de Jacob la que habló: «Los días de los años de mi peregrinación son ... pocos y malos». Pocos en comparación con los de Taré, Abraham e Isaac. Malos, en comparación con los de Esaú, quien estaba a la cabeza de un gran reino, y era progenitor de un linaje de reyes. Con esta confesión resonando en los oídos, el Faraón recibió una bendición de aquéllas temblorosas manos extendidas, y aquélla trémula voz. Esaú nunca podría haber hecho eso.

Dios puede investir al espíritu humano con un esplendor moral tal, que obligue a los conquistadores del mundo a sentirse conquistados delante de su poder. Aunque usted fuera astuto, malo y aprovechado en los negocios, bastaría que se rindiera a Dios y se sometiera a su amante disciplina, para que él le diera una realeza verdadera y un poder moral capaz de dominar a cualquier otro poder.

3. Hay una tercera vislumbre de la naturaleza de Israel en sus solemnes mandatos a José acerca de su entierro. «Y llegaron los días de Israel para morir, y llamó a José su hijo, y le dijo ...» (47:29). En la escena de la muerte es donde se manifiesta la verdadera naturaleza del hombre; y su oscuridad pone de relieve por completo lo que había de mejor en la naturaleza de Jacob.

Evidentemente, era un hombre de fe. Conocía la antigua promesa hecha por Dios, de que su descendencia heredaría Canaán. Por lo tanto, estaba seguro de que los suyos no se quedarían para siempre en Egipto, por fértil que fuera la tierra de Gosén, y por amistosos que fueran sus habitantes. La trompeta daría la señal de partida. Él debía estar donde estuviera su pueblo. El mausoleo más espléndido que se hubiera construido en aquéllas tierras no podía compararse en ningún momento con la humilde sepultura de la solitaria cueva de Macpela, que en ese tiempo era solo un puesto de avanzada en una tierra distante y hostil. La deseaba, no solo porque los restos mortales de Abraham y Sara, de Isaac y Rebeca y de Lea estuvieran allí, sino porque previó la época en que estaría rodeado por millones de descendientes de sus hijos.

Él solo podía ver esto por la fe. La fe que le daba realeza. ¡Cuánto ennoblece la naturaleza más áspera y común, levantando al pordiosero del barro, y sentándolo entre príncipes!

4. También se reveló en él la naturaleza de Israel en su trato con los hijos de José. En el capítulo que recoge esa solemne escena, es casi enteramente en Israel en quien se fija nuestra atención. «Entonces se esforzó Israel, y se sentó sobre la cama». «Y vio Israel los hijos de José». «Israel extendió su mano derecha». «Dijo Israel a José».

Ya casi se había agotado la arena del reloj del tiempo para aquél cuerpo envejecido y macerado, pues cuando José llegó a su morada, regalo de su propia munificencia, el moribundo parece haber estado postrado en el colmo del agotamiento físico. El sonido del amado nombre de su hijo lo reanimó y, con la maravillosa precisión de memoria que es tan sobresaliente en los moribundos, recordó el pasado. La visión de la maravillosa escalera, con las huestes de ángeles; las preciosas palabras de la promesa, que cien años no podían borrar de las tablas de la memoria; la escena del empinado camino hacia Belén, donde sepultó a Raquél; los continuos ejemplos del cuidado del Ángel que lo había asistido toda su vida hasta ese día: todo pasó delante de sus ojos, enceguecidos por la edad, pero brillantes de memoria y esperanza.

En medio de esta contemplación, se dio cuenta de la presencia de los dos hijos de José, y preguntó quiénes eran. Cuando lo supo, pidió que se los acercaran bastante para darles la bendición de su ancianidad. Lo hizo con mucho afecto y solemnidad. Los besó y abrazó, y su conocimiento profético lo llevó a distinguirlos, cruzando las manos, y poniendo la derecha sobre la cabeza del menor, a quien José había puesto frente a su izquierda; y la izquierda sobre la cabeza del mayor, a quien su padre había colocado frente a su derecha. Cuando José lo reconvino, pensando que era un error debido a su edad y ceguera, el anciano se aferró a su decisión, como quien está consciente de una prerrogativa en la que ni aun José podía interferir.

Esta emocionante entrevista terminó con el regalo a José de la parcela de tierra que él había tomado del amorreo en Siquem. Ya hacía mucho tiempo que había vuelto a sus dueños originales, pero él vio en el futuro que toda aquélla tierra volvería a los suyos, y de este futuro habló en fe.

Toda esta escena está repleta de una dignidad nacida de la grandeza moral y llena de valor de Israel, el Príncipe.

14
EL DESCANSO Y SU DADOR
Génesis 49

Son muy interesantes las últimas palabras de Jacob, a través de las cuales brilla Israel, el Príncipe, tan patentemente. Debemos, por ejemplo, hacer resaltar la precisión de su cumplimiento. Rubén, aunque era el primogénito, nunca sobresalió; de su tribu no surgió ningún juez, ni profeta, ni gobernante. Simeón fue absorbido casi por completo en las tribus nómadas del sur de Palestina. Las ciudades en las cuales moraban los hijos de Leví estaban dispersas por todas las tribus. Algunos vestigios de viñas en terraplenes todavía atestiguan que la escarpada provincia asignada a Judá era muy buena para el cultivo de las uvas. Zabulón abarcaba el lago de Galilea, y se extendía hasta las azules aguas del mar Mediterráneo. Esdraelón, el campo de batalla de Palestina, donde Asiria desde el norte y Egipto desde el sur se encontraron con frecuencia en una lucha a muerte, quedaba dentro de los límites de Isacar. El territorio de Dan era pequeño como una víbora, pero como ella, podía infligir heridas peligrosas a cualquier invasor que tuviera que pasar por él hacia el corazón del país. La región de Gad, muy oprimida por conflictos fronterizos; la tribu de Aser, notable por la fertilidad; la de Neftalí, famosa por la elocuencia; Benjamín, cruel como un lobo. Todas estas tribus ratificaron la profecía de su antepasado agonizante, mientras que las poderosas tribus de Efraín y Manasés, salidas de los hijos de José, heredaron las bendiciones a plenitud.

Había una conexión estrecha entre las adjudicaciones y el carácter de los hijos que estaban en pie alrededor del cuerpo desvalido y encorvado del agonizante, mientras su espíritu se manifestaba en un último desborde profético y de principesca gloria, demasiado fuerte para que lo pudiera soportar el frágil recipiente. Por ejemplo, Rubén había cometido un pecado vergonzoso años antes; tal vez esperara que todo se hubiera olvidado hacia mucho tiempo, pero no fue así, pues aquí fue sacado a la luz inevitable. solo ese pecado bastó para quitarle la primacía. ¿No era esto arbitrario? No, puesto que era la indicación de su carácter, y era la evidencia infalible de una naturaleza inestable, pues la sensualidad y la inestabilidad son una misma cosa.

Aparece aquí, en estas palabras del moribundo, el anuncio de una personalidad misteriosa, inefable, sublime, que surge por encima de todas las demás, ante la cual se inclina en adoración ese espíritu anciano, mientras se ilumina su arrugada cara con luz celestial. ¿Qué significan esas palabras que describen a Siloh con tanto misticismo, así como su venida y la congregación de los pueblos alrededor de él? Hay un poder tal en ellas, que sacuden nuestro espíritu de modo extraño. El instinto nos hace sentir que estamos frente a aquél ante el cual se doblegan los ángeles, y se cubren el rostro con las alas. Otra vez suenan en nuestro oído las palabras: «No será quitado el cetro de Judá, ni el legislador de entre sus pies, hasta que venga Siloh; y a él se congregarán los pueblos».

1. Tratemos de entenderlas. La primacía de Israel, perdida por Rubén, es transferida a Judá. El cetro, o báculo, indica poder legislativo; el legislador, que crea las leyes. El significado del versículo es entonces que Judá debería retener la primacía sobre las tribus; y no dejaría de tener algún tipo de gobierno y gobernador, hasta que viniera aquél a quien Jacob llamó Siloh.

¿Quién es este Siloh? Los más grandes críticos hebreos modernos nos dicen que este nombre es similar en significado al alemán Frederick: rico en paz; dador de descanso; el hombre del reposo. solo hay uno de quien se puede decir todo eso con verdad. El verdadero Siloh no puede ser otro que el hijo de Dios, quien se puso en medio de los millones de hombres que pasan trabajos en el mundo, para gritar: «Venid a mí, todos los que estáis trabajados y cargados y yo os haré descansar».

A veces me pregunto dónde aprendió Jacob este dulce y veraz nombre del Señor Jesús. ¿Fue inspirado en su corazón en ese momento por primera vez? Tal vez sí. Pero hay otra suposición, que me gusta. ¿Recuerda que en Peniel Jacob le preguntó su nombre a su misterioso adversario? ¿Qué respuesta recibió? El ángel dijo sencillamente: «¿Por qué me preguntas por mi nombre? Y lo bendijo allí». A veces he pensado que, al bendecirlo, le susurró al oído este hermoso título, que siguió resonando en la mente del anciano a través de los años, y quedó revestido de un significado más rico y abundante aún. Este es el orden universal de la vida cristiana: primero la resistencia, luego el tendón encogido, más tarde la entrega y el abrazo, y por último el descanso.

2. Observemos también el cumplimiento literal. Durante muchos siglos, Judá mantuvo la orgullosa posición que le asignó el jefe moribundo. El león de la tribu de Judá no toleraba rival. Jerusalén está dentro de su territorio. David surgió de ella. Durante la larga cautividad, hubo príncipes que reclamaron y mantuvieron el derecho, pues se nos cuenta que cuando Ciro hizo la proclama otorgándoles la libertad, «se levantó el príncipe de los padres de Judá, y nombrado para ellos Sheshbazar, el príncipe de Judá». Fue Judá la tribu que regresó de la cautividad y les dio el nombre de judíos a todos los de su raza.

3. Estemos conscientes de esa verdad. Una gran variedad de ojos agotados estarán leyendo estas palabras: ojos cansados, cabezas adoloridas, cuerpos extenuados, corazones partidos. ¡Ojalá que cada uno de ellos pueda entender que Jesucristo, el verdadero Siloh, puede darles, ahora y siempre, el reposo! «Venid a mí todos los que estáis trabajados y cargados que yo os haré descansar».

Son las palabras del Rey. Aunque estas fueran las únicas palabras suyas, pensaríamos que él habría sido el hombre con más dignidad real que hubiera vivido en este mundo. Sus palabras conllevan certeza: no hay dudas, preguntas ni temor al fracaso; su clara voz no titubeaba, ni había vacilación en el decidido acento de sus palabras. Podemos confiar en él, hermano. Para darle el reposo, no le tomará más tiempo del que le tomó para calmar las olas: «Inmediatamente hubo gran calma».

El descanso que da Siloh no es para el cielo. No tenemos que pedir alas de paloma para volar hacia él. No lo hallaremos en el más allá, si no lo encontramos primero aquí.

El descanso de Siloh no está en las circunstancias. Esa idea es la que enseñan los epicúreos y estoicos de las filosofías mundanas. Las circunstancias nunca lo producirán, como tampoco el cambio de posición le trae alivio permanente al cuerpo adolorido.

El descanso de Siloh no consiste en la inactividad. En el cielo, aunque se descanse, no se está inactivo. Se exhala energía, pero sin presión, esfuerzo ni sensación de fatiga. Tal es el descanso que él da. ¿No habla acaso de una «carga» y un «yugo» en el mismo contexto en que habla de hacernos descansar?

No es difícil conseguirlo, pues él lo da; nos dice dónde buscar, y es fácil encontrar una cosa si sabemos exactamente dónde está. Me parece que solo se nos imponen tres condiciones:

a. *Entregarle todo a Él*. Mientras usted trate de empuñar ese cetro, o permita que su propia voluntad sea la legisladora de su vida, Siloh no podrá llegar a usted. Debe dejar sus propios esfuerzos por salvarse; sus propias ideas acerca de la manera de estar bien con Dios; sus propias decisiones y métodos; su voluntad. Debe entregar su espíritu pecador para que él lo salve; debe entregar las llaves de todos los cuartos de su corazón y estar dispuesto a permitir que él sea el monarca de todas las provincias de su ser. solo entonces puede esperar el descanso. Si no es capaz de doblegar su naturaleza hasta esta posición, pídale que él lo haga por usted.

b. *Confíe en Él, entregándole todo*. Entréguele los pecados y las penas. No espere hasta que los pecados se hayan acumulado como una nube o una montaña. No espere hasta quedarse solo. Tan pronto como se entere de alguna carga, désela a Jesús; deposite todos sus cuidados sobre él, pues él cuida de usted. Su corazón es bastante grande para contener todos los problemas del mundo. Tan pronto como usted se lo dé, él lo tomará, y lo que él recibe, lo lleva a buen término. Este es el bendito reposo de la fe; la Tierra Prometida a la que nuestro «Josué» espera introducir a todos los que confían en él.

c. *Tome su yugo y aprenda de él.* Es decir, haga como él hizo ¿Cuál fue su yugo? El yugo simboliza la sumisión. ¿A qué se sometió El? A la voluntad del Padre. Este era el secreto de su reposo. Una vida dentro de la voluntad de Dios: he aquí el verdadero reposo. Búsquelo siempre, y cuando lo vea, tómelo. No espere a que se le imponga, como el yugo a un buey que no está acostumbrado a él, y lucha hasta que se le forma una llaga en la carne. Tome el yugo; sea manso y humilde; imite al que dijo: «La copa que el Padre me ha dado, ¿no habré de tomarla?» Si usted puede decir eso, es que ya ha aprendido el secreto del reposo; y Siloh ha llegado hasta usted.

15
AL FIN EN CASA
Génesis 50

Ya ha llegado el fin. Estamos junto a aquéllos hombres, en una alcoba egipcia, mudos ante la muerte, para ver al cansado peregrino exhalar su último suspiro. Su vida ha sido una fuerte lucha; su senda no ha estado salpicada de flores, sino de hirientes guijarros; pocos y malos han sido los días de su peregrinaje. Si se compara con la brillante carrera de Esaú, su vida casi se podría considerar un fracaso. Es cien veces mejor ser Israel el príncipe, aunque sea en exilio, que Esaú, el fundador de un linaje de príncipes. El nombre de Israel será una inspiración constante para aquéllos que, conscientes de su debilidad y su incapacidad para inspirar amor, todavía luchan por alcanzar aquéllo para lo cual fueron originalmente escogidos por Jesucristo.

Por la mente del moribundo patriarca parecían pasar tres visiones en esa solemne hora. Estaba pensando en la Ciudad de Dios, en la reunión con los suyos y en la lejana y solitaria cueva de Canaán donde yacían sus padres, y que él había visitado con tanta frecuencia.

1. La ciudad de Dios. Se nos dice expresamente en la epístola a los Hebreos que Jacob fue uno de los que «conforme a la fe murieron». Era el heredero de la promesa. La tierra prometida a Abraham e Isaac todavía no había pasado a su posesión; estaba aún en manos de tribus nómadas y sedentarias, que habían observado sus viajes con evidente suspicacia. Todo lo que él tenía era la promesa confirmada de que en los días venideros sería suya a través de su descendencia. Se aferró tenazmente a esta bendita promesa, reiterada a

Abraham con tanta frecuencia, de que la tierra llegaría a ser de su pueblo, y su seguridad de que Dios cumpliría su palabra les daba un esplendor especial a los momentos de su agonía. ¡Gloriosa fe, cuánto puedes hacer por aquéllos que han aprendido a confiar en Dios!

Mientras Jacob se daba cuenta de que ya no iba a heredar la tierra de Canaán, parece que fijó la mente con ansias crecientes en el cielo. Él sabía que si bien Dios no le había destinado un lugar de reposo terrenal, sí le había preparado una ciudad. Por esa ciudad gloriosa, la de los santos, su espíritu peregrino suspiraba ahora. Era su cercanía inminente lo que agitaba su anciano espíritu y lo acercaba con intenso anhelo y rápido paso.

El escritor sagrado emplea un símil hermoso cuando dice de Jacob y el resto de los patriarcas que miraban de lejos y saludaban lo prometido (Hebreos 11:13). Así, Jacob, cuando se acercaba a la ciudad de Dios, tan amada por los corazones fieles, reconoció su parentesco con los elegidos de todas las edades, al extender hacia el cielo sus manos arrugadas y temblorosas.

Muchos comentaristas han disputado seriamente sobre la medida del conocimiento de la vida futura que tenían estos santos. No quiero entrar en esa controversia, pero Jacob y los hombres de su clase «anhelaban una [patria] mejor, esto es, celestial». El futuro era menos confuso para ellos de lo que a veces suponemos. Ellos también estuvieron de pie en las cumbres de Pisga y contemplaron la Tierra Prometida. En una cumbre semejante estaba Jacob en estos momentos; y mientras todos los objetos terrenales, aun el rostro de José, se obscurecían ante sus nublados ojos, las arrobadoras escenas celestiales crecían en su visión espiritual y lo atraían.

¿Cuál es su relación con esa Ciudad Celestial? Si ella ha sido el objeto de su meditación durante los días de salud y vigor, su visión pondrá un toque de alegría en su mirada de agonizante. ¿Siente la atracción de esa ciudad, así como siente el marinero que tira el ancla del barco para que no lo arrastren las olas?

2. La reunión del clan. «Yo voy a ser reunido con mi pueblo». Al decir estas palabras, el patriarca estaba hablando de algo más que la mezcla del polvo de su cuerpo con los restos de sus antepasados. Con toda seguridad, miraba la ciudad como el lugar de reunión de su clan; el encuentro de todos los que constituían su pueblo, pues eran el pueblo de Dios.

En cuanto al estado intermedio, «no sabemos lo que seremos». No podemos penetrar un velo que solo se abre lo suficiente para admitir al espíritu que entra. Sin embargo, es evidente que nuestro espíritu y nuestra alma no alcanzarán su plena realización y felicidad hasta el día de la resurrección, cuando se reúnan con un cuerpo glorioso; pero es igualmente claro que no estarán inconscientes, sino que entrarán en la bendita presencia de nuestro Señor.

El Nuevo Testamento es muy claro en esto. Tan pronto como es destruida nuestra tienda de campaña, entramos a la mansión celestial (2 Corintios 5:2). Al ausentarse del cuerpo, el creyente entra a la presencia del Señor. No se quiebre la cabeza con dudas inútiles; conténtese con saber que la muerte no es un estado, sino un acto; no es un lugar de reposo, sino la transición al palacio celestial.

¿Podremos reconocer al que se va? Jacob no hubiera anhelado la reunión con los suyos, si no hubiera sabido que los reconocería cuando llegara a esa bendita sociedad. Los judíos, al pensar en el mundo invisible, esperaban encontrar allí a los santos de quienes habían oído hablar desde la niñez, y especialmente a Abraham. ¿No eran más sabios que la mayoría de los cristianos en esto? ¿Acaso tiene el cuerpo facultades cognoscitivas y el alma y el espíritu no? ¿Cómo puede ser aquella la casa del Padre, si los hermanos y las hermanas no se reconocen?

Allí nos reuniremos con nuestra familia. A través de todas las edades, las almas de los elegidos de nuestra familia de la fe se han estado reuniendo allí. ¿Los siente como su pueblo? ¿Puede reconocer su parentesco con ellos? En Hebreos 11 se nos dice que solo hay un vínculo. Todo el que lo tenga, se halla entre los que pueden reclamar el parentesco con los santos que habitan en la ciudad de Dios. La pregunta de prueba para tener derecho a los privilegios de la Nueva Jerusalén es: ¿Crees en el nombre del unigénito Hijo de Dios?

3. La cueva de Macpela. «Sepultadme con mis padres en la cueva que está en el campo de Efrón el heteo». Durante diecisiete años vivió Jacob en Egipto, rodeado de todas las comodidades que le podía ofrecer el amor filial de José y que podía convertir en realidades su desahogada posición, pero quería ser sepultado donde los cuerpos de Abraham y Sara, Isaac y Rebeca y su fiel Lea esperaban la resurrección.

Fue algo más que el sentimiento natural que nos impele a pedir sepultura en algún lugar silencioso del jardín de Dios, donde el apellido de la familia está inscrito en muchas de las lápidas. Jacob creía que la cueva de Macpela era el primer puesto de avanzada en la tierra que algún día le pertenecería a su pueblo; y quería, en cuanto fuera posible, estar allí con ellos, y compartir la Tierra Prometida.

Después de decir las últimas palabras, y de dar las últimas órdenes, supo que ya le había llegado el fin. «Encogió sus pies en la cama, y expiró». Se enfrentó a la muerte con calma, serenidad y hombría. Con tranquilidad, exhaló el espíritu y se reunió con su pueblo. En aquél momento, el dolor y los suspiros que habían sido sus compañeros íntimos durante la vida, huyeron para siempre.

El mármol de la muerte le debe haber dado una apariencia de noble serenidad a aquél rostro. Había desaparecido la apariencia de Jacob y se notaba la sonrisa que le daba la realeza del espíritu de Israel en su partida.

«Entonces se echó José sobre el rostro de su padre, y lloró sobre él, y lo besó». Había soportado la presión tanto como había podido, y ahora la naturaleza tenía que desahogarse en el llanto filial.

Se embalsamó el cuerpo con cuidado. No se ahorraron esfuerzos, tiempo ni dinero. Egipto mismo lo lloró por setenta días. Luego se llevó el precioso ataúd de Egipto a Canaán con solemne pompa, en una de las procesiones funerarias más espléndidas jamás reunidas para llevar a un santo, sabio o héroe a su reposo. Las señales de duelo eran tan grandes, que impresionaron a los habitantes de la tierra de Canaán.

Se corrió la piedra y los restos de Jacob quedaron en el nicho señalado. Han pasado muchas tormentas sobre ellos: invasiones de asirios, egipcios, babilonios, griegos, romanos, sarracenos, mahometanos ... Nada ha interrumpido su pacífico reposo, y sus restos mantienen la tierra en propiedad hasta que Dios cumpla en toda su magnificencia la promesa que hizo y de la cual nunca se ha retractado: que daría la tierra a la descendencia de Jacob como herencia eterna. ¡Haya paz sobre tu tumba, PRINCIPE ISRAEL!

16
EL DIOS DE JACOB
Salmo 46

Es muy consolador descubrir los numerosos lugares de las. Escrituras donde Dios se llama a sí mismo «el Dios de Jacob». Parece que se deleita especialmente en el título que une su santa naturaleza con la de un hombre que, lejos de prometer santidad, era por naturaleza uno de los más indignos. No nos sorprendería si él se llamara «el Dios del príncipe Israel», pero es tan asombroso como alentador verlo llamarse con mucha mayor frecuencia «el Dios de Jacob».

Él no ha cambiado desde que tomó por su cuenta a Jacob, y está dispuesto a hacer lo mismo con todos los que se reconozcan igualmente indignos por naturaleza y quieran ponerse en sus manos misericordiosas.

No cabe duda de que Dios haría otro tanto por usted; solo haría falta que usted también estuviera dispuesto. El propósito de estas palabras finales es suplicarle que le permita a la gracia de Dios que obre en usted. Mientras estudiábamos juntos la vida y la persona de Jacob, ¿no se fue dando cuenta de las semejanzas que hay entre él y usted mismo? Usted también puede ser artero, lleno de astucias y mentiroso; o quizá tenga tendencia a incontrolables ataques de ira, o llevará encima como una maldición una serie de deseos impíos que penetran hasta lo mejor de su persona, o será continuamente esclavo de la tiranía del pecado. No tiene por qué seguir soportando esa mala fortuna ni un momento más; basta que se entregue al poderoso Dios de Jacob. Si él pudo hacer de Jacob un príncipe, puede hacer otro tanto con cualquier otra persona.

1. Cultive santas aspiraciones. La ambición es la tendencia más sutil y peligrosa del corazón que no ha sido renovado. En cambio, si se la domina, puede desempeñar un papel importante entre las fuerzas motivadoras de la vida humana, impulsándola hacia unas santas aspiraciones para el futuro. Está bien, entonces, que cultivemos la santa ambición de ser todo cuanto Dios quiere que seamos.

No se contente con seguir siendo un Jacob para siempre. Grábese profundamente en el corazón mientras pasa las páginas sagradas, la realidad de que todas las promesas son para usted; luego acuda a Jesús y pídale que haga en usted cuanto le ha prometido.

2. Ríndase completamente a Dios. Antes de que Dios comience su obra de gracia en el espíritu humano, este debe estar completamente rendido a él. Todos los aspectos de la vida deben quedar bajo su gobierno.

Hace algún tiempo, vi en la ventana de un almacén de mal aspecto este anuncio: «Muy pronto se abrirá este almacén bajo una administración enteramente nueva». Me detuve delante de él por un momento, y me parecía como si todo el edificio estuviera sonriendo esperanzado; era como si estuviera diciendo: «¡Qué contento estoy de que me vayan a poner bajo una nueva administración!» Varios días después, al pasar otra vez por allí, vi a los carpinteros y decoradores trabajando; y en la siguiente ocasión, el cambio de administración saltaba a la vista, puesto que todo el lugar había adquirido una apariencia hermosa, limpia y muy atractiva.

Esto es lo que es menester para usted, y para todos los que tengamos una naturaleza original como la de Jacob. Por demasiado tiempo ha tratado de administrar su propia vida. Es evidente que se necesita un cambio de gerencia, pero debe ser completo. No tema entregarse del todo a la voluntad de aquel que es amor. Si en su vida hay cosas que le cuesta mucho trabajo abandonar, dígale a Dios que se las entrega y que quiere que se haga su voluntad, a su debido tiempo y como él quiera. Si no le puede decir todo eso, dígale que está dispuesto a permitir que él le cambie su disposición de ánimo.

Lo mejor de todo cuanto puede hacer, y está al alcance aun de los más débiles, es pedirle al Señor que venga a su vida a tomar él mismo lo que usted no se siente capaz de darle.

3. Tenga cuidado de no obstruir la buena obra de Dios. Por supuesto, en cierto sentido no podemos resistir ni impedir la ejecución de su soberana voluntad. No obstante, podemos estorbar o contrariar sus buenos propósitos. Manténgase alerta contra esta desastrosa resistencia; y siempre dispuesto a realizar lo que él le ponga en el corazón, «tanto el querer como el hacer».

No niego que Dios puede llevar a cabo su propósito en nosotros aunque se lo estorbemos, pero lo hará, como en el caso de Jacob, al costo de una terrible agonía, y «encogiendo el tendón» de nuestra propia fortaleza. Siempre será lo mejor tomar el yugo de los planes divinos, que el Señor ofrece como suyo: «Tomad mi yugo».

4. Busque la plenitud del Espíritu Santo. Si queremos poseer su naturaleza, también debemos tener su Espíritu; no por gotas, sino por ríos; no como un céfiro suave, sino como «un viento recio».

Esta es la gran necesidad de la Iglesia cristiana de nuestros días. Tenemos conocimientos, retórica, elegancia, riquezas, edificios espléndidos y estructuras magníficas; pero estamos débiles, porque nos falta el poder que solo se puede conseguir a través de la plenitud del Espíritu Santo. Por mucho tiempo hemos olvidado la exhortación: «Sed llenos del Espíritu». Hemos pensado que la plenitud del Espíritu era una especialidad de la era apostólica, y no para todas las épocas. Por eso la mayoría de los cristianos están viviendo como si Pentecostés aún no hubiera tenido lugar. Nunca podemos ser perfeccionados hasta que volvamos a la teoría y la práctica apostólicas con respecto a este asunto tan esencial.

Busque ansiosamente esta bendita plenitud. solo es posible para los corazones que se vacíen de sí mismos, pero tan pronto como se cree en su corazón el vacío que forma la entrega absoluta al Señor, la plenitud del Espíritu Santo será la respuesta a sus ansias y al anhelo de su fe. Entonces, usted será un Israel, y tendrá poder con Dios y los hombres.

La vida no es juego de niños para aquéllos que forman parte de los planes divinos, y en quienes él convierte en realidad sus sublimes ideales. Sin embargo, cuando termine la disciplina, estaremos más que satisfechos con los resultados; al tomar nuestro lugar entre los príncipes de sangre real, daremos gloria eterna a aquél que nos amó a pesar de todo, y nos lavó de nuestros pecados con su propia sangre para hacernos pasar de la naturaleza de Jacob que teníamos, a la de REYES PARA DIOS.

JOSÉ: AMADO, ODIADO Y EXALTADO

1
LOS PRIMEROS AÑOS
Génesis 37

Es una gran misión rescatar la verdad del abandono; desempeñar el papel de la muerte que, cincel en mano, solía limpiar el musgo de las lápidas abandonadas para que se pudiera leer con claridad su inscripción. Es algo así lo que quiero hacer con esta exquisita historia. Creemos que la conocemos, pero aun así es posible que haya profundidades de significado y belleza que, por su familiaridad, se nos escapan. Meditemos juntos en la historia de José, pues al hacerlo tendremos una imagen de aquél que fue arrojado en la cisterna de la muerte, y ahora se sienta a la diestra del Padre como Príncipe y Salvador.

1. Las influencias formadoras de sus primeros años. Diecisiete años antes del principio de nuestra historia, le nació un niño a Raquel, la esposa favorita de Jacob. Este era en aquél entonces el administrador de su tío Labán en los antiguos pastizales de Harán, situados en el valle del Éufrates y el Tigris, de donde había sido llamado por Dios su abuelo Abraham. El niño fue recibido con mucha alegría por sus padres.

En el intervalo habían pasado muchas cosas. Siendo niño aún, su madre lo había tenido que tomar rápidamente en los brazos para llevarlo sobre el lomo de un camello ligero, que fue forzado a huir a toda velocidad a través de un desierto que se interponía con un solo oasis en todo el camino, entre las orillas del Éufrates y las verdes praderas de Galaad. Es posible que recordara el pánico que había cundido en aquél campamento al llegar la noticia de que Esaú, el temido tío, estaba en marcha a su encuentro con cuatrocientos seguidores. No podría olvidar la noche de preparación y solemne espera, y la mañana siguiente, cuando su padre llegó cojeando al campamento, inválido de cuerpo, pero con semblante de príncipe.

Aún más recientemente, recordaría que habían huido rápidamente de los airados idólatras de Siquem, y las horas solemnes pasadas en Bet-el, donde probablemente su padre le mostrara el mismo lugar de la escalera mística, y donde toda la familia entró formalmente en un pacto nuevo con Dios. Tal vez este fuera un momento decisivo en su vida. Estos acontecimientos suelen dejar una profunda impresión en los corazones juveniles.

Muy pronto esas impresiones se profundizarían aún más con tres muertes. Cuando llegaron al establecimiento familiar, encontraron agonizante a Débora, la anciana ama de Rebeca. Era el último vínculo con aquéllos radiantes días en que su joven señora había cruzado el desierto para convertirse en la esposa de Isaac. La enterraron con abundante llanto bajo una vieja y espléndida encina. El jovencito tampoco olvidaría lo que pasó después. La larga caravana se movía lentamente hacia arriba de la estrecha colina donde estaba la antigua aldea de Belén; de repente se ordenó una parada, pues la amada Raquél no podía dar ni un paso más. Allí murió al ponerse el sol. Esta era la pérdida más grande que había experimentado jamás. Poco después, estaba con sus hermanos y su padre ante la venerable tumba de Macpela para depositar el cuerpo de Isaac donde los de Abraham, Sara y Rebeca lo esperaban, cada uno sobre un estrecho estante; y donde, veintisiete años más tarde, él debería colocar los restos de su padre Jacob.

2. Las experiencias de su vida doméstica.

a. *José tenía una inteligencia extraordinaria.* Los rabinos lo describen como un hijo sabio, investido de un conocimiento superior a sus años. Esta inteligencia, combinada con su buen carácter y con la memoria de su madre, fueron los que hicieron que su padre lo amara de una manera especial: «Amaba Israel a José más que a todos sus hijos».

b. *Este amor fue el que le otorgó la túnica de diversos colores.* Hemos estado acostumbrados a pensar en esta túnica como una especie de abrigo con parches de colores, y nos asombramos de que los hermanos adultos se enojaran tanto al ver las «plumas de pavo real» del hermano menor. La palabra hebrea designa simplemente a una túnica que llegaba hasta los tobillos, traje usado comúnmente en Egipto y las tierras adyacentes. Imagínese una larga bata de lino blanco que llega hasta los tobillos y las muñecas, con una angosta lista bordada de colores alrededor del borde de la falda y las mangas, y tendrá una buena idea de esta famosa túnica.

Ahora podemos entender la envidia de sus hermanos. Este tipo de túnica era usado solamente por los que no tenían que trabajar para ganarse la vida. Los que tenían que ganar el pan con su trabajo usaban un vestido corto de color oscuro, para que no se le notaran las manchas, ni impidiera el libre movimiento de las extremidades. Tal era la suerte de los hijos de Jacob, y tales los trajes que usaban. Tenían que atravesar cenagales, subir lomas, llevar las ovejas descarriadas sobre los hombros, pelear con ladrones y fieras rapaces; y para tales trabajos no hubiera sido apropiada la túnica larga.

Cuando Jacob le dio a José esa túnica, en realidad estaba declarando que su hijo favorito quedaba exento de tales labores. Por ese motivo, al ver a José vestido con su túnica de distinción, los hermanos pensaron que, al parecer, él se quedaría con toda la herencia, mientras que ellos tendrían que continuar toda una vida de trabajo. «Y viendo sus hermanos que su padre lo amaba más a que a todos sus hermanos, le aborrecían, y no podían hablarle pacíficamente».

c. *Su franqueza agravó la situación.* «Informaba José a su padre la mala fama de ellos». A primera vista, no parece que esta tendencia de su personalidad sea noble. Sin embargo, es posible que hayan existido circunstancias justificantes para revelar aquéllo, o que llegara a hacerse imprescindible. A veces es la mayor de las bondades, después de advertirlo como es debido repetidas veces, es revelar las maldades de aquéllos con quienes vivimos o trabajamos. Si se les permite que sigan con su pecado en el secreto, se endurecerán, se atreverán a cosas peores y querrán hacer más daño aún. No obstante, esto bastó para hacer que ellos lo odiaran.

d. *José soñó que él iba a llegar a ser el centro de la vida familiar.* Los sueños de José predecían no solo su exaltación, sino también la humillación de sus hermanos. Si la de él era la gavilla central, las de ellos tenían que obedecerle rodeándola e inclinándose a tierra. Si él estaba en el trono, el sol, la luna y las estrellas tendrían que rendirle homenaje. Esto era más de lo que el orgulloso espíritu de sus hermanos podía soportar y «le aborrecieron aun más».

José soportó el odio y la oposición de sus enemigos, y sus sueños se cumplieron al pie de la letra en sus días dorados de prosperidad, así como Jesús se sentaría finalmente a la diestra de Dios, como Señor y Salvador. Para usted que sufre, también llegará el momento en que Dios lo reivindique y lo recompense por sus penas.

2
LA CISTERNA
Génesis 37

Para un lector superficial, la historia de los sufrimientos de José y del proceso desde que fue sacado de la cisterna hasta que ascendió al virreinato de Egipto, es algo muy interesante, por su arcaica sencillez y el conocimiento que nos puede dar del pasado. En cambio, para el hombre en cuyo corazón está grabada la cruz como un cariñoso recuerdo, hay un interés mucho más profundo. Es el Calvario en miniatura. Es el bosquejo de la obra acabada del gran Artista. Es un ensayo del drama más grande que jamás se haya representado entre los hombres.

1. La misión de José. «Habitó Jacob en la tierra donde había morado su padre». Después de enterrar a su anciano padre, Jacob siguió viviendo en el valle de Hebrón, donde Isaac había residido durante casi doscientos años, y donde vivió Abraham antes de él. Este era el centro de administración de su vasto campamento. Sin embargo, aunque los pastos de Hebrón eran buenos, no eran suficientes para sustentar todo su ganado lanar y vacuno. Los hijos de Jacob se veían obligados a llevar el ganado por lentas etapas a distantes regiones de Canaán. Su grave necesidad llegó a forzarlos a desafiar el enojo de los habitantes de Siquem, a quienes habían ofendido tan gravemente, que habían jurado vengarse de ellos por su conducta criminal.

«Y dijo Israel a José: Tus hermanos apacientan las ovejas en Siquem». Él había oído que sus hijos hablaban de ir allí en busca de pastos; ya habían pasado varias semanas sin recibir noticias de ellos, y el recuerdo del pasado lo hacía sentirse inquieto por ellos. La inquietud cobró tanta fuerza, que lo obligó a hacer lo que de otro modo nunca le habría pasado por la mente.

Se había quedado en Hebrón con José y Benjamín. Ellos eran sus favoritos; su corazón los amaba con algo de la intensa entrega que había sentido hacia la madre de ellos. José tenía diecisiete años y Benjamín era más joven. El anciano los mantenía cerca de él, sin querer perderlos de vista, pero también sentía amor por sus hijos ausentes. Finalmente, después de mucho batallar y dudar, de repente le dijo a su amado José: «Ven, y te enviaré a ellos ... y tráeme la respuesta».

Por parte de José, no hubo ni un momento de duda. En un instante se dio cuenta de lo peligrosa que sería su misión entre sus traicioneros hermanos, que lo odiaban tan intensamente. No obstante, tan pronto como supo lo que quería su padre, le dijo: «Heme aquí». «Y lo envió ... y llegó».

a. *¿No nos hace pensar esto en un tema más elevado todavía?* El Señor nunca se cansó de llamarse «el enviado del Padre». Casi no hay ninguna página del evangelio de Juan en la que no lo diga más de una vez: «No puedo yo hacer nada por mí mismo ... sino la voluntad del que me envió, la del Padre» (Juan 5:30). Así llegó a ser una expresión constante de los escritores del Nuevo Testamento:

«Dios envió a su Hijo» (Gálatas 4:4); «el Padre ha enviado al Hijo, el Salvador del mundo» (1 Juan 4:14).

b. *La separación de su amado hijo José le debe haber costado mucho a Jacob.* Sin embargo, ¿quién podría calcular cuánto le costó al Dios infinito enviar a su unigénito Hijo, el que moraba en su seno, y había sido su Hijo por toda la eternidad? No pensemos que Dios no tiene sentimientos. Si su amor es como el nuestro (y sabemos que debe serlo), Él debe sufrir por las mismas causas que tienen cabida en nuestros corazones, solo que debe sufrir en proporción a la fortaleza e infinitud de su naturaleza. Entonces, ¡cuánto nos debe haber amado el Señor, para estar dispuesto a enviarnos a su Hijo! Verdaderamente, Dios amó inmensamente al mundo. ¿Quién podrá jamás descender a las profundidades de ese amor?

c. *Nuestro Salvador no vino solamente porque fue enviado.* Vino porque amaba su misión. Vino a buscar y salvar a los perdidos. Si le hubiéramos podido preguntar, mientras atravesaba aquéllos mismos campos: «¿Qué buscas?», él hubiera replicado con las mismas palabras de José: «Busco a mis hermanos». No se contentó solo con buscar a los perdidos, sino que fue detrás de ellos hasta encontrarlos. «Entonces José fue tras de sus hermanos, y los halló en Dotán».

2. La recepción de José. «Cuando ellos lo vieron de lejos, antes que llegara cerca de ellos, conspiraron contra él para matarle». Sin duda, hubiera sido asesinado brutalmente, y su cuerpo arrojado en alguna cisterna lejos de las moradas de los hombres, si no hubiera sido por la intercesión misericordiosa de Rubén, el hermano mayor. «Sucedió, pues, que cuando llegó José a sus hermanos, ellos quitaron a José su túnica, la túnica de colores ... y le tomaron y le echaron en la cisterna».

El historiador no se detiene en la pasión de los hermanos, ni en la angustia de aquél corazón joven, al que le era tan difícil morir y despedirse de su buena tierra, para descender a la oscura cisterna, cuyas paredes perpendiculares le quitaban toda esperanza de poder respirar de nuevo el aire del exterior. En cambio, unos años más tarde, sus hermanos dirían: «Verdaderamente hemos pecado contra nuestro hermano, pues vimos la angustia de su alma cuando nos rogaba, y no le escuchamos». ¡Qué revelación tan grande hay en estas palabras! Nos parece ver a José luchando por liberarse; les suplica con amargas lágrimas que lo dejen ir; les implora en nombre del amor a su padre anciano, y de sus lazos de hermandad.

a. *El pecado no perdonado es un azote terrible.* Los años pasaban pero no se podía borrar de la memoria de los hermanos aquélla mirada, aquéllos gritos, aquél hecho que tuvo lugar en medio del verdor del pequeño valle de Dotán. Trataban de esconder su pesadilla en lo más secreto de su corazón, pero volvía a salir otra vez para atormentarlos, aun despiertos. El anciano padre que se lamentaba por su hijo creyéndolo muerto, era más feliz que ellos, que sabían que estaba vivo. Así es como un crimen puede ennegrecer toda una vida. Dios ha hecho el mundo de tal modo, que el pecado es su propio vengador; lleva en sí la semilla de su propio castigo. Los hombres que llevan sobre sí la carga del pecado no perdonado, son los primeros en creer que existen el gusano que nunca muere y el fuego que no se apaga jamás (Isaías 66:24; Marcos 9:48).

b. *Los sufrimientos de José fueron un verdadero precedente de los de Cristo.* «A los suyos vino, y los suyos no lo recibieron» (Juan 1:11). Dijeron: «Este es el heredero; venid, matémosle, y apoderémonos de su heredad. Y tomándole, le echaron fuera de la viña, y le mataron» (Mateo 21:38, 39). «Repartieron entre sí sus vestidos» (Mateo 27:35). Lo vendieron a los gentiles. Se sentaron a verlo morir. La angustia del alma de José nos recuerda los clamores y lágrimas que salieron de la naturaleza humana de Cristo ante la inminencia de sus sufrimientos, en los que sería el sacrificio expiatorio por los humanos. La inocencia de José nos trae a la memoria la pureza del Cordero sin mancha, cuya impecabilidad fue probada una y otra vez antes de su muerte.

c. *No obstante, el paralelo termina aquí.* Los sufrimientos de José terminaron antes de su muerte; en cambio, Jesús probó la muerte. Los sufrimientos de José fueron solo suyos; los de Jesús, vicarios y mediadores: «Él murió por nosotros»; «Se entregó a sí mismo por mí». Los sufrimientos de José no tenían eficacia para expiar el pecado que los causó; en cambio, los de Jesús pueden expiar no solo la culpa de sus asesinos, sino también la de todos.

3. El destino de José. «Y se sentaron a comer pan». Con endurecida despreocupación tomaron su almuerzo. Precisamente en ese momento vieron algo que les gustó mucho. Estaban sentados en la llanura de Dotán, lugar que todavía retiene su antiguo nombre, y cualquiera que esté estacionado allí podrá encontrar el camino principal que llevaba de los vados del Jordán hasta las costas del Mediterráneo. Por ese camino viajaba en ese momento una caravana Los hermanos pudieron divisar pronto la larga hilera de pacientes camellos, que se movían lentamente, subiendo por el valle hacia ellos.

La presencia de estos mercaderes ambulantes cambió de repente los pensamientos de los conspiradores. Sabían que en Egipto había una gran demanda de esclavos, y que los mercaderes tenían el hábito de comprar esclavos en el camino para venderlos en esa tierra. ¿Por qué no vender a su hermano? Sería un modo fácil de deshacerse de él. Les ahorraría el fratricidio. Entonces, por sugerencia de Judá, sacaron a José de la cisterna, y lo vendieron por veinte piezas de plata; unas ocho onzas.

En pocos minutos, José se encontró encadenado a una larga hilera de esclavos con destino a una tierra extraña. ¿No era esto casi peor que la muerte misma? ¡Qué terrible angustia destrozaría su joven corazón! ¡Cuán enorme sería su deseo de enviarle un último mensaje a su amado padre! Poco pensaba en ese momento que en el futuro volvería sus pensamientos hacia ese día para considerarlo como uno de los eslabones más benditos en la larga y hermosa cadena de la Providencia divina; o que algún día diría: «No os entristezcáis, ni os pese ... Me envió Dios delante de vosotros» (45:5).

José fue traicionado por sus hermanos; Jesús por su amigo. José fue vendido por dinero; también lo fue el Señor. José siguió en un desfile de cautivos hacia la esclavitud; Jesús fue contado entre los transgresores. El crimen de los hermanos de José cumplió el plan divino; las malvadas manos de los que crucificaron a Jesús llevaron a cabo lo que Dios había sabido y dispuesto de antemano.

Dios «hará que la ira del hombre le alabe» (Salmo 76:10).

3
EN CASA DE POTIFAR
Génesis 39

Los mercaderes ismaelitas, a quienes sus hermanos habían vendido a José, lo llevaron al país de Egipto, una banda de verde pasto en medio de las arenas del desierto. Fue expuesto para la venta en algún mercado de esclavos junto con centenares más, que habían sido capturados a la fuerza o sustraídos en los países vecinos.

Su comprador fue Potifar, «el capitán de la guardia», quien al parecer, era el jefe de la guardia real, situada en las inmediaciones de la corte. Los monarcas egipcios tenían poderes absolutos de vida y muerte, y no tenían escrúpulos para ordenar la imposición de una variedad de castigos sanguinarios o sumarios, cuya ejecución estaba a cargo de esa guardia militar.

Potifar era un noble egipcio; miembro de una orgullosa aristocracia, alto en su oficio y en el favor de la corte. Sin duda vivía en un palacio espléndido, lleno de esclavos. El joven cautivo debió haber temblado al pasar por la avenida adornada con pilares, a través de las puertas guardadas por esfinges, en la entrada de aquél vasto palacio egipcio donde se hablaba un idioma del cual no entendía ni una palabra, y donde todo era tan nuevo y extraño. Pero «Dios estaba con él»;la sensación de la presencia y cuidado del Dios de su padre invadía y calmaba su alma, y lo mantenía en perfecta paz. ¿Quién no preferiría, al fin y al cabo, ser José en Egipto con Dios, y no uno de sus hermanos con una túnica manchada de sangre en las manos y la culpa en el alma?

Veamos cómo le fue a José en la casa de Potifar.

1. El ascenso de José. «Mas Jehová estaba con José, y fue varón próspero». Algunas versiones antiguas de la Biblia nos dan una curiosa traducción de este versículo: «El Señor estaba con José, y era un hombre afortunado». Todo lo que él administraba salía bien. El éxito lo seguía tan de cerca como su sombra, y tocaba todos sus planes como una varita mágica. Potifar y los suyos llegaron a esperar de aquél extraño cautivo hebreo que desatara todo nudo, desenredara toda maraña, y tuviera éxito aun en los problemas más intrincados. Esto se debía a dos causas:

a. *Aunque le habían quitado su túnica, no le habían quitado su personalidad.* Era industrioso, listo, diligente, obediente, digno de confianza. Hacía las cosas, no porque estuviera obligado a ello, sino porque Dios lo había llamado a hacerlas. Se decía a sí mismo, como les dijo a sus hermanos después: «Dios me envió delante de vosotros». Se consideraba siervo, no solo de Potifar, sino del Dios de Abraham, Isaac y Jacob. Allí, en la casa de Potifar, debía llevar una vida piadosa y devota, tan sincera como en los buenos y felices días que había pasado en la tienda de Jacob, y así lo hizo. Esto lo hizo un hombre consciente y cuidadoso, cualidades que aseguran el éxito en los negocios.

Cuando los otros siervos estaban desperdiciando los mejores momentos, José los llenaba con actividades. Cuando ellos trabajaban simplemente para evitar el enojo o el látigo del amo, el trabajaba para ganarse la sonrisa del gran capataz, cuyos ojos estaban siempre puestos en él. Tal vez los demás lo señalaran con frecuencia mientras decían: «Es un tipo con suerte». No sabían que su fortuna estaba en su personalidad, y que esta tenía su cimiento en Dios mismo. No existe la suerte, sino la persona, y quien quiera ser una persona con el éxito asegurado en la vida, tiene una sola base verdadera para su personalidad: Jesucristo.

b. *El Señor hacía prosperar todas sus obras.* «Jehová bendijo la casa del egipcio a causa de José, y la bendición de Jehová estaba sobre todo lo que tenía, así en casa como en el campo». Tales bendiciones también serían para nosotros si camináramos tan cerca de Dios como José. Preocupémonos por vivir de tal manera, que Dios pueda estar con nosotros.

c. *Es posible que usted sea empleado.* El ejemplo de este noble joven de seguro le ayudará. No se entregó a quejas inútiles ni a lágrimas sin poder. Se dispuso varonilmente a hacer con toda su capacidad lo que tuviera a mano. Fue «fiel aun en las cosas más pequeñas», en los deberes más humildes y triviales de su oficio. Él creía que Dios lo había puesto en donde estaba; y pensaba que al servir bien a su amo terrenal, en realidad estaba agradando a su gran amigo celestial. Este es el espíritu con el que se debe hacer toda obra. Todo cuanto hagamos, debemos hacerlo «de buena voluntad, como al Señor y no a los hombres» (Efesios 6:7). Nuestra suerte en la vida es mejor de lo que pensamos. No es tan importante lo que hacemos, como la manera en que lo hacemos.

d. *Tal vez sea usted dueño.* No podemos calcular el valor de un empleado que sea un cristiano sincero. El egipcio Potifar debe haber quedado felizmente sorprendido por la repentina ola de prosperidad que le sobrevino. Todo le salía bien: su ganado medraba en los campos; sus asuntos prosperaban en la casa. «Jehová bendijo la casa del egipcio a causa de José»; le pagó abundantemente por cuidar a su siervo. Así es todavía. Hay amos impíos que deben muchas bendiciones a la presencia de algún siervo o empleado cristiano que more o trabaje con ellos. Cuando lleguemos al cielo, y podamos encontrar el origen de las cosas, sabremos que muchas de las bendiciones mayores de nuestra vida fueron consecuencia de las oraciones o la presencia de personas desconocidas y sin importancia aparente que sin embargo, eran objeto de un amor especial de Dios.

2. La tentación de José. Los años pasaron y José se convirtió en mayordomo y administrador de la casa de su amo. «Dejó todo lo que tenía en mano de José, y con él no se preocupaba de cosa alguna sino del pan que comía». Fue precisamente entonces cuando José se enfrentó a la tentación más terrible de su vida.

a. *Debemos esperar que nos llegue la tentación en los días de prosperidad y sosiego, más aún que en los de privaciones y trabajos.* Es fácil mantenerse con la armadura puesta mientras se asciende por un solitario paso de montaña, luchando contra las ráfagas inmisericordes, y con el temor de que cualquier peñasco pueda esconder a un asesino. En cambio, es difícil estar alerta cuando se ha llegado a un feliz valle, por el que corre una suave y sensual brisa. No obstante, a menos que nos mantengamos armados también en el valle, estaremos perdidos.

b. *Es más difícil resistir a la tentación que surge del lugar más inesperado.* Las mujeres egipcias de esa época disfrutaban de tanta libertad como las de nuestros días, tal como lo demuestran de manera concluyente los monumentos de la época, que también dan testimonio de la extrema relajación moral. Tal vez la mujer de Potifar no fuera peor que muchas otras, aunque nos ruborizamos al leer sus infames propuestas. Aquella súbita apelación a las pasiones del joven le daba más fuerza a la tentación. Casi siempre, el marinero está advertido de la tormenta que se acerca; pero, ¡ay de él si lo atrapa una ráfaga repentina! ¡Cristiano: tenga cuidado con las borrascas inesperadas!

c. *Las conveniencias y la conciencia difieren a menudo con respecto a la tentación.* Parecía esencial que José se llevara bien con la esposa de su amo. Darle gusto equivaldría a asegurarse un nuevo ascenso. Enojarla sería convertirla en enemiga suya y arruinar sus esperanzas. Muchos hubieran pensado que, al ceder por un momento solamente, obtendrían una influencia que podrían usar posteriormente para obtener mejores resultados. La única armadura contra las normas mundanas es la fe que se proyecta al futuro, y cree que al fin será mejor haber actuado con rectitud y haber esperado de Dios nuestra reivindicación y bendición. Para su bien, José no les puso atención a las sugerencias mundanas. Si lo hubiera hecho, tal vez habría conseguido un poco más de influencia en casa de Potifar, pero no le hubiera durado, y nunca hubiera llegado a ser primer ministro de Egipto, ni a tener su propio hogar, ni a llevar a sus hijos a recibir la bendición de su padre moribundo.

d. *Había elementos especiales de prueba en el caso de José.* La tentación vino acompañada de la oportunidad: «No había nadie de los de casa allí». Todo estaba bien calculado, y si hubiera cedido, no habría mucho temor a que aquéllo fuera conocido y castigado; la tentadora nunca publicaría su propia vergüenza. La tentación también se repitió día tras día. ¡Qué terrible debe haber sido esa horrorosa persistencia! La tentación que trata de imponerse por su importunidad, debe ser más temida que todas las demás.

e. *Sin embargo, José permaneció firme.* Quiso hacerla razonar. Se refirió a la bondad y confianza de su amo. No se atrevía a traicionarlo. Trató de hacerle entender lo que ella significaba como esposa de su amo, pero hizo aun más. Pasó su causa del tribunal de la razón al de la conciencia, y le preguntó, con palabras por siempre memorables que han sido el secreto de la victoria sobre la tentación en todas las épocas: «¿Cómo, pues, haría yo este grande mal, y pecaría contra Dios?»

Si algo enseña la historia, es que la indulgencia con la sensualidad es el camino más seguro para la ruina nacional. La sociedad se condena a sí misma al no condenar este pecado. Se dice que las tentaciones de nuestras grandes ciudades son demasiado abundantes y fuertes para que los jóvenes puedan resistirlas. Algunas veces los hombres se refieren al pecado como si fuera una necesidad. No le dé cabida a este modo de hablar tan necio y peligroso. El joven puede resistir, vencer y ser puro y casto. Sin embargo, debemos obedecer los dictados de las Escrituras y del sentido común. Evite los libros, lugares y personas que le produzcan malos pensamientos. Recuerde que no hay ninguna tentación que se pueda enseñorear de usted, a menos que la admita dentro de su naturaleza; y como usted es demasiado débil para mantener la puerta cerrada contra ella pídale a su poderoso Salvador que se ponga en contra de ella. Todas las fuerzas del infierno no pueden abrir una puerta que sea confiada al seguro cuidado de Jesús.

f. *¡Qué lema tan notable es este para todos nosotros!* «¿Cómo puedo cometer semejante maldad?» Yo, por quien Cristo murió. «¿Semejante maldad?» Otros lo llamarán «travesuras juveniles». Yo lo llamo PECADO. «¿Cómo puedo pecar contra Dios?» Aunque parece que tiene que ver solo con los hombres, en realidad es un pecado personal contra el Dios santo.

g. *Tal vez hubiera sido mejor que José no hubiera entrado a la casa a hacer su trabajo*; pero probablemente no le quedara otra alternativa que ir. Hizo lo posible por no estar con ella (v. 10) siempre que de él dependiera. No tenemos derecho a esperar que Dios nos guarde, si nos metemos voluntariamente en la tentación. En cambio, si las circunstancias de la vida nos obligan a ir al lugar de la tentación, podemos contar con su fidelidad.

h. *José se portó sabiamente cuando huyó*. La discreción es con frecuencia la parte más sabia del valor. Es mejor perder un abrigo y muchas posesiones valiosas, que perder una buena conciencia. No se detenga a hablar con la tentación. No se quede a contemplarla. Lo dominará si lo hace. A Lot se le había dicho: «Escapa por tu vida; no mires atrás, ni te detengas en toda la llanura».

i. *Ser tentado no es pecado*. El diablo tentó a aquel que no tenía pecado. La voluntad es la ciudadela de nuestra hombría; mientras no se ceda allí, no hay entrega en ninguna otra parte. No se me puede acusar de recibir bienes robados, si solamente se me pide que los guarde, petición que rechazaría indignado. El pecado viene cuando yo consiento, acepto y cedo.

¡El Señor nos dé gracia y fe para imitar el ejemplo de José, y más que todo, el de nuestro Señor sin mancha! Podemos estar seguros de que él no permitirá que nos sobrevenga ninguna tentación que no sea común a los hombres, o que no podamos resistir. Nunca olvidemos que quienes creemos en Jesús estamos sentados con él a la diestra del Todopoderoso. Tampoco debemos olvidar que Satanás es ya un enemigo vencido y rendido a nuestros pies. Abra todo su ser a la gracia del Espíritu Santo. Así será más que vencedor por medio de aquél que lo amó.

4
EL SECRETO DE LA PUREZA
Génesis 39

Véanse también Proverbios 4:23; 1 Pedro 1:5 y 2 Timoteo 1:12. Siglos antes de que el Señor enseñara las Bienaventuranzas del sermón del Monte, José ya conocía la bendición que reciben los de corazón limpio. No hay nada que admiremos más intensamente que la pureza. Los hombres que conocen el secreto del control de sí mismos siempre se ganan la admiración y la reverencia de otros.

Necesitamos tener en cuenta que no hay ninguna parte de nuestra naturaleza, ni ninguna función de nuestra vida humana, que sea en sí vulgar o impura. Cuando el hombre pecó en el jardín del Edén, su ser dejó de girar sobre Dios para girar sobre sí mismo. Desde entonces, la ley más grande del hombre ha sido la complacencia de sus apetitos, con la única restricción de las consecuencias desastrosas para el nombre o la posición, la mente, el cuerpo y las propiedades.

Debemos tener en cuenta la operación de la gran ley de la herencia biológica, por la cual hemos recibido apetitos y tendencias que, aunque eran puros en su intención original, han sido pervertidos por el abuso de las muchas generaciones que nos precedieron. Es inevitable, por lo tanto, que comencemos la vida con serias desventajas, puesto que estamos íntimamente relacionados con una raza que, a través de la historia, ha sido afectada por el veneno de la rebeldía y barrida por las tormentas de las pasiones. ¿No es esto acaso lo que significa la expresión teológica pecado original, y también la frase de San Pablo «la ley en los miembros» (Romanos 7:23)?

Para evitar toda mala interpretación posible, reitero que no estoy afirmando que el pecado consista solamente en un estado o acto físico. Estamos predispuestos a él por la misma naturaleza que hemos heredado, y ninguna filosofía de la vida interior puede ser satisfactoria si no reconoce la presencia de este cuerpo carnal, que no es pecado en sí mismo, pero que con tanta facilidad puede ser arrastrado por la maldad.

Por eso, mientras estemos en el cuerpo, no podemos decir que estamos en la misma situación que Adán cuando salió de las manos del Alfarero divino. Hay una gran diferencia entre nosotros y él, puesto que en aquél momento su naturaleza nunca había cedido al mal, mientras que la nuestra lo ha hecho millares de veces; tanto en aquéllos de quienes la hemos recibido, como en nuestros propios y numerosos actos de sensualidad.

Entonces, ¿no hay liberación posible de esa esclavitud en esta vida? Seguro que sí. El poder por medio del cual se pueden controlar las incitaciones de nuestra naturaleza, inclinada a la maldad, es la permanencia y la plenitud del Espíritu Santo en la vida del cristiano.

En esta vida, el tentador nunca deja de asaltarnos; y mientras estemos en el cuerpo, cargaremos con nosotros la debilidad hacia el mal que es el amargo resultado de la caída de Adán. No obstante, cuando sea el Espíritu Santo el que nos llene y domine, los mayores esfuerzos que haga el tentador se verán rechazados por nuestra naturaleza. Cuando el Espíritu ejerza todo su poderío dentro de nosotros, llegará a cambiarnos de tal manera, que detestaremos las cosas que antes preferíamos y en las cuales nos deleitábamos, y nos estremeceremos de terror ante ellas.

En muchos casos, cuando hay una confianza plena en él, es tan calladamente eficaz en su obra de mantener nuestras tendencias pecaminosas como si estuvieran muertos, que llegamos a pensar que esas tendencias han desaparecido de nuestra naturaleza. Es como si ya no existieran, y esta bendita experiencia continúa todo el tiempo que el alma sea fiel y permita que el Espíritu realice a plenitud su obra en ella.

¡Cuánto quisiera que fuera esta la feliz experiencia de todo el que lea estas líneas!

5
MALENTENDIDO Y APRISIONADO
Génesis 39, 40

Véase también Salmo 102:17-19.

Cuando Potifar oyó la declaración falsa, aunque verosímil, de su esposa, y vio en su mano un vestido que reconoció como propiedad de José, se encendió su ira. No quiso oír palabras de explicación, sino que echó a José de una vez a la prisión del estado, de la cual estaba encargado y era supervisor.

1. La gravedad de sus sufrimientos. No era esta una prisión como esas prisiones modernas aireadas, bien iluminadas y dirigidas por personas humanitarias. Usando las mismas palabras de José en hebreo, diremos que era un miserable agujero. «Tampoco he hecho aquí por qué me pusiesen en la cárcel [agujero]». Dos o tres cuartos pequeños, repletos de prisioneros, con un aire sofocante, fétidos por los malos olores, quizá medio ocultos de la bendita luz del sol; estas eran las dependencias en las cuales pasó José aquéllos dos años de agonía.

O bien, imagínese una sala grande y sombría, sin ventanas, pavimentada con losas negras de suciedad, sin más luz y aire que los que pueden penetrar por la estrecha abertura por la cual los amigos del desgraciado prisionero, o algunos extraños misericordiosos pueden pasar la comida y el agua que le sustentan la vida. No se han hecho arreglos para mantener la limpieza, ni para la separación de los prisioneros. Todo el día se oye el cansado resonar de los grillos en los pies atados, en tanto que las víctimas se arrastran lentamente por el piso, o dan vueltas sin cuento alrededor de las enormes columnas de piedra que sostienen el techo, y a las cuales están aseguradas sus cadenas. Tal vez José estuviera confinado a uno de aquéllos «agujeros».

a. *Esto era muy duro para alguien acostumbrado a moverse libremente por las amplias llanuras de Siria*. La prisión es intolerable para todos nosotros, pero especialmente para los jóvenes, y mucho más para aquéllos por cuyas venas corre algo de esa sangre nómada que le teme menos a la muerte que a la esclavitud. No sabemos cuál es el verdadero valor de la libertad, hasta que la perdemos. Seguramente, José nunca la apreció tanto, como cuando se encontró encerrado en aquél sofocante «agujero».

b. *Se oía el constante sonido de las cadenas*. Estaba encadenado y los grillos le lastimaban los pies. Aunque era verdad que gozaba del favor del jefe de la cárcel, y tenía una libertad excepcional dentro de los tenebrosos calabozos para poder llegar hasta los otros prisioneros, aun así, dondequiera que fuera, el sonido del hierro al caminar le recordaba que era un prisionero.

c. *Sus creencias religiosas aumentaban grandemente su angustia*. Jacob le había enseñado que al bueno le viene lo bueno y al malo lo malo; que la prosperidad era señal del favor divino, y la adversidad señal de divino enojo. Él había tratado de ser bueno. A pesar de la impetuosidad de sus pasiones juveniles, ¿no había resistido él los halagos de la hermosa egipcia, para no pecar contra Dios? ¿Qué había ganado con eso? Simplemente la afrenta de verse acusado de la misma maldad que con tanta dificultad había evitado, y que amenazaba con dejar su marca en él. Además, un castigo no merecido. ¿No había sido él siempre amable y gentil con los otros prisioneros, escuchando sus relatos y dándoles consuelo? No había ganado nada, a juzgar por lo que veía; mejor le hubiera sido guardarse su bondad para sí mismo.

¿Valía la pena, entonces, ser bueno? ¿Había acaso un Dios que fuera justo juez sobre la tierra? Si usted ha sembrado semillas de santidad y amor, para cosechar malentendidos, desengaños, pérdidas, sufrimiento y odio, entonces conoce algo de lo que sentía José en aquél miserable «agujero» del calabozo.

d. *El desengaño vertió también sus gotas de ajenjo en aquélla amarga copa.* ¿Qué había pasado con aquéllos primeros sueños de grandeza futura? ¿Acaso no procedían de Dios? Así lo habían creído él y su venerable padre. ¿Eran esas imágenes simples delirios de un febril cerebro? ¿Lo había abandonado Dios? ¿Lo había olvidado su padre? ¿Pensaban en él sus hermanos? ¿Tratarían ellos de encontrarlo alguna vez? ¿Se tendría que pasar todos los días de su vida en aquél calabozo, y todo porque se había atrevido a hacer el bien? Tal vez usted se pregunte por qué este joven fue probado hasta casi no poder resistir más.

e. *No es José el único en haber pasado por esta experiencia.* Aunque usted nunca haya sido arrojado a un calabozo, tal vez haya tenido que sentarse con frecuencia en la oscuridad, mientras siente que lo rodean una serie de limitaciones que le impiden hacer lo que hubiera querido. Quizá por haber hecho algo bueno, haya tenido dificultades imprevistas, y está a punto de decir: «He sido demasiado honrado». Es posible que haya actuado noblemente con respecto a alguien, como José con Potifar, y lo hayan interpretado mal. ¿Quién no sabe lo que significa ser malentendido, mal interpretado, acusado falsamente y castigado sin razón?

2. Aquellos sufrimientos se convirtieron en un gran beneficio.

a. *En primer lugar, la prisión sirvió para los intereses personales de José.* Allí iban los prisioneros oficiales; era donde enviaban a los personajes de la corte que eran sospechosos de algún delito. El jefe de los coperos y el de los panaderos no nos podrán parecer muy importantes, pero sus títulos eran ostentados por personas muy venerables. Esos hombres hablaban con José con mucha libertad y le daban mucho conocimiento de los partidos políticos y de los hombres y las cosas en general, lo cual le debe haber servido de mucho.

Aún hay algo más. El Salmo 105:18 dice acerca de José: «Afligieron sus pies con grillos; en cárcel fue puesta su persona». Este duro trato le dio la firmeza de un hombre con temple de acero. ¿No es cierto que las penas y privaciones, el yugo de la juventud, producen una tenacidad férrea y una fortaleza de carácter que son el fundamento y la estructura indispensables de una personalidad distinguida? No se acobarde ante los sufrimientos; sopórtelos en silencio, con paciencia y firmeza. Tenga la seguridad de que ese es el método divino para darle temple de acero a su estructura espiritual.

    Cuando era niño, José parece haber tenido un carácter suave. Era mimado por su padre. Estaba muy orgulloso de su túnica de colores. Le gustaba narrar cuentos. Estaba muy apegado a sus sueños y a la grandeza que le auguraban. Ninguna de estas era una debilidad grave, pero carecía de la fortaleza, la energía y el valor necesarios para gobernar. La prisión produjo un gran cambio en él. Desde entonces, se portó con una sabiduría, una modestia, un valor y una varonil resolución que nunca le faltaron. Actuó como gobernante nato. Le ayudó a un país que no era el suyo a superar una gran hambre sin un solo síntoma de revuelta. Se mantuvo firme con la aristocracia más orgullosa de la época. Promovió los cambios más radicales. Había aprendido a callar y esperar. ¡Ya tenía un alma con temple de acero!

    b. *Esto es lo que el sufrimiento hace en usted.* Dios quiere cristianos de temple, y como no hay un medio mejor para darle la fortaleza del hierro a la naturaleza del hombre, que permitiendo que sufra, así lo hace. ¿Acaso está usted en prisión por hacer el bien? ¿Está pasando los mejores años de su vida en una monotonía forzada? ¿Se encuentra acosado por la enemistad, los malentendidos, el rechazo y las burlas? Entonces anímese: la corona de hierro del sufrimiento precede a la corona de oro de la gloria. solo está adquiriendo un temple de hierro en su espíritu para que se vuelva valiente y fuerte.

    ¿Acaso es usted ya anciano? Si es así, es posible que pregunte: «¿Por qué Dios llena a veces toda una vida de disciplina, y da pocas oportunidades para mostrar el temple férreo del alma?» Esa es una cuestión que prueba bien nuestro destino glorioso. Debe haber otro mundo en alguna parte; un mundo de un glorioso ministerio para el cual nos estamos preparando. Es muy posible que Dios considere que una vida humana compuesta por setenta años de sufrimiento, no es demasiado larga para la educación de un alma que podrá servirle a lo largo de toda la eternidad. En la prisión fue donde José se preparó para la desconocida vida del palacio del Faraón. Si pudiéramos ver todo lo que nos aguarda en el palacio del Gran Rey, no nos sorprenderíamos de las experiencias que nos sobrevienen en las celdas más oscuras de la tierra. Estamos recibiendo el entrenamiento necesario para servir a Dios en su casa.

3. El consuelo de José en medio de estos sufrimientos.

a. *«Estuvo allí en la cárcel; pero Jehová estaba con José».* El Señor estaba con él en el palacio de Potifar; pero cuando José fue a la prisión el Señor fue allí también. El pecado es la única cosa que nos separa de Dios. Mientras andemos con Dios, él andará con nosotros y si nuestra senda desciende de los prados soleados de las tierras altas hasta el valle brumoso, él irá a nuestro lado. El hombre piadoso es mucho más independiente de los hombres y las cosas que los demás. Si está en un palacio, está contento, no tanto por sus deleites, sino porque Dios está allí. Si está en la prisión, puede cantar y alabar, porque el Dios de su amor está allí y le hace compañía. Para el alma que está absorta en Dios, todos los lugares y las experiencias parecen muy semejantes.

b. *Además, el Señor se mostró misericordioso para con él.* ¡Qué revelación tan maravillosa! El Señor le dio una gran visión: le mostró su misericordia. La celda de la prisión fue el monte de la visión desde donde vio, como nunca antes, el panorama del amor divino. Valía bien la pena haber pasado aquél tiempo en la prisión para aprender aquéllo. Cuando usted caiga en la prisión de las circunstancias, manténgase alerta. Las prisiones son lugares extraños, donde se ven cosas. Fue en la prisión donde José vio la misericordia de Dios. Hay algunos de nosotros a los que él no tiene oportunidad de mostrarnos su misericordia, más que cuando estamos sumidos en algún profundo dolor. Las estrellas se ven durante las horas de la noche.

c. *Dios también puede encontrar amigos para sus siervos en los lugares más extraños,* y entre la gente que menos podríamos pensar «Jehová ... le dio gracia en los ojos del jefe de la cárcel». Tal vez se tratara de un hombre rudo y poco bondadoso, bien preparado para hacer eco a los disgustos de su amo, el gran Potifar, y para amargar la existencia diaria de este esclavo hebreo. Sin embargo, estaba obrando otra fuerza, de la cual él no sabía nada, para inclinarlo a favorecer a su prisionero, y ponerlo en una posición de confianza

d. *Nos sentimos aliviados de nuestros problemas cuando les ministramos a los demás.* Esto lo experimentó José. Verse al frente del cuidado de los prisioneros del rey debe haber sido un alivio para su monotonía. Su vida adquirió nuevo interés y casi debe haber olvidado la dura presión de sus propios problemas, al interesarse en escuchar los relatos de otros que eran menos afortunados que él.

No hay nada que alivie tanto la tristeza del corazón, como servir a los demás. Si su vida está entretejida de oscuras sombras de tristeza no se siente en la soledad a deplorar su ingrata suerte. Levántese a buscar a aquéllos que están en peor situación que usted. Si no les puede dar mucha ayuda práctica, al menos podrá ayudar grandemente a los hijos de la amargura, al imitar a José, escuchando sus quejas, sueños y presagios. Si no puede hacer nada más, escuche bien, y consuélelos con el mismo consuelo que Dios le haya dado.

Por este medio conseguirá lo que consiguió José: la llave para abrir las pesadas puertas detrás de las cuales se halla aprisionado.

e. *Unas palabras finales para los que sufren injustamente.* No se sorprenda. Usted es un seguidor de aquél que fue malentendido desde la edad de doce años hasta el día de su ascensión; del que no cometió pecado, pero fue contado entre los pecadores. Si hablaron mal del amo de la casa, mucho más lo harán de los miembros de su familia.

f. *No se canse de hacer el bien.* José pudo haber dicho: «Me doy por vencido; ¿de qué me vale la piedad? Yo también puedo vivir como los demás». ¡Cuánto más noble fue que siguiera haciendo el bien pacientemente!

g. *Sobre todo, no se vengue a sí mismo.* Al repasar sus problemas, José no recriminó duramente a sus hermanos, ni a Potifar, ni a la esposa de este. Sencillamente dijo: «Porque fui hurtado de la tierra de los hebreos; y tampoco he hecho aquí por qué me pusiesen en la cárcel» (40:15).

> Envió un varón delante de ellos;
> A José, que fue vendido por siervo.
> Afligieron sus pies con grillos;
> En cárcel fue puesta su persona.
> Hasta la hora que se cumplió su palabra,
> El dicho de Jehová le probó.
> Envió el rey, y le soltó
> El señor de los pueblos, y le dejó ir libre.
> Lo puso por señor de su casa,
> Y por gobernador de todas sus posesiones,
> Para que reprimiera a sus grandes como él quisiese,
> Y a sus ancianos enseñara sabiduría.
> Salmo 105:17-22.

6
LOS PELDAÑOS DEL TRONO
Génesis 41

El hecho de la exaltación de José de la prisión en la cual lo dejamos, hasta los peldaños del trono del Faraón, es tan conocido que no necesitamos describirlo en detalle. Vamos a considerar brevemente los puntos más destacados.

JOSÉ: AMADO, ODIADO Y EXALTADO

1. La esperanza pospuesta. «Acuérdate, pues, de mí cuando tengas ese bien». La petición que José le hizo al gran funcionario de estado fue a la vez modesta y patética; a su sueño le había dado una interpretación favorable. Sin embargo, algunos han dicho que él no tenía derecho de pedirle a este hombre que intercediera por él delante del Faraón, pues tenía acceso al Rey de reyes, y en cualquier momento podía presentar su caso en su tribunal. No obstante, si en este momento José acudió con vehemencia a la ayuda humana, ¿quién de nosotros podría condenarlo? ¿Quién no podría identificarse con él? ¿Quién no se habría portado de la misma manera?

Sin duda, el gran hombre accedió prontamente a su petición. Tal vez le dijera: «Por supuesto que me acordaré de ti». Probablemente se propusiera de todo corazón darle a José un puesto entre los coperos, o tal vez en la vinatería. Al salir de la prisión, podemos imaginárnoslo diciendo: «Adiós. Muy pronto vas a tener noticias mías». Pero «le olvidó». «Olvidar»: Muchos de nosotros experimentamos el significado de esta palabra. Día tras día, José esperaba recibir alguna muestra del recuerdo y la intercesión de su amigo. Pasaban las semanas en espera del mensaje de liberación, y a menudo se sobresaltaba por el toque repentino a la puerta, que le hacía pensar que su orden de liberación ya había llegado. Al fin, le fue imposible seguir ocultando la desagradable verdad, que lentamente se había aclarado en su mente. Lo había olvidado.

Aquella esperanza caída debe haberlo lastimado mucho. Sin embargo, cuando estaba desanimado de los hombres, se aferraba a Dios con más tenacidad. No había confiado en vano, puesto que Dios lo sacó de la prisión a través de una cadena de providencias maravillosas, y le hizo más bien del que le podía haber hecho el jefe de los coperos del Faraón.

2. Tres consejos breves si usted se halla en circunstancias similares.

a. *No confíe en el hombre, cuyo aliento está en su nariz*. No podemos vivir sin la amistad y el aprecio humanos, pero los hombres quedan mal con nosotros. Aun los mejores resultan menos capaces o menos dispuestos de lo que pensábamos.

b. *No centre su atención en el fracaso y el olvido de los hombres, sino en la constancia y fidelidad de Dios*. «Él permanece fiel.,» Al final le dirá: «Grande es tu fe; hágase contigo como quieres» (Mateo 15:28).

c. *Espere a Dios*. Somos demasiados afiebrados, afanosos e impacientes y esto es un gran error. A los que esperan, todo les llega a su debido tiempo. Tal vez usted haya tenido en su juventud como José una visión de poder, utilidad y bendición, pero no la ha visto realizada. Sus planes parecen abortarse. Las puertas se le cierran. Los años van pasando. Vuelva ahora su corazón a Dios; acepte su voluntad; dígale que le entrega la realización de sus sueños. Tal vez lo haga seguir esperando un poco más; pero verá que le demuestra que son ciertas las palabras del salmista cuando experimentó que vale la pena poner nuestra confianza en él: «La salvación de los justos es de Jehová, y él es su fortaleza en el tiempo de la angustia. Jehová los ayudará y los librará» (Salmo 37:39, 40).

3. Los eslabones de la cadena de la providencia divina. Primero, la mujer de Potifar hace una acusación sin base, que lleva a José a la prisión; luego, el joven se gana el favor del jefe de la prisión, y se le permite libre acceso a los prisioneros. Esto ocurre al mismo tiempo que se pone en la cárcel a dos funcionarios del gobierno por sospecharse que habían intentado envenenar al Faraón. Entonces, la verificación de la interpretación que José hace de sus sueños demuestra que él tiene un poder poco común. Luego, queda sellado el recuerdo del rostro y el caso de José en la memoria del copero durante dos años completos, hasta que llega el momento en que un sueño perturba al rey de Egipto.

El sueño se repitió dos veces, de modo tan parecido, que evidenciaba que algo de especial importancia iba a ocurrir. En ambos casos, la escena se desarrollaba en las orillas del río; primero la margen de hierba verde, luego el rico suelo de aluvión. Al menos, ya era una mala señal ver que las vacas flacas se comieran a las gordas, y que las espigas secas devoraran a las llenas. No debe sorprendernos que el monarca de un pueblo que les daba especial importancia a las señales y portentos se apresurara a enviar por los sacerdotes, quienes en esta ocasión fueron reforzados por todos los sabios y expertos en estos conocimientos. No hubo quien pudiese interpretar los sueños del Faraón.

Entonces, de repente, el copero se acordó de sus experiencias de la prisión y le habló al rey acerca del joven cautivo hebreo. El Faraón aceptó la sugerencia de inmediato. Envió por José; y lo sacaron apresuradamente de la cárcel. El rey todavía tuvo que esperar hasta que José se afeitara y se mudara sus vestidos de prisionero. La perfecta limpieza y el vestido apropiado eran tan importantes para los egipcios, que se pospondrían los asuntos más urgentes para dar lugar a aquéllos. Es triste que los hombres se preocupen mucho de su apariencia delante de los demás, y descuiden su apariencia delante de Dios. Muchos hombres que no se atreverían a ir a un lugar distinguido si sus vestidos no están planchados y limpios, se contentan con llevar dentro de su pecho un corazón sucio por el pecado.

Es hermoso observar la referencia reverente a Dios que José hace en su primera entrevista con Faraón: «No está en mí; Dios será el que dé respuesta propicia a Faraón». Cuando el corazón está lleno de Dios, la lengua se ve obligada a hablar de él; las palabras salen con tanta facilidad y naturalidad como las flores de mayo. ¡Ojalá que nuestra vida interior estuviera más llena del poder, el amor y la presencia de Jesús! José no se avergonzó de hablar de su Dios en medio de los idólatras que formaban la corte de Egipto; no dejemos de dar nuestro humilde testimonio frente a la oposición violenta y la burla altanera.

Habiendo supuesto y aceptado el reconocimiento de Jehová, ya no había dificultad para interpretar la forma en que las siete vacas flacas habían devorado a las gordas, y las espigas menudas, marchitas y abatidas por el viento solano, a las espigas llenas. Tampoco la hubo para indicar que habría siete años de abundancia seguidos de siete años de hambre, tan duros, que se olvidaría toda la abundancia en la tierra de Egipto, y el hambre consumiría la tierra.

Así, pues, en presencia de la suspensa multitud de la corte, el joven hebreo interpretó el sueño real. Ese sueño estaba colocado en un fondo completamente egipcio, y estaba conectado con el río Nilo. La vista del ganado vacuno saliendo del río no era nada extraño. José no tuvo dificultad en cautivar a su audiencia, cuando dijo que estas siete vacas —y también las siete espigas en una misma caña, que eran de la especie de trigo barbado que todavía se conoce como trigo egipcio— eran emblemas de siete años de gran abundancia para toda la tierra de Egipto.

Tal vez lo que le dio a José más influencia en esa corte no fue su interpretación, sino la política sabia y de experto estadista en la que insistió. Al exponer en detalles sus sucesivas recomendaciones: el nombramiento de un hombre discreto y sabio con este asunto exclusivo como su obra vitalicia; la creación de un nuevo departamento de asuntos públicos con el propósito de reunir los recursos de Egipto con anticipación a la necesidad futura; el vasto sistema de almacenamiento en las ciudades de la tierra. Era evidente que hablaba bajo la inspiración de un espíritu que no era el suyo, y con un poder que ordenaba la aprobación instantánea del monarca y sus principales consejeros. «El asunto pareció bien a Faraón y a sus siervos».

Cuando José hubo interpretado el sueño y dado su consejo, sin pensar que al hacerlo estaba bosquejando su propio futuro, el Faraón dijo a sus siervos: «¿Acaso hallaremos a otro hombre como este, en quien esté el espíritu de Dios?» Entonces se volvió a José y le dijo: «Pues que Dios te ha hecho saber todo esto, no hay entendido ni sabio como tú. Tú estarás sobre mi casa, y por tu palabra se gobernará todo mi pueblo; solamente en el trono seré yo mayor que tú ... He aquí yo te he puesto sobre toda la tierra de Egipto».

Fue un ascenso maravilloso, directamente de la prisión a los peldaños del trono. El padre de José lo había reprendido al oírlo relatar sus sueños; ahora el Faraón, el monarca más grande de su época, lo recibe. Sus hermanos lo despreciaron; ahora el sacerdocio más orgulloso del mundo abre filas para recibirlo por matrimonio en su medio, considerando más sabio conciliarse con el hombre que desde ese momento, sería la fuerza más grande en la política y la vida de Egipto. Las manos encallecidas por los trabajos de esclavo reciben ahora el adorno de un anillo con su sello. Los pies ya no están atormentados por los grillos; en cambio, lleva un collar de oro al cuello. La túnica de muchos colores que le arrancaran con violencia para mancharla con sangre, y el vestido dejado en las manos de la adúltera, son reemplazados por trajes de lino fino sacados del ropero real. Una vez fue pisoteado como la escoria de todas las cosas; ahora se ordena a todo Egipto que doble la rodilla delante de él, mientras pasa en el segundo carro como primer ministro, solo menos importante que el rey.

Todo esto ocurrió porque un día, por amor a Dios, José resistió la tentación que lo incitaba a un pecado. Si él hubiera cedido, probablemente nunca habríamos vuelto a saber de él; y el matrimonio feliz, la esposa, los hijos, el honor, la utilidad y la vista de los rostros amados de sus familiares, nunca hubieran enriquecido su vida con su abundante bendición. ¡Qué bueno es que no haya cedido!

Admiro mucho los nombres que José les dio a sus hijos. Muestran el temple de su corazón en la cumbre de su prosperidad. Manasés significa «el que hace olvidar»: Dios le había hecho olvidar sus trabajos. Efraín significa «fructífero»: Dios lo hizo fructificar. ¡Sea fiel! Llegará también para usted el momento en que olvidará sus penas y su larga espera, y será fructífero. Entonces, recuerde que al que debe alabar es a Dios.

4. El paralelo entre José y el Señor Jesús. Seguramente es algo más que una coincidencia. José fue rechazado por sus hermanos; Jesús por los judíos, sus hermanos según la carne. José fue vendido por veinte piezas de plata a los ismaelitas; Jesús, por la traición de Judas, fue vendido por treinta monedas de plata y entregado a los gentiles José fue puesto en la prisión; Jesús estuvo en la tumba. José en la prisión predicó el evangelio de liberación al jefe de los coperos; Jesús fue y predicó el evangelio a los espíritus encadenados. Los dos malhechores crucificados tienen su contrapartida en los prisioneros de la historia de José. Este, aunque era hebreo de nacimiento y fue rechazado por sus propios hermanos, sin embargo fue exaltado a un poder supremo en un estado gentil, y salvó a decenas de millares de la muerte; Jesús, nacido judío y despreciado por los judíos, no obstante ha sido elevado al asiento supremo del poder, y ahora tiene su trono en los corazones de millones de gentiles, a quienes ha dado salvación de la muerte eterna y ha alimentado con el pan espiritual. El propio nombre que el Faraón le dio a José significaba «salvador del mundo», el título de nuestro Señor y Salvador. Podemos llevar más lejos aún el paralelo. Después de que José había estado gobernando y bendiciendo a Egipto por algún tiempo, sus hermanos vinieron a él en busca de ayuda y perdón; de la misma manera, veremos en el futuro a los judíos volviendo sobre sus pisadas y exclamando: «Jesús es nuestro hermano».

5. La necesidad que el mundo tiene de Cristo. Recuerde el sueño del Faraón. Siete vacas, que habían escapado del calor torturante a la frescura del agua, subieron a las orillas del río y comenzaron a pastar. Poco después, siete vacas flacas subieron y, al no encontrar nada que comer, por una de esas extrañas transformaciones que son comunes a los sueños, devoraron a sus predecesoras. Así también las siete espigas marchitas devoraron a las que eran llenas y buenas. Esto es señal de algo que siempre ocurre.

Es posible que hayan pasado sobre usted siete años de hambre, devorando todo lo que ha acumulado en los tiempos felices de antaño, y se haya quedado sin nada. ¿No adivina la razón? Hay un Salvador rechazado que ha sido transferido a algún oscuro calabozo del corazón. No puede haber prosperidad ni paz mientras él esté allí. ¡Sáquelo! ¡Pídale que le perdone los años de vergonzoso abandono. Ponga las riendas del poder en sus manos, y él le devolverá los años que la oruga de la negligencia se ha comido!

7
LA PRIMERA ENTREVISTA DE JOSÉ CON SUS HERMANOS
Génesis 42

La vida de José como primer ministro de Egipto debe haber sido muy espléndida. Todo lo que pudiera complacer sus sentidos estaría a su alcance. Sus palacios deben haber tenido numerosos cuartos, con acceso a espaciosos patios donde crecían las palmas, los sicómoros y las acacias con exuberante frondosidad. Los muebles serían elegantemente tallados en maderas diversas, incrustadas con ébano y con adornos de oro. De los vasos de oro, bronce y alabastro exhalarían extraños perfumes; y los pies se hundirían en las alfombras que cubrían los pisos, o pisarían sobre pieles de leones u otras bestias feroces. Una tropa de funcionarios y esclavos ha de haber atendido todas sus necesidades, mientras los coros y los músicos llenaban el aire con dulces melodías.

A pesar del exclusivo esplendor, su vida debe haber estado llena de considerable ansiedad. Tenía que tratar con una nobleza hereditaria orgullosa, celosa de su poder y con un populacho enloquecido por el hambre. Durante los primeros siete años de su gobierno, fue por toda la tierra de Egipto, supervisando los diques y canales que utilizarían al máximo las notables crecidas del Nilo. Construyó graneros inmensos y compró un quinto del abundante grano. «La tierra produjo a montones ... Recogió José trigo como arena del mar, mucho en extremo, hasta no poderse contar, porque no tenía número». Todo esto le debe haber producido mucha ansiedad; debe haber sido difícil para este joven extranjero llevar a cabo sus extensos planes frente a la impasible apatía o la oposición activa de funcionarios importantes y de intereses creados.

No obstante, él era eminentemente apto para esta obra, pues había algo en él de lo cual no se podía dar razón por ningún análisis de su cerebro. Lo había dicho el Faraón: Era un hombre en quien estaba el Espíritu de Dios. ¿Cuándo aprenderán los hombres que el Espíritu de Dios puede estar en ellos, aun cuando estén comprando o vendiendo, y disponiendo todos los detalles de sus negocios o su hogar? ¡Cuánto necesitamos todos que Dios nos envíe el espíritu de reverencia y sencillez de este hombre, quien en medio del esplendor y las actividades de su elevada posición, siempre puso a Dios delante de sí! Al fin, cuando llegaron los años de hambre, José pudo, como dijo más tarde, ser «padre» para el Faraón, y salvar la tierra.

Se necesitó mucho tiempo para el cumplimiento de todos estos sucesos. José era un joven de diecisiete años cuando fue separado de su hogar; y era un joven de treinta cuando compareció por primera vez delante del Faraón. Se deben añadir los siete años de la dorada época de abundancia, y tal vez dos más mientras se consumían lentamente las existencias de trigo almacenado. De modo que, probablemente hubieran transcurrido veinticinco años entre la tragedia del pozo seco y la época a la cual nos referimos ahora. Durante esos años, la vida en el campamento de Jacob había transcurrido callada y pacíficamente, desfilando siempre por las mismas escenas invariables. La señal principal del número de los lentos años era la creciente debilidad en el andar del padre anciano y la debilidad enfermiza de su cuerpo. Hablaba patéticamente de sus «canas». Los hijos de Israel necesitaban «cargar a Jacob su padre». Esto no era solamente consecuencia de la edad, sino también de las penas. Jacob llevaba en su corazón las cicatrices de muchas heridas, la principal de las cuales era la congoja por su amado José. Era una tristeza que tenía que soportar él solo; y era quizá la más intensa, debido a las sospechas de asesinato que le venían a la mente. Descendió paso a paso hacia la tumba «lamentándose por su hijo». Nunca pudo olvidar el aspecto de la túnica ensangrentada, la reliquia amada de aquel cuyo rostro nunca pensó volver a ver.

Mientras tanto, los hijos ya estaban en edad madura, y tenían su propia familia. Probablemente, nunca recordaban aquél hecho violento. Hacían todo lo posible por borrar ese pensamiento de la mente. No obstante, llegaría el momento en que Dios usaría a estos hombres para fundar una nación. Para prepararlos a su elevado destino, era necesario acondicionar debidamente su alma, pero parecía imposible producir el arrepentimiento en esos corazones endurecidos y obstinados. Sin embargo, el Dios eterno lo produjo por medio de varias providencias maravillosas. Este es entonces nuestro tema: Los métodos misericordiosos de Dios para despertar la conciencia de estos hombres de un largo sueño que parecía no tener final.

1. El primer paso hacia la convicción fue la presión de la necesidad. Había escasez en todas las tierras, y el hambre llegaba aun a la tierra de Canaán. Anteriormente, con frecuencia, el hambre había hecho descender a los patriarcas a Egipto. Jacob levantó a sus hijos del desesperado letargo en el cual se estaban hundiendo, al decirles: «¿Por qué os estáis mirando? Y dijo: He aquí, yo he oído que hay víveres en Egipto; descended allá, y comprad de allí para nosotros, para que podamos vivir, y no muramos. Y descendieron los diez hermanos de José a comprar trigo en Egipto».

Así nos trata Dios. Nos rompe el nido. Afloja nuestras raíces. Envía un hambre terrible que corta toda la provisión de pan. Más tarde, aquéllos hombres pensarían que aquél momento de dificultad había sido lo mejor que pudo haberles pasado: ninguna otra circunstancia los hubiera llevado hasta José. Sí, la hora viene cuando usted bendecirá a Dios por sus momentos de tristeza e infortunio. Entonces dirá: «Antes de ser afligido, me desvié; pero ahora he guardado tu Palabra».

2. El segundo paso fue el duro trato que les dio José. Parece que en algunos de los mercados más grandes, él mismo supervisaba la venta del trigo. Tal vez haya ido con un propósito; quizá estaba orando y esperando que vinieran sus hermanos. Al fin llegó el día señalado. Él estaba, como solía, de pie en su puesto, rodeado por toda la confusión y el ruido de un bazar oriental, cuando aquéllos diez hombres llamaron su atención. Los miró fija y anhelantemente durante un momento, mientras su corazón palpitaba aceleradamente, y no necesitó más confirmación: «Los conoció».

Sin embargo, es evidente que ellos no lo reconocieron. ¿Cómo podrían haberlo hecho? El joven de diecisiete años era ahora un hombre de cuarenta. Estaba vestido de puro lino blanco, con adornos de oro para indicar su rango, un traje no muy diferente de la famosa túnica que había hecho tanto estrago. Era gobernador de la tierra, y si ellos hubieran pensado en José al entrar allí (como seguramente lo hicieron), esperaban verlo entre los grupos de esclavos encadenados que trabajaban en los campos o se sofocaban en las candentes ladrilleras, preparando materiales para las pirámides. De modo que en cumplimiento inconsciente de sus propios sueños juveniles, ellos se inclinaron delante de él, rostro en tierra.

José vio que no pudieron reconocerlo, y empezó a hacerles preguntas, en parte para saber si estaban arrepentidos y en parte para saber por qué Benjamín no estaba con ellos. Les habló duro. Los acusó de espionaje. No quiso creer sus declaraciones, y los puso en prisión hasta que pudiera verificarlas. Dejó a Simeón encadenado.

En todo esto, creo que repitió exactamente la escena ocurrida junto a la boca del pozo; y en realidad quizá podamos ver lo que ocurrió allí, reflejado en el espejo de esta otra escena. Parece indudable que cuando lo vieron venir hacia ellos con su principesca túnica, deben haberse apresurado a acusarlo de venir a espiar su corrompida conducta para llevar un mal informe a su padre, como había hecho antes. Si fue así, esto explica por qué él los acusa ahora, de repente, de ser espías. Sin duda, el joven protestó diciendo que no era espía, que había venido solamente a saber cómo estaban ellos; pero habían respondido a sus protestas con una ruda violencia, de un modo muy parecido al tratamiento que les daba ahora este severo gobernador. Quizá lo pusieran en el pozo con la amenaza de dejarlo allí hasta poder verificar sus declaraciones, como lo hacía ahora José con ellos; y Simeón pudo haber sido el líder de todo. Si este fue el caso —y parece muy posible— es obvio que les debe haber despertado la conciencia y la memoria.

Cuando aquéllos hombres, cada uno en su calabozo, pensaban en el tratamiento que habían recibido, deben haber recordado con claridad el que le dieron a aquél joven inocente muchos años antes

a. *La memoria es uno de los procesos más maravillosos de nuestra naturaleza.* Es la facultad que nos capacita para grabar y recordar el pasado. Si no fuera por esta potencia, la mente permanecería para siempre tan vacía como en la niñez, y todo lo que pasara ante ella no dejaría más impresión que la dejada por las imágenes sobre la lisa superficie de un espejo. Sin embargo, no es así, sino que tiene una retentiva universal. Nada ha pasado nunca por ella, que no haya dejado su huella.

Tal vez usted creciera en una casa rodeada por un huerto, pero no ha recordado nada de esto por muchos años, hasta que ve una planta o huele un aroma asociado con él, y así le viene todo a la memoria. Así pasa con el pecado. Tal vez haga muchos años que cometió cierto pecado; ha tratado de olvidarlo. No ha sido perdonado ni olvidado casi ha logrado borrarlo de su pensamiento; pero, créame: todavía está allí. El incidente más trivial puede despertarlo en cualquier momento en su conciencia, tan claramente como si lo hubiera cometido en el día de ayer. Si un pecado es perdonado, también debe quedar olvidado. Dios dice: «No me acordaré más de ellos». En cambio, si solo está olvidado, pero no perdonado, puede tener un despertar terrible e inesperado.

b. *Este fue el caso de los hermanos de José.* Se decían al oír las reiteradas demandas de evidencias de que no eran espías que les hacía aquél extraño gobernador: «Verdaderamente hemos pecado contra nuestro hermano, pues vimos la angustia de su alma cuando nos rogaba, y no le escuchamos; por eso ha venido sobre nosotros esta angustia» (42:21).

3. El tercer paso hacia la convicción fue el tiempo que se les dio para escuchar al Espíritu de Dios, que les habló en el silencio de la celda de la cárcel. Sin la obra del Espíritu Santo, habrían sentido remordimiento, pero no culpa. Solo él puede producir esta sensación de pecado. Cuando él obra, el alma grita: «¡Ay de mí, que soy hombre pecador!» «Verdaderamente hemos pecado contra nuestro hermano».

a. *¿Acaso estas palabras son adecuadas para describir su situación también?* ¿Es usted verdaderamente culpable? Tal vez en su juventud le hiciera mal a alguien, y ahora parece que otros lo están tratando como antes trató usted a aquélla persona. Ahora desea la salvación y, al mismo tiempo, aprende la amargura del ridículo, la frustración, la tentación y la oposición. Recuerda el pasado, que se le presenta con terrible intensidad en la imaginación, y grita: «¡Dios mío, perdóname! Me siento culpable por esa alma que traicioné y a la que le hice mal». Esta es la obra del Espíritu Santo. Déjelo que obre esa bendición dentro de usted.

b. *Al menos, hay un hermano a quien usted le ha hecho daño.* ¿Necesito mencionar su nombre? Él no se avergüenza de llamarse hermano suyo, pero usted se ha avergonzado de él. Él no se negó a llevar la cruz por usted, pero usted nunca se lo ha agradecido. Él le ha ofrecido gratuitamente los regalos más grandes, pero usted los ha pisoteado, lo ha rechazado, y lo ha crucificado. «Verdaderamente hemos pecado contra nuestro hermano». Muchos podemos apropiarnos esas palabras también, con humildad y compunción.

Mientras estos hombres decían aquéllas palabras, José estaba de pie junto a ellos. Su severo rostro no demostraba ninguna emoción; sus ojos no se alteraban. «Pero ellos no sabían que los entendía José».

En el versículo veinticuatro hay un contraste curioso. Primero, dice que «se apartó José de ellos, y lloró»; después dice que «tomó de entre ellos a Simeón, y lo aprisionó a vista de ellos». Los hermanos vieron solo la segunda de estas acciones y deben haber pensado que el gobernador era duro y poco bondadoso. ¡Cómo deben haber temblado de miedo en su presencia! No conocían el corazón lleno de tierno amor que palpitaba tras aquélla dura apariencia. Tampoco podían imaginarse que la retención de Simeón sería para obligar a los hermanos a regresar a él, y parte del proceso para despertar el recuerdo del otro hermano, que habían perdido años atrás.

c. *También se aliviaron sus dificultades.* Los sacos fueron llenos de trigo; se les dio comida para el camino de regreso a su hogar, para que no tuvieran que sacar de la provisión que llevaban para su familia, y se les devolvió el dinero, que se puso dentro de los sacos (25). Todo esto se hizo con bondadosa intención, pero les saltó el corazón de temor cuando vaciaron sus costales y vieron que su dinero caía junto con el trigo. La forma en que Dios nos trata se halla repleta de abundantes bendiciones, y todas llevan una misericordiosa razón de ser que nos alegrará todos los días de nuestra vida.

8
LA SEGUNDA ENTREVISTA DE JOSÉ CON SUS HERMANOS
Génesis 43

Ahora veremos la emocionante escena en la cual José hizo que todos salieran mientras se despojaba de su dignidad, descendía del trono, abrazaba a sus hermanos y lloraba con ellos. Tenemos por delante una tarea pequeña, pero muy interesante; debemos observar las etapas sucesivas por medio de las cuales aquélla familia desobediente fue llevada a una posición tal, que sus miembros pudieran recibir perdón y bendición.

1. Experimentaron la presión de la pobreza y la tristeza (43:1). Jacob nunca hubiera pensado en Egipto si hubiera habido abundancia en Canaán. El hambre llevó a los hijos de Israel a Egipto a comprar trigo. Aunque el pobre Simeón estaba preso en Egipto, los hermanos no hubieran ido por segunda vez, de no ser por el rigor de la necesidad. Al principio, el anciano padre se opuso firmemente a la idea de llevar a Benjamín, aunque fueran los otros hermanos; y sus hijos se contuvieron.

Se presenta aquí la conmovedora conversación entre Jacob y sus hijos, una especie de consejo de guerra. Parece que Rubén ya había perdido la prioridad que le correspondía por sus derechos de primogenitura, y Judá llevaba ahora la voz cantante y el liderazgo entre sus hermanos. Él fue quien tomó la iniciativa de tratar con su padre en nombre de sus hermanos. La petición de Jacob de que descendieran a comprar trigo encontró un rechazo definitivo, a menos que permitiera que Benjamín los acompañara. Cuando Jacob se quejó de que ellos hubieran dicho que tenían otro hermano, todos justificaron su acción declarando que no podían haber hecho otra cosa. Al fin, Judá se hizo personalmente responsable de la seguridad del muchacho; promesa que, como veremos, cumplió con nobleza. Por último, Jacob cedió, proponiendo solamente que debían llevar regalos para ablandar el corazón del gobernador y el doble del dinero para reemplazar lo que les habían devuelto en los costales, e hizo una oración fervorosa al Todopoderoso a favor de ellos. Así Dios, en su misericordia, cerró todas las puertas menos aquélla por la cual encontrarían el camino de la abundancia y la bendición. No les quedaba otra alternativa que descender a Egipto.

a. *Así es su vida.* Aunque haya tenido todo lo que el mundo le pueda ofrecer, ¿ha pensado en su relación con su hermano mayor? ¿Ha puesto su mira en las cosas de arriba? Bien sabe que no. Entonces Dios ha mandado hambre a su tierra. Ha perdido terreno y amigos. Ha caído en la bancarrota. La belleza, la juventud y la salud se han desvanecido. José no aparece; Simeón no está; y Benjamín está a punto de alejarse. Todo se ha puesto en su contra.

b. *Es una medida muy severa; ¿cómo podrá soportarla?* Al primer ataque de la tempestad, usted dice con terquedad: «No descenderé, no cederé, aguantaré hasta el final». ¡Cuidado! Dios impondrá su voluntad al final, si no lo hace al principio. El hambre debe seguir hasta que el pródigo se levante para volver a su Padre, con palabras de penitente contrición en los labios. ¡Ojalá que sus palabras fueran: «Venid y volvamos a Jehová; porque él arrebató, y nos curará; hirió y nos vendará» (Oseas 6:1).

2. Hubo un despertar de la conciencia. La conciencia había dormido durante veinte años, y como estaban las cosas, no podía haber verdadera paz entre José y sus hermanos. Nunca podrían estar seguros de que él los había perdonado. A su vez, él siempre sentiría que había un candado en la puerta del tesoro de su amor. La conciencia debe despertar y recorrer lentamente los pasillos del templo de la penitencia. Esta es la clave para entender la conducta de José.

   a. *José, para despertar su conciencia dormida, les dio a ellos en cuanto le fue posible, el mismo tratamiento que ellos le habían dado a él.* Ya nos ocupamos de esto. «Sois espías», repetía el eco de sus duras palabras dentro de ellos. La prisión, donde estuvieron tres días, era la contrapartida del pozo donde lo habían puesto. Los hombres entienden mejor la naturaleza verdadera de sus propias iniquidades cuando experimentan el tratamiento que les han dado a otros. El método de José tuvo éxito. Escuchemos sus lamentos: «Verdaderamente hemos pecado contra nuestro hermano».

   b. *He aquí una clave del misterio de nuestra propia vida.* A veces Dios permite que seamos tratados como nosotros lo hemos tratado a él, para que podamos ver claramente nuestras ofensas, y nos sintamos obligados a volvernos a él con palabras de sincera contrición. Su hijo no le ha salido bueno. Usted lo hizo todo por él, pero él ahora se resiste a hacer lo que usted desea, y aun se burla de usted. ¿Lo estremece esto? Tal vez le haga ver lo que Dios siente cuando, después de haberlo creado y cuidado, usted se rebela contra él. Su vecino, cuando estaba necesitado, vino a pedirle ayuda y prometió pagársela con creces. Ahora que él está prosperando, le pide que le pague, pero él se ríe de usted o le dice que espere. ¿Qué siente? Ahora sabe lo que siente Dios, quien habiéndolo ayudado en su necesidad, cuando usted le hizo tantas promesas, ahora le recuerda en vano todo lo pasado. La conciencia que no se despierte con tales llamamientos, verdaderamente debe estar profundamente dormida.

3. Recibieron muestras de delicado amor. Tan pronto como José los vio, los invitó a su propia mesa a festejar con él. Los hermanos fueron admitidos en su casa, donde se les trató con toda bondad. Era como si, en vez de ser unos pobres pastores, fueran los magnates de la tierra. Sus temores en cuanto a la devolución del dinero, fueron mitigados por la piadosa —aunque engañosa— afirmación del mayordomo de que si lo habían descubierto en sus costales, tal vez Dios lo hubiera puesto allí, porque el pago de su trigo estaba en sus manos. Cuando José vino, se postraron delante de él, en asombroso cumplimiento de los sueños de su juventud. Con ternura, les preguntó por el bienestar de su padre, y debe haber habido una profunda emoción en las palabras que le dirigió a Benjamín. Esto habría revelado todo el secreto, si ellos hubieran tenido la más mínima esperanza de encontrar a José convertido en el gran gobernador de Egipto.

Con inimitable maestría se nos dice que el corazón de José hizo que sus ojos se inundaran de lágrimas, de modo que tuvo que apresurarse a ocultar las profundas emociones que amenazaban con dominarlo. «Buscó dónde llorar; y entró en su cámara, y lloró allí. Y lavó su rostro y salió, y se contuvo, y dijo: Poned pan».

El hermano rechazado puede parecer extraño y áspero. Tal vez nos cause tristeza. Quizá ate a Simeón delante de nuestros ojos. Sin embargo, a pesar de todo eso, nos ama de tal manera, que concentra en sí el amor de todos los padres por sus hijos, y de todos los amigos por sus amados. Ese amor siempre está buscando nuevos medios para expresarse. Pone dinero en nuestro saco, nos invita a su casa y prepara banquetes para agasajarnos. Jesús contiene sus deseos de complacernos, y los oculta hasta que se complete la obra de convicción y pueda derramar todas las olas de su afecto sobre nosotros, sin lastimar a otros ni causarnos daño.

4. Se destruyó la confianza que tenían en ellos mismos.

Creían que su palabra tenía peso; pero cuando contaron la historia de su familia, José no quiso creerles y dijo que tenían que probarla. Tenían confianza en su dinero, pero cuando llegaron al primer mesón, camino de su hogar, «abriendo uno de ellos su saco para dar de comer a su asno ... vio su dinero que estaba en la boca de su costal. Y dijo a sus hermanos: Mi dinero se me ha devuelto, y helo aquí en mi saco. Entonces se les sobresaltó el corazón, y espantados dijeron el uno al otro: ¿Qué es esto que nos ha hecho Dios?»

a. *Con mucha frecuencia, esta es la experiencia de los hombres pecadores.* Quieren permanecer bien con Dios, pero a su modo. Como Caín, traen el producto de sus propios esfuerzos. Como estos hombres, traen el dinero ganado con dificultad. ¡No! No podremos comprar la misericordia de Dios con nada de lo que le podamos traer; la debemos recibir como un regalo, sin dinero y sin precio. Jacob dijo: «Quizá fue equivocación», pero no lo fue; era parte de un plan bien preparado, diseñado y ejecutado con un propósito especial. No hay equivocación ni azar en la vida de ninguna persona.

También tenían confianza en su honradez. Sin saber lo que había en el costal de cada uno, al amanecer emprendieron su viaje de regreso por segunda vez. Iban muy alegres, pues Simeón y Benjamín iban con ellos, a pesar de los malos augurios de su anciano padre. Evidentemente, estaban en alta estima con el gobernador, pues de otro modo no los habría festejado tanto el día anterior. Sus costales iban tan llenos como era posible. No obstante, cuando acababan de salir por las puertas de la ciudad, la voz del mayordomo los detuvo. «¿Por qué habéis vuelto mal por bien?» Y ellos dijeron: «¿Por qué dice nuestro señor tales cosas? ... He aquí, el dinero que hallamos en la boca de nuestros costales, te lo volvimos a traer ... ¿Cómo, pues, habíamos de hurtar de casa de tu señor plata ni oro?» Tan seguros estaban de su honradez, que dijeron además: «Aquel de tus siervos en quien fuere hallada la copa, que muera, y aun nosotros seremos siervos de mi señor ... Entonces se dieron prisa, y derribando cada uno su costal en tierra, abrió cada cual el costal suyo». Entonces el mayordomo revisó los costales de todos, comenzando por el mayor, allí en el camino, «y la copa fue hallada en el costal de Benjamín». Entonces Judá y sus hermanos vinieron a la casa de José, se postraron en tierra delante de él, y Judá dijo: «¿Qué diremos a mi señor? ¿Qué hablaremos o con qué nos justificaremos? Dios ha hallado la maldad de tus siervos». Quedaron despojados de toda su confianza en sí mismos, y en manos del misericordioso José.

b. *Algunas personas se parecen a Benjamín.* Son inocentes y de buen parecer por naturaleza. Parecen tener rastros de la inocencia original. Su tipo aparece en el joven al que Jesús miró con amor mientras afirmaba ansiosamente que había guardado todos los mandamientos sin falta desde su niñez. Tales personas parecen buenas cuando se las compara con los peores pecadores. En cambio, si son comparados con Jesús, la única norma de pureza infinita, aparecen infinitamente condenados. Se puede pensar que una sábana es muy blanca mientras está tendida secándose, en contraste con los sucios edificios de alrededor. Sin embargo, si cae la nieve, notaremos una falta de blancura que nunca antes discernimos. Así, muchas personas de noble carácter se enorgullecen de su alta moralidad, hasta que contemplan la túnica sin costura de Cristo, más blanca de lo que ningún jabón de la tierra pudiera blanquearla. A estos hay que enseñarles acerca de su pecaminosidad; deben aprender que tienen una indignidad íntima; tienen que tomar su posición con el resto de la humanidad. Hay que bajar a Benjamín al nivel de Simeón y Judá. Se debe encontrar la copa en el costal de Benjamín. Así es como él puede llegar a los pies de Cristo.

c. *Hay una copa robada en su costal, mi respetable, moral y apreciado amigo.* Tal vez usted no lo sepa. Lo enorgullece su vida intachable. Supone que Cristo mismo no tiene nada en su contra. No sabes que le está robando lo que le pertenece. Usa para sí un tiempo, un dinero y unos talentos que él compró con su sangre preciosa, a pesar de que Jesús esperaba que usted fuera un vaso escogido para él. Aunque esconda de sí mismo la triste verdad, no podrá esconderla del Señor.

d. *¿Cómo actuar?* En primer lugar, no se detenga: «Si no nos hubiéramos detenido, ciertamente hubiéramos ya vuelto dos veces». Si usted no se hubiera detenido, habría llegado a ser un cristiano feliz y consagrado. ¡Apresúrese! La puerta ya se cierra; y cuando se cierre, ya no se abrirá. El reloj de arena ya se está agotando, y cuando caiga el último grano, se cerrará el tribunal de la misericordia.

En segundo lugar, haga confesión y restitución completas. «Se acercaron al mayordomo de la casa de José, y le hablaron». Le contaron que habían hallado el dinero en los costales, y ofrecieron devolverlo en su totalidad. Hable con Cristo; cuéntele todo lo que hay en su corazón. Restituya lo que haya tomado injustamente de él o de los demás. Haga una restitución total y completa. «El que encubre sus pecados no prosperará; mas el que los confiesa y se aparta alcanzará misericordia» (Proverbios 28:13).

En tercer lugar, entréguese a la misericordia de Cristo. Judá no presentó excusas por él, ni por sus hermanos; se hubiera equivocado al hacerlo. Tomó un camino más sabio: pidió misericordia para ellos y para Benjamín; misericordia para el anciano padre encanecido que había quedado en casa. Presente esa petición al Señor. No le fallará Diga con verdadero dolor: «Ten piedad de mí, pecador». Él no se detendrá, sino que dirá: «Acércate; yo soy Jesús, tu hermano; tus pecados y los de mis demás hermanos me clavaron en la cruz, pero Dios lo quiso para tu bien, para que yo pudiera salvar las vidas de ustedes con una gran liberación».

9
JOSÉ SE DA A CONOCER A SUS HERMANOS
Génesis 45

La copa fue hallada en el costal de Benjamín». ¡Qué descubrimiento! ¿Cómo llegó allí? Los hermanos no sabían. No podían ni querían creer que Benjamín tuviera algo que ver con eso, pero no podían explicarse aquél misterio, ni solucionarlo. Era como si un espíritu maligno se estuviera divirtiendo con ellos, primero al poner el dinero en sus costales, y después al esconder la copa allí.

Todos los hermanos deben haber deseado que se hubiera encontrado la copa en cualquier otro saco, menos en el de Benjamín. Todos recordaban que su padre no quería dejarlo ir. Parecía que Jacob tuviera una corazonada del desastre venidero. Cuando regresaron de Egipto la primera vez, dijo con firmeza: «No descenderá mi hijo con vosotros, pues su hermano ha muerto, y él solo ha quedado; y si le aconteciere algún desastre en el camino por donde vais, haréis descender mis canas con dolor al Seol». Cuando los acosaba el hambre, las últimas palabras del acongojado padre fueron: «El Dios omnipotente os dé misericordia delante de aquél varón, y os suelte al otro vuestro hermano, y a este Benjamín. Y si he de ser privado de mis hijos, séalo». Todo el tiempo tenía el corazón lleno de presagios del dolor futuro; y ahora parecía que esos presentimientos estaban a punto de cumplirse. ¡Qué diferente parece el camino de lo que había sido un poco antes! Todavía brillaba el mismo sol y los rodeaba la misma escena llena de actividad, pero sobre la tierra y el firmamento se había desplegado un velo de oscuridad. Estudiemos la escena siguiente.

1. Observe las circunstancias en que se encontraban.

a. *Se había despertado su conciencia, estaba muy inquieta.* No había necesidad de mencionar el crimen de hace veinte años; sin embargo, parecía imposible que se abstuvieran de mencionar lo que más ocupaba sus pensamientos. Evidentemente, estaban pensando profundamente en ese oscuro hecho que tuvo lugar junto al pozo seco. Su propia tristeza les había hecho recordar las penas de aquél frágil muchacho; y no podían dejar de sentir que había cierta conexión entre ambas. Por eso, las primeras palabras expresadas por Judá, su portavoz, al entrar a la audiencia de José, traicionaron los presentimientos de la conciencia de todos: «¿Qué diremos a mi señor? ¿Qué hablaremos, o con qué nos justificaremos? Dios ha hallado la maldad de tus siervos».

b. *Dios siempre hallará nuestra iniquidad.* «Sabed que vuestro pecado os alcanzará» (Números 32:23). Aunque pasen decenas de años de su vida, y como estos hermanos, se felicite de que su pecado se haya olvidado y está salvo y seguro, de repente una cadena de circunstancias insospechadas, pero ordenadas por la mano divina sacará la verdad a luz. Aunque no todos los pecados delaten a sus autores en este mundo, por lo menos hay bastantes para demostrar lo terrible de aquél momento, cuando frente al «gran trono blanco», se revelen todos los secretos de los corazones, y Dios saque a luz las cosas ocultas por las tinieblas.

c. *Además, se hallaban bajo el poder absoluto de José.* Era el segundo hombre en toda la tierra de Egipto, superado solo por el Faraón. Si él decía que se debía poner en prisión a todos estos hombres de por vida, o que Benjamín quedara detenido mientras los otros se iban libres, no había apelación, nadie podía oponerse en ningún momento. La contrapartida de esto debe ser seguramente un pensamiento alarmante para el pecador cuya conciencia ha sido despertada: que está enteramente a la merced del Juez de vivos y muertos.

d. *Además, vieron que todo parecía estar definitivamente en su contra.* No cabía duda de que la copa había sido encontrada en el costal de Benjamín, y aunque eran ciertamente inocentes del robo, sabían que no podían justificarse o excusarse. Todas las pruebas indicaban decisivamente su culpabilidad.

2. Observe su conducta.

a. «Se postraron delante de él en tierra». Al hacerlo, convirtieron inconscientemente en realidad la predicción que hiciera el propio José siendo niño. ¡Con cuánta claridad debe haber aparecido en su imaginación el memorable sueño del campo en tiempos de siega! Allí estaban las gavillas de ellos sometidas a la suya, que estaba derecha en medio de las demás.

b. *¿Quién habría de ser su portavoz?* Rubén siempre había tenido algo que decir en su propia justificación, y había estado tan seguro de que todo iba a salir bien, que había comprometido la vida de sus propios hijos ante su padre, a cambio de la seguridad de Benjamín. Sin embargo, ahora está callado. Simeón fue probablemente el cruel instigador del crimen contra José, pero no se atreve a decir ni una palabra. Benjamín, el intachable, prototipo del joven a quien amó Jesús, ha sido culpado de pecado y no tiene nada que alegar a su favor. Entonces, ¿quién debe hablar? Queda solo Judá, quien junto al pozo, había disuadido a sus hermanos de sus planes de matar a José. Observe lo que dice. Se entrega indefenso a la merced de José: «¿Qué diremos a mi señor? ¿Qué hablaremos, o con qué nos justificaremos?»

c. *Estamos en terreno más firme que ellos.* Ellos no tenían idea de la ternura del corazón de José. No entendían por qué en una ocasión él se había apresurado a apartarse de la presencia de ellos; tampoco podían adivinar cuán cerca de la superficie estaban las fuentes de sus lágrimas. solo lo conocían como implacable, severo y duro. «Aquel varón nos protestó con ánimo resuelto». En cambio, nosotros conocemos la ternura del Señor Jesús. Hemos visto sus lágrimas por Jerusalén; hemos escuchado sus delicadas invitaciones a ir a él; hemos estado en pie junto a la cruz y escuchado sus últimas oraciones por sus asesinos, y sus palabras de invitación al ladrón moribundo. Entonces no tenemos que temer la decisión cuando nos ponemos a su merced.

 d. *En toda la literatura, no hay nada tan patético como esta apelación de Judá.* El afán que lo hizo acercarse; la humildad con que confesó que era justo que se encendiera el enojo de José, pues era como el Faraón; el cuadro del anciano padre, privado de un hijo y aferrado a Benjamín, el único hijo sobreviviente de su madre; la carga que el gobernador les impuso al demandar que trajeran al hermano menor; la historia de los temores de su padre, superados solamente por la imperiosa exigencia de un hambre que no se hacía esperar; la descripción vivida de los deseos de su padre de ver otra vez al muchacho de cuya vida dependía la suya propia; el dolor fatal de no verlo entre ellos; el heroico ofrecimiento de quedarse como siervo, en sustitución de Benjamín, para que el muchacho pudiera irse a casa; la preferencia de una vida de esclavitud antes que ver descender al padre con dolor a la tumba: todo esto tiene el toque artístico de una mano maestra. Si un hombre rudo como aquél pudo interceder de ese modo, ¡cómo serán los ruegos que Jesús presenta por nosotros ante el trono! Verdaderamente, tenemos un abogado delante de nuestro Padre, y nunca ha perdido ningún caso; pongámonos en sus manos y confiemos en él cuando dice: «He orado por ti».

 e. *Así logró José sus propósitos.* Él quería restaurar a sus hermanos a un reposo y una paz perfectos, pero sabía que sería imposible mientras su pecado permaneciera inconfeso y sin perdón. Ya había sido así por demasiado tiempo. También quería ver cuáles eran sus sentimientos hacia Benjamín. Por eso, le había dado cinco veces más que a sus hermanos. Algunos creen que lo hizo para mostrarle un amor especial. Así puede haber sido, pero probablemente fuera algo más profundo. Habían sido los sueños de superioridad de José los que hicieron que sus hermanos lo odiaran; ¿qué sentirían por Benjamín si, siendo el menor, era tratado mejor que todos los demás? Sin embargo, a pesar de la preferencia por él, estaban ansiosos de que él regresara con ellos, como antes. Además, quería saber si podían perdonar. Por causa de Benjamín, estaban metidos en este problema; si lo trataban como en los días de antaño, lo abandonarían a su suerte; de haber sido así, no habrían podido recibir perdón alguno. Ellos, en cambio, en lugar de manifestar maldad, se aferraron a él con ternura, por amor a su anciano padre y por el bien de ellos mismos. Queda claro entonces que todos los propósitos de José se realizaron, y no quedaba nada que impidiera la gran revelación que se acercaba.

3. Observe la revelación y la reconciliación.
   a. *No podía ya José contentarse.* Cuando la voz de Judá terminó su patético ruego, ya no pudo contenerse José.
   b. *Y José clamó:* «Haced salir de mi presencia a todos». Lo hizo con gran delicadeza. No quería exponer a sus hermanos, y quería expresar palabras que los oídos curiosos de los cortesanos no podrían entender. También sus hermanos necesitaban la oportunidad de expresarse con libertad. «Y no quedó nadie con él, al darse a conocer José a sus hermanos».
   c. *José lloró a gritos.* Comenzó a llorar tan alto, que los egipcios oyeron los extraños sonidos y se preguntaron si serían de dolor o de gozo. Creo que no eran ni de lo uno ni de lo otro, sino producto de una emoción contenida. Había estado en suspenso durante muchos días; con la ansiedad de perderlos, temeroso de que no pudieran resistir la prueba. Al verlos irse de la ciudad desde algún punto encubierto al aclarar el día, debe haberse sentido culpable de dejarlos ir. Debe haber tenido la mente bajo gran presión; y ahora que se quitaba la tensión, innecesaria ya, lloró a gritos. Hombre pecador: el corazón de Cristo también está oprimido por usted.

   Les dijo: «Yo soy José». Habló con profunda emoción, pero sus palabras deben haber golpeado a sus hermanos como un rayo. ¡José! ¿Habían estado tratando con su hermano por tanto tiempo perdido? Entonces, verdaderamente habían caído en el foso de los leones. ¿Sería José en realidad? ¿Cómo era posible aquello? Esto explicaría muchas cosas que los habían mantenido dolorosamente en suspenso. Con razón estaban turbados y aterrorizados. El asombro como ante un resucitado, el terror a las consecuencias, el temor de que les cobrara la deuda de tanto tiempo; todas estas emociones los dejaron mudos. Entonces dijo otra vez: «Yo soy José vuestro hermano, el que vendisteis para Egipto»; y añadió con mucho amor: «No os entristezcáis, ni os pese ... porque ... me envió Dios». ¡Pecador penitente! De este modo le habla el Salvador: «Yo soy Jesús, tu hermano, a quien vendiste y crucificaste; pero no te entristezcas por ello. Fui entregado por disposición y providencia de Dios; aunque sean malas las manos que me crucificaron y mataron. Pero si te arrepientes, tus pecados serán borrados».

   d. «Entonces *dijo* José a sus hermanos: Acercaos ahora a mí». Se habían ido alejando cada vez más de él; ahora les pide que se acerquen. Un momento después, él y Benjamín estaban enlazados en un estrecho abrazo y llorando abiertamente. José besó a todos sus hermanos. ¿A Simeón? Sí. ¿A Rubén? También. ¿A los que le habían amarrado las manos y se habían burlado de sus súplicas? Sí, los besó a todos, y después hablaron con él.

10
LA ADMINISTRACIÓN DE JOSÉ
Génesis 47

Mientras ocurrían todos los detalles domésticos en que hemos estado meditando, José conducía a su país de adopción a través de una gran crisis, que casi podría llamarse revolución. A su llegada al cargo de Primer Ministro, la monarquía egipcia era más bien débil; pero después de que administró los negocios durante unos trece años, Faraón se convirtió en propietario absoluto de toda la tierra de Egipto; todo el país quedó en propiedad de la corona. La historia de este cambio merece más atención de la que podemos darle ahora, pero se debió totalmente a la capacidad de estadista del joven hebreo.

Durante los siete años de abundancia, José mandó que una quinta parte del producto de todos los distritos se guardara en su pueblo de origen, de modo que cada pueblo tuviera en inmensos graneros donde se guardara lo cosechado en su propio distrito. Al fin llegaron los días del hambre. «No había pan en toda la tierra, y el hambre era muy grave, por lo que desfalleció de hambre la tierra de Egipto y la tierra de Canaán».

Los escasos víveres almacenados por los egipcios, se consumieron rápidamente; y cuando todo Egipto estaba con hambre, el pueblo clamó a Faraón, pidiendo pan. «Id a José, y haced todo lo que él os diga», fue la respuesta. «Y José abrió todos los graneros y vendió a los egipcios». Esto era justo y sabio. Dárselo habría sido un gran error. La política de José estaba completamente de acuerdo con las máximas de la economía moderna.

El dinero se acabó muy pronto; duró solamente un año. ¿Qué se debía hacer ahora? solo quedaban las tierras y las personas; el pueblo estaba naturalmente reacio a comprometerlas, pero no le quedaba ninguna alternativa; entonces vinieron a José, y le dijeron: «¿Por qué moriremos...? Cómpranos a nosotros y a nuestra tierra por pan». En otra palabras, se convirtieron en colonos del Faraón, y le pagaban el veinte por ciento, o sea, la quinta parte del producto como arrendamiento.

1. Estudiemos el espíritu con que gobernaba José. Era «diligente en los negocios, ferviente en el espíritu, siervo del Señor».

Hay bastantes pruebas de esta diligencia en los negocios. Al elevársele a la posición de primer ministro, «salió José por toda la tierra de Egipto». Se construyeron los graneros y se acumuló el trigo bajo su propia supervisión. Cuando llegó el hambre, se vendió el trigo en su presencia. Todo el peso de las decisiones parecía descansar completamente sobre sus hombros. El Faraón no quería interferir, y le enviaba la gente a José. Este acaparó todo el dinero que se encontraba en Egipto. Compró toda la tierra para el Faraón; y supervisó el traslado de todo el pueblo hacia las ciudades, desde un extremo del país hasta el otro, para que fuera más fácil la distribución de la comida. José hacía las leyes. Joven, ¡que José sea su modelo en esto! Escoja una carrera, aunque sea humilde, en la que pueda poner todas sus energías y todas sus fuerzas, sin restricciones.

Estas reglas son sencillas, pero importantes. ¡Aproveche bien el tiempo! Las fortunas más grandes que el mundo ha conocido se han acumulado ahorrando lo que otros han derrochado. ¡Escatime los segundos y redima el polvo dorado del tiempo, y estos le darán la preciosa fortuna del descanso! ¡Sea puntual! Algunas personas no marchan al paso del tiempo. No faltan a las citas, pero siempre llegan cinco minutos después. Parece como si hubieran nacido tarde, y nunca hubieran podido recobrar los momentos perdidos. ¡Sea metódico! ¡Disponga en cuanto sea posible su trabajo diario, siempre con sujeción a los llamados especiales que el Todopoderoso pueda poner en su camino, por supuesto! ¡Obre con prontitud! Si hay trabajo que hacer, ¡hágalo de inmediato! Es dulce el reposo bien merecido. ¡Sea enérgico! Un admirador de Thomas Carlyle lo encontró una vez en Hyde Park e interrumpió su meditación solicitando vehementemente que le dijera una máxima. El anciano se quedó callado por un momento, y luego dijo: No hay mejor máxima para un joven que estas palabras de la Biblia: «Todo lo que te viniere a la mano para hacer, hazlo según tus fuerzas» (Eclesiastés 9:10).

José era también ferviente de espíritu. El amor, el gozo, la paz, la paciencia, la humildad, la bondad, la continencia; todo esto abundaba en él, y se debía sin lugar a dudas al fervor de su corazón. ¡Ojalá que hubiera más negociantes «fervientes de espíritu»! Son muy escasos. Hay tiempo para los libros de contabilidad, pero no para la Biblia. Hay tiempo para el club o la sociedad, pero no para la reunión de oración. Tiempo para hablar con los amigos, pero no para Dios. En consecuencia, nos sentimos agotados, cansados, inquietos e insatisfechos. La vida parece sombría. Las personas en estas condiciones no pueden refrescar a las almas abatidas. Debemos sacar tiempo para orar en privado y para estudiar la Biblia con dedicación. No crea que el fervor de espíritu es algo imposible para los que viven en medio del ajetreo de los negocios. Fue posible para José y también lo será para los que adopten las sencillas reglas de la Biblia y del sentido común. No es suficiente prender un fuego; hay que avivarlo.

Ese es el motivo de que tantos hayan ido cayendo en el descuido de las devociones privadas, con lo que reducen o extinguen el fervor del alma.

José fue también siervo de Dios. Él estaba en todos sus pensamientos. «Temo a Dios», era su lema. «No me enviasteis acá vosotros, sino Dios, que me ha puesto ... por gobernador en toda la tierra de Egipto». Esta era la inspiración de su vida. Al decir eso, mostraba que se sentía responsable delante de Dios por todo lo que era y hacía. Ciertamente, necesitamos un principio que le dé solidez a nuestra vida diaria y a nuestras prácticas religiosas. Muchos se mueven en los negocios según una serie de principios, y se ponen otro conjunto diferente de principios con el traje de los domingos. ¿Cuál es el principio que pone toda nuestra vida bajo una misma y bendita regla? No conozco otro que el dado por el buen centurión, cuando dijo: «Un hombre bajo autoridad». La obediencia en todo a nuestro Salvador simplifica y regula todas las cosas, y reduce el caos de nuestra vida a un todo simétrico y hermoso. Si hay algo en su vida que no tenga la aprobación de Cristo, debe echarse a un lado. El apóstol Pablo invistió de dignidad la existencia de los pobres esclavos de su tiempo, al llamarlos: «Siervos de Cristo ... sirviendo de buena voluntad, como el Señor y no a los hombres». Por humilde que sea su trabajo, puede hacerlo para su amado Señor, susurrando una y otra vez: «Esto es para ti, amado Señor. Todo para ti». Esto pondrá control al trabajo superficial y afanoso. Le dará nueva dignidad al trabajo y nuevo significado a la vida.

2. Observe la confesión de los egipcios: «La vida nos has dado».

Al imaginar a estos egipcios en tumulto alrededor de José pronunciando estas palabras, pienso en aquél de quien José es tipo. José estaba en el pozo; y de allí fue llevado para que les diera pan a los hermanos que lo habían rechazado, y a una nación de gentiles. Jesús yacía en la tumba; y de su oscuro abismo fue levantado para dar salvación a sus hermanos judíos y a millones de gentiles. El nombre egipcio de José significaba «el salvador del mundo»; pero la salvación que él logró es mucho menor a la que Jesús alcanzó para nosotros. José salvó a Egipto con sabiduría; Jesús nos salvó al entregar su vida por nosotros. El pan de José no le costó nada; pero el pan que Jesús da, le costó el sacrificio del Calvario. A José se le pagó bien en dinero, ganado y tierras; pero Jesús lleva sus mercancías al mercado de los pobres y se las vende a los que no tienen dinero, ni precio. «Bienaventurado los pobres, porque de los tales es el reino de los cielos».

3. Observe la resolución de estos egipcios. «La vida nos has dado hallemos gracia ... y seamos siervos de Faraón». ¿Qué mejor argumento hay para nuestra consagración al Salvador? Él nos ha salvado; por tanto, ¿no debemos ser sus siervos?

Podemos insistir con muchos argumentos en que se debe aceptar el yugo de Cristo. Podemos referirnos a la dignidad, la felicidad y la perfecta libertad que encontramos en él. Separados de Cristo, nos mantenemos en la esclavitud. Obedientes a él, vamos hacia adelante en la libertad gloriosa de los hijos de Dios.

Paso por alto estos argumentos para presentar ahora uno más patético, convincente y conmovedor: Jesús nos ha salvado. Por tanto, ¿no debemos servirle? ¡Que Jesús sea su Salvador, amigo y señor en todo momento; ríndale una obediencia que comprometa todo su ser y todo su tiempo! Él lo merece. Por usted estuvo en el pesebre de Belén, y vivió pobre y sin casa. Por usted sudó gotas de sangre y derramó su alma hasta la muerte. Por usted intercede en el cielo. «Hermanos, os ruego por las misericordias de Dios, que presentéis vuestros cuerpos en sacrificio vivo ... que es vuestro culto racional» (Romanos 12:1).

11
EL PADRE DE JOSÉ
Génesis 47:1-11

Siempre existe el interés por saber detalles acerca de los padres de las personas ilustres. Así el padre de Martín Lutero y la madre de los Wesley pueden llegar a ser retratos familiares en la galería de nuestras imágenes mentales. En la historia de José se nos permite echar una mirada detrás del escenario para conocer las relaciones que existían entre él y Jacob, su anciano padre.

1. El constante amor filial de José. Desde el primer momento en que José vio a sus hermanos en el mercado del trigo, fue evidente que el amor por su padre ardía con un fervor constante. Aquellos hermanos no podían adivinar con cuánto anhelo José quería saber si su anciano padre vivía todavía, ni el estremecimiento de consuelo que atravesó su corazón cuando ellos dijeron: «He aquí el menor está hoy con nuestro padre». Era evidente que su padre estaba vivo todavía, aunque ya habían pasado veinticinco años desde la última vez que había visto su amada figura.

Cuando sus hermanos llegaron por segunda vez, Judá no se dio cuenta de la tierna fibra del corazón que tocó, ni cuánto vibró, casi a más no poder, cuando habló en repetidas ocasiones del padre que había quedado en casa, el anciano que tan tiernamente amaba a este muchacho que era el único que le hacía recordar a su madre. Habló de ese padre que había estado tan preocupado de que le pasara algo malo, y cuyas canas descenderían con dolor a la tumba, a menos que volviera a salvo. Fue esta repetida alusión a su padre lo que tocó los sentimientos de José de tal manera que lo conmovió profundamente. «No podía contenerse». La primera cosa que dijo después del asombroso anuncio «Yo soy José», fue: «¿Vive aún mi padre?» En el tumulto de palabras que siguieron, llenas de pasión y sentimiento las expresiones acerca del padre ausente abundaron. «Daos prisa, id a mi padre y decidle: Así dice tu hijo José: Dios me ha puesto por señor de todo Egipto; ven a mí, no te detengas ... Haréis, pues, saber a mi padre toda mi gloria en Egipto, y todo lo que habéis visto; y daos prisa, y traed a mi padre acá».

Las semanas y meses de espera deben haber estado llenas de ferviente ansiedad para José; y cuando al fin supo que su padre había llegado a las fronteras de Egipto en uno de los carros que le había enviado, «José unció su carro y vino a recibir a Israel su padre». ¡Qué encuentro tan maravilloso! Si el anciano estaba sentado en alguna parte del pesado carro, fatigado por el largo viaje, debe haber cobrado nuevas fuerzas cuando le dijeron: «José viene». De seguro, se desmontó y esperó, esforzando los *ojos* ancianos para distinguir entre la compañía que se acercaba al enjoyado gobernante que caería sobre su cuello y lloraría con él. «Muera yo ahora», dijo Jacob mientras miraba a José de pies a cabeza con mirada alegre, orgullosa y llena de satisfacción: «Muera yo ahora, ya que he visto tu rostro, y sé que aún vives».

a. *Esto no fue todo.* José amaba mucho a su padre y no se avergonzaba de él. Cuando el Faraón tuvo noticia de la llegada del padre y los hermanos de José, pareció muy contento, y le ordenó a José que velara por el bienestar de ellos. Entonces José llevó a Jacob su padre delante del Faraón.

No podemos dejar de admirar la noble franqueza con la que José introdujo a su padre y lo presentó a este gran monarca, acostumbrado a los modales de la corte más avanzada del mundo. Había un gran vacío social entre Egipto y Canaán, la corte y la tienda, el monarca y el pastor. Si José hubiera sido menos noble o sencillo de lo que era, tal vez no se hubiera atrevido a juntar esos dos extremos. Todos estos pensamientos fueron olvidados en presencia de aquél hombre extenuado, vacilante y perseguido por el hambre, que era su padre.

b. *En algunos casos el comportamiento de los hijos adultos hacia sus padres es deshonroso.* El éxito económico trae muchos cambios en la posición social del hombre. Vive en una buena casa y da fiestas grandes. Manda a sus hijos a escuelas caras. En cambio, ¿qué hace a veces con sus ancianos padres? Tal vez les dé una pequeña ayuda, pero se cuida de mantenerlos fuera del círculo familiar, pues en realidad se avergüenza de ellos. ¡Falsa vergüenza! Prefiero la noble magnanimidad de José, quien se enorgullece de presentar al patriarca incapacitado y agotado a su poderoso amigo y señor. Joven: ¡Honre a sus padres!

2. La pregunta del Faraón. «¿Cuántos son los días de los años de tu vida?» Esto fue lo primero que dijo Faraón al entrar Jacob en su presencia. Es una pregunta que con frecuencia se asoma a nuestros labios, pero que es provocada por una norma falsa utilizada para calcular la extensión de la vida de un hombre. La medida de la vida no consiste en el número de sus días, sino en la manera como los ha usado.

Hay quienes viven muchos años y al final tienen poco o nada que mostrar como producto de sus esfuerzos. Si sacamos las horas de ocio, solo quedan unas pocas horas de verdadera vida productiva. Tal vez van a cumplir setenta años y solo han vivido seis meses de vida productiva. Nuestra verdadera vida no empieza en el primer nacimiento, sino en el segundo. Lo que se hizo antes no vale de nada.

Hay quienes viven pocos años, pero llenos de una vida enérgica y noble: han sido puntuales, industriosos y metódicos; han redimido el tiempo; han sacado provecho de lo que otros hubieran desechado como inútil. El resultado es que tienen mucho que mostrar. Han vivido mucho por los libros que han leído, las cosas que han realizado, los ministerios que han iniciado, las amistades que han cultivado y la personalidad que se han formado. Van a cumplir treinta años, pero en esos pocos años han vivido tanto como algunos viven en sesenta.

Déjeme preguntarle como a Jacob: «¿Cuántos son los días de los años de su vida?»

¿Diecisiete? Es una edad crítica. Es la edad de formación: usted será después lo que sea ahora. Está saliendo de la abrigada bahía de la adolescencia para lanzarse al gran océano de la vida. ¡Tenga cuidado! Parece atractivo, pero es traicionero. Lleve a bordo al gran piloto, Cristo Jesús. Solo él puede guiarlo a través de los bajíos y las arenas movedizas que yacen escondidos en su curso. Lleve a bordo solamente a los que él le escoja como tripulación.

¿Tiene veintiún años? A veces se dice que esa es la edad de la independencia o mayoría de edad del hombre. Nunca olvide que hay por lo menos uno de quien nunca podrá independizarse.

¿Tiene treinta? Fue a esa edad cuando el Señor empezó su vida pública; y pensar que muchos hombres han vivido una gran vida y muerto antes de llegar a esa edad. ¿Qué está haciendo usted en el mundo? ¡Apresúrese! Su vida pasará pronto. ¡Cuídese, para que al final no tenga que decir: «Me he pasado la vida esforzándome por hacer cosas sin importancia»!

Usted no tiene por qué pasar por esa angustiada retrospección solo necesita entregarle toda la vida al Señor Jesucristo, pidiéndole que ponga sus pensamientos en su mente, viva en su corazón y trabaje a través de su vida.

¿Cuántos años tiene? ¿Cuarenta? ¡Cuidado! Son muy pocos los que se convierten pasados los cuarenta. Si usted no es todavía de Cristo, las posibilidades de que llegue a serlo disminuyen con gran rapidez todas las semanas.

¿Tiene cincuenta, sesenta, setenta años o más? Las nieves de los años han plateado su cabello. Ha tenido que abandonar objetivos antes familiares. Ya no visita los lugares acostumbrados. Los asuntos que fueron su orgullo, los debe pasar a otros con más energías amigo: contamos con usted para que nos enseñe a esperar el fin de esta vida y a morir. «¿Cuántos años tiene?» ¡Qué pregunta tan solemne!

3. La respuesta de Jacob. «Y Jacob respondió a Faraón: Los días de los años de mi peregrinación son ciento treinta años; pocos y malos han sido los días de los años de mi vida, y no han llegado a los días de los años de la vida de mis padres en los días de su peregrinación». Los años de Jacob habían sido pocos en comparación con los de sus antepasados. Taré llegó a la edad de 205 años Abraham, a los 175; Isaac, a los 180. En cambio «todos los años de Jacob fueron ciento cuarenta y siete». Habían sido malos. En su juventud fue arrancado de su amado hogar y sus amigos, y se fue solo a pasar los mejores años de su vida como extraño en tierra extranjera. Su servicio a Labán fue arduo y difícil, consumido en el día por la sequía, y en las desveladas vigilias de la noche por la escarcha. Con dificultad se le escapó a Labán, y tan pronto como lo hizo tuvo que encontrarse con un hermano impetuoso y enfadado. En la agonía de esa terrible crisis se enfrentó al Ángel luchador, quien le tocó el tendón de la cadera y lo dejó cojo por el resto de su vida. Casi no acababan de pasar estas calamidades cuando se vio metido en un extremo peligro con los canaaneos de Siquem, y pasó por escenas que le emblanquecieron el cabello, le arrugaron las mejillas y le llenaron de cicatrices el corazón. Entonces llegó a Luz o Bet-el. Débora, el ama de Rebeca, murió y fue enterrada bajo una encina que desde entonces se llamaría Alón-bacut, la encina del llanto. «Después partieron de Bet-el; y había aún como media legua de tierra para llegar a Efrata», cuando Raquél (su esposa favorita) tuvo un hijo.

«Y aconteció que al salírsele el alma llamó su nombre Benoni [hijo de mi tristeza]». Un poco después llegó a Mamre, apenas a tiempo para llevar los restos de su propio padre a la tumba. Las penas que siguieron ya nos han conmovido el corazón al estudiar la historia de su hijo José. Rubén le trajo desgracia a su nombre. Judá arrojó el honor familiar en el cieno de los apetitos sensuales. Al parecer, José había sido despedazado por bestias salvajes. Las disensiones entre sus hijos le deben haber herido el corazón. Y aun después del encuentro con su hijo por tanto tiempo perdido, tendría que depender durante diecisiete años de los tesoros del rey de Egipto, lejos de la gloriosa herencia que le había sido prometida a su raza.

Tal fue el exterior de la vida de Jacob. Se podría decir según esto que su vida fue un fracaso. Comparada con la suerte de Esaú presenta un gran contraste. Jacob obtuvo el derecho de primogenitura, pero tuvo una vida de sufrimientos y desastres. Esaú perdió la primogenitura, pero obtuvo todo lo que podía apetecer su corazón: riquezas, realeza, un linaje de hijos ilustres. El capítulo treinta y seis del Génesis contiene una lista de los reyes que fueron descendientes de Esaú. Tal vez este se compadeciera a menudo de su hermano.

No obstante, cuando Jacob está delante de Faraón, este gran monarca del mundo se inclina con vehemencia para recibir su bendición. «Jacob bendijo a Faraón». Jacob, al principio de su vida, fue astuto, aprovechado y engañador; pero todo parece eliminado en el crisol del sufrimiento por el cual tuvo que pasar. Había alcanzado una aureola de grandeza moral que impresionó aun al enaltecido Faraón. Hay una cierta grandeza que es completamente independiente de todas esas buenas circunstancias que algunas veces asociamos con ella. Dios mismo dijo: «No se dirá más tu nombre Jacob, sino Israel; porque has luchado con Dios y con los hombres, y has vencido».

Hay tres cosas que le dieron ese linaje real de procedencia divina a Jacob, y también nos lo darán a nosotros.

a. *La oración.* En tierra desértica, llena de rocas, vio en sueños una gran escalera. Esto le dio la nota clave de su vida. Desde ese día vivió al pie de esa escalera de oración, por la cual ascendían los ángeles llevando sus peticiones, y por la cual bajaban también con las bendiciones de Dios. Aprenda a orar sin cesar. Este es el secreto de la grandeza. El que está siempre en la sala de audiencias del gran Rey, adquiere rasgos de realeza.

b. *El sufrimiento*. Su naturaleza estaba plagada de elementos carnales, bajos y egoístas. Sacó ventaja injusta de su hambriento hermano; engañó a su anciano padre; aumentó sus propiedades a expensas de su tío; consiguió sus fines con astucia y engaño. Sin embargo, la tristeza consumió todas esas cosas y le dio una nueva dignidad. Esta es aún la obra transformadora que se realiza en los que reciben una nueva naturaleza en Cristo y aprenden con humildad la lección que el amor de Dios quiere enseñarles.

c. *La comunicación con Cristo*. «Luchó con él un varón hasta que rayaba el alba». ¿Quién era? Seguramente nadie más que el Ángel de Jehová, cuyo rostro no se puede ver, ni su nombre conocer. Era el Señor mismo, tratando de librar a su siervo de la maldad que llevaba aferrada a su vida por tanto tiempo, y que agotaba su vida espiritual. Desde aquélla hora, Jacob fue «Israel». Amado lector: Jesús, el inmortal amador de las almas, está luchando con usted, con el deseo de librarlo de una vida trivial y egoísta, y de levantarlo también a una vida de realeza. ¡Ríndase a él, no sea que se vea obligado a tocar el tendón de su fortaleza! Si lo dejamos hacer su voluntad en nosotros, nos convertirá en verdaderos príncipes y princesas para Dios; y aun sus superiores en las jerarquías humanas se acercarán con gusto a usted en busca de la bendición espiritual que manará de su persona.

12
JOSÉ JUNTO AL LECHO DE MUERTE DE JACOB
Génesis 47:27-31

Jacob vivió en la tierra de Gosén y allí sus hijos pastorearon sus rebaños por los fértiles pastizales. «Los hijos de Israel fructificaron y se multiplicaron ... en extremo» (Exodo 1:7). Así pasaron diecisiete monótonos años. Mientras el anciano se debilitaba más y más, el amor de José sustentaba y alegraba su espíritu. Es evidente que José fue el sustento de esa vida menguante y, por lo tanto, no es de extrañarse que el patriarca lo haya llamado a su lecho de muerte no una vez, ni dos, sino tres. Ahora veremos esas visitas.

1. «Llegaron los días de Israel para morir». ¡Cuán inexorable es la muerte! No es posible evitar nuestro encuentro con ella. Jacob había sobrepasado en muchos años el promedio ordinario de vida del hombre actual. A pesar de las durezas y privaciones, había evadido el alcance de la muerte; pero esto no podía seguir así para siempre. La pérdida de sus fuerzas vitales mostraba que la maquinaria de la naturaleza estaba a punto de ceder. Debía morir. Mucho antes de que el Salvador viniera al mundo, los hombres anhelaban la esperanza de la vida eterna.

Daniel nos enseña en lenguaje sencillo la verdad de la resurrección general a la vida o la vergüenza sin fin. El Eclesiastés termina con una declaración explícita acerca del retorno del espíritu al Creador y del juicio final. El libro de Job, sea cual fuere la fecha en que se escribiera, ha sido considerado un himno a la inmortalidad: «Yo sé que mi Redentor vive, y al fin se levantará sobre el polvo; y después de deshecha esta mi piel, en mi carne he de ver a Dios,»(Job 19:25, 26). En los Salmos tenemos evidencias ciertas de la tenacidad con la cual los judíos piadosos se aferraban a estas esperanzas. «Porque no dejarás mi alma en el Seol, ni permitirás que tu santo vea corrupción. Me mostrarás la senda de la vida» (Salmo 16:10, 11). Precisamente este anhelo y fe por la vida más allá de la muerte, fue la verdadera clave de la vida de estos tres famosos patriarcas que yacen juntos en la antigua cueva de Macpela.

¿Por qué vagaron por la Tierra Prometida como por tierra extraña? ¿Por qué se contentaron con no heredar ni siquiera el suelo donde ponían los pies? ¿Por qué Abraham vivió, como Isaac y Jacob, en tiendas frágiles y portátiles, en vez de ciudades como Sodoma y Gomorra? ¿Qué quiso decir Abraham cuando les dijo a los hijos de Het: «Extranjero y forastero soy entre vosotros»? ¿En qué pensaba Jacob cuando, en la presencia del exaltado Faraón, describió su vida como un «peregrinaje»? La respuesta aparece claramente en la llamada «lista de los héroes de Dios», en Hebreos 11: «Buscaban una patria mejor». Estaban tan absortos con esta idea, que no se podían contentar con una herencia en Canaán. Su rechazo de toda otra posesión en la Tierra Prometida, que no fuera su tumba, demuestra con cuánta ansiedad buscaban la patria eterna.

Al principio, sin duda, pensaban que Canaán sería la Tierra Prometida. En cambio, después de esperarla año tras año sin recibirla, examinaron la promesa otra vez y, en lugar de una ciudad construida por manos humanas, se les presentó la hermosa visión de los muros de cristal y las puertas de perla de la ciudad con fundamentos, cuyo arquitecto y constructor es Dios.

Esta creencia en «la ciudad de Dios», de la cual escribió Agustín en las costas de Africa más tarde, y que ha sostenido a tantas almas piadosas, animaba su vida, les daba aliento a la hora de la muerte y lanzaba un brillante rayo de esperanza a través de las tinieblas de la tumba. «Conforme a la fe murieron todos éstos sin haber recibido lo prometido, sino mirándolo de lejos, y creyéndolo, y saludándolo». «Mirándolo de lejos», como el que se ha extraviado saluda su anhelado hogar cuando lo ve de lejos. ¡Con cuánto anhelo, deseos y esperanza deben haber buscado el cielo estos cansados peregrinos!

a. Jacob no consideraba la vida futura como un mero estado de existencia despojado de todas esas asociaciones que le dan significado a la vida. En realidad, en esto parece haber tenido mejores ideas que muchos que se encuentran en iglesias cristianas. Dijo: «Yo voy a ser reunido con mi pueblo». Para él, la ciudad a la cual iba era el lugar de reunión de su clan, el punto de encuentro de las almas elegidas, el hogar de todos los que formaban su pueblo porque eran de Dios.

El moribundo patriarca llamó a su amado José a su lado, no solamente para expresar estas esperanzas. El padre quería comprometer a su hijo mediante la promesa solemne de no enterrarlo en la tierra de su exilio, sino llevarlo de regreso a la solitaria cueva que parecía un puesto de avanzada en la hostil y distante tierra de Canaán. Durante diecisiete años, Jacob se había familiarizado con los espléndidos edificios, obeliscos y pirámides de Egipto; había estado rodeado de todas las comodidades que el amor filial de José pudo preparar o su munificencia ejecutar. Sin embargo, nada le podía hacer olvidar aquélla cueva distante situada antes de llegar a Mamre, en la tierra de Canaán. Para él, la sepultura en la pirámide más magnífica de Egipto no podía compararse en ningún momento con la sepultura en aquélla solitaria y humilde tumba donde los restos mortales de Abraham y Sara, de Isaac y Rebeca y de la fiel Lea, aguardaban la resurrección.

b. *La naturaleza humana no era diferente en ese entonces de lo que es hoy en día.* Muchos guerreros, al morir en tierras lejanas, han pedido que sus restos sean colocados en el tranquilo cementerio rural donde numerosas lápidas cubiertas de musgo repiten el mismo apellido en sucesivas generaciones. Era natural también que Jacob deseara ser sepultado en Macpela.

c. *Se trataba de algo más que mero sentimiento natural.* Jacob era un hombre de fe. Conocía y apreciaba la antigua promesa hecha por Dios a su amigo el patriarca Abraham: Canaán sería la posesión de sus descendientes. La promesa era el sustento del anciano. El sabía que Canaán era la morada reservada para los suyos, y no Egipto. No vivirían para siempre en aquél lugar. Si era sepultado en él, sería dejado allí su cuerpo como extraño entre extraños. No; esto no debería suceder. Si ellos tenían que salir, él debía salir antes que ellos. Si ellos habrían de establecerse en la Tierra Prometida, él iría primero como precursor. Aunque no podría compartir los peligros y dolores del éxodo, estaría allí para recibirlos cuando sus descendientes entraran a recibir su herencia. «Te ruego que no me entierres en Egipto. Mas cuando duerma con mis padres, me llevarás de Egipto y me sepultarás en el sepulcro de ellos». ¿Qué hijo podría rechazar tal solicitud? ¿Puede alguno de nosotros resistirse a los últimos deseos de nuestros amados? José era tan bueno y tierno, que no pudo dudar ni un momento. «Y José respondió: Haré como tú dices». No obstante, el anciano no se contentó solo con la promesa. «E Israel dijo: Júramelo. Y José lo juró. Entonces Israel se inclinó sobre la cabecera de la cama». Así terminó la primera visita de José a su moribundo padre.

2. La segunda visita de José. Le llevaron noticias al Primer Ministro de Egipto de que su padre estaba enfermo y deseaba verlo. Él se fue a verlo sin demora, llevando consigo a sus dos hijos Manasés y Efraín. Cuando José llegó a la morada de su padre, el anciano patriarca parece haber estado acostado quieto, con los ojos cerrados, por su extremo agotamiento físico. Estaba demasiado débil para notar a los conocidos que lo rodeaban, pero cuando alguien le dijo: «He aquí tu hijo José viene a ti», la mención de ese nombre amado lo revivió. Hizo un gran esfuerzo y con la ayuda de almohadas, se sentó en la cama.

Por la manera como el anciano recordó el pasado se ve claramente que no había perdido la memoria. En esta rememoración aparecían vívidamente aun los sucesos más recientes de la historia de la familia. No olvidó que José, quien se inclinaba sobre su cuerpo moribundo, tenía dos hijos; y le anunció su intención de adoptarlos como propios. «Tus dos hijos ... que te nacieron en la tierra de Egipto, antes que viniese a ti a la tierra de Egipto, míos son; como Rubén y Simeón serán míos». Por ese acto, al mismo tiempo que se borraba el nombre de José del mapa de Canaán, se convertía en heredero de una doble porción de su superficie, pues Efraín y Manasés serían desde entonces sus representantes allí.

Habiendo dicho esto, Jacob empezó a delirar y vio otra vez la escena en el montañoso camino hacia Belén, apenas afuera de la aldehuela, cuando se paró de repente su marcha, y todo su campamento quedó acallado por el silencio de un trágico suspenso, mientras la vida de su amada Raquel se tambaleaba en un hilo. Nunca olvidaría ese momento. Sus ojos moribundos podían ver de nuevo el lugar donde la enterró «allí en el camino de Efrata».

Cuando el anciano Jacob volvió de su delirio, lo primero que notó fue la presencia de los aterrados muchachos, que no perdían mirada ni palabra, con la atención fija y la respiración casi contenida.

«¿Quiénes son estos?», dijo Israel.

«Son mis hijos que Dios me ha dado aquí», fue la inmediata y orgullosa respuesta de José.

Israel le dijo entonces: «Acércalos ahora a mí, y los bendeciré».

El padre los acercó y el anciano les puso encima a los jóvenes sus débiles brazos. De nuevo el agonizante volvió en su delirio a una tristeza que le había dejado una herida tan profunda como su pena por su amada Raquél. Volviéndose a José, le recordó los largos años durante los cuales pensaba que nunca volvería a ver su rostro. Sin embargo, Dios le había mostrado también su descendencia.

Con intuición profética, cruzó las manos mientras los dos jóvenes esperaban su bendición delante de él, de modo que su mano derecha fue a la cabeza del menor, mientras que su izquierda se posó sobre la del mayor. Por medio de aquél gesto, invirtió el veredicto del nacimiento, y le dio al menor precedencia sobre el mayor. De nada valió que José protestara y reclamara los derechos de su primogénito. Jacob sabía muy bien lo que hacía y que estaba siguiendo los planes divinos. «Lo sé, hijo mío, lo sé; también él vendrá a ser un pueblo, y será también engrandecido; pero su hermano menor será más grande que él, y su descendencia formará multitud de naciones».

Todavía quedaba una cosa por decir antes de terminar aquélla memorable entrevista. Años antes, por la vil alevosía de sus hijos, Jacob había entrado en conflicto armado con los aborígenes de Canaán, y se había visto obligado, en defensa propia, a conseguir por la fuerza una parcela de terreno con espada y arco. Esta parcela le fue asignada como herencia adicional a su hijo favorito.

3. La tercera y última visita de José. Una vez más, José visitó a su padre en su lecho de muerte. Esta fue la tercera y última vez. Apareció ahora solamente como uno más entre los doce hombres fuertes y barbados que rodeaban el cuerpo envejecido de su padre, cuyo rostro estaba ensombrecido por la muerte, mientras su espíritu resplandecía con la luz de la profecía. Con terror intenso escucharon sus nombres, uno por uno, enunciados por la voz temblorosa del anciano, quien ahora hacía pausas para respirar y hablaba con dificultad. Criticaba el carácter de cada uno con intuición profética; traía a la memoria los puntos salientes de su historia pasada con precisión; y les daba cierta información profética acerca de su futuro.

Esta escena es una anticipación del día de juicio en el cual los hombres oirán el recuento de la historia de su vida, y se dictará sobre ellos una sentencia inapelable.

El moribundo patriarca habla con especial dulzura y gracia en lo que concierne al destino de su hijo favorito. Sus palabras rebosan de ternura y se mueven con precisión y elocuencia tales, que indican la profunda emoción de su corazón. Después de decir unas pocas palabras más a Benjamín, el venerable patriarca recogió los pies en la cama, exhaló con calma el último suspiro y fue reunido a su pueblo. Aquel espíritu anhelante y probado pasó a otras escenas de ministerio y comunión más elevados, sin hacer pausa alguna en su vida pues en los años venideros, Dios daría testimonio de su continua existencia y vitalidad al llamarse a sí mismo «el Dios de Jacob», puesto que él no es Dios de muertos, sino de vivos. José cayó sobre el rostro de su padre, lloró y puso los labios sobre su rostro ya frío. Después, les ordenó a los médicos que embalsamasen su cuerpo, para robarle así a la muerte su victoria más inmediata.

13
LOS ÚLTIMOS DIAS Y LA MUERTE DE JOSÉ
Génesis 50:24-25

Dios ciertamente os visitará, y haréis llevar de aquí mis huesos». Estas fueron las últimas palabras de José. Es importante observar que estas son las únicas palabras de toda su vida que se citan posterior mente en otro lugar de las Escrituras. Por supuesto, me refiero a las palabras que dicen: «Por la fe José, al morir, mencionó la salida de los hijos de Israel, y dio mandamiento acerca de sus huesos» (Hebreos 11:22).

Observemos:

1. Las circunstancias bajo las cuales se expresaron estas palabras.

a. *José era ya anciano*. El paso de ciento diez años le había robado las fuerzas y había dejado marcas profundas en su rostro. Ya hacía noventa y tres años que lo habían sacado del pozo para venderlo como esclavo. Ochenta años hacía que había comparecido delante del Faraón en toda la lozanía y esbeltez varonil de su juventud. Sesenta años habían quedado registrados en los papiros de los archivos oficiales desde que, con toda la pompa y esplendor de la corte egipcia, había llevado los restos mortales de su anciano padre a la antigua cueva de Macpela. Ya era anciano cuando vio los rostros radiantes de juventud de sus biznietos: «Fueron criados sobre las rodillas de José». Dios había bendecido a su fiel siervo con una larga vida, bajo cuyo peso se doblaba ahora mientras descendía con rapidez hacia la desintegración de su vida natural.

b. *Las sombras de su propia decadencia física eran escasas com-*

paradas con las que veía formarse alrededor de su amado pueblo. Sesenta años antes, cuando Jacob murió, todo era esplendor y se le honra con un funeral espléndido porque había dado a la tierra de Egipto un benefactor y salvador tan grande en la persona de su hijo. En cambio, cuando José murió, se avecinaba la oscuridad de un gran eclipse que caería sobre los destinos de su pueblo. Parece que no se dio importancia en Egipto al acontecimiento de la muerte de José. No se le hicieron funerales pomposos pagados por el erario público. No se puso una pirámide a disposición de sus hijos. Cuando se dirigió a sus hermanos, congregados alrededor de él, era como si estuvieran en lamentable necesidad de socorro. Necesitaban un intercesor en la corte y una confirmación de la visitación divina.

Trescientos años atrás, el gran fundador de la nación había hecho guardia todo el día junto a un altar, espantando a los buitres que, atraídos por la carne que había sobre él, revoloteaban alrededor. Por fin, al caer el sol, el vigilante se durmió —es duro velar con Dios— y en su sueño tuvo visiones. Una densa y terrible neblina parecía rodearlo y oprimir su alma. Sobre ella, como sobre una cortina, pasaron sucesivas vistas del futuro de los suyos, mientras la voz divina interpretaba esas visiones junto a su oído. Los vio exiliados en un país extraño, esclavizados por el extranjero, y quedándose allí mientras florecían tres generaciones de hombres como las flores en la primavera, y eran cortadas con la afilada guadaña de la muerte. Mientras contemplaba todo el terror de esa esclavitud, el horror de una gran oscuridad cayó sobre él. Sabemos con cuánta exactitud se justificaba ese horror, por los sucesos que tan pronto iban a tener lugar. «Y los egipcios hicieron servir a los hijos de Israel con dureza, y amargaron su vida con dura servidumbre, en hacer barro y ladrillo, y en toda labor del campo y en todo su servicio, al cual los obligaban con rigor» (Exodo 1:13, 14). Los primeros síntomas de ese estallido popular antihebreo ya se estaban manifestando, como las aves que anuncian la tormenta, en la hora postrera de la vida del gran primer ministro de Egipto.

No sabemos la forma exacta de esos síntomas. Tal vez ya lo hubieran expulsado del circulo del Faraón; quizá ya estuviera languideciendo en el abandono; es posible que ya se estuvieran levantando rumores de disgusto contra su pueblo; puede ser que los actos de opresión y crueldad fueran cada vez más comunes. En todo caso, la noche oscura ya comenzaba, y esto fue lo que les dio más esplendor a sus palabras, que brillaron como estrellas de esperanza.

c. *Además, sus hermanos lo rodeaban.* Su perdón y amor por ellos duraron hasta la hora decisiva de esa gran salteadora que es la muerte. Nunca flaquearon. A juzgar por lo que se narra en los versículos anteriores de este capítulo, parece que por mucho tiempo sus hermanos, considerándolo según lo oscuro e implacable que ellos tenían el corazón, no podían creer que su perdón fuera genuino y sincero. Pensaban que fingía más de lo que sentía, para conseguir algún objetivo posterior, tal como la bendición y la aprobación de su padre anciano. Por eso temían que, al desaparecer Jacob, el justo resentimiento de José, por tanto tiempo oculto con astucia, se desataría contra ellos. Parecía imposible creer que él no sintiera rencor, y que no tomara ninguna acción en cuanto a lo pasado; y dijeron: «José ... nos dará el pago de todo el mal que le hicimos». José lloró mientras ellos hablaban, porque lo habían malentendido tanto después de sus repetidas manifestaciones consoladoras; lloró al verlos de rodillas a sus pies implorando un perdón que hacía años les había dado con generosidad. Les dijo: «No temáis; ¿acaso estoy yo en, lugar de Dios? Vosotros pensasteis mal contra mí, mas Dios lo encaminó a bien, para hacer lo que vemos hoy, para mantener en vida a mucho pueblo».

El Señor Jesús, que ilumina a todo hombre que viene a este mundo, estaba en el corazón de José, y su conducta fue una sombra del amor encarnado. ¡Amado lector! Él espera perdonarlo de la misma manera. Aunque lo haya difamado, rechazado, crucificado y expuesto a la vergüenza pública, aun así, él espera perdonarlo de modo tan completo, que ninguna de esas faltas se volverá a mencionar nunca contra usted.

d. *Por último, se estaba muriendo*. Había apartado la muerte de Egipto, pero no podía apartarla de sí mismo. «Yo voy a morir», fueron unas de sus últimas palabras. Las había aprendido de los labios agonizantes de su padre (48:21), y ahora se las aplicaba a sí mismo. Al hacerlo, tocaba el cenit de su noble confianza y esperanza. ¡Ojalá que todos nosotros sigamos alumbrando cada vez más cada día hasta el último y que, cuando el cuerpo nos falle del todo, la vida del espíritu pueda destellar con sus luces más brillantes!

Fue en estas circunstancias cuando José dijo: «Dios ciertamente os visitará, y haréis llevar de aquí mis huesos».

2. Investiguemos toda la importancia de estas palabras. Lo mejor será compararlas con la última voluntad de Jacob: «Sepultadme con mis padres en la cueva que está ... en el campo de Macpela». Era lo más natural. A todos nos gustaría que nos enterraran junto a los restos de nuestros difuntos. Jacob sabía que no sería muy difícil realizar su deseo. José estaba entonces en el apogeo de su poder. No se necesitaba mucha fe para pedir lo que se podía llevar a cabo tan fácilmente. En cambio, las cosas eran diferentes para José. Él también quería ser enterrado en Canaán; pero no inmediatamente; no entonces. Había dos cosas que él esperaba que ocurrieran. La primera, que su pueblo saliera de Egipto; la segunda, que entrara a la tierra de Canaán. No sabía cuándo, ni cómo; pero estaba seguro de que los dos sucesos ocurrirían, pues dijo: «Ciertamente».

Para la visión natural de José, estas cosas parecían imposibles. Cuando él dijo eso, Israel estaba establecido en Gosén, y aumentaba tanto el número de personas y su riqueza, que cualquier desarraigo se hacía cada día más irrealizable. Y en cuanto a la opresión que tal vez comenzaba a amenazarlos, ¿qué probabilidad tendrían jamás de escapar del poder de los escuadrones de la caballería egipcia, suponiendo que quisieran irse? Sin embargo, su visión del futuro no tenía sus bases en la previsión humana, sino en los claros avisos del Todopoderoso. Recordaba que Dios le había dicho a Abraham: «Mira desde el lugar donde estás hacia el norte y el sur, y al oriente y al occidente. Porque toda la tierra que ves, la daré a ti y a tu descendencia para siempre» (Génesis 13:14, 15). Era la misma promesa que le había repetido a Isaac.

De nuevo le había reiterado la promesa a Jacob mientras estaba acostado junto a la escalera resplandeciente: «La tierra en que estás acostado te la daré a ti y a tu descendencia». Estas promesas habían sido cuidadosamente atesoradas y transmitidas. En su lecho de muerte, Jacob volvió a confirmarle a José que Dios ciertamente los traería a la tierra de sus padres; y ahora José reanimó a los atemorizados compañeros que lo rodeaban con la misma esperanza. Entonces mandó que no fueran enterrados sus huesos, para que estuvieran listos en cualquier momento, en cuanto sonara la trompeta del éxodo, para que los recogieran y emprendieran con ellos la alegre marcha hacia Canaán.

¡Qué lección tan hermosa deben haber sido esos huesos para Israel! Cuando el capataz trataba duramente a la gente, hasta hacer desfallecer su ánimo, debe haber sido muy alentador ir a mirar aquélla momia embalsamada que esperaba el momento en que la llevaran de allí. Al hacer esto, tal vez pensaran: «Evidentemente, José creía entonces que no tendríamos que quedarnos aquí para siempre, sino que tarde o temprano deberíamos salir para Canaán: ¡Animémonos para soportar un poco más; tal vez sea por muy poco tiempo!» Sí, y cuando alguien se sentía tentado a contentarse y establecerse en tiempos de prosperidad, le bastaba pensar en aquéllos restos para dominarse. Tal vez dirían: «Al parecer, no nos vamos a quedar aquí para siempre. Haremos bien en no poner todas nuestras esperanzas y consuelos en nuestra inestable morada en este lugar». Con frecuencia, cuando los israelitas estaban a punto de desesperar en medio de las dificultades y el cansancio de su marcha por el desierto, esos huesos que iban en medio de ellos eran testigos de la confiada esperanza de José en que Dios los llevaría a la tierra de reposo.

Nosotros no tenemos los restos de un hombre para que aviven nuestra fe, ni para que levanten nuestro celo decaído; pero tenemos algo mejor: tenemos una tumba vacía, testimonio de que él ha resucitado. Nos dice que no es la muerte, sino la vida, el ángel guardián de nuestra marcha por el desierto de este mundo. Nos enseña que este mundo no es nuestro lugar de reposo ni nuestro hogar; nos afirma que la resurrección no solo es posible, sino que es segura; y que dentro de poco tiempo estaremos donde él está. Él irá con nosotros por la senda desértica, hasta que vayamos a morar con él para siempre.

3. Estemos conscientes del espíritu que fue la base e inspiración de esas palabras de José. Fue por encima de todo un espíritu de peregrino. José tenía un título egipcio. Se casó con una mujer egipcia. Tomaba parte en la vida de la corte, la política y los negocios de Egipto. No obstante, era tan peregrino como Abraham cuando levantaba sus tiendas fuera de los muros de Hebrón, o Isaac en los pastizales del sur, o Jacob separado de los habitantes de aquélla tierra.

A veces pensamos que el espíritu de peregrino es imposible de obtener para los que vivimos en este estado de civilización tan sedentario. Nuestras casas son demasiado firmes; nuestros movimientos están estrechamente limitados a una ruta muy pequeña. Cuando se nos ocurran esos pensamientos, volvámonos a José, y recordemos con cuánta certeza él estaba animado por el espíritu de aquéllos que vivieron «confesando que eran extranjeros y peregrinos sobre la tierra». Amigo, ¿cuál es el propósito de nuestra vida? ¿Están nuestras metas limitadas por el estrecho horizonte terrestre, y dentro de los fugaces momentos del tiempo? ¿Nos ocupamos constantemente en preparar de la mejor manera posible el lugar en el que pasaremos la ancianidad y moriremos? ¿Queremos siempre sacarle el mayor provecho a este mundo? Me temo que estas son las metas verdaderas de muchos que dicen ser cristianos; si es así, no tiene objeto que ellos digan que están de alguna manera relacionados con esa poderosa corriente de peregrinos que va con destino a la ciudad que tiene fundamentos divinos, su verdadero hogar y verdadera patria. En cambio, se puede dirigir una gran empresa, estar comprometido en muchas labores diferentes, aferrado firmemente al presente por deberes imperiosos; y tener como José el corazón separado de las cosas visibles y temporales, y unido, con todas sus secretas esperanzas, a las cosas invisibles y eternas.

    a. *El espíritu de peregrino no nos hace personas poco realistas.* José fue el hombre más práctico de su época. ¿Quiénes podrían ser tan dispuestos, energéticos y cuidadosos como aquéllos que saben que están trabajando para la eternidad, y que están cada día empeñados en la construcción de una estructura en la cual vivirán en adelante? Todos los días estamos formando nuestro carácter para bien o para mal: cada hecho, bueno o malo, es una piedra más del edificio; cada momento que pasa nos habla de la eternidad y de nuestra recompensa.

    b. *El espíritu de peregrinos nos hace sencillos.* Hay dos clases de sencillez: la de las circunstancias, y la del corazón. Hay personas que se sientan a comer solo pan y leche en una mesa de madera, con el corazón lleno de orgullo; en cambio hay quienes comen en vajilla de plata y son tan sencillos como un campesino sobre su arado. El mundo no puede entender esto. José es nuestro ejemplo. Amigo mío: no es la falta de joyas, ni el traje común, ni el cuarto sin muebles, lo que constituye una vida sencilla y sin afectación, sino esa visión espiritual, que mira a través de los tenues vapores matutinos hacia las cumbres de las colinas eternas de las alturas del más allá.

    ¡Qué contraste tan grande el que existe entre las primeras y las últimas palabras del Génesis! Escuche la conclusión: «Un ataúd en Egipto». ¿Eso es todo? ¿Ha de terminar toda la obra de Dios en un sarcófago de momia? Espere un poco. Este es solo el fin del Génesis, el Libro de los Principios. Pase a la otra página y encontrará el Éxodo. Después vienen Josué y los Reyes, los Profetas y finalmente Cristo. Dios no depende de ningún humano. Nosotros hacemos la pequeña obra que se nos encargue y cesamos, pero la obra de Dios continúa. Nos basta a todos, como a José, con haber vivido una vida fuerte, noble, pura y sincera, y dejar que sea él quien cuide de nuestro cuerpo y de nuestros seres amados, a quienes dejamos sin quererlo, y también de nuestra obra. Él no quedará mal con nosotros. «Tomó también consigo Moisés los huesos de José» en la noche del éxodo (Éxodo 13:19) «y enterraron en Siquem los huesos de José ... y fue posesión de los hijos de José» (Josué 24:32).

MOISES: EL SIERVO DE DIOS

1
NUESTRO PUNTO DE VISTA
Hebreos 11:24

El escritor de la Epístola a los Hebreos pone al descubierto el secreto de las maravillas efectuadas por los héroes de la historia hebrea. Cometemos un gran error al atribuir a estos hombres cualidades extraordinarias de valor y fortaleza de cuerpo y alma. Pero había una característica común a todos ellos, que los elevaba por encima de los hombres comunes, y es que tenían una maravillosa facultad de fe. Esta fe, en realidad, no es más que la capacidad del corazón humano para Dios. Cuatro veces se menciona la fe como el secreto de todo lo que Moisés hizo por su pueblo.

Y ¿qué es esa fe? No es cierta cualidad o poder inherente en algunos hombres por virtud de la cual pueden obtener resultados especiales no realizados por otros. Es más bien el poder de poner el yo a un lado para que Dios pueda obrar sin estorbos a través de la naturaleza. Es, en breve, esa capacidad para Dios que se adueña de él hasta su máximo límite, y se convierte en el canal o vehículo a través del cual él pasa para bendecir a la humanidad. El creyente es un hombre poseído por Dios, lleno de Dios, y motivado por Dios; y la obra que efectúa en el mundo no es suya propia, sino la obra de Dios a través de él.

Por lo tanto, toda verdadera fe debe ajustarse a las siguientes condiciones indispensables:

Un reconocimiento de la debilidad e insignificancia propias.

Una seguridad absoluta de que se está en el plan de Dios.

Completa consagración, para que él pueda realizar su voluntad a través del corazón y la vida.

El alimento cotidiano de la promesa.

La decisión de actuar, independientemente de los sentimientos, con base en una fe que reposa absolutamente en la fidelidad de Dios.

Contenderemos a través de todo nuestro estudio de la vida que nos ocupa que, aun cuando Moisés pueda haber tenido rasgos extraordinarios de mente y cuerpo, y aun cuando haya sido versado en todos los conocimientos de su época, no obstante, el maravilloso producto de la obra de toda su vida no se debió a ninguna de esas cualidades, sino a la fe que lo unía en espíritu a Dios. Su fe fue suficiente para hacer lo que todas sus otras cualidades sin la fe, no hubieran podido realizar.

Esperamos ir más allá y probar que todas las bendiciones de Dios dadas a Israel en atención a su pacto vinieron a través de la fe de Moisés.

Cada una de las condiciones mencionadas antes se cumplió en la historia de Moisés.

Se le permitió hacer sus primeros esfuerzos por la emancipación de su pueblo con el recurso de su propia capacidad, y fracasó completamente. Debido a esto huyó a Madián y vivió en el exilio, hasta que con gran dificultad se le pudo inducir a hacerse cargo de la comisión divina. Fue reducido a extrema e incapacitante insignificancia cuando se encendió en su camino la zarza ardiente, un símbolo de su absoluta debilidad, poseído y habitado bien que no consumido por Dios, quien es un fuego consumidor.

Quedó tan completamente rendido al propósito de Dios como el bastón que llevaba en la mano lo estaba a su propia voluntad. Se alimentaba a diario de las promesas de Dios, reclamándolas en oración y poniendo todo énfasis en ellas. Y supo con frecuencia lo que significaba dejar atrás lo familiar y trillado e ir en busca de lo extraño y nuevo. A la orden divina tomó el camino, aunque parecía que no había donde afirmar los pies, poniéndose él mismo y tres millones más de personas absolutamente al cuidado de Dios, con la seguridad de que la fidelidad de Dios no podía fallar.

Por fe Moisés llegó a ser todo lo que fue. ¿Por qué no podríamos nosotros tener esa misma fe? Ciertamente podemos tenerla si pagamos el precio de adquirir la disciplina. Y si poseyéramos su fe, tal vez veríamos otro éxodo: mares unidos por pasos de salvación; enemigos desafiados; cadenas rotas; cautivos emancipados; y Jehová adorado con cantos triunfales. Estamos seguros de que no existen límites a las posibilidades de una vida convertida en el canal a través del cual Dios pueda derramarse.

¿Está dispuesto a renunciar a sus propias fuerzas, a dejar sus propios planes por los de Dios, a buscar y a hacer su voluntad absolutamente, a tomar la actitud del completo y absoluto rendimiento a sus propósitos, a alimentarse diariamente de las promesas de Dios, como la amada que espera a su amante ausente, a dar el paso de fe, descansando sin brotes emocionales en la fidelidad de Dios, completamente persuadido de que él hará lo que ha prometido? Entonces, de seguro, Dios obrará a través de usted, ahora y en lo adelante, como en los tiempos pasados, según cuentan los antepasados.

2
LA FE DE SU MADRE
Hebreos 11:23

El niñito abrió los ojos a un mundo muy hostil. Sin embargo, todo era tan hermoso como la naturaleza y el arte pudieran hacerlo. Cerca de la cabaña, que lo abrigaría por un poco de tiempo, corría el caudaloso Nilo entre sus orillas cubiertas de juncos. A la corta distancia que podía recorrer una jovencita en su paseo matutino estaba la gran ciudad de Menfis, metrópoli de Egipto y sede de la corte, centro de comercio, arte, guerra, y religión; el foco al cual convergía la vida nacional.

Junto a la cabaña pasaban las procesiones reales; sacerdotes de todas partes del país la veían cuando iban camino del famoso templo de Ptah. También se veía desde allí la continua provisión de puerros, melones, ajo, cebada, trigo y centeno, las telas tejidas muy delicadas que habían hecho tan famosos a los egipcios, las especias y el bálsamo para la vasta Ciudad de los Muertos, y la provisión abundante y múltiple para satisfacer las exigencias de una población grande y rica. Estos mercaderes deben haber cubierto los caminos vecinales con una incesante hilera de camellos y asnos y caravanas, y el río con una flotilla innumerable de botes, barcazas y barcos. No muy lejos de allí, a través de los llanos arenales estaban las pirámides, que aun entonces ya se estaban poniendo venerables por la edad, aunque destinadas a perdurar por cuarenta centurias, testigos al mismo tiempo de la creencia instintiva del hombre en su inmortalidad y de su egoísta indiferencia por la angustia de sus congéneres. En medio de este ambiente de riqueza y esplendor nació el niñito en circunstancias desfavorables.

1. Pertenecía a una raza extranjera. Los antepasados de su pueblo habían emigrado de la tierra vecina de la Palestina hacía más de trescientos años. El rey les había dado la bienvenida como a posibles valiosos aliados, pues él también pertenecía a una raza extranjera y ocupaba un trono inestable. Por órdenes suyas se habían establecido en la mejor tierra, una faja de verdes campos llamada Gosén, situada en medio de las vastas arenas del desierto. allí prosperaron y se multiplicaron hasta alcanzar una población de unos dos millones de almas. Pero permanecieron separados como pueblo tal como lo son hoy en todas las naciones del mundo, y por lo tanto eran objeto de odio y sospecha.

2. Perteneció a una raza oprimida. Otra dinastía había sucedido en el trono para la cual, a diferencia de la anterior el nombre de José no ofrecía ningún encanto. En la época de que nos ocupamos se cernía en el firmamento oriental una nubecita de guerra inminente, y el monarca reinante tuvo temor de que se formara una coalición entre sus enemigos y la raza hebrea, que había crecido en número y poder formidables. Por lo que resolvió, abatirlos, y reducirlos tanto en número como en espíritu por el rigor y el maltrato.

De repente los pastores de Gosén se encontraron reclutados para el servicio de las ladrilleras, bajo la mirada y el látigo de capataces crueles que les hacían producir cada día un cierto número de ladrillos; o de siervos en los campos, sacando agua del río para la irrigación de la tierra y trabajando en el cultivo del suelo. «Y en toda labor del campo y en todo su servicio, al cual los obligaban con rigor» (Éxodo 1:14), como si se aprovechara toda ocasión para someterlos a castigo cruel e inmisericorde.

El padre de esta pequeña familia estaba probablemente obligado a soportar su parte en la servidumbre y los golpes que amargaba tanto la existencia de su pueblo. Desde el amanecer hasta el anochecer trabajaría desnudo, bajo el ardiente sol, y regresaría a menudo con heridas sangrantes abiertas por el látigo, e inclinado a poner en duda la existencia misma de Dios y su misericordia. Fue una noche muy oscura y tétrica la que cayó pesadamente sobre el pueblo escogido en estos años de esclavitud cruel.

3. Nació durante una época de dificultades poco comunes. El hogar estaba compuesto del padre, la madre, una hermana mayor de unos quince años y un hermanito, Aarón, de tres años. Cuando este nació, parece no haber habido necesidad de mantenerlo en secreto, pues el rey trataba de lograr sus fines mediante la vigorosa política ya descrita. Pero durante el intervalo le había parecido que no era bastante severa; y había concebido un plan para obtener la destrucción de todos los niños varones, echándolos al río al nacer.

Parece que este decreto se puso en práctica solo por unos pocos meses. Fue un espasmo de crueldad inspirado por un temor repentino, pero iba demasiado contra los mejores instintos de la naturaleza humana para que permaneciera como práctica de los súbditos de Faraón. Pero mientras duró fue la más amarga de todas las penas que sufrieron los hebreos.

4. Pero era él hijo de padres creyentes. Sabemos muy poco de estos. Se dice que el padre era «un varón de la familia de Leví», y luego nos enteramos de que se llamaba Amram, y era descendiente de Coat, hijo de Leví; pero la tribu de Leví no tenía entonces ninguna importancia especial; en realidad, parecía destinada a ser dividida y esparcida por Israel. La madre, Jocabed, pertenecía a la misma tribu, y estaba relacionada con su esposo por una consanguinidad más cercana de la que se permitiría después. Eran gente humilde que recibían contentos los «salarios» pagados por ricos y nobles; pero conservaban las mejores tradiciones religiosas de su nación, y en esto contrastaban favorablemente con muchos de los de su raza.

Dean Stanley ha demostrado que la permanencia en Egipto había producido resultados muy dañinos en los hijos de Israel. «La antigua libertad, la antigua energía, sobre todo, la vieja religión de la era patriarcal, se habían desvanecido». Se había olvidado la celebración del rito de la circuncisión, la importante señal del pacto, cayó en desuso; la relativa pureza de sus antepasados no pudo resistir las atracciones licenciosas de los festivales paganos, a los cuales asistirían continuamente en años futuros.

Pero es evidente que hubo algunas familias que permanecieron fieles en medio de la corrupción prevaleciente. Entre ellas estaba la familia en la cual nació este niñito. El pacto sagrado entre Dios y su raza se recordaba con reverencia, y se mantenía mediante una fe que se atrevía a creer que, tarde o temprano, Dios intervendría.

Pero su fe se manifestaba aun más en su vida religiosa. «Por la fe Moisés, cuando nació, fue escondido por sus padres por tres meses, porque le vieron niño hermoso, y no temieron el decreto del rey». Con frecuencia se nos ha presentado un cuadro de la ansiedad con la que sus padres recibieron al recién nacido, el desconsuelo de Amram y los temores de Jocabed. Ese cuadro puede ser verdadero con referencia a otros padres hebreos, pero no a ellos. «No temieron». Cuando se le anunció a Jocabed que había dado a luz un varón, ella pudo entregar el cuidado del niño a Dios, y recibir la seguridad de que nada malo le pasaría.

Ella no quedó en ansiedad constante, esperando las pisadas del oficial o la partera. Tomaría todas las precauciones del caso pero no daría rienda suelta al temor excesivo. Finalmente, el Espíritu de Dios hizo que la madre tejiera una arquilla de juncos y la calafateara con asfalto y brea para hacerla impermeable. Con muchos besos puso al niño en el arca, cerró la tapa sobre su dulce rostro, y con sus propias manos la llevó a la orilla del río y la colocó tiernamente entre el carrizal que allí crecía. Sabía que la hija de Faraón venía a bañarse allí, y pudiera ser que ella viera al niño y le gustara. O, si no, el Dios en quien ella confiaba la ayudaría de algún otro modo. María se puso a vigilar de lejos «para ver lo que le acontecería»; y Jocabed se fue a casa, luchando contra la natural ansiedad maternal por medio de una fe que había echado mano al propio brazo del Dios viviente, quien no la defraudaría. Eso es fe. ¿Podemos acaso asombrarnos de la fe del hombre que nació de una madre tal y creció en tal hogar?

3
«HECHO YA GRANDE»
Hebreos 11:24

Todo sucedió según la fe de la madre. La princesa, acompañada de un grupo de sus doncellas, vino a la orilla del río a bañarse. Vio el arca en medio de los juncos, y mandó una criada a cogerla. En medio del grupito se levantó cuidadosamente la tapa, y sus ojos quedaron hechizados a la vista del hermoso semblante, en tanto que sus corazones fueron conmovidos por el lloro del niñito, que extrañaba a su madre, y estaba asustado por el ambiente extraño y las caras de las desconocidas.

Rápidamente el corazón de la mujer adivinó el secreto. El vecindario de casuchas hebreas, los rasgos y el aspecto del bebé, la improbabilidad de que una madre olvidara a su niño de pecho, el recuerdo inmediato del edicto severo que su padre había promulgado últimamente ... todo llevaba a la inevitable conclusión: «De los niños de los hebreos es este». La intervención pronta de María —su hermana que había estado mirando ansiosa y con la respiración entrecortada toda la escena—, con su ingenua sugerencia de conseguir una nodriza hebrea, resolvió el problema de lo que debía hacerse con el niño hallado casi tan pronto como pudo haberse presentado. La madre del niño se presentó pronto delante de la princesa, y recibió el precioso encargo de sus manos, y al hacerlo, ¿no había algo en su actitud casi convulsiva que revelaba a aquéllos ojos sagaces el secreto del pequeño plan? La historia no cuenta en detalle si sucedió así. Pero, ¡con cuánto gozo debe de haber derramado sus sentimientos cuando cerró la puerta al despedir al grupo! La vida del niño estaba segura bajo la poderosa protección de la propia hija de Faraón, quien había dicho: «Críamelo». Y el pago que ella había prometido supliría de sobra todas sus necesidades. Dios había respondido «abundantemente».

No sabemos cuánto tiempo estuvo el muchacho en aquél humilde hogar, pero fue bastante para conocer algo de los peligros y durezas de la suerte de su pueblo, y aprender las sagradas tradiciones de su pasado, y para recibir en su corazón el amor del único Dios, que se convertiría en la pasión absorbente y el énfasis de su carrera.

Sacerdotes, filósofos, y eruditos harían más tarde el máximo esfuerzo por educarlo; pero aquéllas ideas se habían intercalado en la estructura creciente de su alma para no separarse jamás de ella. Es una lección muy grande para las madres, la de aprovechar bien los primeros años en que tienen los niños a su cuidado.

Al fin llegó la hora en que Termutis, que así se llamaba la princesa, reclamó para sí al niño que había rescatado de las aguas. El corazón de la madre debe de haber sufrido amargamente al ver llevarse a su hijo a aquél mundo desconocido tras los umbrales del gran palacio. El humilde hogar se debe de haber quedado muy solo al darse los últimos besos de despedida, y dar la última instrucción y ofrecer la postrera oración. Pero, en medio de todo, la fe se elevó preeminente, y creyó que aquel que había librado al niño de los peligros del Nilo, lo guardaría dulce y puro en medio de las maldades y fascinaciones de la corte.

En aquéllos tiempos Egipto debe de haber sido una tierra magnífica. De ello hablan Herodoto y los jeroglíficos. La atmósfera carecía de lluvia; el Nilo traía de lejos el rico suelo de aluvión que producía suficiente trigo para alimentar al mundo; las orillas del río estaban cubiertas de ciudades, aldeas, templos oficiales y todas las evidencias de una civilización avanzada; en tanto que las poderosas pirámides y las figuras colosales alcanzaban hasta cien pies de altura. Siete millones de personas poblaban esa franja verde de territorio y, aunque la gran mayoría de ellos era probablemente pobre e ignorante, las clases altas, especialmente los sacerdotes, se destacaban por su conocimiento de mucho de lo que nosotros sabemos.

Lo mejor de todo eso se vertió en la copa de Moisés. Fue criado en el palacio y tratado como el nieto de Faraón. Cuando tuvo la edad suficiente tal vez fue enviado a ser educado en la universidad que se había desarrollado alrededor del templo del Sol, y que ha sido llamada «la Oxford del Antiguo Egipto». Dios lo estaba preparando de modo maravilloso para los años venideros. Esteban dijo: «Fue enseñado Moisés en toda la sabiduría de los egipcios» (Hechos 7:22). Mucho de eso le sirvió cuando se convirtió en el fundador de un nuevo estado.

Pero Moisés fue más que un estudiante de la nobleza: fue estadista y soldado. Esteban nos dice que «era poderoso en sus palabras y obras»: poderoso en palabras, estadista; poderoso en obras, soldado. Josefo dice que cuando Moisés era todavía joven los etíopes invadieron a Egipto, derrotaron el ejército enviado contra ellos, y amenazaron Menfis. En el pánico se consultaron los oráculos, y por su recomendación se confió a Moisés el mando de las tropas reales. Él tomó inmediatamente el campo, sorprendió y derrotó al enemigo, capturó su ciudad principal, «la ciudad de Meroë rodeada de pantanos», y regresó a Egipto cargado con los despojos de la victoria. Los años se sucedieron unos a otros hasta que llegó a los cuarenta. Las posiciones más elevadas del estado ya estaban abiertas para él, y parecía que el río de su vida continuaría por el mismo lecho, sin desviaciones, solo aumentando el ancho y la profundidad de su caudal.

Pero por debajo de todo eso Moisés siempre tenía presente otro pensamiento que sobrepasaba a todos los demás y crecía en su alma. No podía olvidar que sus padres eran esclavos y que los esclavos que se lamentaban en las ladrilleras bajo el látigo de los capataces eran sus hermanos. Nunca dejó de pensar en ese Dios a quien su madre le había enseñado a orar; y no se podía desembarazar de la impresión de que su destino no estaba en aquél ambiente, sino que debía ligarse de algún modo al cumplimiento de la promesa que con tanta frecuencia había escuchado de los labios maternales.

Con toda la delicadeza posible, le reveló a su benefactora que ya no podía sostener más la posición para la cual lo había criado, ni llamarse hijo suyo, sino que debía volver al destino humilde que le pertenecía por nacimiento.

1. Nótense los nobles ingredientes de esta gran resolución.

a. *Fue tomada en la completa madurez de sus capacidades.* Sin nada que ganar y todo que perder, descendió los peldaños del trono más elevado del mundo.

b. *Fue tomada cuando la fortuna de los hijos de Israel estaba en su ocaso.* Eran esclavos, sufrían aflicciones y reproches. Por palacio Moisés tendría una casucha; por lujo, trabajos forzados y comida desagradable; en vez de respeto y honor tendría odio y desprecio; en vez de los tesoros de Egipto estarían la pobreza y la necesidad; y en vez de estar entre la alta sociedad, la élite, se asociaría con los ignorantes y depravados. Pero con resolución deliberada inclinó la cabeza bajo el yugo, aunque fuera tosco y pesado.

c. *Fue tomada cuando los placeres del pecado parecían más fascinantes.* No ganamos nada con decir que no hay placer en el pecado, pues sí lo hay. Y Moisés no lo ignoraba; sin embargo, en el apogeo de su fortaleza, en la mejor época de su masculinidad, en una corte donde la continencia y la castidad deben de haber sido desconocidas, él se atrevió a renunciar a todo.

d. *Fue tomada con resolución.* Muchos hubieran tratado de retener la prestigiosa posición y de beneficiar a sus hermanos esclavizados al mismo tiempo. Pero no hubo ningún indicio de eso en la gran renunciación que separó a Moisés aun de la mínima asociación con las divertidas y fascinantes expansiones de la vida juvenil.

2. La idea que lo llevó a tal resolución. «Por la fe Moisés ... rehusó». El creyó la promesa hecha a Abraham por Dios: que después de cuatrocientos años de esclavitud su pueblo saldría; y él sabía que ese período estaba para expirar. Él creía que había un destino esperando al pueblo escogido en el futuro lejano. Él creía que había un premio de recompensa esperándolos más allá del dominio y los límites de Egipto, un premio más glorioso que el esplendor refulgente de las más altas recompensas y honores de Egipto.

Pero hizo lo que hizo porque vio por la fe lo que otros ojos no habían visto, ni oídos oído, ni había entrado en corazón de hombre; y siendo estas cosas —esta riqueza y recompensa— mucho mejor que cualquier cosa que Egipto pudiera ofrecer, con alegría emprendió la senda de la aflicción, de la negación de sí mismo, y del reproche que lo llevaban a ellas.

Hijo de Dios, mira lo que hay a tu alcance, si tan solo te atreves a negarte a ti mismo y a tomar tu cruz. ¿Es dura la renunciación? No olvides que Cristo también está contigo en todo. Él conoce cada paso del camino, porque lo ha recorrido con tanta frecuencia en la experiencia de los suyos. No hay solaz para el alma agonizante que sea tan dulce como la mención perpetua de su amado Nombre.

Y ¿quién puede calcular el resultado? Brota el agua a raudal de la peña herida; teniendo como consecuencia de esta gran renunciación un Éxodo y el nacimiento de una nación de hombres libres.

4
LA LIBERACIÓN POR LA FUERZA
Hechos 7:24, 25

Fue un acto de genuino heroísmo cuando Moisés descendió del trono de Faraón para compartir la suerte de sus hermanos. Al mismo tiempo tenía mucho que aprender. Más tarde sería como una mano nervuda, usada y fortalecida por Dios mismo (Salmo 77:20); pero ahora obraba bajo su propio impulso: imprudente, impetuoso, terco. Años más tarde sería el más paciente y menos atrevido de los hombres, consciente hasta el extremo de su propia debilidad, y a cada paso buscando guía y ayuda; pero ahora se apoya completamente en su propio entendimiento y, sin consultar el consejo de Dios, pensó lograr la emancipación de su pueblo a fuerza de voluntad y de tesón.

Pero en él había un santo latente, bien que llevaría largos años de pruebas y solitaria espera para que su naturaleza confiada y fuerte, cediera y se formara como vasija digna del uso del Maestro, apta para toda buena obra.

1. El primer intento de liberación.

a. *Fue producido principalmente por la compasión humana.* Lo primero que hizo Moisés al llegar a Gosén fue visitar a su pueblo en medio de sus trabajos y verlos laborar en las más duras y severas condiciones. La fabricación de ladrillos en los depósitos de arcilla debe ser siempre un trabajo difícil, pero cuánto más cuando el sol egipcio envía sus rayos verticalmente y un capataz está en pie muy cerca con su pesado látigo listo para castigar el más mínimo intento de descanso. Al oír gemir a su pueblo que estaba en esclavitud, y lamentarse bajo el peso agobiador de sus cargas, su alma se llenó de tierna compasión. Pero no pasó mucho antes de que aquélla lástima por su gente se tornara en indignación contra sus opresores. A poco andar acertó a ver a uno de los capataces en el acto de golpear cruelmente a un hebreo; y al presenciar los pesados golpes que caían sobre el cuerpo tembloroso que no ofrecía resistencia, ya no pudo contenerse más y mató al egipcio, procediendo enseguida a enterrar su cuerpo en las arenas más cercanas.

Fue un acto de nobleza, bien intencionado, y por lo menos indicador de la fuerza de las emociones que se encerraban en su pecho. Pero el mero impulso de la lástima nunca habría sido lo bastante fuerte para darle resistencia a través de los fatigados años de marcha por el desierto. Habría cedido ante las repetidas provocaciones de la gente. Nada excepto un gran acopio de paciencia divina podría satisfacer las demandas que se le harían en aquéllos terribles años que se acercaban.

¿No hay aquí una lección para muchos de los obreros de Dios? No han aprendido a distinguir entre la pasión y el principio, ni entre el impulso y el propósito firme. Si nos empeñamos en una empresa definida porque él nos llama a ella, porque se nos pone por delante como un deber por amor a él, o porque somos canales a través de los cuales fluye el torrente constante de la misericordia divina, entonces nos hemos asegurado un principio de acción que nos sostendrá en medio de los desengaños, los fracasos, y la ingratitud. No nos importará cómo nos traten los hombres, pues todo lo hacemos por él.

b. *El primer intento de liberación fue prematuro.* Faltaban todavía cuarenta años para el tiempo que Dios tenía designado para la liberación de su pueblo. La iniquidad de los amorreos no se había colmado, aunque ya estaba para rebosarse (Genesis. 15:16). La educación de Moisés estaba incompleta; se necesitaban por lo menos cuarenta años para quitarle su confianza en sí mismo y su terquedad, y convertirlo en un vaso digno del uso de su Amo y Señor. El pueblo hebreo no había llegado aún al nivel de angustia —al que se hace referencia de manera tan conmovedora— cuando la muerte de su principal opresor parece haber precipitado la situación a una crisis. Fue entonces cuando abandonaron los dioses falsos, que habían estado honrando, para volverse al Dios de sus padres (Éxodo 2:23).

Todos hemos experimentado algo de esta apretura. Como Saúl, en presencia de la invasión filistea, suponemos que no podremos resistir ni una hora más, y nos forzamos a ofrecer el holocausto. Entonces nos mortificamos al ver la figura de Samuel subiendo lentamente por el paso montañoso, mientras el fuego consume las últimas brasas, y nos enfada oír de sus labios la sentencia de deposición por nuestra impaciencia (1 Samuel 13:12-14).

Un golpe dado a tiempo vale más que mil dados con ansiedad prematura. No te toca a ti, ¡oh, alma mía!, saber «los tiempos y las sazones que el Padre puso en su sola potestad»; espera solo en Dios. Espera a las puertas de tu Jericó durante siete días; no emitas ningún sonido hasta que él diga: «Grita»; pero cuando él dé la señal, con el gozoso grito de victoria pasarás sobre los muros caídos de la ciudad.

c. *El primer intento de liberación fue ejecutado con el orgullo de la fuerza humana.* Es natural que Moisés supusiera que podría hacer algo para aliviar la suerte de su pueblo. Él haría tambalear con sus golpes a aquélla nación de opresores, y por supuesto sería reconocido por su pueblo como el libertador enviado por Dios.

Se vio sorprendido rudamente un día cuando salió a continuar la tarea que se había impuesto, y al tratar de arreglar una disputa entre dos hebreos, fue rechazado con el desafío: «¿Quién te ha puesto a ti por príncipe y juez sobre nosotros?» No había esperado nunca tal desprecio de su propio pueblo. Era, pues, evidente que todavía no había llegado la hora de Dios; ni podría llegar hasta que se hubiera aplacado su espíritu con el aire del desierto, y él hubiera aprendido la más dura de todas las lecciones: que «ningún hombre prevalecerá por la fuerza». Tenemos que llegar a reconocer nuestra absoluta incapacidad antes de que Dios pueda comenzar su obra en nosotros. Pero, una vez llegados a ese punto, no hay límite a lo que se puede hacer en una sola vida al pasar por ella el eterno poder de la divinidad.

d. *El primer intento de liberación demostraba la aprensión por el juicio de los demás.* Se nos dice que Moisés «miró a todas partes» antes de matar al egipcio; y cuando se dio cuenta que este hecho de venganza era conocido, temió y huyó (Éxodo 2:12). Pero, suponiendo que él creyera que había sido comisionado divinamente para ejecutar juicio sobre Egipto, ¿se habría preocupado de quién estaba mirando y de lo que se diría? Hubiera seguido completamente indiferente a las alabanzas o a los vituperios de los hombres. Cuando quiera que los hombres miren «a todas partes» para ver lo que otros hombres hacen o dicen, se puede estar completamente seguros de que no saben con certeza cuál es el plan divino para sus vidas.

Solamente ha habido un siervo de Dios perfecto que jamás haya pisado este mundo. Él no estuvo nunca mirando «a todas partes», nunca. Él fue el único que pudo decir: «Porque el que me envió, conmigo está; no me ha dejado solo el Padre, porque yo hago siempre lo que le agrada» (Juan 8:29). Pongamos los ojos en Jesús para que su mirada divina nos llene completamente de su luz admirable.

2. La huida al desierto. La noticia de lo que Moisés había hecho llegó a oídos de Faraón, quien procuró matarlo. Pero Moisés temió y huyó de delante de Faraón. Más tarde, bajo circunstancias similares, se dirá: «...dejó a Egipto, no temiendo la ira del rey» (Hebreos 11:27). Y cuando nos preguntamos la razón de su temeridad, se nos dice que fue «por la fe» que lo hizo, «porque se sostuvo como viendo al Invisible». Pero, si ese fue el caso más tarde, ¿por qué no fue así en la época de que estamos tratando? ¿Por qué no ejercitó la fe en el Dios invisible?

La fe es posible solamente cuando uno está dentro del plan de Dios y descansando en sus promesas. No vale la pena pedir un aumento de fe hasta que se cumplan las condiciones de la fe. La fe es tan natural a las condiciones rectas del alma como la flor lo es a la planta. Y entre esas condiciones esta es la primera: encuentra tu lugar en el plan de Dios y afírmate en él; y esta es la segunda: aliméntate de las promesas de Dios. Cuando se cumple cada una de estas condiciones, la fe se manifiesta de por sí; y no hay absolutamente nada que sea imposible.

Pero como Moisés no estaba en comunicación con Dios, entonces huyó y cruzó el desierto que quedaba entre él y la frontera oriental. Atravesó los pasos montañosos de la península sinaítica, a través de los cuales en años más tarde habría de guiar a su pueblo, y por fin se sentó fatigado junto a un pozo en la tierra de Madián. Allí se manifestó de repente su interferencia caballeresca a favor de las hijas del sacerdote de Madián, quienes al parecer sufrían cada día por la insolencia de los pastores que se apropiaban el agua que las pastoras sacaban para sus rebaños. Aquel día, sin embargo, los pastores encontraron su igual y se vieron obligados a dejar los depósitos de agua a las mujeres, quienes se apresuraron por llegar a casa, sorprendentemente temprano, para contar que el egipcio las había librado de los pastores. Era una buena acción que no podía quedar sin recompensa en aquélla hospitalaria tierra, y le abrió la puerta de la tienda del jefe. Acabó casándose con una de aquéllas mismas pastoras, y se dedicó a la vida pacífica del pastoreo en la vastedad de esa maravillosa tierra que, en más de una ocasión, ha servido como escuela divina.

5
EL COLOQUIO MARAVILLOSO
Éxodo 3:4

1 **Un día memorable.** Comenzó con una mañana como todas. El sol surgió como de costumbre en una neblina débil sobre la expansión de arena, o por encima de las crestas demacradas de las montañas, agrietadas y con farallones. Al despertar del nuevo día, el sol comenzó a brillar en un cielo sin nubes, proyectando largas sombras sobre las llanuras; y enseguida, trepando hacia el cenit, lanzó un rayo de luz exploradora y candente dentro de cada apertura del paisaje allá abajo. Las ovejas pastaban como solían hacerlo en la hierba escasa, o se echaban a rumiar a la sombra de algún peñasco. Así habían sido las cosas durante los últimos cuarenta años, y así amenazaban seguir después que Moisés se hubiera hundido en una tumba oscura y olvidada. Entonces, de repente, una zarza común comenzó a brillar con el emblema de la Deidad, y de su centro de fuego la voz de Dios rompió el silencio de las edades con palabras que resonaron en el oído del pastor como un toque doble: «Moisés, Moisés».

Esta voz habla todavía a los que tienen el corazón sosegado para escuchar. Por indiferencia con nosotros mismos contraemos el hábito de pensar en Dios como el Dios de los muertos, quien habló a los antepasados por medio de oráculos y profetas pero el YO SOY es Dios de los vivientes, que pasa por nuestras concurridas carreteras, se cierne sobre los espacios desérticos, y busca los corazones que estén bastante sosegados de sus propios planes y actividades para escuchar.

Lo más importante para cada uno de nosotros es poder responder a su llamada con la expresión «Aquí estoy». Si ese llamamiento llegara hoy, demasiados de nosotros tendríamos que pedir una espera mientras fuéramos a terminar algún deber abandonado. ¡Oh, quién tuviera ese espíritu libre, sin limitaciones ni compromisos, que estuviera listo a salir en cualquier momento que el Señor señalare!

2. Un anuncio extraordinario. De la zarza salió la voz de Dios, haciendo una fusión armonizando en una declaración magnífica el pasado, el presente y el futuro. El pasado: «yo soy el Dios de tu padre, Dios de Abraham, Dios de Isaac, y Dios de Jacob»; el presente: «Bien he visto la aflicción de mi pueblo que está en Egipto, y he oído su clamor a causa de sus exactores; pues he conocido sus angustias, y he descendido para librarlos»; el futuro: «Ven, por tanto, ahora, y te enviaré a Faraón» (Ex. 3:6-10).

3. La paciencia divina ante la provocación. Al primer arranque de entusiasmo juvenil Moisés fue lo bastante impetuoso para intentar la emancipación de su pueblo con los golpes de su diestra. Pero ahora que Dios le propone enviarlo a dirigir un éxodo, se echa atrás en desmayo, casi petrificado de terror ante tal propuesta. Moisés, quien había corrido delante de Dios con febril impaciencia, ahora se rezaga temeroso detrás de él.

a. *Al principio objetó*: «¿Quién soy yo para que vaya a Faraón? ... Y él respondió: Ve, porque yo estaré contigo». Como si hubiera dicho: «Yo, cuya gloria brilla aquí, que no soy afectado por el paso de los siglos, como este fuego que no se consume; que no necesito sustento ni combustible de los hombres; quien hizo de los padres lo que fueron; cuya naturaleza no puede cambiar, Yo estaré contigo». ¡Qué consuelo tan grande! Parecía decir: «No pasarás ni una hora sin mi compañía; ni una dificultad sin mi cooperación; ni un Mar Rojo sin la ayuda de mi brazo derecho; ni una milla de viaje por el desierto sin el Ángel de mi Presencia».

b. *En la siguiente excusa* Moisés declaró su imposibilidad de responder si se le preguntara el nombre de Dios (v. 13); la respuesta de Dios fue la proclamación del nombre que hace estremecer de emoción el espíritu: JEHOVA: «YO SOY EL QUE SOY». En él tenemos la unidad de Dios con la exclusión de los muchos dioses de Egipto; la inmutabilidad de Dios, quien vive en un eterno presente; el Dios autosuficiente, quien es su único equivalente.

El nombre JEHOVA no era completamente desconocido para Moisés, pues entraba en el nombre de su madre: Jocabed Jehová mi gloria; pero ahora por primera vez fue adoptado como el título único por el cual se conocería a Dios en Israel. El nombre se abrió paso lentamente en la fe del pueblo, y siempre que se emplea nos habla de la autoexistencia y las cualidades redentoras de la naturaleza de

MOISÉS: EL SIERVO DE DIOS

Dios, y está para siempre entronizado en el precioso nombre de nuestro Salvador: JESÚS. Este nombre inspiró toda la vida subsecuente de Moisés y de Israel.

Y para nosotros está lleno de significado. «Este es mi nombre para siempre; con él se me recordará por todos los siglos» (v. 15). Y al revelársenos todo su significado, es como si Dios nos diera un cheque en blanco para que lo llenáramos como quisiéramos. ¿Estamos en la oscuridad? Añadamos al YO SOY las palabras la Luz verdadera; ¿tenemos hambre? *Él* es el Pan de Vida; ¿estamos desamparados? *Él* es el Buen Pastor; ¿estamos fatigados? Shiloh, el Dador de Reposo.

c. *La tercera excusa de Moisés* fue que el pueblo no le creería ni oiría su voz (Éxodo 4:1). Pero Dios respondió de buen ánimo mostrándole milagros que podría realizar en Egipto, y que le darían lecciones muy profundas. «¿Qué es eso que tienes en tu mano? Y él respondió: Una vara». Era probablemente solo un cayado de pastor. Sin embargo, le estaba reservada una gran historia. Debería ser extendido sobre el Mar Rojo para señalar una senda a través de sus abismos, para golpear la roca granítica, y para ganar la victoria sobre las huestes de los amalecitas. Un cayado, cuando está Dios detrás de él, es más poderoso que el ejército más grande.

Al mandato de Dios fue echada la vara a tierra y se convirtió en serpiente. La serpiente desempeñaba un papel muy llamativo en la adoración egipcia, y al zigzaguear en la arena queriendo morder a Moisés, quien huyó de ella, representaba el poder de Egipto por el cual se había convertido en fugitivo. Pero cuando Dios dio la orden, enseguida volvió a ser el cayado en manos de Moisés, cuando este valientemente agarró el venenoso reptil por la cola.

La segunda señal fue aun más significativa. La mano que metió al seno se volvió leprosa, y cuando la metió otra vez quedó limpia y blanca. Era como una respuesta de Dios a su conciencia de la contaminación moral y le enseñó que a través de su gracia perdonadora se podría eliminar tan fácilmente como había sido limpiada su carne.

Y la tercera señal, en la que prometió que el agua del Nilo se convertiría en sangre sobre la tierra seca, estaba llena de presagios terribles para los dioses de ese poderoso país, cuyo pueblo dependía tanto de su río, al que adoraban como dios,

d. *La última excusa que* Moisés alegó fue su falta de elocuencia. «¡Ay, Señor! nunca he sido hombre de fácil palabra ...porque soy tardo en el habla y torpe de lengua» (Éxodo 4:10). Pero Dios estaba dispuesto a responder a esto también con su paciente gracia; y si Moisés tan solo hubiera estado listo para confiar en él, es probable que Dios hubiera añadido los dones de una oratoria espléndida y persuasiva a los otros talentos de que Moisés estaba copiosamente investido.

Pero Moisés no creía, así que al fin Dios terminó la conversación diciendo que enviaría a Aarón con él para que fuera su colega y portavoz. Le habría sido mil veces mejor confiar en Dios para el don de expresarse que ser depuesto así de su primacía. Aarón fabricó el becerro de oro y se convirtió en una espina para el santo de Dios; y probablemente también para sus contemporáneos. Aarón atrajo mayor atención, y se llevó la mayor parte del honor y el crédito de la gran liberación.

4. El consentimiento final. Fue de muy mala gana. Buscamos todas las razones posibles para evadir la voluntad del Señor, sin darnos cuenta de que él nos está sacando a la fuerza de nuestros tranquilos hogares para ponernos en una carrera que puede incluir experiencias maravillosas tales como: el canto de victoria a orillas del Mar Rojo; los dos períodos de cuarenta días a solas y en comunión con Dios; el rostro resplandeciente; la visión de la gloria; el entierro por el arcángel Miguel; y el supremo honor de estar en pie junto al Señor en el Monte de la Transfiguración.

6
DE REGRESO A EGIPTO
Éxodo 4:20

El fuego desapareció de la zarza; la luz más resplandeciente que el brillo del sol se desvaneció; la voz guardó silencio, y Moisés contempló a su alrededor las ovejas que pacían y las montañas majestuosas con la extraña admiración del hombre que despierta de un trance. Esta había sido la hora suprema de su vida, para la cual todos los años anteriores habían sido de preparación, y desde la cual se contarían todos los años por venir.

1. Los primeros pasos hacia el regreso. Moisés se preparó lentamente y con meditación, quizás dolorosamente, para obedecer al llamado celestial. Después de reunir el rebaño, lo condujo a través del desierto, con su austera grandeza, sus espacios deshabitados, y su intenso silencio, a Madián, la sede de su clan, donde los intereses y las voces humanas podrían reafirmarse. «Así se fue Moisés, y volviendo a su suegro Jetro, le dijo: Iré ahora, y volveré a mis hermanos que están en Egipto, para ver si aún viven».

Esta noticia debe haber producido sorpresa y dolor en toda la familia de Moisés, pues parece que habían llegado a estar muy unidos.

Y su ida también incluiría la de su esposa y los muchachos y el niñito de brazos, recién nacido. La respuesta de su suegro fue muy lacónica. «Ve en paz».

Pero aun entonces se tardó en partir. Fue necesario que Dios le enviara un segundo llamado: «Dijo también Jehová a Moisés en Madián: Ve y vuélvete a Egipto, porque han muerto todos los que procuraban tu muerte».

Animado por el segundo llamado, Moisés se preparó para salir hacia Egipto.

Imaginémonos, pues, esa partida. Séfora, sentada sobre el asno, tal vez alimentando al bebé, mientras el esposo y padre caminaba al lado, en su mano el sagrado bastón —solo un cayado de pastor, pero ahora convertido en la vara de Dios— destinado para ser usado en obras de poder trascendente, siempre un recuerdo de lo que las cosas débiles pueden hacer cuando las manejan manos fuertes. En ese viaje ocurrieron tres cosas especiales.

2. Una revelación más. «Y dijo Jehová a Moisés: ...» (v. 21). Y siguió una lista maravillosa de eventos que deberían ocurrir dentro de los meses siguientes, desde la transformación del agua en sangre hasta la muerte de los primogénitos.

Esto estaba en armonía con uno de los más grandes principios del mundo moral y espiritual. solo aprendemos cuando nos proponemos obedecer. Si todavía estás en las tinieblas, la causa es la desobediencia. Has desobedecido a las palabras claras del Señor. Y no podrás volver al cálido y bendito círculo de su presencia manifiesta hasta que vuelvas al lugar donde desobedeciste y, arrepentido, hagas lo que tú sabes es la palabra y la voluntad de Dios. Luego, cuando empieces a obedecer, la voz de Dios te saludará una vez más con aquél tono por tanto tiempo conocido.

3. Un rito preparatorio. Parece que Moisés fue atacado en la posada por una enfermedad repentina que lo puso a punto de morir. Nos da la impresión de que por alguna razón Moisés no le había hecho el rito de la circuncisión a uno de sus hijos, tal vez al recién nacido. Y, mientras se debatía entre la vida y la muerte, se le vino a la mente lo de la circuncisión, y se vio obligado a insistir en que se celebrara el rito.

Era una cosa relativamente insignificante o trivial a los ojos de los hombres, pero no hay pequeñeces en las relaciones entre Dios y los hombres. De modo que se hace esperar a Moisés en el umbral de la gran empresa de su vida porque no se había administrado el rito de la circuncisión a un niñito. Podemos estar conscientes de haber sido enviados a hacer una gran obra para Dios, y sin embargo dejar de realizar algún deber pequeño que conocemos; y la desobediencia impedirá nuestro progreso, como la piedra en el zapato del viajero andante. Como Moisés iba a ser usado de modo tan eminente, Dios lo puso a prueba a través de la más severa disciplina. Anímate, hijo de Dios que sufres. Él te castiga porque te ama y está a punto de usarte. La incompatibilidad que demostró Séfora, después de realizar el rito, parece haberle hecho pensar a Moisés que no era prudente llevarla consigo; y, evidentemente, parecía mejor que ella viviera tranquilamente con su propia gente hasta que se llevara a cabo la obra de emancipación. Más adelante vemos que «Jetro el suegro de Moisés, con los hijos y la mujer de este, vino a Moisés en el desierto, donde estaba acampado junto al monte de Dios» (Éxodo 18:5).

4. Una alianza fraternal. Moisés se recuperó de su enfermedad, pero se sentía solo pues había enviado a su esposa e hijos de regreso. No obstante, emprendió de nuevo el viaje, caminando por las sendas de arenisca roja por las que había pasado hacía ya cuarenta años. Pero, todo parecía muy diferente; él era una persona cambiada. Ya no era el hombre desanimado, doliéndose con el recuerdo de los fracasos recientes, sino que era fuerte en el Señor, consciente de una gran misión y de la presencia de un ángel que iba con él que podría enfrentarse a cualquier emergencia.

Y sabía que el mismo poder que lo hacía seguir hacia adelante traía hacia él al hermano que no había visto en los últimos cuarenta años. Dios dispuso las cosas de tal modo que se encontraran en el Monte de Dios, donde había ardido la zarza y la voz de Dios había llamado a Moisés del pastoreo de rebaños a convertirse en el pastor de una multitud de gentes. ¡Qué saludos tan efusivos! «Le besó». ¡Qué confidencias! «Entonces contó Moisés a Aarón todas las palabras de Jehová que le enviaba». ¡Cuántas preguntas se hicieron, mientras el exiliado pedía noticias de aquéllos a quienes tanto amaba.

7
FRACASO Y DESENGAÑO
Éxodo 5:22, 23

Conversando en amor fraternal, los dos nobles y venerables hermanos llegaron a Egipto. En respuesta al mandamiento divino procedieron a citar a los ancianos de Israel a una conferencia, en la cual presentaron sus credenciales y relataron el mensaje divino que se les había encomendado.

1. La entrevista con los ancianos. Debe de haber sido una reunión extraordinaria, tal vez la primera en su clase que jamás haya habido. Cuando todos estaban reunidos, Aarón, a nombre de Moisés, quien probablemente se quedó en pie junto a él sin decir palabra, recitó las magníficas palabras dichas en la zarza (Éxodo 3:16-22). Pero no sabemos cómo las recibieron.

En este punto, los hermanos posiblemente presentaron las señales que Dios les había dado: la serpiente se convirtió en el cayado; la mano leprosa fue restaurada a su forma natural; el agua del río se convirtió en sangre al verterla sobre la tierra (Éxodo 4:2-9). Todo esto logró convencer y desde aquélla reunión las noticias se regaron por toda la nación, susurradas de casa en casa y de esclavo a esclavo entre los hornos de las ladrilleras.

2. La audiencia con Faraón. El próximo paso de los hermanos era ir a Faraón con la demanda de que dejara ir al pueblo a celebrar una fiesta en el desierto. Hacían esto según las instrucciones divinas (Éxodo 3:18), además de ser una solicitud razonable. No se dijo todo lo que querían, pero por cuanto ya se sabía que Faraón no concedería nada, se puso mucho cuidado de no darle una excusa para decir que sus exigencias eran absurdas.

La escena tal vez tuvo ocasión en una sala de audiencias de algún espléndido palacio. Moisés debe de haber experimentado una confusión de sentimientos al entrar como suplicante a los edificios donde había desempeñado un papel tan destacado en otros años. Y luego Aarón y él expresaron las palabras que resonaron como un tronido a través de la audiencia. «Jehová el Dios de Israel dice así: Deja ir a mi pueblo a celebrarme fiesta en el desierto».

Para apreciar mejor la audacia de la demanda hecha, debemos recordar que los monarcas egipcios tenían poderes y autoridad absolutos. Además, el monarca actual había ganado muchas victorias recientes a través de sus generales, y estos éxitos habían ensanchado mucho su arrogancia y orgullo, de modo que respondió a la demanda divina con un paroxismo de burla altanera: «¿Quién es Jehová, para que yo oiga su voz y deje ir a Israel? Yo no conozco a Jehová, ni tampoco dejaré ir a Israel».

La clave de su respuesta está en las palabras «para que yo oiga su voz», es decir, «que obedezca». Esto fue lo que más le dolió. Él también era considerado como un dios. ¿Quién era ese otro Dios que se atrevía a hacer tal demanda? Un Dios de cuya existencia hasta ese momento no sabía nada. El Dios de un montón de esclavos. ¿Cómo se atrevían a hablar de su miserable Deidad en su presencia?

Los hermanos respondieron a su explosión de enojo con la reiteración de su mensaje, contando cómo el Dios de los hebreos los había encontrado, y solicitando en tono más afable que se les permitiera hacer lo que él había pedido. Pero el rey rehusó. Volviéndose severamente hacia los dos hermanos, los acusó de estorbar las labores del pueblo y les mandó a hacer su parte del trabajo en los depósitos de arcilla o en los hornos de las ladrilleras: «Moisés y Aarón, ¿por qué hacéis cesar al pueblo de su trabajo? Volved a vuestras tareas». ¡Qué burla tan amarga había en esa última oración! Los labios reales se torcieron con mofa al expresarla. Y así terminó la audiencia y los hermanos pasaron por los concurridos corredores en medio de las risas burlonas de los cortesanos. Unos meses más tarde habría que montar una escena muy diferente, cuando llegaren las noticias de la derrota del monarca en el Mar Rojo.

3. Fracaso y desengaño. Ese mismo día el palacio emitió una nueva orden, emanada del propio Faraón, para los capataces del pueblo. Y probablemente, antes de caer la noche, ya habría pasado el mensaje a los supervisores puestos de entre los mismos hebreos, quienes eran responsables por la entrega diaria de cierta cantidad de ladrillos: Ya no recibirían más paja, pero se debería mantener la misma cuota diaria de producción.

Después siguió un período de terrible angustia. Los supervisores hebreos les pidieron a algunas personas que se esparcieran por el campo a recoger paja de prisa. Mientras tanto urgirían a los demás a compensar con más esfuerzo la ausencia de los recogedores de paja. Todos producían al máximo. Desde la salida hasta la puesta del sol toda la nación hebrea trataba de hacer lo imposible bajo el sol ardiente y sin un momento de descanso. Y, aun así, cuando se contaban los ladrillos, todavía faltaban para llenar la cuota. En vano los apremiaban los capataces, diciendo: «Acabad vuestra obra, la tarea de cada día en su día, como cuando se os daba la paja». Nada se conseguía con golpear, a veces hasta la muerte, a los cuadrilleros de los hijos de Israel, quienes habían sido puestos por los capataces de Faraón.

Finalmente, los israelitas ya no pudieron aguantar más, y se decidieron a hacer una apelación directa a Faraón. «Los capataces de los hijos de Israel vinieron a Faraón y se quejaron» (Éxodo 5:15). Fue un día amargo para los dos hermanos, Moisés y Aarón, cuando el pueblo decidió obrar por su propia cuenta y, sin su mediación, se fueron directamente a Faraón para rogarle que los restituyera al estado en que se encontraban antes de esa desastrosa, aunque bien intencionada, interferencia. Pero evidentemente era mejor que Moisés y Aarón esperaran fuera del palacio los resultados de la entrevista (v.20). Sucedió exactamente como se esperaba, pues el rey no escuchó su solicitud. «Y él respondió: Estáis ociosos, sí, ociosos. y por eso decís: Vamos y ofrezcamos sacrificios a Jehová. Id, pues, ahora y trabajad. No se os dará paja, y habéis de entregar la misma tarea de ladrillo» (vs. 17-18). Y así salieron de delante de Faraón, en el colmo de la agonía, temerosos de la muerte lenta por cansancio y látigo que, al parecer, le esperaba a toda la nación; y como encontraron a Moisés y Aarón allí, derramaron sobre ellos toda la amargura de sus espíritus. Debe de haber sido una experiencia desgarradora el oír de aquéllos labios los reproches más duros que podían expresar, cortantes como cuchillos: «Mire Jehová sobre vosotros, y juzgue; pues nos habéis hecho abominables delante de Faraón y de sus siervos, poniéndoles la espada en la mano para que nos maten» (v. 21).

Era necesario que Moisés, Aarón, y los hebreos se dieran cuenta de que su caso era desesperado, para que se apoyaran solamente en el brazo del Dios vivo y siguieran adelante dependiendo solo de él. Era necesario que vieran que no podrían mejorar su posición por sus propios esfuerzos.

4. El recurso del alma frustrada. «Entonces Moisés se volvió a Jehová, y dijo: Señor, ¿por qué afliges a este pueblo? ¿Para qué me enviaste?» (v. 22). La agonía de espíritu por la que pasó Moisés debe de haber sido como muerte para él. Murió a su amor propio, a sus planes imaginarios, al orgullo de sus milagros, al entusiasmo de su pueblo, a todo lo que le gusta a un caudillo popular. Postrado allí solo delante de Dios, creyendo que estaba perdiendo el tiempo, deseaba estar de regreso en Madián. Pero era como un grano de trigo que cae al suelo para morir, para ya no estar solo sino para llevar mucho fruto.

Es una enseñanza para todos nosotros. Dios debe bajarnos antes de poder levantarnos. Hay que vaciar antes de llenar. Debemos llegar a la terminación de nosotros mismos antes que Dios pueda comenzar su obra en nosotros. Pero, ¡Qué comienzo tan maravilloso el que hace! «Jehová respondió a Moisés: Ahora verás lo que yo haré a Faraón; porque con mano fuerte los dejará ir, y con mano fuerte los echará de su tierra» (Éxodo 6:1). Y al sonar en sus oídos esas palabras de ánimo y promesa, debe de haber olvidado las miradas torcidas y las palabras amargas del pueblo, y entrado a un mundo nuevo de esperanzas sosegadamente. La liberación era segura, aunque había aprendido que no dependía de nada que él pudiera hacer, sino del Dios todopoderoso, quien se había anunciado a sí mismo como el YO SOY.

8
EL AMOR DE DIOS DEMOSTRADO EN LAS PRIMERAS CUATRO PLAGAS
Lamentaciones 3:32

Moisés había acudido desolado a Dios, con su historia de fracaso y vergüenza. «¿Por qué afliges a este pueblo? ¿Para qué me enviaste?»

Pero no hubo regaño, ni reprimenda de parte de su fuerte y fiel Amigo, quien conocía su debilidad y se acordaba de que era solamente polvo. «Jehová respondió a Moisés: Ahora verás lo que yo haré a Faraón».

Cuando Moisés hubo llegado al punto más bajo de su confianza en sí mismo, en que todo esfuerzo humano había fracasado, entonces el eterno y siempre glorioso Dios iba a obrar. Él no le da su gloria nadie más.

El tiempo de depresión para el desanimado siervo de Dios es siempre ocasión de promesas. Entonces Dios se da un nombre nuevo (Éxodo 6:3); luego deja entrever el significado de sus relaciones con ellos en el pasado (v. 4); a seguidas revela la simpatía de su corazón, que puede detectar gemidos inarticulados (v. 5); y por último, como no puede jurar por otro, se compromete con una garantía de siete puntos (vs. 6-8).

Dios siempre enlaza la obediencia con las promesas. El propósito de la promesa es incitar a la acción. Oímos las promesas que conmueven nuestros espíritus, de modo que podemos pasarlas a otros. Por tanto, Moisés recibe la comisión otra vez de hablar primero a los hijos de Israel, y luego a Faraón, rey de Egipto. El día que recibió el llamamiento en la tierra de Egipto debe de haber sido un día tan memorable como cuando lo recibió antes en el desierto de Sinaí (Éxodo 6:28). Dios no habla solamente en la quietud de la vida del ermitaño sino también en medio de la agitación de las actividades diarias y de la presión de las multitudes.

Los dos hermanos necesitaron de un valor especial para emprender este ministerio; su pueblo estaba demasiado quebrantado con la angustia del espíritu y las esperanzas fallidas, para ponerle mucha atención a lo que se les decía, especialmente cuando los que hablaban eran la causa del aumento de su carga. Y, en cuanto a Faraón, era ocioso suponer que lo conmoverían los labios que no podían fascinar los oídos de los hebreos. Pero no era hora de parlamentos. No cabía duda de lo que era su deber; no debía por tanto haber vacilación en su obediencia.

Al principio de la entrevista, como se esperaba, Faraón les pidió las credenciales, que ellos dieron como Dios les había indicado. Pero la evidencia quedó neutralizada cuando los magos la imitaron. Es significativo que la vara de Aarón se comiera las otras, pero la gran cuestión tenía que decidirse en un campo más amplio y por medio de una serie de señales más extraordinarias.

Debemos considerar por un momento el principio que hay bajo el tratamiento que Dios le da a Faraón, especialmente en las primeras plagas. Entonces no será difícil ver la operación de los principios externos de la justicia y el amor divinos en los asombrosos golpes que el Poder del cielo asestó a Faraón y a su tierra.

1. El amor de Dios. En todo tiempo y lugar Dios es amor. Y ciertamente debemos creer que Faraón estaba incluido en el amor que dio a Jesucristo al mundo. Por lo tanto, debe ser posible encontrar un indicio que reconcilie el amor de Dios que se cernía sobre Faraón y su tierra, con la aparente dureza que infligieron las plagas sucesivas. Y nos ayudará a entender si recordamos que hay una diferencia marcada entre las primeras cuatro plagas y el resto de ellas. Al principio del tratamiento dado al tirano, casi parece que Dios se ha propuesto responder la pregunta: «¿Quién es Jehová para que yo oiga su voz?» y quitar la ignorancia de la que se quejó cuando dijo: «Yo no conozco a Jehová». Hubiera sido imposible esperar que en una sola semana Faraón aceptara los mandamientos de uno cuyo nombre era expresado en su presencia por primera vez por los representantes de una nación de esclavos. Y entonces Dios se dispuso a demostrar que los dioses de los paganos no lo eran y que, aunque había sido tolerante en los tiempos de ignorancia del pasado, había llegado la hora en que ordenaba a todos los hombres en todas partes que se arrepintieran. Y esto tanto a Faraón en su trono; como al sacerdote en su templo, y al esclavo en su casucha.

«¿Quién es Jehová?» Él es el Dios de la naturaleza a cuya orden el Nilo deja de bendecir a sus devotos para maldecirlos; por cuyo mandato los objetos de adoración de Egipto se convierten en aversión y abominación y hacen que la tierra despida olores putrefactos; que a la manifestación de su voluntad los cuerpos de los sacerdotes quedan cubiertos de piojos que se burlan de lo que la navaja y el agua puedan hacer para exterminarlos, y a cuya llamada los escarabajos sagrados corrompen la tierra. «No lo conozco». Él es el Dios que habla a través de voces humanas; el Dios de los ancianos; el Dios de aquéllos apesadumbrados siervos; el Dios que no podía arrepentirse del pacto que había hecho con ese pueblo doliente; el Dios de la redención y la eternidad.

2. La fe de Moisés. Aunque es cierto que el amor de Dios estaba en acción, buscando revelarse a Faraón por medio de las plagas, debemos no obstante recordar siempre que la fe de Moisés desempeñó un papel importante con respecto a las mismas. A través del conflicto que resultó en la emancipación de Israel, Moisés estuvo en estrecha comunicación con Dios, quien estaba siempre presente vívidamente en su alma. Moisés se preocupaba mucho más de la presencia y poder de Jehová que de la majestad y autoridad del rey más grande de aquéllos tiempos. Por tanto, fue a través de la fe de Moisés, como medio e instrumento, que Dios actuó con su mano poderosa y brazo extendido. Así como la electricidad debe tener un alambre que la conduzca, así también el sublime poder de Dios demanda el órgano de nuestra fe. Por muy poca que sea, toda la divinidad puede pasar a través de la delgada fe de un hombre muy indigno, así como el océano podría pasar a través de un canal estrecho. Con estas consideraciones vamos a estudiar las primeras cuatro plagas y la manera en que Dios muestra su amor en ellas.

3. Las plagas. *El río de sangre.* Una mañana, poco después de los sucesos ya descritos, Faraón, acompañado de altos funcionarios, cortesanos, y sacerdotes, bajó al río para realizar sus abluciones acostumbradas o para adorar. A la orilla del río estaba Moisés esperándolo. No había incertidumbre ahora en la orden perentoria: «Jehová, el Dios de los hebreos, me ha enviado a ti, diciendo: Deja ir a mi pueblo, para que me sirva en el desierto». Las palabras siguientes confirman lo que ya se ha dicho del propósito de Dios al enviar las plagas: «En esto conocerás que yo soy Jehová».

La demanda fue recibida con un gesto de desprecio o con un silencio imperturbable; y como no había alternativa, Aarón golpeó el agua con la vara en presencia de la corte. Se produjo un cambio instantáneo en la apariencia y la naturaleza del agua. Se convirtió en sangre. De orilla a orilla, se movían las sangrientas olas, hora tras hora, día tras día, hasta que pasó una semana. Los peces muertos flotaban en la superficie. El aire apestaba por la corrupción. Y los efectos del prodigio se extendieron por todas las piscinas, reservas de aguas, y cisternas, en los lugares de recreo público y también en los hogares del pueblo. No había agua en toda la tierra, con excepción de la escasa provisión obtenida al perforar pozos poco profundos para recoger el agua salobre de la superficie.

De algún modo los magos imitaron la maravilla; y Faraón posiblemente pensó que Moisés y Aarón estaban practicando algunos trucos.

Las ranas— Deben de haber pasado solo unos pocos días después de la primera plaga cuando Moisés y Aarón renovaron su demanda de emancipación, y le dijeron al rey la pena que le esperaba si rehusaba. Pero no hubo respuesta, ni propuesta, y les cayó el golpe inevitable.

De repente la tierra se llenó de ranas. Salieron del río por miríadas, hasta que el propio suelo parecía vivo por el movimiento de la multitud de ranas y era imposible caminar sin pisar docenas de ellas. Había ranas en las casas, en las camas, cocidas con la comida en los hornos, dentro de la masa para hacer el pan; las ranas invadían el ambiente con su monótono croar; ranas de pieles frías y delgadas por todas partes: desde la noche hasta la mañana, desde la mañana hasta la noche, ranas, ranas, ranas. Y lo más grave de la plaga consistía en el hecho de que la rana era el emblema de la diosa de la fertilidad, y por lo tanto era un sacrilegio destruirla.

Esta plaga produjo en Faraón la primer señal de capitulación. Envió por los hermanos y les imploró sus oraciones para que se le quitara el castigo, prometiéndoles que el acatamiento a su solicitud aseguraría la liberación: «Dejaré ir al pueblo». Para exaltar la supremacía y el poder de Dios, Moisés le pidió al monarca que le indicara cuándo orar para la supresión de la plaga, y luego se fue a clamar al señor: «Clamó Moisés a Jehová ...e hizo Jehová conforme a la palabra de Moisés».

Es de notar que, aunque los magos imitaron la salida de las ranas, es evidente que fueron incapaces de quitarlas; y, en realidad, parece que el rey no les pidió ayuda. Pero Faraón aprendió la lección de que Jehová estaba por encima de todos los dioses, y de que solo él podía obrar de acuerdo con su voluntad.

Los piojos— Los egipcios eran muy escrupulosos en sus hábitos de limpieza personal, como lo somos nosotros ahora. Y los sacerdotes lo eran de modo especial. Se bañaban con mucha frecuencia, y se afeitaban de continuo para que la falta de limpieza no los incapacitara para sus deberes sagrados. Fue muy grande su horror, pues, cuando el mismo polvo de Egipto parecía hervir de piojos, y se dieron cuenta de que no estaban exentos de la plaga, que era tan dolorosa como aborrecible para su delicada sensibilidad.

Tal vez hay algo más que salta a la vista en las palabras «hubo piojos tanto en los hombres como en las bestias». Esta odiosa peste estaba no solo en los cuerpos de los sacerdotes sino también en los de las bestias sagradas. Todos los santuarios reverenciados se enorgullecían de tener un toro o un macho cabrío sagrados, cuya lustrosa piel se limpiaba con cuidado reverente; y era una gran calamidad que resultara infestado de este asqueroso parásito. Así hizo juicio Dios sobre los dioses de Egipto. Los magos mismos parece que pensaron que esta plaga era una señal de la obra de un poder superior al que ellos conocían, y aun urgieron a Faraón para que considerara que este era el efecto del dedo de Dios.

Los escarabajos o moscas— No se sabe con certeza lo que se quiere decir con la palabra traducida «moscas». Y, aunque es posible que se haya traducido correctamente, es igualmente posible que corresponda a cierta clase de escarabajo, que era el emblema del dios sol. Su deidad más poderosa parecía haberse vuelto ahora contra ellos. Los escarabajos cubrían los campos, invadían las casas, y dañaban el producto de la tierra.

La separación de la plaga entre la tierra de Egipto y la de Gosén, donde moraban los hijos de Israel, ponía muy en claro que este no era un prodigio puramente natural. Y quizás esto obró en el corazón de Faraón como nada más antes, pues estaba dispuesto a dejar que los israelitas sacrificaran en la tierra. Era una concesión que Moisés no podía aceptar, pues los israelitas se verían obligados a sacrificar para los holocaustos los animales que los egipcios consideraban sagrados, y al herir sus sentimientos podrían provocar una explosión de violencia. Faraón cedió a esta razón, y prometió dejarlos ir si se iban muy lejos, con la condición de que Moisés lograra el cese de la plaga: «Y Jehová hizo conforme a la palabra de Moisés».

9
DESARROLLO DEL CARÁCTER DE MOISÉS
Hebreos 3:2

Si estuviéramos contando la historia del Éxodo, estaría en orden estudiar en detalle el desarrollo sucesivo de las plagas. Pero hemos de enfocar toda nuestra atención en Moisés, cuya figura crece ante nuestros ojos de manera maravillosa. En tal vez unos pocos meses, pasó de la timidez y vacilación que lo caracterizaban en Madián a la sublimidad moral que lo convirtió en un «gran varón en la tierra de Egipto», admirado a la vez por los altos oficiales de la corte y por el pueblo en general (Éxodo 11:3).

Podemos observar este desarrollo del carácter de Moisés a través de las plagas restantes, y al hacerlo así descubriremos que los secretos del crecimiento de su personalidad consisten en la obediencia instantánea e indubitable, indiferencia firme hacia el qué dirán, fortaleza de propósito, paciencia constante, valor invencible, fe y oración perseverantes.

Plaga— A principios de su ministerio Moisés le hacía muchas preguntas a Dios antes de emprender la realización de las comisiones divinas: «¿Quién soy yo para que vaya a Faraón?» «¿Cómo, pues, me escuchará Faraón, siendo yo torpe de labios?» Se necesitaba mucha persuasión e instancia para que él cumpliera las órdenes de Jehová.

Pero todo eso se había desvanecido ahora. Había estado en la presencia del rey por lo menos siete veces, cada una portador de muy duras noticias, y el Faraón y sus cortesanos lo aborrecían cada vez más. Aunque su comparecencia allí no había tenido éxito hasta entonces en el propósito de conseguir lo que Dios le había pedido, no mostró inseguridad ni duda cuando por la octava vez el Señor le dijo que se presentara en el palacio para exigir la emancipación del pueblo bajo pena de la plaga del ganado.

La plaga apareció en el tiempo ordenado, «y murió todo el ganado de Egipto». El ganado que se alimentaba en las verdes vegas del Nilo; los caballos de los ricos, que le daban tanta fama a Egipto; los asnos de los pobres; los camellos que transportaban las mercaderías de Egipto a países lejanos, en intercambio por especias, mirra, y bálsamo (Génesis 37:25); Los bueyes que araban los campos; las ovejas, que constituían una porción tan grande de sus riquezas, sobre todos cayó la plaga. La tierra quedó plagada de muerte; los ricos terratenientes se empobrecieron; los pobres sufrieron severamente; millares de pastores y conductores de caravanas quedaron inmediatamente sin trabajo; la rutina de la comunicación comercial se interrumpió seriamente. La plaga no daba señales de tregua. Entretanto el cuidado de Dios por los suyos se veía claramente en el cordón protector que había puesto alrededor de Gosén, con respecto a lo cual se dijo: «Mas del ganado de los hijos de Israel no murió uno».

Sarpullido con úlceras— Para evaluar la obra de un hombre debemos siempre considerar su carácter. Debe de haber requerido un mayor esfuerzo de parte de Moisés el ser el portador de tales juicios y el objeto de un odio tan intenso que el que hubieran necesitado otros hombres. El que había cuidado ovejas durante cuarenta años debía poseer el tierno corazón de un pastor. Y debe de haber sido muy duro para él que se le usara como agente para infligir castigos tan dolorosos.

Pero no se acobardó. No le correspondía aspirar a ser más compasivo que Dios, y por lo tanto cuando se les dijo a él y a Aarón que tomaran puñados de ceniza y la esparcieran por el aire, para que se convirtiera en una fuerza que produjera sarpullido con úlceras en los hombres y en las bestias, no dudó. Con puñados de ceniza se acercó a Faraón en cierta ceremonia pública, cuando este y sus magos estaban reunidos al aire libre, y esparció por el aire el liviano polvo gris. Tuvo un efecto tan inmediato que «los hechiceros no podían estar delante de Moisés a causa del sarpullido, porque hubo sarpullido en los hechiceros y en todos los egipcios» (Éxodo 9:11).

El granizo— A medida que se suceden las plagas, Aarón va desapareciendo de la escena. En las primeras tres plagas el Señor le dijo claramente a Moisés: «Di a Aarón» (7:19; 8:5, 16). En la cuarta (8:20) y la quinta (9:1), la palabra vino a Moisés solamente. En la sexta el mandamiento es para los dos (9:8), pero en la séptima, la orden se da a Moisés exclusivamente otra vez. «Jehová dijo a Moisés: Extiende tu mano hacia el cielo, para que venga granizo» (v. 22). Y lo mismo ocurrió con la plaga de las langostas (10:12), y de las tinieblas que se podían palpar (10:21). No se nos dice la causa de este cambio. No parece que Aarón hubiera perdido su posición por mala conducta. De todos modos, Moisés fue tomando la vanguardia como el esgrimidor de la vara milagrosa y el emancipador de Israel.

En el presente caso, parece también que Moisés había adquirido en grado sorprendente el poder del habla. Aquella lengua tartamuda se convirtió en el canal de una elocuencia poco común, y sus labios se encendieron con inesperado fuego. Sucedió como si de repente se hubiera sentido capaz de poner a un lado la mediación de Aarón, y reclamar las palabras que el Todopoderoso había prometido poner en su boca.

A Faraón se le dio una advertencia muy solemne esa mañana temprano, pero en vano. Se había endurecido deliberadamente y con tanta frecuencia que ahora tanto la advertencia como el pedido parecían endurecer su corazón aun más.

Entonces comenzó la tempestad. Al levantarse la vara, se movieron vastas nubes de tormenta desde el mar y cubrieron la tierra. Vertieron su contenido de truenos, granizo, y fuego. Las tormentas de cualquier clase son extrañas en Egipto, y esta fue: «Tan grande, cual nunca hubo en toda la tierra de Egipto desde que fue habitada» (9:24). Pero de todo esto quedó libre la tierra de Gosén.

Durante la tormenta de granizo Moisés y Aarón fueron llamados a presentarse delante del rey para oír por primera vez de sus orgullosos labios la confesión de pecado (Éxodo 9:27), y también la súplica apremiante de que hicieran cesar los poderosos truenos y el granizo que sacudían el palacio y la ciudad. Pasando incólume a través de la tormenta, Moisés atravesó las puertas de la ciudad y se dirigió al campo abierto. Con las manos extendidas intercedió por la tierra de los opresores de su pueblo y Dios escuchó su petición, de modo que los truenos y el granizo cesaron y «la lluvia no cayó más sobre la tierra» (v. 33).

Las langostas— El tono de la oratoria de Moisés iba en aumento con cada plaga. Hasta ahora se había contentado con repetir su petición, pero ahora, como el rey no había cumplido su palabra, las relaciones entre ellos se habían alterado. Faraón había perdido todo derecho a su respeto. Había hecho muchas promesas que no había cumplido. Moisés cambió de tono, y ya no lo trató como a un soberano sino como a un pecador. Habló directamente al orgulloso y obstinado corazón del rey: «Jehová el Dios de los hebreos ha dicho así: ¿Hasta cuándo no querrás humillarte delante de mí?» (10:3). El castigo por su persistente demora sería una plaga de langostas.

Los egipcios sabían bien el peligro que representaba la plaga de langostas, de modo que los siervos de Faraón intercedieron ante el rey para que obedeciera a la exigencia de los caudillos hebreos. Era mejor perder una nación de esclavos —decían— que poner la tierra en peligro.

Ante la sugerencia de sus siervos, Faraón propuso una concesión. Estaba dispuesto a dejar ir a «los varones», y los amenazó si no aceptaban su propuesta. Pero los hermanos no vacilaron en rechazarla al instante. No podía ser. Todos debían salir: Jóvenes y viejos, hijos e hijas. Nadie debía estar ausente de la gran asamblea, que debía convocarse en algún lugar del desierto para hacerle fiesta a Jehová. La corte nunca había oído que nadie se dirigiera a Faraón de tal manera, ni él podía tolerar ese intrépido discurso. Entonces, a su señal, fueron echados de su presencia.

Pero las langostas vinieron con un viento oriental que, soplando desde el desierto, había soplado sobre la tierra durante todo el día y toda la noche. «Al venir la mañana el viento oriental trajo la langosta». Su multitud llenaba el aire y cubría literalmente la tierra. La superficie verde quedó oscurecida con sus cuerpos pardos y desapareció al instante todo indicio de verdor de los campos, de los árboles frutales, y de las abundantes hierbas a las que eran tan aficionados los egipcios. Los animales habían perecido antes; ahora el producto agrícola. De seguro con la próxima visita del Señor quedaría destruida la existencia humana. Lleno de pánico, el rey envió por los hombres a quienes hacía poco había expulsado de su presencia. Confesó que no solo había pecado contra Jehová, sino también contra ellos, y suplicó que se quitara la plaga. Como respuesta a la intercesión de Moisés: «Jehová trajo un fortísimo viento occidental, y quitó la langosta y la arrojó en el mar Rojo; ni una langosta quedó en todo el país de Egipto» (v. 19). Pero una vez más el Faraón tampoco cumplió su palabra.

Las tinieblas— Sin anuncio previo, las tinieblas cayeron como un féretro sobre la tierra: «Tanto que cualquiera las palpe». «Ninguno vio a su prójimo, ni nadie se levantó de su lugar en tres días». Todas las actividades del país quedaron paralizadas. Los más valientes desmayaban de terror.

Cuando la plaga pasó, el monarca llamó a los hermanos por última vez e hizo un último y desesperado esfuerzo por llegar a un arreglo. El pueblo se puede ir —dijo—, pero deben quedarse los rebaños de vacas y ovejas. Pero Moisés vio la astucia de esa propuesta y la hizo añicos: «Nuestros ganados irán también con nosotros; no quedará ni una pezuña». Es evidente que los necesitaban para los sacrificios (v. 25). Una vez más el orgulloso espíritu del rey, habiendo perdido el temor debido a las repetidas desgracias, y sin haber aprendido nadade la severa disciplina del dolor, estalló con violencia y dijo, como exasperado más allá de lo que podía soportar: «Retírate de mí; guárdate que no veas más mi rostro, porque en cualquier día que vieres mi rostro, morirás» (v. 28).

Con tranquila dignidad, como conviene al embajador de Dios, «y Moisés respondió: Bien has dicho; no veré más tu rostro» (29). Pero al retirarse de la presencia real, dijo: «Jehová ha dicho así: A la medianoche yo saldré por en medio de Egipto, y morirá todo primogénito en tierra de Egipto» (11:4, 5).

Y fue así como la caña doblegada de Madián se convirtió en una roca contra la cual se estrellaba en vano la tempestad; el hombre que había huido del palacio con temor, se paseaba por sus patios como un rey; y la débil fe que lo hizo correr ante la vara convertida en serpiente se fortaleció lo suficiente para esgrimir los rayos del cielo y para llevar a la tierra de Egipto al borde de la destrucción.

10
PREPARACIÓN PARA EL ÉXODO
Éxodo 12:41

Las primeras tres plagas cayeron igualmente sobre los hijos de Israel y sobre los egipcios, pero cuando los hermanos amenazaron a Faraón con la cuarta, se les comisionó en el nombre de Dios para entregar este otro mensaje: «Aquel día yo apartaré la tierra de Gosén, en la cual habita mi pueblo» (8:22). Y desde aquélla hora los hijos de Israel quedaron exentos de las terribles plagas que desolaron a Egipto. La plaga no destruyó sus ganados. Ni el sarpullido con úlceras afectó a las personas. La tempestad no barrió sus campos. Las langostas no devoraron sus cosechas. Las tinieblas no les ocultaron el sol. De ese modo los hebreos tuvieron mucho tiempo para prepararse para ese Éxodo que Moisés por lo menos sabía que estaba cerca.

MOISÉS: EL SIERVO DE DIOS

Al estudiar ese extraño y maravilloso episodio, nunca debemos olvidar la claridad que le presta el famoso versículo que dice: «Por la fe celebró la pascua y la aspersión de la sangre, para que el que destruía a los primogénitos no los tocase a ellos» (Hebreos 11:28). La importancia de este versículo estriba en el hecho de que atribuye la celebración de la pascua, la aspersión de la sangre sobre los dinteles y postes de las entradas de las casas hebreas, y la inmunidad del pueblo hebreo al efecto de la fe heroica que ardía tan firmemente en el alma de este hombre sencillo. Su obediencia total se podía equiparar solo a lo categórico de la fe firme que se atrevía a confiar en las promesas de Dios.

1. Su fe estaba basada en las promesas. En el diez del mes en curso el jefe de cada familia, esclavo o anciano, debía elegir un corderito, libre de enfermedades y defectos. solo si la familia era tan pequeña que no bastara para comer un cordero podría unirse a los vecinos. Se debía guardar el cordero desde el diez hasta el catorce del mes, y se mataría entre la tarde del catorce y la del quince. La sangre, al brotar caliente de la herida, se debía recoger con cuidado en una vasija, y se pondría sobre los dinteles y los dos postes de las casas habitadas por los israelitas; el cuerpo se debía asar entero y lo comerían con panes sin levadura y con hierbas amargas.

Toda la familia se debía reunir alrededor de la mesa, desde el abuelo de cabeza cana hasta el bebé recién nacido. Los hombres debían ceñirse la cintura como para un viaje largo, y debían tener el bordón en la mano. Las mujeres pondrían la masa y las bateas de amasar en bultos pequeños, con su ropa, de modo que pudieran cargarlos al hombro con facilidad. Todos debían estar calzados. Debían comer con prisa. Y así, con los oídos atentos al primer toque de la trompeta, toda la nación debía esperar la señal de su Éxodo, protegidos por la sangre. Mientras tanto, se acumulaba energía para las fatigas que debían resistir antes que quedara atrás para siempre la tierra de esclavitud.

Moisés, por lo menos, debe haber pensado que Dios en realidad estaba diciendo a su gente que, de cierto modo, ellos no eran menos culpables que los egipcios a su alrededor. ¿No se habían olvidado ellos de la adoración verdadera y se habían convertido al servicio de otros dioses? Por estas cosas, a lo menos, aparecían culpables en su presencia, y podían perder los primogénitos de sus hogares a menos que celebraran la aspersión de la sangre.

Y cuando se hubieron cumplido todas las condiciones, Moisés descansó en su fe: «Pasaré aquélla noche por la tierra de Egipto, y heriré a todo primogénito en la tierra de Egipto, así de los hombres como de las bestias; ...y veré la sangre y pasaré de vosotros, y no habrá en vosotros plaga de mortandad cuando hiera la tierra de Egipto» (12:12, 13).

2. Su fe se demostraba en la acción. Es glorioso para hombres y ángeles el contemplar una fe que, sin ninguna cosa externa que la garantice, emprenda la senda de la perfecta obediencia. Moisés obedeció sencillamente, creyendo que no podía haber error, ni sombra de variación en aquel a quien le había rendido su alma.

¡Ojalá que así fuera nuestra fe! Sin discutir, dudar, ni razonar, sino creyendo que las promesas de Dios son sí y amén en Cristo.

Esa clase de fe se comunica. La fe de Moisés había encendido fe en tres millones de personas que estaban listas a hundir el cuchillo en el corderito que esperaba indefenso, a rociar la sangre, y a emprender la marcha a una tierra distante, pero sin temor de que tuvieran que dejar atrás el cadáver de su primogénito. Ningún padre miraba a su hijo con ansiedad; ninguna madre tembló al oír el aleteo del ángel; ningún muchacho se estremeció al acercarse la muerte. Era suficiente que Dios lo hubiera dicho para creer que cuando Dios viera la sangre pasaría de largo. Los israelitas sabían que la sangre estaba allí para hablar por ellos y, por eso, creían que todo iba a salir bien. Y aunque nadie sabía con seguridad cuál fuera su destino, ni cómo alcanzarlo, no tenían dudas sobre el desenlace final.

3. Su fe fue vindicada. No hay palabras para describir esa noche, por siempre memorable en la historia humana, cuando en realidad, como dice Bunsen, nació la historia misma: la noche en que Dios sacó a Israel de la tierra de la esclavitud. Todo estaba quedo con un silencio casi sepulcral; pero de repente la calma se interrumpió con gritos de angustia, en tanto que una madre salió hacia la oscuridad para anunciar que el Ángel de la Muerte ya había comenzado su obra, y en respuesta se escucharon los alaridos de otra madre en agonía por su primogénito a la cual se unieron muchas madres más. No había ningún hogar que no tuviera un muerto, ni siquiera el palacio de Faraón. Como un fuego incontenible se regó la noticia de que el heredero al trono de Egipto había muerto. «Y hubo un gran clamor en Egipto».

«Y se levantó aquélla noche Faraón, él y todos sus siervos, y todos los egipcios; ...e hizo llamar a Moisés y a Aarón de noche, y les dijo: Salid de en medio de mi pueblo». No se hizo ningún intento de discusión. Ellos, su pueblo, sus hijos, y sus posesiones tenían que irse. Y la petición del palacio halló eco en diez mil bocas más. El mayor deseo de los egipcios era librarse de los israelitas tan rápido como fuera posible y a cualquier costo. Estaban contentos de darles todo lo que pidieran, pagándoles así en algo por el trabajo sin remuneración de tantos años; y Faraón, el presumido monarca, aun les rogó que lo bendijeran antes de irse.

Así las huestes israelitas comenzaron a moverse hacia la libertad. Por primera vez los israelitas se daban cuenta de que eran una nación, y bebían de la profunda y rica copa de la libertad. Una mera horda de esclavos se convirtió de repente en un pueblo. El espíritu de su caudillo los inspiraba y llenaba de patriótica emoción. Entonces comenzaron a reír y a cantar. Lo que la fe hizo por ellos lo hará también por ti y por mí. ¡Oh alma esclavizada por una tiranía peor que la de Faraón: Si tan solo pidieras la liberación, podrías tenerla! Reclama tu libertad para que puedas vencer a los enemigos de tu alma; ellos quedarán pisoteados bajo tus pies.

11
EL PASO DEL MAR ROJO
Éxodo 14:29, 30

Poco después de la medianoche todos los israelitas se habían puesto en marcha. Desde distintos puntos la vasta hueste —que, a juzgar por el hecho de que el número de los hombres era como seiscientos mil sería de por lo menos dos millones y medio— convergió hacia el sitio central de reunión en Sucot.

Sucot estaría a unas quince millas por la carretera y allí hicieron la primera parada prolongada. Cocieron los panes sin levadura de la masa que habían traído consigo; las fatigadas mujeres y su niños descansaron en chozas de ramas que habían improvisado apresuradamente de los matorrales. Así toda la multitud, alimentada y descansada, pudo emprender la segunda etapa, que era Etam, al borde del desierto, donde la verde vegetación de Egipto se va convirtiendo en áridas arenas. Hay un episodio que debemos mencionar y que demuestra con cuánta fe se llevó a cabo el Éxodo: «Tomó también consigo Moisés los huesos de José» (13:19). Este gran antepasado de su raza ya había estado muerto durante unos cuatrocientos años, pero en su lecho de muerte les había tomado juramento a sus hermanos de que cuando Dios los visitara, como de seguro lo haría, y los sacara de Egipto, ellos llevarían sus huesos en la marcha. En su muerte, y a través de esa fatigosa espera, él había sido el profeta del Éxodo; y con cuánta frecuencia esos huesos desenterrados deben de haber sido el tema de la conversación en muchos hogares hebreos. Y ahora que los acompañaban en la marcha, toda la gente se dio cuenta de que se estaban cumpliendo las esperanzas de muchas generaciones.

1. La columna guía. Al separarse la multitud hebrea de la tierra de esclavitud, una nube majestuosa se formó en la pura atmósfera matutina al frente de la vanguardia para nunca más abandonar a aquélla banda de peregrinos, hasta que se cruzara el Jordán y se establecieran. Entonces se posaría sobre la casa de Dios. A través de los años, al caer la noche ardía con un fuego interior, fuego que siempre fue el símbolo y señal de la presencia de Dios.

La columna servía muchos propósitos. Era la guía de su marcha, era una sombra para protegerlos del candente calor del sol vertical, y de noche les daba luz mientras los cuidaba como el ojo de Dios. Por lo menos en una ocasión, como veremos, les fue de mucha ayuda al ocultar los movimientos de Israel, colocándose entre ellos y los enemigos que los perseguían.

Para Moisés, esa nube que los acompañaba de día y de noche debe de haber sido una fuente de tranquilidad. Es muy emocionante saber que «nunca se apartó de delante del pueblo», como si ni el pecado, ni la murmuración, ni la desobediencia pudieran jamás apartarnos de aquel que nos ama, no porque seamos buenos, sino para que lleguemos a serlo; aquel que no puede dejarnos ni abandonarnos pues nos ha enseñado a balbucir: «¡Abba, padre!»

2. La ruta. La ruta más fácil hacia Canaán era a través del istmo de Suez y la tierra de los filisteos. Un viaje de poco más de cien millas los habría llevado a su destino. Pero Dios no les permitió ir por ese camino, para que la vista de las batallas no los desalentara. Años más tarde, cuando terminaran la educación y las revelaciones del desierto, ya podrían contemplar esas escenas sin desmayar. Pero mientras tanto, no debían entrar en guerra hasta que recibieran una enseñanza más profunda acerca del poder y el cuidado de Dios. Es así como nuestro peregrinaje se adapta siempre a nuestra fortaleza Dios siempre tiene en cuenta lo que podemos soportar; nunca nos conduce a peligros ante los cuales pueda desconcertarse el corazón. «Jehová iba delante de ellos».

Deben de haber sentido gran perplejidad cuando la nube cambió de curso y los dirigió rumbo al sur. A un lado de ellos quedaba Migdol (el moderno Muktala) y desiertos de arena intransitables; al otro estaba el Mar Rojo. Al oriente (o pudiera ser al frente) estaba la infranqueable sierra de Baal-Zefón.

Era un perfecto callejón sin salida. La única manera de escapar sería por donde habían entrado. Las protestas y murmuraciones del pueblo deben de haber producido una gran gritería. «¿Es este el camino para Canaán? Nosotros conocemos uno mejor. ¿Cómo te atreves a presumir de guiarnos, cuando tus primeras tácticas nos demuestran que no podemos confiar en ti?»

No es fácil soportar tales reflexiones y reproches. solo el hombre que ha aprendido a confiar en Dios puede aguantarlas. No le hicieron mella a Moisés. Había aprendido a obedecer a Dios implícitamente y a verse siempre totalmente vindicado. ¡Ojalá que podamos tener más de esa sencilla confianza en Dios, que tan diáfanamente descansa en su guía y su ayuda!

Con frecuencia parece que Dios pone a sus hijos en situaciones de gran dificultad, como en un callejón sin salida del cual no hay escapatoria, una situación que no la permitiría la lógica humana si previamente se la consultara. La nube misma los guía. Tal vez usted se encuentre en una situación semejante en este preciso momento.

Puede que parezca en extremo incomprensible y misteriosa, pero es perfectamente correcta. Los resultados justificarán con creces a aquél que lo ha traído a este lugar. Usted solamente tiene que estar quieto y ver su salvación, que él ya tiene preparada.

3. La persecución. Tan pronto como salieron los hijos de Israel, Faraón lo lamentó. Las obras públicas habían quedado paralizadas por falta de mano de obra. Vastos territorios habían quedado desocupados de repente. El trabajo del pueblo esclavizado se echaba de menos por todas partes, en la ciudad y en el campo. Hubo una pérdida de ingresos y de servicios de los cuales él no podía prescindir. Su orgullo le impedía aceptar calladamente el libre Éxodo de los hebreos. Además, en su loco afán por librarse de esa gente, los egipcios los habían cargado con joyas de oro y plata y vestidos; tanto que se dice claramente que «despojaron a los egipcios». A juzgar por las contribuciones que se hicieron más tarde para la construcción del tabernáculo, los israelitas llevaban una gran cantidad de tesoros y cosas valiosas. «Y el corazón de Faraón y de sus siervos se volvió contra el pueblo, y dijeron: ¿Cómo hemos hecho esto de haber dejado ir a Israel, para que no nos sirva?» (14:5).

En esta ocasión el rey oyó del extraordinario movimiento hacia el sur que parecía haberlos arrojado otra vez en su poder. «Siguiéndolos, pues, los egipcios, con toda la caballería y carros de Faraón ... los alcanzaron» (14:9).

Y fue así como al caer la tarde, tal vez del quinto día del Éxodo, los atalayas de las huestes fugitivas observaron las temidas figuras de los guerreros egipcios que venían por las colinas del desierto; y al caer la noche sabían que todo el ejército egipcio estaba acampado en su vecindad, esperando solamente el amanecer para lanzarse sobre ellos, y masacrarlos o, lo que era más temible, volverlos a la esclavitud.

Era una situación terrible. Esas noticias fueron devastadoras para aquéllos corazones acobardados. De inmediato se volvieron contra Moisés y le achacaron a él toda su angustia y sus temores. «¿No había sepulcros en Egipto, que nos has sacado para que muramos en el desierto? ¿Por qué has hecho así con nosotros, que nos has sacado de Egipto?» (14:11). Ellos creían que era mejor haber muerto en Egipto que allí. Entonces aquél noble espíritu se irguió en el poder de su fe. No estaba temeroso ni pusilánime; estaba allí quieto para ver la salvación de Jehová. Él sabía que Jehová pelearía por ellos, los redimiría, y vindicaría su Palabra.

12
EL CÁNTICO DE LA VICTORIA
Éxodo 15:21

Desde su carruaje de nubes el Todopoderoso miraba a la atemorizada multitud de fugitivos, paralizados de terror, mientras clamaban a él.

Casi parece, según una expresión de los Salmos, que los hijos de Israel cayeron en una rebelión en el mar Rojo mayor que la que aparece en la narración de Moisés. Se nos dice claramente que «se rebelaron junto al mar, el mar Rojo» porque «no se acordaron de la muchedumbre de tus misericordias»; de modo que Dios los salvó «por amor de su nombre», y «para hacer notorio su poder» (Salmo 106:7, 8).

El único hombre que aparece inconmovible en medio del pánico del pueblo fue su heroico líder, cuya fe era el instrumento de su liberación. Y es por eso que, en todas las alusiones futuras a este evento, siempre se hace referencia a su mano como al instrumento a través del cual se vio el poder de Jehová. Por su fe ellos pasaron el Mar Rojo como por tierra seca.

1. La vara. Hay un límite a la oración. Esta no era la ocasión para una súplica dolorida sino para la acción; Moisés tenía que darle al pueblo la voz de marcha. Tenía que extender su vara sobre el mar; y por su fe tenía que darle al poder de Dios un canal a través del cual pudiera pasar para separar las profundas aguas.

La vara ya había hecho muchas cosas: primero creció en alguna ciénaga de la península del Sinaí, ignorante de su destino hasta que la cortó el pastor para guiar a su rebaño o golpear a alguna fiera. Estaba en su mano cuando se le apareció Dios por primera vez, y al echarla al suelo se convirtió en serpiente, el emblema del orgullo egipcio. Ya había figurado en muchas de las plagas que asolaron a Egipto; fue extendida sobre las aguas del río para convertirlas en sangre, levantada hacia el cielo para llamar la tormenta, extendida sobre la tierra para convertir el polvo en piojos; más adelante ganaría la victoria sobre Amalec y haría salir fuentes de aguas de una roca. En todo era sobremanera «la vara de Dios». Pero nunca en la historia de su existencia había hecho, ni haría después, tales maravillas como las que le esperaban esa noche, cuando a la voz de Dios fue extendida sobre las aguas del Mar Rojo.

Como estaba la vara en las manos de Moisés, así también estaba él en las manos de Dios. Y así será para todos nosotros si tan solo nos rendimos a Dios para servirle.

2. La nube. Hasta ahora la columna de nube se había movido con gloria majestuosa a través del firmamento, pero en esta ocasión se posó en el suelo como una gran pared de ondulante vapor, levantada como una cerca entre el campamento de los egipcios y el de Israel. Para aquéllos era oscura y amenazadora y les impedía el avance, y cubría los movimientos de los fugitivos; para estos daba luz, emitiendo un resplandor sobre la arena y el mar e indicando, con precisión inequívoca, el sendero que pronto apareció. Durante toda la noche ardían con llamas brillantes aquéllos fuegos guiadores encendidos por el cielo.

3. El paso del mar Rojo. Una aterradora tormenta entró en escena. La tierra se mecía y temblaba; de las tinieblas que se cernían por encima estallaban sin cesar rayos y relámpagos, seguidos de la larga reverberación de los truenos. El Altísimo dio su voz, que fue seguida por una lluvia de granizo y centellas de fuego. El viento oriental se levantó con furia, empujando por delante las aguas que se retiraban; luego las amontonó, ola sobre ola, hasta que se levantaban como una pared de espuma y cascada, agitándose de arriba a abajo con ira e impaciencia, contenidas con firmeza por la presión de aquél poderoso empuje que no les daba respiro, sino que las aguantaba como en una prensa. Toda el agua que quedaba detrás se retiró, lamiendo aquélla calzada construida de modo tan extraño y mantenida con tanta maravilla.

Desde la orilla se extendía el amplio camino entre las dos paredes de agua. Entonces en un momento, la palabra que había salido de los labios del caudillo y había sido oída por los que estaban cerca de él, pasó como fuego en las praderas, aunque en un murmullo, de boca en boca. «Díganles a los hijos de Israel que avancen»; e inmediatamente, sin precipitación y con alegre obediencia, las huestes rescatadas avanzaron de fila en fila y pasaron por entre los muros de cristal y fuego, mientras el ruido de la tormenta hacía inaudible para sus enemigos la retirada de Israel. Podemos imaginar aquélla marcha triunfal: los emocionados niños, restringidos en sus exclamaciones de asombro por las señales de silencio de sus padres; estos avergonzados o confusos de haber desconfiado de Dios y murmurado contra Moisés.

4. La persecución. Tan pronto como los egipcios se dieron cuenta de que los israelitas se escapaban, los siguieron por en medio del mar. Cuando el ejército estaba entre las paredes de agua, parece que la tempestad descargó toda su fuerza sobre ellos. Fueron sobrecogidos de pánico repentino; los pesados carros no podían avanzar en el fango del fondo del mar, y las ruedas se atascaron de modo que no podían moverse; y se volvieron para huir, conscientes de que había alguien más grande que Israel luchando contra ellos.

Entonces comenzó a amanecer y, a la orden de Dios, Moisés extendió su mano sobre el mar desde la otra orilla, a la que ya habían llegado él e Israel, y el mar recuperó todo su nivel. Los egipcios trataron en vano de huir, pero fueron alcanzados y dominados por las masivas aguas que les cayeron encima de ambos lados y se hundieron como plomo en las poderosas aguas. Y en menos tiempo del que se necesita para contarlo no quedó ni señal del orgulloso ejército de Faraón.

5. El cántico de Moisés. «Entonces cantó Moisés». El amanecer reveló uno de los espectáculos más memorables de la historia. Una nación de esclavos, que huía de sus amos, de repente se había convertido en una nación de hombres libres que se erguían emancipados en las playas de un nuevo continente. La caballería egipcia fue destruida en medio del mar, pues no quedó ni un solo sobreviviente. A lo largo de la playa yacían los cadáveres arrojados allí por las olas. Aquí se le dio a Israel de una vez por todas una evidencia de la fidelidad de Dios. Estaban obligados a creer no solo en su gran Libertador sino también en su siervo Moisés.

Y del pueblo rescatado, congregado allí en vasta multitud, surgió un himno. solo se menciona al Señor en todos los versos del poema, sin alabanzas para nadie ni nada más. Fue él quien triunfó con gloria y echó al mar al caballo y al jinete. Fue su diestra la que destruyó al enemigo. Fue porque él sopló su viento que los enemigos se hundieron como plomo en las poderosas aguas. Fue por la grandeza de su excelencia que los que se habían levantado contra él fueron vencidos.

La facilidad de su victoria quedó manifiesta. Con su aliento amontonó las aguas como paredes. El sopló y todo un ejército se hundió como una piedra en los abismos del mar. solo tuvo que extender su diestra y el mar se tragó la flor y nata del ejército más poderoso de aquéllos tiempos.

Las mujeres, dirigidas por María, respondieron con un noble refrán: «Cantad a Jehová, porque en extremo se ha engrandecido; ha echado en el mar al caballo y al jinete» (15:21). Así es como Dios cambia nuestras ansiedades por cantos de alegría: el lloro dura solo una noche, pero el gozo viene al despertar del día.

13
MARA Y ELIM
1 Corintios 10:11

La península de Sinaí, en cuyas orillas se encontraba el pueblo rescatado y que durante cuarenta años sería su escuela, es uno de los lugares más agrestes, impresionantes, y áridos del mundo. Se ha descrito como un macizo irregular de montañas, amontonadas en desordenada confusión, cuya altura va aumentando gradualmente. Entre el Mar Rojo y las estribaciones más bajas de estas poderosas ciudadelas de roca hay una llanura de grava. Desde allí el camino se encumbra lentamente por largas avenidas y pasos compuestos de granito púrpura o arenisca brillante, que dan al paisaje una riqueza desconocida en nuestras oscuras y grises montañas.

Aunque no se dice expresamente, debe de haber habido una división de los israelitas, desde el punto donde se levantaron los primeros campamentos en la nueva y extraña tierra de libertad. Los rebaños de vacas y ovejas fueron dispersados en un extenso radio como lo acostumbran hacer los árabes contemporáneos, para que se alimentaran del escaso pasto del desierto. Allí se conservó el ganado mientras el grupo mayor de gente seguía a Moisés.

¡Qué cambio tan radical! Ya no se sentía el incesante pulso del movimiento de Egipto; ni se veía el verde valle del beneficioso Nilo, donde nunca faltaba el agua y donde se saciaba la sed con deliciosos vegetales, melones, puerros y ajos; ya no estaba la gloriosa majestad de la esfinge, las pirámides y el templo. En cambio, había un silencio tan intenso que los árabes dicen que pueden hacer oír su voz a través del golfo de Acaba; era un desierto tan seco que se podían considerar afortunados si hallaban una sola fuente en un día de marcha.

1. La valerosa fe de Moisés. Moisés conocía bien aquél desierto; sabía también que si seguían la ruta hacia el norte no tardarían mucho en llegar a la tierra de los filisteos, «que estaba cerca» y donde fácilmente podrían conseguir por la fuerza o comprar todo lo que necesitaran. Pero se nos dice que deliberadamente los llevó hacia el sur y los internó en el desierto. «E hizo Moisés que partiese Israel del mar Rojo, y salieron al desierto de Shur». Él no podía haber obrado de otro modo pues la nube se fue en esa dirección. Pero aun con la señal de la voluntad de Dios delante de sus ojos, se debe de haber requerido una fe heroica para guiar a dos millones de personas directamente hacia el desierto (Éxodo 13:17; 15:22).

2. La prueba de su fe. «Anduvieron tres días por el desierto sin hallar agua» (Éxodo 15:22). El primer día del viaje fue, sin duda, muy penoso: las cegadoras tormentas de arena, el brillo del sol reflejado en las blancas llanuras de caliza, la falta de sombra, de árboles, y de agua; y el agua que llevaban en los recipientes de piel tiene que haber estado caliente y poco refrescante.

La segunda jornada no fue menos ardua. El mar había quedado ya muy atrás, y no había nada que rompiera la monotonía del horizonte sin árboles, sin vida, y sin agua. Seguramente, al levantar sus toldas negras para pasar la noche era difícil reprimir cierto descontento, o por lo menos ansiedad, sobre lo que traería el mañana para sus ampollados pies y afiebrados labios. Su provisión de agua se iba acabando, si acaso ya no se había terminado.

Comenzó el tercer día. Tal vez Moisés, sabiendo que las fuentes de agua no estaban lejos, animó a su gente a perseverar; y todos los ojos se esforzaban ansiosos para ver la primera palma o alguna señal de verdura viviente. Y cuando al fin, al morir del día, las vieron a lo lejos, dieron gritos de gozo con alegría en sus corazones, y estaban listos a exteriorizar expresiones de confianza en Moisés. Se olvidaron las fatigas, las quejas, y las privaciones, cuando con paso acelerado se dirigieron a las orillas de los pozos. Pero, ¡ay, qué desengaño y disgusto tan grande! El primer trago les provocó una sensación de náusea, y descubrieron que el agua era demasiado amarga para que se pudiera beber. Habían podido resistir cuando no había nada para beber; pero esta contrariedad era más de lo que podían soportar, y se volvieron a Moisés y murmuraron: «¿Qué hemos de beber?»

3. El recurso de Moisés. «Clamó a Jehová». Fue mucho mejor esto que regañar al pueblo, o amenazar con abandonar su comisión, o sentarse desanimado y desesperado. Junto a cada pozo de Mara (amargura) crece un árbol que, al echarlo a las aguas, las vuelve dulces y potables. Y ese árbol es un tipo de la cruz de Cristo, el símbolo no solo de nuestra redención sino de la voluntad rendida a él. Fue allí donde su obediencia a la voluntad de su Padre alcanzó su manifestación suprema. Se hizo obediente hasta la muerte y muerte de cruz, se dice de Jesús. No hay nada más que le quite la amargura al desengaño de tal manera que lo vuelva pasable y aun avivador, de modo que podamos quitar nuestros ojos de él y mirar a la cruz para poder decir: «No se haga mi voluntad sino la tuya. Tu voluntad es mi felicidad. En tu voluntad me gozo».

Día a día, Moisés iba aprendiendo una lección muy hermosa. Poco a poco se iba dando cuenta de que toda la responsabilidad de la peregrinación estaba sobre los amplios y fuertes hombros de su amigo Todopoderoso.

4. Elim. En la vida hay más Elims que Maras, y junto a ellos acampamos. No tenemos que quedarnos en Mara cuando podemos pasar días benditos y abundantes en Elim. Fue muy refrescante la sombra de aquéllas setenta palmeras. Muy dulce el agua de las doce fuentes; deliciosos los días de reposo. ¿Y dices que nunca llegarán a ti? De seguro que sí. Llegan para todas las almas fatigadas. No hay ninguna marcha por el desierto que al final no alcance un Elim. Pero debemos caminar por el desierto para poder llegar a Elim, pues es el desierto el que le da a Elim su alegría. No te quedes murmurando en Mara; sigue adelante. Nuestro Elim ya se ve en lontananza. Espera en Dios, pues todavía le alabarás.

En Mara Moisés recibió de Dios una revelación fresca y gozosa de que él sería el sanador de su pueblo en su marcha por el desierto, librándolos de las enfermedades de Egipto. Y Elim fue la vindicación de la promesa. ¡Qué Dios tan grande! él vence a los enemigos en el mar y disciplina a su pueblo en el desierto. Nos guía por las arenas candentes y nos hace reposar en lujosos oasis. Permite el desengaño en Mara y nos da la sorpresa de Elim. En Mara nos prueba y en Elim nos atrae.

14
EL DON DEL MANÁ
EXODO 16:14-16

Podemos acampar en Elim, y quedarnos por muchos días felices en sus verdes alrededores, pero no podemos vivir allí; la mayoría por lo menos no puede. Pocos caracteres pueden alcanzar su más noble y elevada excelencia en medio de las condiciones favorables que cada vida encuentra a veces. Es por eso que, aunque la nube de la guía divina se cierne sobre Elim lo suficiente para atraernos a él, pronto se recoge y no nos toca sino levantar el campamento y seguirla. Por eso se dice que: «Partió luego de Elim toda la congregación de los hijos de Israel, y vino al desierto de Sin, que está entre Elim y Sinaí» (16:1).

Hay cosas de Dios y de su capacidad para suplir todas las necesidades del alma que no se pueden aprender en ningún Elim, a pesar de su belleza, sino que solo se pueden adquirir cuando se cambian sus verdes parajes por los largos trechos de roca que llevan al pie del Sinaí. Conviene entonces salir de Elim, pues más allá nos esperan las experiencias de Sinaí, Pisga, y Canaán.

1. Las murmuraciones en el desierto. El tener que afrontar las continuas murmuraciones de su amado pueblo agravaba aun más las responsabilidades que ya pesaban sobre el corazón de Moisés. Lo hacía volver una y otra vez a su amigo y ayudador Todopoderoso. Pero las repetidas murmuraciones por toda la ruta del desierto solo hacen resaltar aun más la belleza de su gentil humildad y la gloria de su fe, que probablemente fue el canal a través del cual el poder de Dios obró para la salvación y la bendición de su pueblo.

a. *Los murmuradores tienen mala memoria.* solo había pasado un mes desde que el pueblo había salido de Egipto, un mes lleno de las maravillas que la diestra del Señor había obrado. El cronista observa especialmente que era el día quince del segundo mes, y añade: «Y toda la congregación de los hijos de Israel murmuró contra Moisés y Aarón en el desierto; y les decían los hijos de Israel: Ojalá hubiéramos muerto por mano de Jehová en la tierra de Egipto, cuando nos sentábamos a las ollas de carne, cuando comíamos pan hasta saciarnos; pues nos habéis sacado a este desierto para matar de hambre a toda esta multitud» (16:2, 3). Podían recordar bien las delicias sensuales de Egipto, pero olvidaban el látigo del capataz y la angustia del corazón al amasar el barro para los ladrillos.

Cuando un deseo de murmurar nos ataque, recordemos el pasado y consideremos cómo nos trató el Señor en los años ya idos. ¿Nos libró de seis problemas, y nos ha de olvidar en el séptimo? Cuando el salmista se quejaba, y su espíritu estaba decaído, nos dice que consideraba los días de antaño, los años antiguos; recordaba los años de la diestra del Altísimo.

b. *Los murmuradores son miopes.* No pueden ver que detrás de la apariencia de las cosas está escondida la presencia y providencia de Dios. Moisés les llamó la atención a ese hecho, lo cual aumentó gravemente la magnitud de la ofensa del pueblo. Creían que solamente estaban echando sus frustraciones sobre un hombre como ellos. Fastidiados y recelosos, sentían un gran alivio al verter su angustia sobre el hombre a quien le debían todo. Pero su fiel conductor les demostró que sus insultos estaban dirigidos no contra él mismo sino contra aquel de quien era siervo y por cuyas órdenes se hacía todo. «Jehová ha oído vuestras murmuraciones con que habéis murmurado contra él; porque nosotros, ¿qué somos? Vuestras murmuraciones no son contra nosotros, sino contra Jehová» (v. 8)

c. *A los murmuradores les falta fe.* La presión de las necesidades se hacía sentir ya, bien que muy ligeramente, en la multitud. No era tanto la dureza que ahora experimentaban sino lo que pensaban que les esperaba más adelante. Las provisiones se estaban acabando; entonces vinieron a Moisés y murmuraron.

Demasiados hijos de Dios se desesperan por sus temores, y empiezan a murmurar porque piensan que les van a ocurrir ciertas cosas; si dejaran de pensar por un momento, verían que Dios se ha comprometido solemnemente a proveer para sus necesidades. ¿Por qué murmura? Es porque duda. ¿Por qué duda? Es porque mira el futuro o considera sus circunstancias sin tener en cuenta a Dios

La vida de nuestro bendito Salvador, quien también fue llevado al desierto y estuvo sin comida por cuarenta días, fue muy diferente de esa vida de murmuración. Él no se quejó. Y aun cuando tuvo hambre, y el diablo le insinuó que al Hijo de Dios no le convenía estar con hambre, el sencillamente dijo que le era suficiente hacer la voluntad de su Padre. El Hijo ni por un momento dudó del derecho del Padre a seguir cualquier procedimiento que escogiera, y demostró que estaba perfectamente satisfecho. Y por su paciencia divina ha mostrado que las murmuraciones no tienen fundamento, y que el alma puede estar capacitada para soportar las durezas de la vida.

2. La comida del desierto. No tenemos que repetir aquí toda la historia del maná. Nos basta recordar que debemos:

a. *Esperar nuestra provisión del cielo.* «Les dio a comer pan del cielo». Para el creyente hay cinco orígenes de donde puede venir su ayuda, pues además de los cuatro puntos cardinales está la del cielo. Del cielo vino el sonido del viento fuerte. Hijo de Dios, mira arriba y espera del corazón y la mano de tu Padre.

b. *Alimentarnos del pan celestial a diario y temprano.* «Lo recogían cada mañana ... y luego que el sol calentaba, se derretía». No hay ocasión mejor que las horas de la mañana temprano para alimentarnos del cuerpo de Cristo por la comunión con él y la meditación en su Palabra. El día en que dedicamos la mejor parte de la mañana a compartir con Jesús es muy diferente de todos los demás. No es posible vivir hoy de las sobras del ayer. Todos necesitamos todo lo que el nuevo día pueda producir en gracia y consuelo de Dios. Debe ser pan cotidiano.

c. *Alimentarnos de Cristo como único secreto de fortaleza y bendición.* Si tan solo los creyentes en Cristo pudieran darse cuenta de la lección que se enseña aquí (y aplicarla en sus vidas), como también en el maravilloso discurso que nuestro Señor basó en ella (Juan 6:22-58), experimentarían un cambio sublime.

Gloriémonos sin cesar en el Señor al internarnos camino de lo desconocido y no experimentado. Y nadie echará de menos la belleza de Elim, o las ollas de carne de Egipto, o las comidas frugales de la tienda de Jetro, cuando podamos aprender lecciones tan maravillosas en compañía de nuestro eterno amigo, quien nunca falta a los que en él confían. Él da al máximo de nuestra fe, para que, a la vez, podamos nosotros dar tanto como sea necesario a esos pobres amigos nuestros que nos asedian con sus pedidos de ayuda y de pan (Lucas 11:5-9).

15
REFIDIM
Éxodo 17:1-15

El que aspira a ser guía de hombres, tarde o temprano llegará a su Refidim. Fue por mandato del Señor que los hijos de Israel viajaron «por sus jornadas» (v. 1) a partir del desierto de Sin, y acamparon en Refidim. El carácter del obrero es tan estimado delante de Dios como la obra que hace. No se sorprenda, pues, amado obrero cristiano, si se encuentra anclado en Refidim. Allí aprenderá lecciones de incalculable valor.

1. Allí aprendemos el límite de nuestras capacidades. Son pocos los que pueden soportar un éxito grande o continuo. El estar en pie en las alturas, sin ningún rival, sin más escalones que ascender, y el asombro y la envidia de una multitud ...ah, es esta una situación en que el cerebro se aturde, el paso flaquea, y el corazón se enorgullece. Dios no permitirá que se use su poder para inflar el orgullo humano o para servir a la exaltación de la carne.

No es aventurado suponer que Moisés estaba en peligro de caer. Durante los últimos meses su carrera había tenido una serie ininterrumpida de éxitos. Había hecho que el monarca más orgulloso de su época se arrodillara suplicante. Se había engrandecido delante de los sacerdotes y cortesanos. Había dirigido el Éxodo más grande que el mundo vería jamás. El mar dividido, el ejército sumergido, el cántico de victoria, la caída del maná, la evidencia de su capacidad como estadista y su sagacidad como caudillo innato de las masas populares ... todo esto se combinó para colocarlo en una posición de autoridad y gloria que no tenía paralelo.

Es probable, por tanto, que Dios llevara a Moisés a Refidim para prevenir y detener cualquier posible brote de su autosuficiencia y para mostrarle los estrechos límites de sus recursos y capacidades.

No importa qué hubiera comenzado a sentir Moisés, toda su confianza en sí mismo se debe de haber desvanecido como una capa de neblina en las colinas cuando se encontró cara a cara con aquélla turba enfurecida. Rompieron todas las barreras levantadas por la gratitud o el recuerdo de liberaciones pasadas, y demandaron agua con violencia. «Altercó el pueblo con Moisés, y dijeron: Danos agua para que bebamos» (17:2). Y tal era su cólera que parecían dispuestos a apedrearlo. No había sabiduría ni poder suyos que pudieran ayudarle en tal situación, y «clamó Moisés a Jehová, diciendo: ¿Qué haré?»

Es bendita la posición a la que nos reduce la providencia divina cuando nos encontramos cara a cara con una necesidad dominante. Entonces conocemos el límite de nuestra suficiencia. Confesamos que nada podemos hacer por nuestras propias fuerzas, y que nuestra suficiencia está solo en Dios. Cuando llegamos al fin del «yo» hemos llegado al principio de Dios. Cristo es la puerta, y es desde su umbral de donde surte el manantial vivificador que conduce a la vida eterna.

2. Allí aprendemos mucho acerca de Dios. Esto siempre viene después de la lección anterior. Llegamos a conocernos a nosotros mismos para que estemos preparados para conocer a Dios. Así, pues, en Refidim la necesidad que nos abate y nos lleva a Dios también nos revela a Dios.

a. *Aprendemos su paciencia.* Ni una palabra de reproche o protesta rasga el tranquilo aire del desierto. Si el pueblo hubiera sido ejemplar en su humilde confianza, no habrían encontrado una disposición más tierna para suplir sus necesidades. El pueblo, y quizás especialmente Leví, probó su paciencia en Masah, y arguyó con él en Meriba, preguntando si el Señor estaba en medio de ellos o no, aunque la nube se cernía sobre ellos y el maná se encontraba en el suelo del campamento todas las mañanas. Sin embargo, no hubo palabras de regaño; solo instrucciones para la provisión inmediata de su necesidad.

b. *Aprendemos la realidad de su presencia espiritual.* «Yo estaré delante de ti allí sobre la peña en Horeb» (v.6). El pueblo acababa de amenazar con lapidar a Moisés; pero Dios le dijo que no temiera. Como si dijera: «Pasa delante de ellos; ningún mal te sobrevendrá; y esta será la señal de que yo estoy realmente sobre la peña: De su interior surgirá un manantial». Nunca antes había sido Dios tan real para su siervo como lo fue aquél día, en que se alzó como un baluarte para protegerlo de la turba enfurecida que amenazaba lapidarlo. Cuando los hombres están más en nuestra contra, el Señor se pone en pie junto a nosotros y nos dice: «No temas».

c. *Conocemos los graneros secretos de Dios.* «Golpearás la peña y saldrán de ella aguas». Es extraño. Una roca sería el último lugar en que se iría a buscar agua. Pero las despensas de Dios están donde menos se espera. Los cuervos traen comida, como en el caso de Elías. El primer ministro de Egipto les da trigo. Ciro deja ir al pueblo de Israel que estaba en Babilonia. El Jordán sana al leproso. La harina elimina el veneno de la comida. La madera hace que el hierro flote. El samaritano caritativo venda las heridas y salva la vida del viajero herido. José de Arimatea sepulta el cuerpo sagrado en su propio sepulcro. No puede faltarles nada a los que temen a Dios, ni hay temor de necesidad para los que han llegado a conocer sus graneros secretos.

Esa peña golpeada fue un prototipo de Cristo. Una Roca, estable en medio de la tormenta, permanente en medio del cambio. Una Roca golpeada. Y la lanza del soldado hizo verter la sangre y el agua, que fluyen para sanidad de las naciones y para calmar su sed de salvación. «Todos bebían de esa Roca espiritual que los seguía, y esa Roca era Cristo». No hay otra agua que satisfaga tanto la sed como la cristalina agua de la Roca.

3. Allí aprendemos el poder de la oración. La tribu de Amalec posiblemente descendía de Esaú y, como él, era indómita y fiera e inclinada a la guerra. ¿Habrían de someterse mansamente a la instrucción de un nuevo pueblo en sus praderas y fortificaciones que con tanto éxito habían defendido contra Egipto? Según el historiador hebreo Flavio Josefo, esta poderosa tribu reunió en este lugar todas las fuerzas del desierto, desde Petra hasta el Mediterráneo; y «atacaron la retaguardia de los israelitas, a todos los débiles de entre ellos, cuando estaban desfallecidos y fatigados».

Si Egipto representa el poder de las tinieblas, Amalec es el prototipo de la carne, que, aunque completamente derrotada y descuartizada puede siempre resurgir en momentos de debilidad y descuido.

Moisés le confió las tropas a Josué, quien surge aquí por primera vez, mientras él subía al collado con la vara de Dios en la mano. Desde allí hizo una observación de la batalla y extendió los brazos en oración. Peleó con combatientes invisibles todo el día, y ganó la victoria por intercesión, de la cual eran símbolo aquéllos firmes brazos. Es un cuadro hermoso. Tres ancianos en oración. Dos sosteniendo al tercero.

En Refidim aprendemos la lección de que la oración obra imposibles. En su juventud Moisés nunca hubiera imaginado ganar una batalla como no fuera peleando. Ahora sabe que puede ganarla en oración.

El éxito de una iglesia depende de sus oraciones. Si se mantienen constantes, el estandarte flota hasta la victoria; pero si las oraciones son lánguidas y deprimentes, el enemigo alcanza un éxito transitorio. Aprendamos, pues, a orar, llenando nuestro Refidim con clamores y lágrimas, para obtener por la fe para nosotros mismos y para otros las victorias que no se podrían ganar por ninguna hazaña nuestra. ¡Cuántas liberaciones podríamos obtener para nuestros seres queridos, y para todos aquéllos reciamente asediados por la carnalidad, si estuviéramos con más frecuencia en la cumbre del collado, con la vara de la oración levantada hacia el cielo en la mano firme!

16
EL ASPECTO DIVINO
Éxodo 18:19

Cuando las huestes israelitas hubieron salido de Refidim, comenzaron a ascender desde la costa del Mar Rojo y a adentrarse en la cordillera del Sinaí. Se ha comparado esta ruta a una escalinata de piedra. Delante de ellos, en el aire puro, flotaba la nube majestuosa que los guiaba a donde no sabían. Su única opción era seguirla, pues su provisión de maná y de agua dependía de la obediencia absoluta a su movimiento.

Las noticias vuelan en el desierto, y el anciano sacerdote Jetro, en las fortificaciones de Madián, se había mantenido plenamente informado de la maravillosa serie de acontecimientos que tenían por centro a su yerno. Así pues, al enterarse del arribo del gran pueblo a las vecindades del Sinaí, tomó a Séfora, la esposa de Moisés, y a sus dos hijos y los trajo a Moisés. El día concluyó con una fiesta y sacrificios, y el día siguiente parece haber sido un día de reposo. Ese día ocurrió un incidente que estaba destinado a tener importantes consecuencias en la historia del gran caudillo, como también en el pueblo que dirigía. «Aconteció que al día siguiente se sentó Moisés a juzgar al pueblo; y el pueblo estuvo delante de Moisés desde la mañana hasta la tarde» (18:13).

1. La vida diaria de Moisés. Tenemos un breve atisbo del tipo de vida que llevaba Moisés en esta época. Cuando la muchedumbre acampaba y quedaba un día libre de las fatigas de la marcha, parece que se sentaba a juzgar en cierto lugar y venía a él toda la gente que tenía disputas, o litigios, o asuntos sobre los cuales deseaban tener consejo y dirección divina. A pesar de todas sus murmuraciones lo buscaban como el portador de la voz de Dios, y querían oír de sus labios una declaración con autoridad de la voluntad divina.

Podemos imaginárnoslo presentándose delante de Dios cada día con listas largas de preguntas de muchas personas del pueblo. Él ponía todas las causas delante de él para obtener consejo, citando nombres y circunstancias, argumentos y razones de ambas partes litigantes, y esperando el mensaje que debería llevar. ¡Qué variedad y qué directa comunicación! Una gran realidad debe de haber penetrado sus oraciones, y él debe de haberse dado viva cuenta de que de veras estaba en contacto con el Altísimo como compañero de trabajo y amigo íntimo.

Este abogar «por el pueblo delante de Dios» se hizo cada vez más característico de la vida de Moisés. Siempre que el pueblo clamaba a él, oraba al Señor. Cuando se extendió por el campamento el espíritu de rebelión, oró con vehemencia postrado en el suelo. Cuando parecía que toda la nación iba a perecer por sus pecados, se interpuso en la brecha y rogó al Señor, y desvió la destrucción inminente que se cernía sobre ellos como nube aterradora. Dos veces lo detuvo en la santa montaña los intereses del pueblo por períodos de cuarenta días. Y muchos años más tarde se le compara con Samuel como intercesor delante de Dios por su pueblo.

2. La carga que pesaba sobre Moisés. Una obra como aquélla no se podía llevar a cabo sin un severo desgaste de las fuerzas vitales del hombre. Agota los sentimientos, cansa el cerebro, fatiga el corazón cargado de las ansiedades y tristezas, de las preocupaciones y necesidades de una multitud de almas perplejas y abatidas. Por eso, pareció al buen juicio y la amante solicitud de Jetro que tanto Moisés como el pueblo se estaban consumiendo al tratar él de atender personalmente todas sus demandas.

No siempre vemos el precio que pagamos por nuestro trabajo. Nos sostienen el interés y la emoción. Algunos son muy impacientes; no pueden vivir despacio; deben consumirse a sí mismos, bebiendo hasta las heces la copa de la vida. Y es un acto de bondad cuando algún «Jetro» se siente inclinado a interponerse y sugiere una moderación de la fiebre, una disminución de la ansiosa carrera. Los «Jetros» rara vez tienen éxito en su intento de calmarnos. Se les agradece poco por su preocupación. Tenemos que aprender a través de algún terrible fracaso. Pero por lo menos, los que se preocupan por nuestro bienestar merecen nuestro aprecio.

3. El acatamiento de Moisés de la propuesta de Jetro. No puede ser la voluntad de Dios que ninguno de sus siervos se consuma completamente. Él no es un capataz que haga trabajar a sus esclavos más allá de su resistencia humana. La carga de responsabilidad que les ponga sobre los hombros puede ser pesada pero no demasiado. Dios nunca llama a sus hijos a cumplir con un deber del que no pueda decir: «Bástate mi gracia; como sea tu día así serán tus fuerzas».

Algunas veces los obreros de Dios cometen el error de sobrecargarse con el trabajo que otros podrían hacer tan bien como ellos, y tal vez mejor. Ese parece haber sido el caso de Moisés. Parece que pensaba que solo él podía juzgar, manejar, y administrar los asuntos de Israel. Y este monopolio de la administración estaba produciendo resultados adversos. Lo estaba agotando a él y estaba consumiendo a la gente; estaba demorando la administración de justicia; y daba lugar a que muchos talentos se quedaran sin uso. Por lo tanto, el consejo de Jetro fue muy oportuno; Moisés debería escoger de entre todo el pueblo hombres capacitados que llenaran las tres condiciones importantes de temer a Dios, amar la verdad, y odiar la ganancia injusta. Estos deberían atender a los asuntos de menos importancia, pues los más importantes deberían ser presentados a Moisés. Era mucho mejor poner a todos esos hombres a trabajar que hacer todo el trabajo de ellos. Exigía talento; los ennoblecía al ponerlos en posiciones de responsabilidad delante de sus compatriotas; los ponía en una relación personal con Dios; les daba un sentido de cooperación con Moisés; convertía a los críticos en admiradores y compañeros; los educaba para posiciones en las cuales podrían ser necesitados en situaciones de emergencia del futuro.

¿No hay aquí un motivo de inspiración para muchos de los obreros del Señor que tal vez estén leyendo estas palabras? ¿No estamos disipando nuestras energía al extendernos demasiado en nuestras actividades? ¿No estamos tratando de abarcar en nuestra vida muchas cosas que otros podrían hacer tan bien como nosotros? Debemos vivir según el mayor alcance de nuestra naturaleza, concentrando en ello todas nuestras energías. Esto sin descuidar los detalles menores, si no hay nadie más que pueda atenderlos, pero estando listos a pasárselos a «hombres capaces», aunque estos tengan que aprender primero sus deberes a pesar de algunos errores y fracasos. El profeta y el sacerdote, el hombre de Dios, el maestro, están especialmente en esta situación. Los que cultivan sus talentos al máximo —en realidad son muy pocos— tienen que dejar algunos detalles al cuidado de otros que puedan ponerlos en función de modo más práctico.

17
JUNTO AL SINAÍ
Éxodo 19:18

Desde Refidim los hijos de Israel emprendieron una marcha lenta y difícil por la gran avenida del desierto que se conoce ahora como el Wady-es-Sheik, el más largo, ancho, y continuo de esos vastos valles del desierto. Para ellos debe de haber sido un cambio muy grande de la tierra plana de aluvión de Egipto, donde las únicas colinas habían sido levantadas por el hombre, a las montañas donde ahora se encontraban. A ambos lados de la hueste de peregrinos las montañas majestuosas y llenas de precipicios levantaban sus terraplenes inaccesibles de arenisca roja y granito jaspeado, sin verdura, ni arroyuelos, ni señal de cosa viviente. No había nada que los cautivara ni les hiciera acelerar el paso en medio de la terrible desolación y grandeza de aquéllos precipicios inaccesibles. Algunas veces estaban casi sobrecogidos por la desnuda esterilidad de la escena, y por el tremendo silencio que había como protesta por la intrusión de tal multitud en su remota soledad. Pero su rumbo se mantenía hacia adelante. Un penetrante terror debe de haber ido creciendo en sus almas.

Al fin tuvieron un descanso. Después de una marcha de dieciocho millas desde el Mar Rojo, salieron a una llanura plana de arena amarilla, de unas dos millas de largo y media de ancho, punteada con arbustos de tamarisco. Las montañas que rodean esta planicie tienen en su mayoría laderas, y formó como un anfiteatro natural; pero hacia el sur hay un montón de peñascos dentados que se yerguen con precipicios imponentes, mientras que detrás queda la masa granítica de Gebel Mousa, profundamente partida con hendiduras, y despedazada como si hubiera tenido un duro combate con los terremotos, las tormentas y el fuego. Este montón de rocas se llama Ras Sufsafeh, y fue probablemente «el monte que se podía palpar y ardía en fuego». Se levanta del valle de abajo como un altar inmenso, y todo lo que haya ocurrido en su cima debe haber sido fácilmente visible hasta los límites más lejanos del campamento de los dos millones de almas establecidas allí.

Tal fue la escena escogida para la proclamación de la Ley. Allí la multitud israelita se quedó durante varias semanas y allí, mientras las nubes velaban las alturas, y el fuego jugaba de pico en pico, Dios se reunió con su pueblo y les dio su Ley, y escribió su nombre no solamente en tablas de piedra sino también en todo el curso de la historia humana.

1. El propósito de Dios en Sinaí. En tiempos del Éxodo casi todo el mundo estaba entregado a la idolatría. Los primeros objetos de adoración fueron probablemente el sol y la luna y los astros, u otros aparentes objetos de sabiduría y poder. Más tarde, se supuso que la Deidad moraba en los hombres y aun en los animales. Ante este torrente de idolatría, Dios actuó como lo había hecho con el diluvio que ahogó al mundo antiguo. Comenzó con una sola familia, enseñándoles las lecciones sublimes con respecto a sí mismo. Luego, cuando hubieran entendido las lecciones, debían enseñar a otros.

Observemos las etapas sucesivas:

a. *Primera etapa.* Dios escogió de las masas de los gentiles a un hombre, «lo llamó solo», y le pidió que lo siguiera a una tierra extraña. Allí, aislado de los pueblos que lo rodeaban, Dios comenzó a enseñarle acerca de sí mismo. Jehová no escatimó tiempo ni trabajos con el primer gran hebreo, de modo que, una vez bendecido, pudiera ser el medio de bendición para la especie humana.

b. *Segunda etapa.* Dios unificó al pueblo hebreo para que pudiera recibir y retener, como parte de su vida nacional, aquéllas grandes verdades que se le confiaron. Esta unificación se llevó a cabo mediante el lazo del parentesco, del cual estaban orgullosos con razón; por la unión de una ocupación común que los apartó como pastores, lejos del tráfico de las ciudades y centros comerciales; y por último, por la presión de una prueba común que, junto con la gran liberación que se les dio, permaneció fresca e indeleble en todas las generaciones futuras. Dios hizo su obra tan perfectamente que, mientras han surgido otras naciones, han reinado y caído, y su desintegración ha sido total y final, los hijos de Abraham permanecen como roca imperecedera, inmutables ante el embate de las persecuciones y el desgaste del tiempo.

c. *Tercera etapa*. Dios reveló su existencia. En medio de su esclavitud recibieron aviso de que el Dios de sus padres era un Dios vivo, que había encontrado a uno de ellos en el desierto y lo habla llamado por su nombre, y había prometido interceder por ellos.

d. *Cuarta etapa*. Por medio de las plagas Dios demostró que era más fuerte que los dioses de los egipcios. ¿Puede imaginarse a los hijos de Israel diciendo: «Nuestro Dios es grande, pero tal vez no es tan fuerte como Osiris, Isis, o Serapis, o el buey sagrado»? Pero las maravillas que Dios hizo contra los dioses de Egipto resolvieron esa duda para siempre.

e. *Quinta etapa*. Dios los estimuló al amor y la gratitud. Puede hacer lo que guste con los que ama, pero para obtener debe dar; para provocar el amor, debe declararlo. Por eso se les recordó con emoción lo que él había hecho: «Vosotros visteis lo que hice a los egipcios, y cómo os tomé sobre alas de águilas, y os he traído a mí» (Éxodo 19:4).

f. *Sexta etapa*. Dios se propuso enseñarles acerca de algunas de aquéllas grandes cualidades cuyo conocimiento era el fundamento de una buena relación entre ellos y él. Y para conseguir su propósito, usó importantes señales externas.

g. *Séptima etapa*. Dios designó claramente a Moisés como el órgano y canal de su comunicación con los hombres. «He aquí, yo vengo a ti en una nube espesa, para que el pueblo oiga mientras yo hablo contigo, y también para que te crean para siempre» (v. 9).

2. Las lecciones del Sinaí.

a. *La majestad de Dios*. La escena natural era ya bastante majestuosa; pero lo fue más cuando se revelaron los incidentes del tercer día. Mientras tanto, las nubes gotearon y se produjeron lluvias tropicales. Y fue en ese escenario que Dios habló. ¿podía alguna otra combinación de fenómenos naturales haber dado concepciones más grandes de la majestad de la naturaleza divinas?

b. La *espiritualidad de Dios*. ¿Cómo era su Dios? En esa memorable ocasión «Moisés sacó del campamento al pueblo para recibir a Dios», pero no vieron su apariencia física. Estaba allí, puesto que hablaba. Pero no había forma visible. No ha sido fácil para la humanidad aprender esta lección enseñada con tanta claridad en el Sinaí: Dios es Espíritu.

c. *La santidad de Dios*. Esta importante lección también fue enseñada de modo sensacional mediante señales exteriores que impresionaban los sentidos. Se pusieron límites para mantener a las bestias lejos de la escasa vegetación de las laderas inferiores del monte; cualquiera que tocare el Monte moriría. Debía lavarse con cuidado toda la ropa en preparación para ese tercer día; había que mantener una pureza absoluta en la vida y el corazón. solo Moisés fue llamado a la cima de la montaña, y cuando hubo subido allí, se le envió de nuevo abajo con el expreso propósito de encargar a la gente, y aun a los sacerdotes, de no pasar delante para mirar al Señor, bajo pena del castigo de Dios. Todos estos importantes actos convergieron para producir una manifestación externa y sensible de la santidad de Dios.

d. *La realeza de Dios*. El estado judío era un reino y Dios era su Rey. Y la realidad de su gobierno se manifestaba en la manera como Moisés obedecía su mandato. Nunca olvidarían que su gran líder fue completamente obediente a la orden emanada del pabellón de Dios. Cuando más, él solo era el ejecutador de la voluntad de Dios, «su instrumento pasivo». Dios mismo declaró el Decálogo «de en medio del fuego, de la nube y de la oscuridad, a gran voz» (Deuteronomio 5:22). Toda ordenanza de la Ley, todas las costumbres y provisiones para la vida doméstica y la civil, todas las partes para la construcción del santuario y la ordenación de los sacerdotes, se debía a la voluntad directa de Dios, salida de su boca. ¡Qué testimonio tan claro de la supremacía del Altísimo! Tales fueron algunas de las lecciones enseñadas en Sinaí.

La vida de comunión con Dios no se puede edificar en un día. Comienza con el hábito de referirlo todo a él, hora tras hora, como lo hizo Moisés en Egipto. Pero pasa a períodos de comunión más extensos y frecuentes, y encuentra su consumación y felicidad en días y noches de intercesión y espera en santa comunicación. ¡Ah, qué modelos encontramos en el Monte! ¡Ay de los que nos alejamos tanto de él! O cuando más somos admitidos solamente a estar con los ancianos, y constituir un camino empedrado de zafiro para los pies de Dios. ¡Quién pudiera acercarse más a Dios, y verlo más de cerca, y comunicarse con él cara a cara como todavía lo pueden hacer sus amigos!

18
LA VISIÓN DE DIOS Y SU EFECTO
Éxodo 34: 29

La máxima autoridad (la Palabra de Dios) nos permite extraer lecciones espirituales de este incidente de la vida del gran legislador. El apóstol Pablo se refiere a esto expresamente cuando dice que todos nosotros, a cara descubierta, podemos contemplar la gloria del Señor y ser cambiados (2 Corintios 3:13-18). Esa bendita visión que fue dada entonces solo al gran líder de Israel, está ahora al alcance de todo creyente: «Nosotros todos ... somos transformados».

1. El deseo de ver a Dios conlleva la promesa de su cumplimiento. Durante muchos años había ido aumentando en el corazón de Moisés el deseo de ver el rostro de Dios. «Muéstrame tu camino, para que te conozca»; «Te ruego que me muestres tu gloria». Si aprovechamos todas las oportunidades, cultivamos todas las facultades, y nos mantenemos mirando en la dirección del Monte de la comunicación, infaliblemente nos daremos cuenta de que el corazón que anhela esa visión de Dios la verá realizada. «Y Jehová dijo a Moisés: También haré esto que has dicho, por cuanto has hallado gracia en mis ojos ... repárate, pues, para mañana, y sube de mañana al monte de Sinaí» (Éxodo 33:17; 34:2).

2. La realización del deseo depende del cumplimiento de ciertas condiciones.
a. *Debemos aprender a obedecer.* La obediencia fue la gran característica de Moisés. Era fiel en toda la casa de Dios como siervo, La muletilla que se repite en los libros del Pentateuco es la frase que suena profunda y frecuente: «Como el Señor le mandó a Moisés, así lo hizo». Dios siempre podía depender de él. Y fue a él, y no a los corazones desobedientes del pueblo, a quien Dios se reveló.

Está claro, pues, que la obediencia es la piedra de toque de la visión. Debemos ser siervos antes de poder ser amigos. La senda de la obediencia total, aunque sea dura y difícil, es la única que lleva a la montaña cuya cima es la escena de una revelación maravillosa.

No desobedezcas las visiones celestiales; nunca se vuelva a sus propias preferencias de la senda estrecha de la lealtad constante a la voz de Dios. Atrévete a hacer lo justo, aunque se quede solo entre la multitud desleal. Así cumplirá una condición esencial de la visión de Dios.

b. *Debemos estar dispuestos a pasar por la nube espesa.* «Jehová ...llamó a Moisés de en medio de la nube ...y entró Moisés en medio de la nube» (Éxodo 24:16, 18). La nube densa, oscura en su aspecto exterior aunque demasiado brillante en su interior, dejaba afuera la luz del sol y es escenario terrestre, y dejaba adentro a Moisés con Dios. Pero él no hubiera visto la visión si no hubiera estado dispuesto a pasar por la nube y a estar en pie bajo la sombra de la mano divina.

El huerto, la cruz, y la tumba son el único camino hacia la mañana de la resurrección. Las paredes se deben pintar de un tono neutro cuando se exhiben pinturas famosas. Y parece indispensable que pasemos por las sombras del luto, la tentación y la tristeza si hemos de surgir a la luz maravillosa de Dios y apreciar su brillo.

c. *Debemos atrevernos a estar solos.* Cuando leemos esas solemnes palabras: «Prepárate, pues, para mañana, y sube de mañana al monte de Sinaí, y preséntate ante mí sobre la cumbre del monte. Y no suba hombre contigo, ni parezca alguno en todo el monte; ni ovejas ni bueyes pazcan delante del monte» (Éxodo 34:2, 3), parece que escuchamos el eco de las palabras de Cristo: «Mas tú, cuando ores, entra en tu aposento, y cerrada la puerta, ora a tu Padre que está en secreto» (Mateo 6:6).

Las oportunidades del servicio cristiano son muy valiosas pero serían desastrosas si nos quitaran el tiempo que deberíamos pasar a solas con Dios. Da a Dios los primeros momentos del día, cuando el corazón está descansado. Nunca veas los rostros de la gente antes de ver el de Dios Rey. Resuelve estar a solas en el monte con más frecuencia.

3. Cuando se cumplen las condiciones la visión es segura. Tal vez Moisés, al entrar a la nube, esperaba que el Todopoderoso pasara delante de él, cabalgando sobre un querubín, volando en alas del viento, vestido de arco iris y tempestad, mientras los truenos sonaran como tambores en su marcha. Pero, de pronto estaba en una quebrada, en una hendidura de la roca, cubierto por una mano, mientras pasaba a través de esa quebrada de la montaña la procesión divina; y una voz callada, dulce y penetrante decía que Dios es amor.

Obsérvese el progreso de la revelación al alma piadosa. En Horeb Moisés había estado de pie en el patio exterior para aprender que Dios es inmutable. En la entrega de la Ley había estado en presencia de la gloria del Lugar Santo para aprender que Dios es justo. Ahora fue admitido al santuario interior para aprender que el Señor Dios es misericordioso y bondadoso, paciente y lleno de bondad y verdad.

Nadie que espere en él será avergonzado. Él satisfará los deseos que él mismo ha implantado en el corazón. Como sucedió a Fletcher de Madeley, a Catalina de Siena, y a centenares más, también te sucederá a ti, cuando menos lo esperes, que tendrás la visión beatífica, tal vez haciéndote gritar como Juan Tennant: «¡Espera, Señor, es suficiente! Si no este frágil vaso se romperá bajo el peso de tu gloria».

4. Tales visiones dejan señales inconfundibles. El rostro de Moisés brillaba; ¿y no brillaban también su corazón y su vida? ¿Podría haber sido de otro modo? Las sábanas en las cuales el ama de casa ha puesto saquitos perfumados olerán con fragancia; el hierro común colocado cerca de un imán se vuelve magnético. Y es imposible que estemos con Dios a menudo sin volvernos piadosos.

Las antiguas leyendas de santos nos cuentan de aquéllos que, al meditar por mucho tiempo en la crucifixión del Señor, recibieron en su propia carne los estigmas de sus heridas. Hay ciertamente una correspondencia espiritual de esto en la contemplación larga y fija de la visión de Dios que puede hacer el alma, mediante la cual pasan a la vida los detalles o elementos de la belleza divina y la iluminan con una dulce sublimidad celestial.

5. Tales señales no son percibidas por aquéllos que las poseen. «Moisés no sabía que la piel de su rostro resplandecía». Él estaba glorificado delante de todos menos de sí mismo.

La verdadera excelencia cristiana está tan inconsciente de su belleza como lo estaba Moisés; cuando se vuelve consciente pierde su encanto. El poseedor del artículo genuino nunca habla de él, ni piensa en él, y casi se aterra al saber de que se le adjudique tal cosa. Es como las flores del cerezo, las perlas del rocío sobre el prado mañanero, o la quietud de la superficie de un lago en las montañas.

19
LA ORACIÓN GRAMATICAL INCOMPLETA
Éxodo 32:32

Este es uno de los versículos más patéticos de la Biblia y exhibe la evidencia de su autenticidad. No pudo haber emanado de la mente o la pluma de algún escriba posterior, porque es tan completamente inesperado, tan extraño, y sin embargo tan oportuno. Es el fragmento de una oración gramatical de la que quisiéramos conocer la introducción, pero ¿quién puede presumir de completar lo que en esa hora suprema fue ahogado por un paroxismo del dolor, un suspiro de emoción incontenible?

1. El problema que se le presentó a Moisés.

a. *La idolatría de su pueblo.* Después de la proclamación de los Diez Mandamientos del Sinaí, el pueblo, aterrorizado por los truenos y relámpagos, y la voz de la trompeta, y el humo de la montaña, le pidió a Moisés que fuera su portavoz e intermediario. «Y dijeron a Moisés: Habla tú con nosotros, y nosotros oiremos; pero no hable Dios con nosotros, para que no muramos» (Éxodo 20:19). El gran legislador y líder, a pedido de ellos, se retiró dentro del pabellón de Dios, y estuvo ausente durante unas seis semanas. Después de un tiempo, se pusieron inquietos y nerviosos. «¿Dónde está él? Él no llevó bastante comida para sustentarse por tanto tiempo. ¿Le habrá ocurrido algo en esos precipicios solitarios?» «Porque a este Moisés, el varón que nos sacó de la tierra de Egipto, no sabemos qué le haya acontecido» (Éxodo 32:1). Se habían vuelto a Aarón, el elocuente, con la seguridad de que ni él ni veinte como él podrían llenar el vacío dejado por la pérdida de Moisés, y dijeron: «Levántate, haznos dioses que vayan delante de nosotros».

Podemos observar de paso la naturaleza esencial de la idolatría, pues en este maravillosos capítulo tenemos toda su historia. Comenzamos con el primer grito del alma que manifiesta el anhelo de un ídolo, hasta agotar los últimos residuos amargos con los cuales, cuando se pulveriza, el idólatra tiene que beber su propio polvo. El idólatra no considera su imagen como Dios —en primera instancia, por lo menos— sino como una representación o manifestación de Dios. Es un esfuerzo del espíritu humano que proviene del anhelo por comunicarse con lo invisible y espiritual, por asociar a Dios con lo que se puede poseer y manipular, como para tener una prueba constante y evidente de la presencia y el favor de Dios.

Este fue el caso de Israel. solo habían pasado tres meses desde cuando vieron abrirse las aguas del Mar Rojo y caer sobre las huestes de Faraón. Todos los días desde entonces el amor de Dios los había acompañado. Y aun en el tiempo de que estamos hablando toda la cima de la montaña estaba coronada con el pabellón de nubes, que era el emblema de la presencia de Dios en su medio. Sin embargo fueron arrastrados por el imperioso deseo humano que suspira por una imagen sensible para su adoración.

Su idolatría fue una violación, no del primero, sino del segundo mandamiento. No propusieron renunciar a Jehová —eso quedó para la época de Ahab— sino que querían adorar a Jehová bajo la forma de un becerro, en clara violación de la enfática prohibición que decía: «No te harás imagen, ni ninguna semejanza de lo que esté arriba en el cielo, ni abajo en la tierra ... No te inclinarás a ellas, ni las honrarás» (Éxodo 20:4, 5). Este fue también el pecado de Jeroboam.

b. *Su degradación.* No cabe duda de que la adoración del becerro vino acompañada de las orgías inmorales que eran parte reconocida de la idolatría egipcia. Esto está implícito en: «Y se sentó el pueblo a comer y a beber, y se levantó a regocijarse». El versículo 25 del capítulo 32 nos muestra la realidad de la situación: «Viendo Moisés que el pueblo estaba desenfrenado, porque Aarón lo había permitido, para vergüenza entre sus enemigos». Y de esto inferimos que los lazos de la continencia, que los había restringido desde el Éxodo, se hablan aflojado de repente, con el resultado de que perdieron todo control y se entregaron a la impía celebración.

c. *Los derechos de Dios.* Hay toda razón para creer que Dios aplicaría todo el castigo no porque fuera vengativo sino porque el mantenimiento de su autoridad parecía demandarlo. La justicia de su propósito, la inviolabilidad de su juramento, la autoridad de los Diez Mandamientos, recientemente dados, se combinaron para exigir que Dios cumpliera su Palabra.

Pero, al contrario, se temía que, usando el lenguaje humano, se encendiera la ira de Dios y los consumiera, y entonces los egipcios pudieran decir: «Para mal los sacó, para matarlos en los montes, y para raerlos de sobre la faz de la tierra». Y entonces se podría malentender el carácter de Jehová y se hablaría mal de él entre las naciones vecinas.

¿Cómo podría Dios mantener la integridad de su carácter con su propio pueblo sin ponerlo en peligro con los egipcios? Si perdonaba al pueblo, comenzarían a pensar que, ni sus amenazas, ni sus promesas merecían su atención. Y si los destruía, se empanaría su gloria, y parecería que a él no le importaba el juramento que había hecho por sí mismo a sus siervos Abraham, Isaac, y Jacob de que multiplicaría su descendencia, y les daría la tierra de Canaán como herencia para siempre. Estas consideraciones pesaban tanto sobre Moisés que rehusó la oferta divina de dejarlo como el único sobreviviente de todo el pueblo y como el progenitor de una gran nación.

2. Las emociones que se agitaban en su alma. En la montaña Moisés actuó como intercesor. Cuando Dios le dijo todo lo que estaba sucediendo abajo en el campamento, y le mostró la espada de justicia que se balanceaba colgada de un hilo sobre la nación culpable, él intercedió por su amado pueblo.

Al descender de la montaña, cuando estuvo bastante cerca para poder ver el becerro y el baile, mirando desde algún saliente de roca, la antigua impetuosidad que lo había caracterizado en su juventud se desató en toda su intensidad. «Ardió la ira de Moisés, y arrojó las tablas de sus manos, y las quebró al pie del monte».

Al llegar al campamento, parece que caminó por entre la multitud, desbarató su juerga, y derribó el becerro, ordenando que lo destruyeran y que el polvo se mezclara con el agua que bebían. Pero como si esto fuera poco para detener el arraigado mal, se sintió impulsado a usar medidas más drásticas, y por la espada de Leví extirparlo con la sangre de tres mil hombres.

Al día siguiente, cuando el campamento estaba lleno de lamentaciones por los muertos, cuando la terrible reacción se había aplacado en la gente y en él, la situación pareció cambiar. A su indignación siguió su amargo dolor y piedad. El miserable estado al que los había reducido su pecado despertó en él la compasión más profunda; y le dijo al pueblo: «Vosotros habéis cometido un gran pecado, pero yo subiré ahora a Jehová; quizás lo aplacaré acerca de vuestro pecado» (v. 30); pero no les dijo cuál era el propósito de su corazón ni el precio que pagaría.

3. La oferta que hizo Moisés. Regresó silencioso y meditabundo a la cámara de Dios, mientras el pueblo observaba en pie. Pensaba que el pecado era muy grande. Él no veía la posibilidad de que Dios se retractara de sus solemnes amenazas. Estaba convencido de que solo una expiación podría prevenir el juicio merecido. Pero ¿cuál expiación?, los sacrificios de animales no serían suficientes. solo había algo que podía sugerir: se podría ofrecer él mismo. Este era el secreto que encerraba en su pecho al escalar la montaña. Y fue esto lo que le hizo decir: «Quizá ...» No podía estar seguro de que el rescate fuera bastante grande.

Cabe preguntarse cómo se le ocurrió la expiación. Pero debemos recordar que tal vez hubo mucho diálogo entre Dios y Moisés sobre los sacrificios que la gente ofrecería. La palabra expiación tal vez se habría mencionado muchas veces. Él había aprendido que uno puede redimir a otros por medio del sufrimiento. Había visto las profundas posibilidades de la ley de sustitución, y pareció natural, por lo tanto, proponer que él, el siervo escogido, el príncipe y caudillo del pueblo, fuera pesado en la balanza con la nación, y que Dios aceptara su sangre como rescate por sus vidas.

Moisés confesó el pecado de su pueblo a Dios y añadió: «Que perdones ahora su pecado». No podía imaginarse las benditas consecuencias del perdón de Dios.

Pero lo oprimía el temor de que el perdón gratuito era mucho esperar. ¡No conocía él el inmenso amor de Dios demostrado al darnos a Jesucristo, Nuestro Señor! Entonces añadió: «Y si no, ráeme ahora de tu libro que has escrito». La propuesta era que él muriera allí en ese instante, y que no viera la buena tierra que quedaba más allá del Jordán; o que ya no se lo contara entre el pueblo de Dios.

¡Cómo se debe de haber inclinado el corazón de Dios hacia su fiel siervo, que le recordaba otra escena de la eternidad pasada cuando el Hijo de Dios se propuso redimir al hombre por medio de la expiación del derramamiento de su propia sangre!

Por supuesto, no se aceptó la oferta. Nadie puede expiar su propio pecado, mucho menos los pecados de otros. Pero se consiguió el perdón del pueblo. Fue posible pasar por alto su transgresión por la propiciación que se ofrecería con el correr de los tiempos sobre la cruz del Calvario (Romanos 3:25).

20
LA PRESENCIA DE DIOS ES NUESTRO DESCANSO
Éxodo 33:14

Esta promesa de descanso se aplica tanto a la edad actual como a la del Éxodo. Tal vez hay allí un mensaje especial para estos días candentes, tan llenos de discordia, confusión, y lucha. Pero ese descanso se debe buscar en algo más profundo que las circunstancias. Debe comenzar en el centro de nuestro ser, y en su armonía con el Ser de Dios.

1. Las circunstancias que rodearon esta promesa.

a. *Moisés era un hombre muy solitario.* Tal vez se sentía más solo en medio de los dos millones de personas que guiaba como un rebaño, que lo que se había sentido en las soledades del desierto, cuando cuidaba las ovejas de Jetro. El contraste entre el sublime gozo de la comunión divina y su pueblo, dominado por los placeres sensuales, debe de haberle añadido intensidad al aislamiento de su espíritu. «Y dijo Moisés a Jehová: Mira, tú me dices a mí: Saca este pueblo; y tú no me has declarado a quién enviarás conmigo». ¡Qué necesidad tan grande de compañerismo se manifiesta aquí!

Muchos cuyas vidas son muy solitarias de seguro leerán estas palabras. Algunos por largas horas tienen que soportar la carga del hogar o del sufrimiento, o de algún servicio como de centinela nocturno en un puesto solitario. Es para ellos que se dio la promesa de Éxodo 33:14.

b. *Además, la multitud de los hijos de Israel tendría que salir pronto de la región montañosa del Sinaí,* que Moisés había conocido en su vida pastoril, para proseguir la marcha por desiertos desconocidos, infestados de enemigos osados y experimentados. De nada valía que la columna de nube los guiara lentamente por esas sendas desérticas, o que de noche arrojara mucha luz sobre las tiendas agrupadas en el campamento; pues el solo pensar en ese viaje a través del desierto grande y terrible era suficiente para hacerle perder la calma al corazón más valiente.

¿No hay ocasiones en que muchos de nosotros tenemos razón para temer que, como consecuencia de algún triste fracaso o un pecado de nuestro parte, el Señor se sienta obligado a retirar de nosotros el gozo de su amor? Tales pensamientos hacen que el alma acelere el paso para acercarse en oración al trono de la gracia.

2. El lugar donde se dio esta promesa. El encuentro anterior entre el siervo «fiel en toda su casa» y aquel que lo había llamado parece haber sido en la cima de la montaña. Pero después de la erupción del pecado del pueblo, se hizo un cambio que no necesitó de prolongadas ausencias del campamento. En realidad, Moisés estuvo ausente solamente por un período de cuarenta días más (34:28) antes de su muerte, unos treinta y ocho años más tarde.

Durante la extensa entrevista de que se le permitió disfrutar, Dios le había hablado mucho acerca del tabernáculo que debía construir muy pronto. Se escogió una tienda; y fue levantado «lejos, fuera del campamento, y lo llamó el Tabernáculo de Reunión. Y cualquiera que buscaba a Jehová, salía al tabernáculo de reunión que estaba fuera del campamento» (v. 7).

Pero el beneficio especial era obvio en el caso de Moisés mismo.

Ya no tenía que subir a la cumbre de la montaña sino que podía hacer todos los negocios divinos en esa tienda. Y cuando corría la noticia por el campamento de que él iba a tratar algún asunto con Dios, «todo el pueblo se levantaba» para ver el maravilloso espectáculo, y «cada cual estaba en pie a la puerta de su tienda», mirándolo. Hacían esto porque tan pronto como él entraba a la tienda, la columna de nube descendía de su posición entre cielo y tierra y se detenía a la puerta de la tienda, como vehículo y emblema de la presencia divina. Así «hablaba Jehová a Moisés cara a cara, como habla cualquiera a su compañero»; Y Moisés hablaba con su Padre, que está en secreto, con la libertad de un niño.

Fue allí donde tuvo lugar este asombroso coloquio. Moisés hablo de su soledad, y preguntó quién estaría asociado con él en su gran tarea. Entonces pareció como si ese fiel corazón de repente se diera cuenta de una bendición más trascendente en gloria que ninguna otra que él se hubiera atrevido a pedir hasta entonces. Presentó su petición con mucha humildad, pero se aventuró a sugerir que Dios mismo le mostrara su caminos para que él pudiera conocerlo. Fue como si hubiera dicho: ¿Quieres ser mi amigo y compañero; mi árbitro en las dificultades; mi consejero en los momentos de perplejidad y mi socorro en la soledad?

Y la respuesta de Dios vino a su espíritu como bálsamo y música: «Mi presencia irá contigo, y te daré descanso» (v. 14). No se hizo referencia al pueblo. Al parecer, la promesa de la presencia divina se le hizo solamente a Moisés.

Pero la fe se vuelve más atrevida al aumentar, y Moisés no solo tomó la promesa de la presencia divina para sí mismo sino que pidió que incluyera también a todo el pueblo.

También tuvo éxito en esta petición. «Y Jehová dijo a Moisés: También haré esto que has dicho, por cuanto has hallado gracia en mis ojos» (v. 17). Hay momentos de santa comunión con Dios en las vidas de todos sus siervos. Cuando ocurran debemos interceder no solo por nosotros sino también por los demás, para alcanzar para ellos una bendición igual.

3. La bendición garantizada por esta promesa. Primero fue la presencia divina, luego el descanso prometido, no el de Canaán, que Moisés nunca vio, sino una herencia más profunda y bendita que puede ser la porción de todas las almas fieles. Pero en el corazón estas dos son una. La presencia divina es descanso.

La presencia consciente de Dios con nosotros es posible solamente bajo tres condiciones: primera, debemos andar en la luz, como él está en Luz, pues él no tendrá comunión con las obras estériles de las tinieblas, ni se apartará para ir con nosotros por las sendas torcidas que hayamos escogido.

Segunda, debemos reconocer que la sangre de Jesucristo, su Hijo, nos limpia constantemente de todo pecado, no solo de los que juzgamos y confesamos sino también de los que solamente sus puros y santos ojos pueden ver.

Tercera, debemos reclamar la misericordiosa ayuda del Espíritu Santo para que esa presencia sea real, pues es demasiado sutil a los ojos humanos a menos que reciba una iluminación especial.

Cuando estas condiciones se cumplen, el alma bendita experimenta la presencia de Dios, que se manifiesta como un descanso inefable.

21
LA EDIFICACIÓN DEL TABERNÁCULO
Éxodo 25:9, 40

El corazón del pueblo judío era el tabernáculo, alrededor del cual se levantaban las tiendas. Los movimientos del tabernáculo determinaban las jornadas de la hueste. Como una expresión del lenguaje visual, el tabernáculo también les enseñó algunos de los pensamientos más profundos acerca de Dios.

Debemos recordar que los hijos de Israel no poseían un idioma tan abundante y rico en vocablos como el nuestro, con el cual podemos expresar toda clase de ideas abstractas como el amor, la sabiduría, la pureza, la espiritualidad y la santidad. Por eso, antes de hacer su revelación, Dios debía darles un idioma para expresar sus pensamientos. Y lo hizo en gran parte mediante la construcción del tabernáculo.

1. La concepción del tabernáculo. El modelo fue dado en el monte. Está claro, pues, que debe de haber sido un fenómeno visible, cierta brillante aparición, algún cuadro glorioso pintado en las nubes o construido sobre las antiguas rocas. Debe de haber habido estacas y cortinas, querubines y lámparas, oro y plata, altar y candelabros; pero eran intangibles; existían como un hermoso sueño.

Pero es casi inconcebible que Dios no explicara al mismo tiempo a Moisés esas maravillosas concepciones de su propia naturaleza y de sus relaciones con los hombres que se proponía exponer por medio de esta estructura material. Fueron las siguientes:

a. *El deseo de Dios de compartir la vida humana.* Si el pueblo hubiera visto el fuego devorador de la cima del Sinaí, el pabellón de la presencia de Dios, nunca se hubieran atrevido a pensar que había algún interés común entre él y ellos. A su modo de ver, Dios siempre había parecido distante e inaccesible. Entonces Dios dijo: «Harán un santuario para mí, y habitaré en medio de ellos» (v. 8).

Así fue como se ordenó que se levantara en medio de ellos esta tienda, que solo se distinguía de las de ellos en las proporciones y los materiales. Se levantaba sobre la misma arena aplanada, clavada y erigida al mismo tiempo que las de ellos, y soportaba las mismas vicisitudes del tiempo atmosférico y de los viajes. ¿No decía esto, con tanta más claridad que las palabras, que el tabernáculo de Dios estaba con los hombres, y que él estaba dispuesto a morar con ellos y ser su Dios? ¿No enseñaba que Jehová se había convertido en peregrino con los peregrinos, y ya no era un Dios lejano sino que compartía con ellos su suerte nacional?

b. *La grandeza de Dios.* A esto también se le debía dar una expresión visible. El tabernáculo debe de haber costado una suma inmensa a aquélla fugitiva nación de esclavos. Los pedestales de plata colocados a intervalos en la arena para sostener las tablas verticales; la hermosa tapicería de las paredes y el techo; los muebles de oro, de entre los cuales el candelabro de siete brazos solo pesaba cien medidas de oro; los metales convertidos en sesenta pilares de bronce, con sus capiteles y ganchos de plata, de donde se suspendían cortinas tan delgadas que la gente podía ver todo lo que pasaba en el patio exterior. ¡Qué costoso debe de haber sido todo eso!

En aquél día de año nuevo, aniversario del Éxodo (40:17), mientras se erguía terminado bajo el sol del desierto, el tabernáculo debe de haber dado nuevas y más amplias ideas de la majestad divina.

c. *La unidad de Dios*. Todas las naciones de alrededor estaban entregadas a la idolatría. Pero el tabernáculo con sus varias partes, materiales, y accesorios era uno. Un arca, un altar del incienso, un altar de los holocaustos, un propósito sagrado en todas las órdenes y ritos para quitar la impureza. Por lo tanto, se levantaba entre los hombres como una protesta perpetua contra la idolatría y como testimonio firme de la unidad de Dios. «Oye Israel: Jehová, nuestro Dios, Jehová uno es». Tal era el mensaje eterno que flotaba en el aire del desierto desde aquélla singular estructura.

d. *La espiritualidad de Dios*. El concepto de que Dios es Espíritu fue dado al pueblo en esa forma subyugante.

Al entrar al lugar santo, los ojos quedaban deslumbrados por la pesada y magnífica cortina, cubierta de querubines, que separaba seis pies (1.83m) de la longitud de toda la estructura. Al abrirla, se pasaba a una cámara en forma de un cubo perfecto, miniatura de la Nueva Jerusalén. En un templo egipcio este apartamento contendría un cocodrilo o un ibis; pero aquí solo había una caja, sobre la cual unas figuras de exquisita belleza se inclinaban con las alas extendidas, y entre ellas brillaba una luz, no prestada del sol ni las estrellas. ¿Qué más podría dar una idea mejor de que Dios es Espíritu?

Esta ausencia de una forma visible en el santuario interior dejó muy asombrado al soldado romano Pompeyo, quien atravesó con gran curiosidad hacia el santuario, pisando donde solo podía hacerlo descalzo el sumo sacerdote una vez al año. Él esperaba encontrar alguna forma corpórea de Jehová, y se volvió desdeñosamente, burlándose del vacío hallado. Pero para Moisés debe haber sido una concepción sin igual, más allá de su pensamiento o imaginación.

e. *La pureza de Dios*. La impresión de pureza se indicaba por medio de comparaciones. Primero, el tabernáculo se encontraba dentro de un patio cercado para separar al público, cuya parte exterior solo la podían pisar aquéllos que hubieran pasado por ciertos ritos de purificación; y en cuanto a la parte interior, solo el sumo sacerdote podía caminar allí una vez al año, luego de purificarse con mucho cuidado por medio de innumerables ritos, y vestido con un traje especialmente diseñado, mientras rociaba la sangre de los animales sacrificados, escogidos de entre los rebaños por su perfección. Todo esto se hacía para recalcar en la gente el cuidado que debían tener al acercarse a Dios; de este modo se inculcó en la mente nacional la idea de su santidad.

Y a través de estas disposiciones, especialmente de estas referencias repetidas a la sangre de los sacrificios que debía verterse y rociarse, Moisés se familiarizó con la filosofía de la expiación.

Pensamientos como estos deben haber penetrado el alma de Moisés mientras esperaba delante de Dios, sin pensar en el paso del tiempo, la falta de amor y la idolatría de su pueblo, ni las necesidades de su cuerpo físico. Al contemplar el gran espectáculo de ese éxtasis y la fascinación de ese espíritu, tenemos una ligera idea de por lo menos una parte de lo que haremos en la eternidad, y nos sentimos animados a buscar un conocimiento más íntimo de Dios.

2. La reproducción del modelo. Hay algo aquí que nos interesa a todos. No se nos pide que construyamos el tabernáculo de nuevo, según ese modelo antiguo que cumplió su propósito y cayó en desuso, pues fue reemplazado por las claras revelaciones del evangelio. Sin embargo, hay cierta analogía llena de instrucción e inspiración para la vida de todo creyente —en el tabernáculo— de la cual nos ocuparemos por un momento.

Así como el tabernáculo estaba en la mente de Dios antes de ser reproducido sobre las arenas del desierto, también la vida de cada persona existe como concepción de la misma inteligencia infinita.

Cuando viene un niño al mundo, hay en la mente de Dios un cuadro perfecto de lo que puede llegar a ser esa vida, un ideal al cual debe conformarse. Hay una anticipación clara de lo que será, pero al lado hay una previsión clara también de lo que puede ser. Y si tan solo se pudiera ver ese modelo y reproducirlo con todo detalle, de modo que la vida pudiera conformarse al ideal divino, no quedaría lugar para el desengaño y el pesar. Cumpliría todo su propósito como concepción de la mente divina, y alcanzaría su perfecta consumación y felicidad. Es triste pensar que muchos de nosotros, a través de los años, hemos hecho nuestra propia mala voluntad y seguido nuestros propios planes.

a. *El modelo de Dios era completo.* No quedaron borlas, ni cavidades, ni detalles minuciosos para la imaginación o la invención de los artífices; todo estaba incluido en el modelo divino. Dios tenía un plan para cada uno de los detalles que escondían su respectivo propósito, y la simetría del todo dependía de la perfección de las partes. Así también en la vida el pensamiento de Dios cubre todos los detalles. Nada es demasiado trivial para que lo convirtamos en objeto de oración y súplica.

b. *Dios reveló su plan gradualmente.* Probablemente la narración de la revelación de las partes sucesivas del tabernáculo es una transcripción exacta del método por medio del cual el designio divino fue revelado al pensamiento de Moisés. Línea por línea, precepto por precepto; tal es siempre el método divino.

No podremos ver muy adelante en el futuro, ni todo el plan completo para nuestra vida, pero al completar una cosa se nos revelará otra, y así sucesivamente. Tal vez no entendamos el propósito divino, pero al fin de la vida veremos que era una estructura completa y exquisita, a la cual no le faltaba ninguna parte.

c. *El plan de Dios estaba en proporción con los recursos del pueblo.* Así como el modelo estaba en la montaña, también había en posesión del pueblo materiales para su realización: oro, plata, piedras preciosas, azul, púrpura y escarlata, lino fino y pelo de cabras, pieles de cordero y tejón, el genio de los artesanos, y la buena disposición de la gente.

Dios nunca le da un modelo a una persona sin hacerse responsable de la provisión de los materiales necesarios para su ejecución. Si los materiales no están a su alcance, tal vez la persona está trabajando en un plan de su propia invención. Dios no proveerá ni una borla que quieras añadir a su esquema.

d. *El plan de Dios debe ser obedecido con todo detalle.* Una y otra vez se nos dice en el último capítulo de Éxodo que todo fue hecho «como Jehová había mandado a Moisés». El supremo gozo y la satisfacción de su vida fue que no le había añadido ni quitado al mandamiento divino y por eso terminó la obra.

e. *El plan de Dios es siempre progresivo.* En el desarrollo de las etapas rudimentarias de la enseñanza divina, Moisés se ocupaba especialmente de la elaboración de la idea elemental del sacrificio, como en el caso del Cordero Pascual. El siguiente paso era la construcción del tabernáculo, de lo cual ya nos hemos ocupado. Pero esta no era la forma final de la revelación divina a la que debía dar apariencia tangible, Años más tarde, cuando la enfermedad estaba arrasando millares de víctimas en todo el campamento como juicio por las murmuraciones de la gente, se le ordenó a su jefe que hiciera una serpiente de bronce y la pusiera en una asta, para que todos los que la miraran pudieran vivir.

En ese momento supremo Moisés pudo ver la agonía del Señor, y discernió no solo el hecho sino el método de su muerte. A ningún otro profeta del Antiguo Testamento, en cuanto sabemos, le fue dado saber tan claramente que Jesús debía ser levantado sobre una cruz. Esto le fue revelado a aquél que con tanta fidelidad había realizado las primeras etapas del plan divino; y también tuvo el privilegio de exponer, gráfica y sencillamente, la naturaleza de la fe salvadora: «Y como Moisés levantó la serpiente en el desierto, así es necesario que el Hijo del Hombre sea levantado, para que todo aquél que en él cree, no se pierda, mas tenga vida eterna» (Juan 3:14, 15).

Así es siempre. Al llegar a la cima, el horizonte se amplía; mientras cumplimos más cabalmente la voluntad de Dios, más a fondo conocemos su doctrina.

22
LA SALIDA DE SINAI
Números 10:29

Israel peregrinó a la sombra del Sinaí durante unos once meses. Había ocurrido un cambio muy grande en su condición. Llegaron allí como un pueblo fugitivo y desorganizado y salieron como nación poderosa, dispuestos para la batalla, con un sistema sacerdotal que duraría por los siglos como tipo del sacerdocio de Cristo y sus santos; y provistos de un código legal y disposiciones sanitarias que han servido de modelo para los pueblos más civilizados de la tierra.

La sola apariencia del campamento daba muestras de ese cambio. En el centro la tienda sagrada con la nube que la seguía, y a su derredor las tiendas de buena apariencia de la gente. Los sacerdotes y levitas las levantaban alrededor del tabernáculo en el círculo interior; y luego las doce grandes tribus alrededor, tres en la dirección de cada uno de los cuatro puntos cardinales, vigilando el tabernáculo como su encargo más sagrado y el centro de su vida nacional.

También fue un espectáculo maravilloso cuando la nube se elevó y los sacerdotes, con sus trompetas de plata, dieron la señal para que los acampados del lado oriental comenzaran a encabezar la marcha. Judá pasó adelante primero, seguido de Isacar y Zabulón; los hijos de Gersón y Merari, con sus seis vagones que llevaban las partes más pesadas del tabernáculo (Números 7:1-9), siguieron después; y después de estos Rubén, seguido de Simeón y Gad luego las largas filas de los coatitas, llevando en los hombros las vasijas del Santo Servicio; y por último, las seis tribus restantes en dos grandes divisiones, una guiada por Efraín y la otra por Dan.

Todo estaba hermosamente ordenado, y aunque no podemos atribuir la poderosa revolución que se había llevado a cabo de modo tan portentoso solamente al genio de Moisés, no podemos dejar de pensar que, como Dios en la mayoría de los casos dio sus enseñanzas a través de mentes competentes para recibirlas y transmitirlas, los talentos intelectuales de Moisés tienen que haber sido considerables. Pero junto a su intelecto colosal poseía un corazón tierno y muy humano, como se reveló en la proposición hecha a Hobab.

1. La propuesta de Moisés. Durante su estada en Sinaí, Hobab, el jefe de una tribu relacionada estrechamente con Moisés por su matrimonio, hizo una visita al pueblo israelita. Por supuesto, él conocía bien el campo, como la palma de su mano: dónde estaban las fuentes de aguas y los pastos, y las rutas más cortas y seguras. Moisés, pues se acercó a él con la solicitud de que siguiera con ellos para prestarles el favor de sus conocimientos prácticos.

Era una petición muy natural. Moisés era un hombre muy solitario, como hemos visto, y le era muy agradable tener a alguien relacionado con él por consanguinidad, a quien confiar su carga durante alguna posible crisis.

Al mismo tiempo aquéllo se desviaba de la costumbre general, que aun entonces acentuaba fuertemente la exclusividad israelita. Los judíos no se casaban con personas de los pueblos vecinos pues al hacerlo se expondrían a la pena de muerte; se vestían con trajes especiales y se diferenciaban de todas las demás gentes aun en la manera de arreglarse la barba.

Fue, pues, una cosa extraña que el gran legislador se desviara para extender esta gentil invitación a un príncipe madianita. Y debe de haber estado motivado por una gran razón. Moisés tenía gran necesidad de la compañía de alguien que conociera el terreno pues no había ido antes por ese camino. Era una gran bendición tener a Hobab a su lado.

Buscamos nuestros Hobabs cuando pedimos el consejo de sabios consejeros de cabezas blancas; cuando formamos comités ricos, inteligentes, y fuertes; al considerar cuidadosamente los precedentes de un caso. En cierto sentido, no hay nada de malo en eso. No tenemos ni el derecho ni la necesidad de aislarnos de los que hayan tenido experiencias especiales en algún campo nuevo por el cual nos aventuramos. Pero también existe el gran peligro de poner a los hombres primero que a Dios; de que nos volvamos olvidadizos del verdadero guía y caudillo de las almas. Si le damos el primer lugar, él probablemente reconocerá nuestras decisiones como lo hizo con los jueces y consejeros de Israel; pero lo principal es que nuestra intención para con él sea luminosa a fin de que toda nuestra vida esté llena de luz.

2. El fracaso de Hobab y el sustituto divino. El jefe del desierto no se entusiasmó en absoluto con la propuesta. En respuesta a la petición de Moisés dijo secamente: «Yo no iré, sino que me marcharé a mi tierra y a mi parentela» (v. 30). Moisés le siguió insistiendo aun más, pero dudamos que haya tenido mucho éxito, bien que hay razones para pensar que el segundo pedido prevaleció porque los descendientes de los ceneos se cuentan entre el pueblo escogido (Jueces 1:16).

Pero parece que su ayuda resultó innecesaria por la provisión de la guía que se prometió inmediatamente. Hasta ese momento la posición del arca había sido en el medio del pueblo, frente a Efraín, Benjamín, y Manasés; pero después del caso anterior se fue tres jornadas adelante de la gente, «buscándoles lugar de descanso». Muy lejos atrás, a muchos kilómetros de distancia venían el gran grupo con su tumulto, el murmullo de muchas voces, el llanto de los pequeñuelos y las trampas preparadas por las bandas armadas. Pero ninguna de estas cosas interrumpió la solemnidad y el silencio que, como ángeles majestuosos, iba adelante con el grupo transportador que acompañaba el arca, sobre la cual se doblaban los querubines. No cabe duda de que Moisés también estaba allí, pues tenemos las expresiones augustas con que anunciaba la salida y la llegada. En el primer caso, mientras miraba el aire ligero, que le parecía lleno de fuerzas antagónicas de hombres y demonios, gritó: «Levántate, oh Jehová, y sean dispersados tus enemigos, y huyan de tu presencia los que te aborrecen»; y en el segundo caso decía: «Vuelve, oh Jehová, a los millares de millares de Israel» (vs. 35-36). Así Dios mismo reemplazó la propuesta de Moisés con un recurso que satisfizo con creces sus necesidades.

No nos anticipemos a la guía divina ni le pongamos indebida presión a Dios. El que cree no se apresura. Dejemos un intervalo entre el arca de Dios y nuestras pisadas, a fin de poder ver, desde tan lejos como sea posible, lo que Dios quiere que hagamos; y luego sigamos pausada y cuidadosamente, pero con decisión firme. Él nos «será por ojos».

¡Cuán agradable es saber que Jesucristo no está «a tres jornadas de camino» sino cerca, de modo que está siempre entre nosotros y los enemigos de nuestras almas!

23
UN CORAZÓN NOBLE
Números 11:29

El éxito ininterrumpido es mucho más difícil de sobrellevar que las pruebas continuas. En un debate sobre si los tiempos de calma o de tormenta, de éxito o dificultades, sean o no las pruebas más duras para manifestar el carácter de un individuo, los observadores más perspicaces de la naturaleza humana probablemente responderían que no hay nada que muestre tan claramente el material verdadero de que estamos hechos como la prosperidad.

Durante unos dos años todo le había ido muy bien a Moisés. Por medio de la fe en Jehová viviente había subyugado al monarca más orgulloso de su tiempo; había guiado a casi tres millones de personas a través del desierto estéril sin un depósito constante de víveres; había disciplinado a una multitud desorganizada hasta convertirla en una hueste poderosa, con una legislación y un ritual tales que son hoy la admiración de los eruditos. Era bastante éxito para hacerle perder la cabeza a cualquier hombre sencillo, y nos preguntamos si tal vez él mostró indicios de orgullo o exaltación indebida. Pero los dos incidentes que vamos a considerar ahora muestran con cuánta sencillez y humildad llevó Moisés todo este éxito.

1. Eldad y Medad. Por condescendencia con su debilidad, su amigo todopoderoso asignó setenta asistentes para que ayudaran a Moisés a soportar la carga del pueblo.

En cada uno de los casos de los así ungidos, la recepción de la fuerza espiritual tuvo como señal la manifestación repentina de la profecía. Para sesenta y ocho de ellos el poder profético fue solo espasmódico y temporal. Profetizaron pero solo por un rato. Dos del grupo escogido que, por alguna razón, habían permanecido en el campamento, se dieron cuenta repentinamente de su recepción del mismo Espíritu y ellos también profetizaron y parece que continuaron haciéndolo. A instante, un joven, celoso del honor de Moisés, le llevó las emocionantes noticias. «Eldad y Medad profetizan en el campamento»; y, al oír el anuncio, Josué igualmente caballeroso, exclamó: «Señor mío Moisés, impídelos», lo cual produjo la magnífica respuesta: «¿Tienes tú celos por mí? Ojalá todo el pueblo de Jehová fuese profeta, y que Jehová pusiera su espíritu sobre ellos».

Este es el espíritu de la verdadera magnanimidad. Siempre que haya consagración al Señor para su gloria, y cuando el espíritu del cristiano desee intensamente ver hecha la voluntad de Dios, el siervo fiel estará dispuesto a ser cualquier cosa o nada, a fin de que se cumpla el propósito divino.

2. María. ¿Qué no le debía ella a Moisés? Si no hubiera sido por él ella habría sido una esclava desconocida, casada con algún obrero de las ladrilleras de Faraón y madre de esclavos. Pero ahora era libre, y era la representante de una raza emancipada, a través del hermano que había arrullado en sus brazos. Fue muy triste que a la edad de noventa años se hubiera puesto en contra de aquél a quien había cuidado y amado, y que también hubiera envenenado la mente del hermano mayor, quien había sido su portavoz y su mano derecha.

Hablaron contra Moisés debido a la mujer etíope con quien se había casado. Algunos piensan que Moisés se casó por segunda vez, pero como no se menciona la muerte de Séfora, parece más sensato considerar que los reproches se le aplicaban a ella, especialmente porque ella era de otra raza como se notaba probablemente en su piel. «Cusita» quiere decir negra, o de piel oscura. Había llegado recientemente al campamento, y tal vez María la había estado observando durante algún tiempo, y como resultado toda su naturaleza femenina se rebelaba contra la idea de tener que ceder su primacía a tal mujer. Siempre es duro ver a otro llenando el lugar que hemos considerado como nuestro, especialmente si sabemos que podemos cumplir los deberes de ese puesto con más eficacia.

Podemos imaginarla hablando con Aarón y con sus amigas íntimas acerca de esta «cusita», hasta haber alborotado los ánimos. Era una acción bastante censurable en ella, pero mucho peor en Aarón, quien tenía la posición de mayor jerarquía en el campamento. Las funciones de Moisés eran temporales, y terminarían con su vida; mientras que las de Aarón eran permanentes para él y sus herederos. Pero Aarón no dejaba de sentir la vastedad del golfo de separación que había entre él y su hermano. Y de todo esto surgieron los celos que usaron a Séfora como excusa: «Y dijeron: ¿Solamente por Moisés ha hablado Jehová? ¿No ha hablado también por nosotros?» (Números 12:2).

Pero, ¿Cómo reaccionó Moisés, quien, años antes, había matado a un egipcio con un golpe de su puño? ¿Pidió con ira que Dios los matara? Ni pensarlo. No dijo ni una palabra; pues «aquél varón Moisés era muy manso, más que todos los hombres que había sobre la tierra» (12:3). En su paciencia nos recuerda a Cristo en el tribunal, quien, «siendo acusado por los principales sacerdotes y por los ancianos, nada respondió» (Mateo 27:12).

¿Era esto debilidad como dirían algunos? No, antes bien era un despliegue de una colosal potencia espiritual. solo el hombre fuerte puede estar perfectamente tranquilo cuando se le ofende, en control de sí mismo, y cambiando la vehemencia de su alma en el calor de un amor intenso.

Sería conveniente entonces dar algunas reglas concluyentes acerca de la manera de alcanzar este espíritu manso y tranquilo.

a. *Reclamemos la mansedumbre de Cristo.* Como se supone, esto no le era posible a Moisés hacerlo en forma directa como lo es para nosotros. Pero, sin duda, en su caso también había una solicitud constante de la gracia divina. La humildad de Jesús no le impidió presentarse como nuestro modelo de mansedumbre: «Aprended de mí —dijo— que soy manso y humilde de corazón». En los momentos de provocación no hay nada mejor que volvernos a él y reclamar su paciencia y su mansedumbre, diciendo: «Reclamo estas virtudes, Señor, para la necesidad amarga de mi espíritu».

b. *Cultivemos el hábito del silencio.* Si expresamos un pensamiento, le damos fuerza y permanencia; si lo reprimimos, se extingue y muere. La expresión le dará vigor y sembrará otras semillas que pronto volverán a fructificar. El silencio la matará; así como el hielo mata los peces cuando no hay orificios por los cuales puedan respirar.

Aprenda a estar calmado; a mantener cerrada la puerta de sus labios; a dar una respuesta cuando se la pidan, y una explicación cuando se necesite para corregir un malentendido. «Todo hombre sea pronto para oír, tardo para hablar, tardo para airarse» (Santiago 1:19).

c. *Luego, considera el daño que tus agresores se han hecho a sí mismos.* La nube se apartó del tabernáculo, como para no seguir en el lugar donde estaban los culpables; y he aquí que María estaba leprosa como la nieve. Hay aquí una enseñanza muy profunda: no se puede decir nada amargo ni poco amable acerca de otra persona sin lastimarse uno mismo más que a la otra persona. Como el bumerán, las maldiciones regresan al lugar de su origen.

d. *Dejemos que Dios nos defienda.* Moisés esperaba que Dios lo vindicara. El Señor oyó todo lo dicho y, de repente, les habló a los tres y les dijo que, en tanto que hablaría con otros en visiones y sueños, a Moisés le hablaría cara a cara, para que pudiera ver la apariencia de Jehová. «¿Por qué, pues, no tuvisteis temor de hablar contra mi siervo Moisés?» (Números 12:8).

e. *Dediquémonos a la oración intercesora.* Moisés clamó al Señor diciendo: «Te ruego, oh Dios, que la sanes ahora» (v. 13). Cuando oramos por aquéllos que maliciosamente han sacado ventaja de nosotros y nos han perseguido, muy pronto nuestra alma se ablanda y se calma. Podemos comenzar a hacer esto como un deber en obediencia al mandamiento del Señor: «Orad por los que os ultrajan y persiguen» (Mateo 5:44); y descubriremos que esta oración es como el hielo sobre la frente febril, pues refresca y alivia el alma.

El Señor oyó la oración de su siervo y sanó a María; pero todo el pueblo se detuvo durante una semana debido a su pecado. Podemos ser perdonados, pero estos brotes de pecado siempre traen consigo el desastre y la demora.

24
UN DESENGAÑO AMARGO
Números 14:25

Fue un viaje muy duro desde Quibrot-hataava hasta Hazerot y de allí a Cades, probablemente la parte más fatigosa de toda la ruta. Más tarde Moisés hablaría de ella como «aquél grande y terrible desierto» (Deuteronomio 1:19). Pero, al fin, las huestes israelitas llegaron a Cades-barnea, en los límites de la Tierra Prometida, desde donde se alcanzaba a vislumbrar las colinas bajas, o contrafuertes, de la verde meseta que cautiva la vista del viajero que viene subiendo de la vasta planicie caliza del desierto.

¡Qué espectáculo tan refrescante después de las cuatrocientas millas de viaje que había recorrido el pueblo durante los últimos quince meses! Para Moisés debe de haber sido especialmente grato.

1. Sus esperanzas. Hasta ahora Dios no le había revelado las fatigas de la peregrinación de cuarenta años que les esperaba. Moisés no tenía ni idea de esto. A juzgar por la manera de hablar al pueblo, es evidente que contaba con una lucha violenta, aguda, pero corta, por la cual debían pasar para llegar a su posesión. He aquí las palabras que le dirigió al pueblo mientras acampaban a la vista de las colinas de Canaán: «Habéis llegado al monte del amorreo, el cual Jehová nuestro Dios nos da. Mira, Jehová tu Dios te ha entregado la tierra; sube y toma posesión de ella, como Jehová el Dios de tus padres te ha dicho; no temas ni desmayes» (Deuteronomio 1:20, 21). Al decir estas palabras debe de haber tenido muy profundo en su corazón un suspiro de alivio porque ahora su tarea estaba a punto de terminar, y podría descansar de sus pesadas responsabilidades. Y en cuanto a él, de seguro le estaban reservados unos pocos años de felicidad para descansar de su vida de duros trabajos. Entonces podría pedir su traslado en paz del Canaán terrenal al reposo celestial.

Pero supongamos que no pueda ser así, que aquel que nos ama más que nuestro amor propio haya marcado nuestras estaciones en la marcha desértica que lleva directamente a la montaña desde la cual ascenderemos al hogar de nuestro Padre; que tengamos que pelear con Moab y encontrarnos con Balaán, y ver caer a nuestro lado a cada uno de los que comenzaron la vida de peregrinaje con nosotros; que tengamos que morir a solas con el Señor, lejos del parloteo de los niños y la presión cálida de manos cariñosas en la cumbre de algún Pisga ... entonces experimentaríamos precisamente lo que le pasó a Moisés.

2. El origen de su desengaño. Vino completamente de la gente.

a. *Su primer error fue el deseo de espiar la tierra.* Es verdad que en estos versículos se dice que: «Jehová habló a Moisés, diciendo: Envía tú hombres que reconozcan la tierra de Canaán» (Números 13:1, 2). Pero la propuesta no vino del Señor. Tuvo otro origen, que Moisés mismo reveló cuarenta años más tarde, con palabras relacionadas con las citadas antes: «Y vinisteis a mí todos vosotros, y dijisteis: Enviemos varones delante de nosotros que nos reconozcan la tierra, y a su regreso nos traigan razón ...» (Deuteronomio 1:22).

Como en el caso de Saúl, el rey de Israel, Dios les dio lo que necesitaban. Su terquedad fue un muy grande error. Si Dios había prometido darles la tierra, ¿no podían ellos confiar en su decisión? Como dijo Moisés, lo único que ellos tenían que hacer era subir y tomar posesión de lo que él les había dado.

b. *El segundo error fue la aceptación del desanimador informe de la mayoría de los espías.* Hasta cierto punto había un acuerdo perfecto entre ellos: «Nosotros llegamos a la tierra a la cual nos enviaste, la que ciertamente fluye leche y miel; y este es el fruto de ella» (Números 13:27). Luego dijeron los diez: «Mas el pueblo que habita aquélla tierra es fuerte, y las ciudades muy grandes y fortificadas; y también vimos allí a los hijos de Anac ... No podremos subir contra aquél pueblo, porque es más fuerte que nosotros» (vs. 28, 31). Pero solo dos: Caleb y Josué, cuyos nombres han permanecido en nuestras lenguas como palabras familiares, replicaron: «Si Jehová se agradare de nosotros, él nos llevará a esta tierra, y nos la entregará» (Números 14:8).

La diferencia entre los dos grupos estaba en que los diez miraban a Dios a través de las dificultades, como cuando se mira el sol con un telescopio invertido, de modo que parece indefinidamente distante y despojado de su gloria; en tanto que los dos miraban las dificultades a través de Dios. Y el pueblo se puso al lado de los diez, y se apartaron de la meditación en Dios para apoyarse por muchos y tristes años en los enormes obstáculos que impidieron su ocupación de la tierra. «Vemos que no pudieron entrar a causa de incredulidad» (Hebreos 3:19).

c. *El error siguiente consistió en las murmuraciones, con la propuesta de la sustitución de su experimentado amigo y guía dado por Dios, con un capitán.* «Entonces toda la congregación gritó, y dio voces; y el pueblo lloró aquélla noche. Y se quejaron contra Moisés y contra Aarón todos los hijos de Israel; y les dijo toda la multitud: ¿Ojalá muriéramos en la tierra de Egipto ...Y decían el uno al otro: Designemos un capitán, y volvámonos a Egipto» (14:1, 2, 4).

Esta fue quizás la hora más amarga de la vida de Moisés. El pueblo que amaba con profunda devoción, cuya propia existencia se debía a su intercesión en la montaña cuando estaban a punto de ser destruidos, se había olvidado de todo lo que él había hecho por ellos. En realidad, propusieron la sustitución de su autoridad, y si él no fuera con ellos bajo la dirección del nuevo capitán, lo dejarían allí abandonado a sus planes. Y el se postró sobre su rostro delante de toda la multitud de la congregación. ¡Qué indescriptible agonía debe de haber partido su corazón! No solo se le quería poner a un lado así, sino que su amado pueblo estaba provocando la ira del Señor.

3. El no quiso librarse del desengaño. Si Moisés hubiera querido ya se habría realizado su sueño de entrar en la tierra muy pronto. Si todo el pueblo pereciera, y solo quedara Moisés como un segundo Abraham, el fundador de la nación, aun todavía sería posible que él pasara a la buena tierra prometida, y se estableciera allí como lo hizo Abraham. Por eso Dios, sabedor de la íntima nobleza de su fiel siervo, y deseoso de revelarla a todo el mundo, le sugirió que debía afligir a la gente con pestilencias, y desheredarlos, y hacer de Moisés una nación más grande y poderosa que Israel.

Hay pocos pasajes más grandes en toda la Biblia que aquél en el cual Moisés echa a un lado las sugerencias de pruebas, por considerarlas imposibles. «(Los egipcios dirán) que has hecho morir a este pueblo como a un solo hombre; y las gentes que hubieren oído tu fama hablarán, diciendo: Por cuanto no pudo Jehová meter este pueblo en la tierra de la cual les había jurado, los mató en el desierto» (vs. 15-16). Moisés no quería encontrar el descanso anhelado a expensas de un solo rayo de la gloria divina, ni por el sacrificio del pueblo al cual estaba ligada su vida, aunque lo habían repudiado y amargado tristemente. Y fue así como se apartó de la puerta abierta del Paraíso, y de nuevo escogió más bien sufrir con el pueblo en sus aflicciones que disfrutar solo de los placeres de Canaán.

4. Contraste con su capacidad para soportar el desengaño. Se dice poco de la paciencia de Moisés. Se mantuvo en silencio y no abrió la boca. Pero la conducta de la gente pone la suya en alto relieve.

Cuando supieron que tenían que vagar por el desierto durante cuarenta años, hasta que se descompusieran sus cuerpos, enterrados en la arena del desierto, se levantaron temprano y subieron a la cima de la montaña, diciendo: «Henos aquí para subir al lugar del cual ha hablado Jehová ... pero el arca del pacto de Jehová, y Moisés, no se apartaron de en medio del campamento» (vs. 40, 41). Con su voluntad y energía trataron de hacer revocar la sentencia que se les había dictado. Moisés inclinó la cabeza humildemente para acatarla, y aceptó la disciplina de esos largos años.

25
FIEL ANTE EL REPROCHE
Números 16:22

Pocos hombres han tenido una experiencia mayor de la ingratitud de sus semejantes que la que tuvo Moisés. En esta ocasión tal ingratitud se manifestó de nuevo como una conspiración enorme dirigida por Coré, con quien se asociaron doscientos cincuenta príncipes, hombres de renombre.

En la historia de todos los obreros cristianos habrá crisis, cuando se les imputen motivos erróneos y los rumores poco amables pasen de boca en boca, aun por aquéllos cuyas vidas espirituales se deban a sus oraciones y lágrimas. Una vez pueden ser los celos por la influencia creciente; luego será la indisposición para aceptar las órdenes y acomodarse al rango que corresponda al recibir mandatos; quizá sea el disgusto del alma carnal por las exigencias espirituales elevadas que están en antagonismo directo con sus ambiciones de leche y miel, de campos y viñas. Tal insatisfacción comienza con un alma sensual descontenta, pero se extiende como el fuego en la pradera.

1. Considera tu posición como la comisión divina. Coré y sus confederados insinuaron que Moisés y Aarón se habían asignado ellos mismos los oficios que tenían, el uno como rey de Jesurún siempre que se reunían los jefes del pueblo; el otro, con su familia, como sacerdote. ¿Por qué habrían de estar los dos hermanos investidos de estas funciones? ¿No había bastantes hombres tan buenos como ellos? ¿No estaba santificada toda la congregación? Era una conspiración de príncipes contra el cabeza y príncipe, y de levitas contra la familia sacerdotal.

Moisés al instante se postró sobre su rostro delante de Dios. Pero no hizo ningún intento por justificar su posición, ni la de Aarón. Él podía haber alegado sus servicios pasados, sus derechos a la gratitud y lealtad del pueblo; podía haberles recordado que la existencia nacional se debía a la dirección de Dios, por su fe, sus oraciones y sus lágrimas, a sus intercesiones y esfuerzos a favor del pueblo. Pero en todo esto guardó silencio, y llevó todo el asunto a la presencia divina, poniendo toda la responsabilidad en las manos de Dios.

a. *Les recordó a los descontentos que su propia posición había sido asignada por la comisión del Altísimo.* El Dios de Israel los había separado de la congregación de Israel para acercarlos a él, para el servicio del tabernáculo del Señor, y para estar delante de la congregación para ministrarles. Estaba muy claro que era él quien los había acercado y con ellos a todos los hijos de Leví. No había, por lo tanto, razón para los celos. Se habían asignado las posiciones a los hombres y los hombres a sus posiciones mediante clara mediación divina. Y habiendo sido ellos señalados de manera tan clara de seguro tendrían que admitir que Dios había hecho una asignación igualmente definida para Aarón y Moisés.

b. *Quedó demostrado que este derramamiento de enojo estaba dirigido realmente contra Dios mismo.* «Tú y todo tu séquito sois los que os juntáis contra Jehová; pues Aarón, ¿qué es, para que contra él murmuréis?» (v. 11).

c. *Moisés dejó a Dios la decisión final.* Todos debían tomar incensarios, que eran los prerrequisitos comunes de los sacerdotes solamente; y habiéndolos cargado con fuego e incienso, debían presentarse delante del Señor a la puerta de la tienda de reunión. Entonces Dios escogería a los que debieran ser santos, y a los que debiera invitar a acercársele.

Procedamos como Moisés, el siervo fiel, y refiramos todo a la decisión de nuestro Señor y Maestro. Mientras tanto, callemos. Cuando vengan las dificultades, como de seguro vendrán, le pertenecerán a él tanto como a nosotros. No tenemos derecho a cargar con sus ansiedades ni a preocuparnos con sus preocupaciones. Él nos pide que hagamos sus obras; que obedezcamos sus mandatos y que transfiramos a él todas las fatigas, presiones, y cargas. Si la gente no nos quiere, a él le corresponde decidir si nos mantiene en nuestra posición; y si lo decide así, nos debe afirmar allí y ganarnos el favor del pueblo. Si nuestra misión incluye que asumamos la jefatura que otros disputan, no podemos echarnos atrás siempre que podamos decir con Moisés: «Jehová me ha enviado para que hiciese todas estas cosas, y ...no las hice de mi propia voluntad» (v. 28). De esta manera el orgullo y los celos son igualmente imposibles. Sabemos que no recibimos nada a menos que nos sea dado del cielo; y referimos a todo el que no esté de acuerdo con nosotros a aquel que nos ha puesto en la posición en que estamos.

2. Abriga sentimientos amables hacia aquéllos que se oponen.
Moisés se portó muy noblemente con esta turba de murmuradores. Cuando por primera vez oyó sus contenciosas voces, comenzó a in-

terceder y a rogar por los que lo trataban desdeñosamente y lo perseguían. Cuando parecía, a la mañana siguiente, que Dios iba a destruir no solamente a los cabecillas revoltosos sino también a toda la congregación reunida con ellos a la puerta del tabernáculo de reunión, se postró en tierra y le pidió a Dios que no los castigara a todos por el pecado de un solo hombre. Datán y Abiram, los hijos de Eliab, se portaron especialmente groseros; y, cuando Moisés los llamó, le contestaron con un mensaje insultante, acusándolo de traicionarlos con falsas promesas y preguntándole por qué no los había llevado a la tierra de la leche y la miel. Se atrevieron a insinuar que no subirían aunque les sacaran los ojos (v. 14). Como es natural, Moisés se sentía enojado y herido por estos amargos e inmerecidos reproches, pero ni trató de contestarles, excepto como autovindicación delante del Señor. Y cuando se le pidió, no vaciló en ir a ellos, sin rastro de rencor en su discurso.

Y al día siguiente, cuando la gente sin atemorizarse por los terribles juicios que les habían sobrevenido, murmuraron contra Aarón y Moisés y los acusaron de haber matado el pueblo del Señor, él otra vez apartó de ellos el juicio que amenazaba, primero con sus oraciones, y luego al apresurar a Aarón a ponerse de pie, con el incensario en la mano, entre los azotados por la plaga y aquéllos a quienes no les había llegado la guadaña de la muerte.

Este es el corazón del verdadero pastor. Él participa del Espíritu del Buen Pastor, quien amó a los que se burlaban de él y oró pidiendo perdón para sus asesinos.

3. Puedes esperar que Dios te justifique. «Y dijo Moisés... si como mueren todos los hombres murieren estos... Jehová no me envió.

Mas si Jehová hiciere algo nuevo, y la tierra abriere su boca y los tragare ...entonces conoceréis que estos hombres irritaron a Jehová. Y aconteció que cuando cesó él de hablar todas estas palabras, se abrió la tierra que estaba debajo de ellos. Abrió la tierra su boca, y los tragó» (vv. 28-32). Era esencial para la existencia del campamento que se exterminara el motín sin misericordia. Nada podía evitar este juicio.

26
CÓMO MOISÉS SE METIÓ EN UN APRIETO
Números 20:11

Fue un solo acto, pequeño, pero marchitó la hermosa flor de una vida noble, y dejó al alma cuya fe había sostenido las responsabilidades del Éxodo con ánimo resuelto sin la recompensa que parecía estar ya al alcance de su mano.

MOISES: EL SIERVO DE DIOS

La peregrinación de los cuarenta años ya llegaba a su fin. La congregación que había estado esparcida por la península había convergido hacia el sitio de reunión en Cades. Allí permaneció el campamento durante algunos meses, y allí murió María. Ella era una de las pocas personas con quienes ese espíritu solitario (Moisés) todavía podía conversar de la vida que quedaba más allá de las arenas del desierto, los valles del Sinaí, y las aguas del Mar Rojo, en la tierra distante y poderosa de los faraones y las pirámides. Aarón, Caleb, y Josué (y tal vez los levitas), eran las únicas reliquias y los supervisores de aquélla inmensa hueste triunfante, cuyas voces habían tronado con desafío la mañana de la emancipación.

1. ¿Como ocurrió? La necesidad de la gente de la provisión de aguas de Cades era tan grande que los manantiales se secaron. Debido a esto, estalló de nuevo el espíritu de murmuración y de quejas que había traído maldición sobre la generación anterior, y ahora se reproducía en sus descendientes. Sin acordarse del cuidado constante de los años precedentes, la gente se amotinó contra Moisés y Aarón, aunque era contra Moisés a quien más directamente dirigían los reproches.

Decían que hubieran preferido morir en la plaga que había detenido el incensario de Aarón. Acusaron a los hermanos de conspirar maliciosamente para producir la destrucción de toda la asamblea por la sed. Aunque la nube de Dios estaba presente y el maná caía día tras días, maldijeron su morada como algo malo. Se quejaron contra Moisés por la falta de higos, uvas y granadas. Y exigían agua.

No obstante, él volvió a tomar la antigua posición de postrarse a la entrada del tabernáculo de reunión hasta que la luz ascendente que salía del lugar secreto indicara que la respuesta divina estaba cerca. A diferencia del mandato de ocasiones similares que quedaba atrás en la penumbra de los años, se le pidió a Moisés, aunque él tomó la vara, que le hablara a la roca con una certeza tal que los acentos de su voz, al golpear su pedernal, tuviera un efecto como el de la vara en tiempos pasados, y produjera un manantial de aguas cristalinas.

Moisés hubiera considerado más el pensamiento de Dios si la ocasión hubiera sido más tranquila y callada, pero en este preciso momento, estaba irritado, indignado, y enojado por el desengaño. Por eso, cuando la multitud se juntó alrededor de él, los acusó de rebeldía. Habló como si el regalo de las aguas dependiera de él y de Aarón. Les mostró cuán fastidiado estaba con sus exigencias, y luego impetuosamente golpeó la roca dos veces con su vara. Y al extenderse el eco de esos golpes por el aire quieto, conmovieron para siempre la estructura construida con sus sueños y esperanzas.

Hay aquí una seria advertencia que nos recuerda que algunas veces fallamos en lo que somos más fuertes, y que una carrera noble puede ser destruida por un fracaso pequeño pero importante y que se habrá de lamentar para siempre. «Y Jehová dijo a Moisés y a Aarón: Por cuanto no creísteis en mí, para santificarme delante de los hijos de Israel, por tanto, no meteréis esta congregación en la tierra que les he dado» (v. 12).

El pueblo no sufrió por el pecado de su jefe. Las aguas brotaron de la roca en tanta abundancia como si el mandato divino se hubiera obedecido con precisión. «Y salieron muchas aguas, y bebió la congregación, y sus bestias».

2. El principio básico de la decisión divina.

a. *La desobediencia era muy clara.* No cabía duda del mandato divino; y había sido desobedecido obviamente. Moisés no tenía que golpear sino hablar a la roca; y la había golpeado dos veces. Al hacerlo, había dejado de santificar a Dios delante del pueblo. El que debía haber dado el ejemplo de obediencia implícita en todos los detalles, había hecho su propia voluntad a su modo como sustituto de la orden divina. Esto no se podía tolerar en uno que había sido puesto para dirigir y enseñar al pueblo.

Todos nosotros debemos preguntarnos solemnemente si somos bastante obedientes. Es una reiteración constante de esos tristes capítulos de Hebreos que cuentan la historia del peregrinaje por el desierto —los capítulos de comentarios del Nuevo Testamento— de que «no pudieron entrar a causa de incredulidad». Pero el significado es también a causa de desobediencia; porque la desobediencia y la incredulidad son dos caras de la misma moneda, acuñada por el diablo. Los que desobedecen, no creen; y los que no creen, desobedecen.

b. *Fue un acto de incredulidad.* Es como si Moisés hubiera creído que una palabra no era suficiente. Él no se dio cuenta de que un pequeño acto de su parte era suficiente para abrir las esclusas de la omnipotencia. Un solo toque es suficiente para poner la omnipotencia en acción.

Es asombroso oír a Dios diciéndole a Moisés «no creísteis en mi». ¿No era este el hombre por cuya fe habían caído las plagas de Egipto sobre esa triste tierra; y se habían separado las aguas del Mar Rojo; y el maná cotidiano había cubierto el suelo del desierto con alimento; y el pueblo había marchado incólume durante treinta y ocho años en medio de ejércitos hostiles? ¿Qué había ocurrido? ¿Habían afectado las peregrinaciones a aquélla alma poderosa y le habían quitado su fortaleza de antaño? ¿Le habían cortado la cabellera de su poder y lo habían dejado como cualquier otro individuo? De seguro que algo así debe de haber pasado. Un solo acto podía producir esa conmoción solamente como síntoma de un mal interior insospechado. Los robles no se caen en una sola tormenta a menos que tengan el corazón podrido.

Velemos y oremos no sea que haya en algunos de nosotros un corazón malo e incrédulo; no sea que nos apartemos en nuestros más íntimos pensamientos de la fe sencilla en el Dios vivo; no sea que bajo una apariencia amable cedamos la joya de nuestra fe a los requerimientos de alguna pasión impía.

c. *La roca es tipo de Cristo*. «La Roca era Cristo». Fue de su corazón, golpeado por la muerte en el Calvario, de donde fluyó el río de agua de vida que alegra la ciudad de Dios y transforma desiertos en edenes. Pero la muerte le sobrevino a él, y solo una vez. «Cristo fue ofrecido una sola vez para llevar los pecados de muchos»(Hebreos 9:28). «Porque en cuanto murió, al pecado murió una vez por todas; mas en cuanto vive, para Dios vive» (Romanos 6:10). «El que vivo, y estuve muerto; mas he aquí que vivo por los siglos de los siglos» (Apocalipsis 1:18). Estos textos prueban la importancia de mantener claro y definido el hecho de la muerte de Cristo como acto consumado, de una vez por todas. Es evidente que para la plenitud de la semejanza entre la sombra y la sustancia se debió haber golpeado la roca solamente una vez. En lugar de eso, fue golpeada al principio y al fin de la marcha por el desierto. Esta era una falsa representación de un hecho eterno, y el perpetrador del acto de insensatez iconoclasta tenía que sufrir la pena máxima, así como murió Uzías al tratar de estabilizar el Arca cuando estaba a punto de caerse.

Pero había algo aun más profundo que estas cosas. había un propósito eterno al no permitirse que Moisés guiara al pueblo a la tierra del reposo. Moisés representaba la Ley. Vino por medio de él, y por lo tanto él permanece a través de los tiempos como la encarnación de esa ley suprema, cuya vista no se oscurece ni su fuerza se abate con el correr del tiempo. Pero la ley nunca nos puede llevar al reposo. Nos puede llevar hasta los límites o el umbral, pero no más allá. Es otro quien debe llevarnos dentro de la Tierra Prometida, el Josué verdadero, Jesús, el Salvador y el amador de la gente.

3. La irrevocabilidad de las decisiones divinas. Moisés bebió hasta las heces la amarga copa del desengaño. Y parece haber sido su constante oración que Dios revocara o mitigara la sentencia. «Pase yo, te ruego, y vea aquélla tierra buena que está más allá del Jordán, aquél buen monte, y el Líbano» (Deuteronomio 3:25). Ningún patriota anheló jamás ver su patria y pisar sobre su bendito suelo tanto como Moisés. Con toda la energía con que solía orar e interceder por su pueblo, ahora pedía por él mismo. Pero no podía ser. «Pero Jehová se había enojado ... y me dijo Jehová: Basta, no me hables más de este asunto» (Deuteronomio 3:26).

En tales ocasiones no recibimos una respuesta literal a nuestras oraciones. Por la voz de su Espíritu, mediante un instinto espiritual, nos damos cuenta de que es inútil seguir orando. Aunque oremos no solo tres veces sino trescientas veces, no se nos quita el aguijón de la carne. Pero la oración es contestada en cierto sentido. Nuestro sufrimiento es una lección y una advertencia para la gente del futuro. Se nos permite que desde la cumbre de Pisga divisemos la buena tierra que tanto anhelamos, y luego se nos traslada a una tierra mejor. Más tarde se nos dará la respuesta, como a Moisés, cuya oración se realizó a plenitud y gloriosamente cuando estuvo de pie con Cristo en el Monte de la Transfiguración.

27
LOS PREPARATIVOS PARA PISGA
Deuteronomio 31:2

El último año de Moisés estuvo tan ocupado como cualquiera otro de su larga vida.

1. Tuvo que conquistar el oriente de Canaán. Los habitantes originales habían sido expulsados por las tribus de Moab y Amón que estaban emparentadas con los israelitas, pero ellos también habían perdido la posesión de una porción considerable del territorio adquirido con la invasión de los dos reyes cananeos Sehón y Og.

El ataque de los israelitas fue justificado por la recalcitrante negativa de Sehón a la petición del permiso para marchar a través de sus fronteras camino de Jericó. Él no solo les negó pasaje sino que reunió a toda su gente y salió contra Israel en la línea de avanzada entre su territorio y el desierto. El canto que conmemoró la victoria pone de relieve el valor de los honderos y arqueros de Israel, de gran renombre en el futuro: «Mas devastamos el reino de ellos; pereció Hesbón» (Números 21:30). Este poderoso monarca fue vencido por la providencia de Dios. Después de las flechas y las piedras vino la espada, de modo que el ejército enemigo quedó prácticamente aniquilado; no hubo más resistencia. Las ciudades les abrieron las puertas; y esta fértil región entre el Arnón y el Jaboc, que consistía en una amplia meseta, con colinas ondulantes, vestida de rica hierba, y en la primavera ondeante con grandes sábanas de trigo y cebada, cayó en posesión del pueblo escogido.

Pero esto no fue todo. Al norte de allí estaba Basán, un campo rico y lleno de árboles, abundante en bosques de robles y olivares, interrumpidos con sembrados de maíz en los claros umbrosos. Og, su rey, era famoso por su gran estatura. Según la narración de Josefo, Og venía a ayudar a Sehón cuando supo de su derrota y muerte. Pero, con intrepidez, dispuso su ejército contra las huestes de Israel. La batalla terminó con la victoria completa de Israel. Se nos cuenta el resultado en la concisa narrativa de Moisés. «E hirieron a él y a sus hijos, y a toda su gente, sin que le quedara uno, y se apoderaron de su tierra» (Números 21:35).

solo la intervención de Dios pudo asegurar las maravillosas victorias que le dieron a Israel la posesión de estas valiosas zonas del país, con ciudades rodeadas de altas murallas, puertas, y barras, además de las muchísimas aldeas sin murallas. Dios había dicho antes: «No temáis. Yo lo he entregado en tu mano»; y así pasó. Grandes avisperos, que son muy comunes en Palestina, parece que infestaban el país en esta ocasión, de modo que habían hecho salir a la gente de sus fortalezas y a las llanuras abiertas donde fueron más vulnerables al ataque de los israelitas.

Moisés, a pedido urgente de ellos, procedió a asignar este rico y hermoso territorio a los rubenitas y gaditas y a la media tribu de Manasés, luego de recibir la promesa solemne de tomar parte en la conquista de la Palestina occidental. Él dijo más tarde: «Os mandé ...iréis armados ...delante de vuestros hermanos los hijos de Israel ...hasta que Jehová dé reposo a vuestros hermanos, así como a vosotros» (Deuteronomio 3:18, 20).

2. Su último encargo al pueblo. Fue hecho en una serie de discursos de despedida contenidos en los capítulos 1-30 del libro de Deuteronomio. Este libro es con relación a los cuatro anteriores como el evangelio de San Juan a los otros tres. Está lleno de las súplicas más patéticas y emocionantes. Bien se puede decir de Moisés que amó a su pueblo; y en estas páginas podemos seguir el curso de la lava derretida que surgió de su corazón como de un volcán. Las frases claves de ese libro extraordinario son: «Guarda con diligencia», «poner por obra», «JEHOVA escogerá».

3. Su ansiedad por un sucesor. Moisés habló al Señor, diciendo: «Ponga Jehová, Dios de los espíritus de toda carne, un varón sobre la congregación, que salga delante de ellos y que entre delante de ellos, que los saque y los introduzca, para que la congregación de Jehová no sea como ovejas sin pastor» (Números 27:16, 17). Como respuesta a esta petición, se le había dicho que trajera a Josué, hijo de Nun, delante de Eleazar, el sacerdote, y ante toda la congregación, y que le diera un encargo. Parece que Moisés había hecho esto; pero al acercarse la muerte, parece que le dio nuevas instrucciones de mando.

Debe de haber sido una escena muy conmovedora aquélla en que el anciano legislador, al cumplir los ciento veinte años de edad, llamó a Josué y le dijo delante de todo Israel: «Esfuérzate y anímate; porque tú entrarás con este pueblo a la tierra que juró Jehová a sus padres que les daría, y tú se la harás heredar. Y Jehová va delante de ti; él estará contigo, no te dejará, ni te desamparará; no temas ni te intimides» (Deuteronomio 31:7, 8). Después de esto la columna de nube se posó sobre la entrada del tabernáculo, y Moisés y Josué fueron llamados a presentarse ante Dios en su sagrado recinto. Allí, con palabras casi idénticas a las que había hablado por labios de Moisés, Dios le dio a Josué la comisión de llevar a los hijos de Israel a la tierra que había jurado darles, además de la promesa de que él estaría con ellos.

4. Sus últimos actos fueron sus disposiciones para la custodia de la Ley y la perpetuación de su lectura. Moisés hizo lo primero al depositar el libro, en el que había registrado las revelaciones divinas hechas a él, al lado del arca del pacto. Debía quedar bajo la custodia de los levitas; y se debían leer pasajes de él al final de cada período de siete años, cuando todo Israel se congregaría delante de Dios en el lugar que él escogiera.

Y en cuanto a lo segundo, Moisés puso sus exhortaciones y recomendaciones en dos odas magníficas, la una que trata de las advertencias contra la apostasía, la otra describiendo una serie de las características de las tribus y dándoles una bendición de despedida, como lo hizo Jacob antes de su muerte.

Esto nos da un conocimiento maravilloso de la vida interior de este hombre tan noble. Todo lo que realizó en la tierra fue el resultado de la morada secreta de su alma en Dios. Él no era nadie; Dios lo era todo. Y todos sus hechos se debían a la permanencia de Dios en él con todo su poder, llenándolo, y realizando a través de él, como instrumento y órgano suyos, sus propios planes y designios.

Así concluyó Moisés la obra de su vida. Detrás de él quedaba una vida larga y gloriosa, y delante le esperaba el ministerio y la adoración del santuario celestial. Aquí, el shekinah; allá, el rostro sin velo. Aquí, la tienda y la marcha del peregrino; allá, el reposo celestial. Aquí, la Tierra Prometida, vista en lontananza, pero sin poder entrar a ella; allá, la buena tierra más allá del Jordán de este mundo, a la que entró y poseyó.

28
LA MUERTE DE MOISÉS
Deuteronomio 34:5, 6

Las Escrituras dedican poco espacio a los testimonios, palabras o experiencias de los moribundos; en tanto que abundan en historias de las hazañas y palabras de los que han luchado, sufrido, y trabajado en el campo de batalla de la vida. Esto puede explicar el por qué, contrario a las costumbres humanas la muerte del gran legislador se describe con tan breve simplicidad.

Pero esta sencillez se compara solamente con la sublimidad de la concepción. Después de una vida tal era propio que Moisés tuviera una muerte y un sepelio sin paralelo en la historia de la humanidad; y no es de asombrar que poetas, pintores y predicadores hayan encontrado en esa muerte solitaria en la cima del Pisga un tema digno de sus más nobles capacidades.

1. Su relación con el pecado. No podemos suponer que la repentina explosión temperamental en Meriba —cuando su espíritu fue agitado por un fiero remolino de ira, como una tormenta entrando por una grieta de una montaña sobre un lago— pudiera haber quedado sin perdón por mucho tiempo. Tan lejos como está el oriente del occidente, así había sido separada y quitada esa transgresión. Pero aunque la remisión era completa, el resultado quedó no obstante en su vida y lo privó de una experiencia que habría sido la corona de su carrera.

El pecado no solo conlleva pérdida y tristeza para el transgresor; priva a la humanidad de mucho del beneficio que, de no haber pecado, hubiera recibido de la vida del pecador. Si no hubiera sido por su falta de fe y su conducta iracunda, Moisés hubiera guiado a su pueblo a través del Jordán, y hubiera seguido en su misión por muchos años más.

2. Su relación con la muerte.

a. *Su soledad.* Ese espíritu majestuoso se ha erguido siempre, como algún pico montañoso no escalado, entre los demás hombres. Ningún pie se ha adentrado en sus secretos, ningún ojo humano los ha escudriñado. Pero su soledad nunca fue tan aparente como cuando, sin atenciones, ni siquiera de Josué, se fue a morir en medio de las soledades del Nebo. Solo escaló la escarpada pendiente; solo contempló el hermoso paisaje; solo se acostó para disponerse a morir.

En esa soledad hay una imagen de aquélla por la cual debemos pasar todos, a menos que vayamos a encontrar al Señor en el aire. En esa hora solemne las voces humanas se desvanecerán, nuestros seres amados desaparecerán, y las escenas familiares se nublarán a nuestra vista. Silencioso y solitario, el espíritu migra para aprender por sí mismo el gran secreto del más allá. Feliz el hombre que, en anticipación de ese momento, pueda decir: «Solo, pero no completamente, mi Salvador está conmigo. aquel que pasó solo por este camino, ahora lo recorre a mi lado».

b. *Su método*. Como Moisés, morimos «conforme al dicho de Jehová». Algunos sustituyen «dicho» por «beso», de modo que pareciera que el Todopoderoso hubiera dado un beso de despedida al alma de su fiel siervo, acercándola de nuevo a él en un largo, dulce, y tierno abrazo.

¿No es así como mueren todos los santos? Iluminado en el ocaso del día por los rayos de una tormentosa puesta de sol, que se abren paso a través de las nubes oscuras, el espíritu cansado se hunde, y Dios se dobla sobre él para darle el beso de despedida nocturna, como en la infancia lo hacía la madre a su hijo fatigado.

c. *Su sepulcro*. Se nos dice que «(Jehová) lo enterró en el valle, en la tierra de Moab», a pesar de la oposición del maligno, que contendió con el arcángel enviado para asegurar aquél santuario desértico y noble. Y ni aun se permitió a las huestes angélicas realizar la obra sagrada de su entierro. Se nos dice que él lo enterró; como si el Todopoderoso no quisiera delegar aquélla obra santa en ningún ayudante inferior.

d. *Su propósito*. Dicen las Escrituras que «lloraron los hijos de Israel a Moisés en los campos de Moab treinta días»; y si conectamos está declaración con el hecho de la tumba desconocida, podremos discernir el propósito divino al ocultarla. ¿No es muy probable que, si el Señor no hubiera ocultado su tumba, el valle de Bet-peor se habría convertido en una segunda Meca, pisoteado por los pies de peregrinos de todo el mundo?

e. *Su visión*. Desde el lugar donde se encontraba, sin necesidad de gran poder visual, podría contemplar un panorama casi igual. A sus pies, las lejanas tiendas de Israel; al norte, los ricos pastizales de Galaad y Basán, bordeados a un lado por el desierto y al otro por el valle del río Jordán desde las azules aguas del lago de Galilea hasta la masa oscura del mar Muerto. Más allá del río podía contemplar la hermosa Tierra Prometida, desde los nevados de Hermón y Líbano hasta las tierras altas de Efraín y Manasés; con la infinita variedad de pueblos situados en sus pináculos de roca, de maizales y pastizales, de olivares y de higueras, viñas y granados. Inmediatamente ante sus ojos, mirando al oeste, estaba Jericó, con su verde fondo de palmeras, comunicada con Jerusalén por un empinado desfiladero; no lejos de la ciudad santa —Jerusalén—, Belén, junto a las colinas, brillaba como una joya.

Para los moribundos todavía existe la visión de la hermosa tierra que queda más allá del Jordán de la vida. No está lejos, apenas al cruzar el río. ¡Qué Dios nos conceda la bendición de poder morir en la cumbre con esa visión en nuestra mirada!

3. La relación con el plan providencial. La ley vino por Moisés; y este se yergue en las llanuras de la historia como la personificación, así como también el vehículo, de la ley moral.

Fue en perfecto acuerdo con esta concepción que no hubo decaimiento de su vigor natural. Sus ojos eran como los de un halcón, su caminar ágil, su postura erecta. No murió de enfermedad, ni en la decrepitud de la ancianidad; «no estaba, porque Dios se lo llevó». El tiempo lo había vuelto venerable pero no débil. Y así él representa la santa ley de Dios que no puede desgastarse ni debilitarse sino que siempre permanece en su prístina y perfecta fortaleza, aunque no nos pueda llevar al reposo de Dios.

Esta es la hermosa Tierra de la Promesa, que pueden ver de lejos solamente aquéllos que saben únicamente lo que Moisés puede enseñarles, pero a la que pueden entrar los que siguen detrás del arca y a través del río de la muerte a su propia vida, y hacia adelante a la resurrección.

JOSUÉ: EL CAUDILLO DEL PUEBLO ESCOGIDO

1
EL LIBRO DE JOSUÉ

Hay en el libro de Josué un especial significado íntimo que no se agota con la historia de la exterminación de cananeos, de la repartición y colonización de Canaán, y de la noble sencillez y hazañas militares de Josué. Es imposible suponer que se haya dedicado tanto espacio al registro de estos eventos a menos que haya habido algún propósito sagrado y profundo, alguna verdad espiritual de fondo necesaria para el crecimiento de almas santas a través de las edades.

La clave de este significado interno lo da el escritor de la Epístola a los Hebreos, cuyos capítulos tercero y cuarto son muy importantes para determinar el curso de nuestra interpretación; y es a una apreciación más clara del verdadero significado de estos capítulos que ha de atribuirse el interés creciente de la iglesia de Dios en la historia de este soldado fuerte, sencillo, humilde, y sin dobleces.

El estudio cuidadoso de los capítulos mencionados nos demuestra que, aunque Canaán no fue el reposo de Dios, sí fue un tipo vívido del bendito descanso al cual podemos entrar ahora y aquí mismo. «Los que hemos creído entramos en el reposo» (Hebreos 4:3). Nuestro Señor Jesucristo ha entrado en su reposo, como Dios al suyo. Él es por lo tanto el representante de sus seguidores, a quienes les asigna la Tierra ideal de Canaán al creer. Se nos urge a que con diligencia entremos en ese reposo, para que ningún hombre «caiga en semejante ejemplo de desobediencia» (Hebreos 4:11).

Todas estas referencias ayudan a establecer la importancia espiritual de esta maravillosa historia que habla de esa satisfacción del descanso, la riqueza, y la victoria que disfrutan los que han llegado a conocer las cosas secretas que Dios ha preparado para los que lo aman y que son reveladas por su Espíritu.

Hay otro libro del Nuevo Testamento en profundo acuerdo espiritual con la historia contada en el libro de Josué. Es la Epístola a los Efesios, que se alza por encima de todas las otras epístolas como la elevada torre de una enorme catedral por encima de toda la hermosa arquitectura que la sustenta, y lleva en su centro el campanario que con su tañido llama a bodas. En esa epístola ya se pueden ver notas que anuncian la consumación de la creación en las bodas del Cordero. El libro de Josué es con relación al Antiguo Testamento lo que la Epístola a los Efesios es al Nuevo.

La expresión característica de Efesios es los lugares celestiales (1:3, 20; 2:6; 3:10; 6:12). No se refiere al cielo, por supuesto sino a aquélla experiencia espiritual de unidad con el Salvador en su resurrección y exaltación, que es el privilegio de todos los santos, y que es de ellos en él. Para la mejor comprensión de esta analogía entre los «lugares celestiales» y la tierra de Canaán, nos sería útil seguirla a través de las cinco consideraciones que se presentan a continuación.

1. Cada uno fue la meta destinada, a la cual el propósito de Dios guió a su pueblo. Cuando el Señor se le apareció a Moisés en la zarza ardiendo, en la primera frase que habló se comprometió no solo a sacar a libertad a su pueblo fuera de la tierra de los egipcios sino también a conducirlos desde esa tierra hasta otra que manaba leche y miel. La emancipación del yugo de Faraón fue solo su preparación para el establecimiento en la Tierra de la Promesa.

Las plagas de Egipto que hicieron caer las cadenas de las muñecas adoloridas de una nación esclavizada, la institución de la Pascua y el derramamiento de sangre, el paso del Mar Rojo y la destrucción del ejército egipcio; todo eso se habría frustrado de no haber culminado en el establecimiento de Israel en Canaán. De ninguna otra manera se podía cumplir la promesa divina hecha a Abraham.

De modo similar, aunque parece que muchos de los redimidos del Señor lo ignoran, todos los hechos grandiosos de la historia de la Iglesia preparan a todos los creyentes para la entrada jubilosa a la vida bienaventurada. Será una vida de gozo como una eterna canción sin palabras, una paz que sobrepasa todo entendimiento, y un amor inefable.

Es de notar la constancia con que las epístolas apuntan hacia esta experiencia. Los apóstoles escriben sus gloriosos párrafos para el perfeccionamiento de los santos y la revelación de las verdaderas condiciones de santidad, victoria, y poder.

Amado lector, permíteme hacerte una pregunta solemne. ¿Te has dado cuenta de las condiciones y has obtenido esos privilegios? ¿Estás todavía en el desierto o has entrado ya a la Tierra Prometida? Examínate a la luz de las promesa hechas a Israel, que son tipos y semejanzas de realidades eternas; y si no se asemejan a la realidad de tu experiencia espiritual, entonces debes saber que estás frustrando el propósito divino en tu redención. Deja lo que queda atrás y extiende tu mano hacia delante para tomar posesión de la buena tierra de más allá del Jordán, asiendo aquéllo para lo cual fuiste asido por Jesucristo.

2. Ambos eran imposibles de alcanzar por medio de la ley.
La ley de Dios nunca puede introducir el alma humana a la Tierra Prometida; no porque tenga defectos sino por la debilidad y el pecado del hombre. En ese maravilloso ejemplo de autoanálisis que nos da en la Epístola a los Romanos, el apóstol Pablo insiste en la afirmación de que la ley es santa, justa, y buena; nos dice que se deleita en ella el hombre interior, pero que encuentra otra ley en sus miembros en conflicto con la ley de su mente y poniéndola en cautividad. Es la presencia de esa maldad en nuestros miembros lo que imposibilita la obediencia a la ley de Dios, llenándonos de desánimo e inquietud, de luchas constantes y fracasos perpetuos. Por lo tanto, debemos dejar la ley como regla exterior de vida en el pasado, a fin de que el Josué divino nos lleve a la Tierra Prometida.

Así como el perdón de los pecados y la vida eterna son el regalo gratuito de la gracia divina, para ser recibidos por la fe, así también la plenitud de la bendición del evangelio de Cristo se da solo a aquéllos que, sin merecerlo y sin esforzarse, la reciben con las manos vacías. No obramos para alcanzar el descanso, como hicieron los judíos, sino porque ya lo hemos alcanzado por la fe.

3. Cada uno fue confiado a un representante. Una característica extraordinaria de la historia de Josué es que Dios continuamente se dirige a él y no al pueblo, y le da a él lo que estaba destinado para la gente de Israel. Y a él le tocaba repartirlo. Este pueblo debía heredar la tierra que «había jurado a sus padres que se la daría». Él puso todo en las manos de Josué, como el depositario de Israel, y se declara, al terminar la guerra de los siete años: «Tomó, pues, Josué toda la tierra, conforme a todo lo que JEHOVA había dicho a Moisés; y la entregó Josué a los israelitas por herencia conforme a su distribución según sus tribus» (Josué 11:23).

¡Con cuánta perfección se realiza este arquetipo en nuestro bendito Señor! A él, como representante y depositario de su pueblo, se han dado toda clase de bendiciones espirituales, y él las guarda para que nosotros las reclamemos. Se le ha dado todo poder en el cielo y en la tierra. El Padre ha dispuesto que él tenga vida en sí mismo, para que él pueda darnos vida en abundancia. él está lleno de gracia y verdad, para que de su plenitud todos podamos recibir. El recibió del Padre la promesa del Espíritu Santo, para que él pueda derramarlo en la plenitud pentecostal.

Con diligencia busquemos la apropiación de toda nuestra herencia en Jesucristo; y por la fe tomemos posesión de todo lo que él tenga a su cuidado para nosotros. Reclamemos las promesas.

4. Muchos no pudieron entrar. La generación que clamó: «Quisiera Dios que hubiéramos muerto en el desierto», en realidad murió allí.

Todavía se observan escenas como esas. La situación de la iglesia tal vez llena de amarga tristeza el corazón de su Señor. A pesar de su agonía y su sudor de sangre, de su cruz y su padecimiento, de las reconvenciones de su Palabra y de su Espíritu, y aunque la buena tierra de Canaán ya se alcance a ver, son comparativamente pocos los que parecen haberse dado cuenta de los propósitos del Señor. A nuestro derredor hay almas, redimidas por su sangre, que se han contado entre su pueblo, que perecen fuera de la tierra de bendición en tumbas de mundanalidad, desenfreno, y pecado dominante. De rareza se encuentra un Caleb, un Josué, o una tribu de levitas. Pero la mayoría parecen estar destituidos de la gloria de Dios. Haga todo lo posible para que usted no se cuentes entre ellos. Hazlo con temor reverente hacia Dios.

5. Ambos estaban infestados de muchos adversarios. Las siete naciones de Canaán defendían su tierra con fortificaciones y carros de hierro; pero el Señor las convirtió en«pan comido» para su pueblo. Atacaron al ejército invasor con todo el orgullo de sus grandes batallones y en completa preparación bélica; pero huyeron apresuradamente ante el rechazo y la voz atronadora del Señor.

Los «lugares celestiales» tampoco están libres del ruido del conflicto ni de la presencia del enemigo. aquellos que han resucitado espiritualmente para sentarse en esos lugares con Cristo tienen que enfrentarse a las huestes espirituales de maldad, a los príncipes de la potestad del mal. Pero estos son enemigos conquistados y vencidos. Sin embargo, son terribles y están decididos a dominarnos a menos que permanezcamos en nuestro gran Josué que ya los ha conquistado, y a menos que tengamos puesta toda la armadura de Dios (Efesios 6:10-17).

Así pues la tierra de Canaán y los lugares celestiales son uno. Podemos discernir en estas antiguas Escrituras las ideas más profundas del Nuevo Testamento.

2
LA COMISIÓN DIVINA
Josué 1:7

Cuando Josué estaba para emprender su gran obra, se le dijo en repetidas ocasiones que se esforzara y fuera muy valiente. Poco tiempo antes de la muerte de su predecesor, una gran asamblea de Israel había sido convocada, en la cual Moisés había transferido solemnemente su oficio a su sucesor y le había hecho un encargo, diciendo: «Esfuérzate y anímate; porque tú entrarás con este pueblo a la tierra» (Deuteronomio 31:7). Y ahora la voz de Dios repite la comisión y el mandato.

Al principio nos asustamos al considerar que todos los que Dios emplee en su servicio han de ser fuertes, pues, si es así, los que somos como Ejud, zurdos, o como Gedeón, los más pequeños en la casa de nuestro padre, o como Saulo de Tarso, dolorosamente conscientes de nuestra debilidad, jamás podremos pasar de soldados rasos en el ejército del Señor.

Al recibir Moisés su sentencia de muerte al otro lado del Jordán, nadie pudo haber sentido más tristeza que su fiel amigo y ayudante; pero la idea de sucederle en el mando, jamás le pasó por la mente.

Por eso, cuando le llegó el llamamiento para asumir el oficio que Moisés iba a dejar, se sintió desmayar, y necesitó toda clase de ánimo y estímulo, de Dios y de los hombres. «Esfuérzate» significa que él se sintió débil; «sé muy valiente» quiere decir que estaba asustado; «no desmayes» supone que pensaba seriamente en la posibilidad de abandonar su tarea. Si se sentía tan insignificante como un gusano, ¿cómo podría liberar a Israel de sus enemigos?

Es cuando los hombres se encuentran en tales condiciones que Dios se les acerca con la comisión de la realización de obras agobiadoras y enormes. Dios suele usar instrumentos humanos débiles porque la mayoría de nosotros nos creemos demasiado fuertes para sus propósitos, y estamos muy orgullosos de nuestros métodos, esquemas, y planes. Necesitamos que él nos vacíe de nuestros propios valores, que nos humille, para convertirnos luego en la vara de su poder. El mundo habla de la supervivencia del más fuerte; Dios le da fortaleza al desmayado y aumenta las fuerzas de los débiles. Su poder se perfecciona en la debilidad, y utiliza cosas que no son para reducir a nada otras que son.

Consideremos ahora las fuentes del poder de Josué.

1. Un pasado fiel. «Después de la muerte de Moisés siervo de Jehová ...Jehová habló a Josué hijo de Nun, servidor de Moisés» (Josué 1:1). En su caso se cumplió como siempre la regla eterna de que la fidelidad en lo poco es la condición para obtener el gobierno sobre lo mucho, y la lealtad del siervo es la vía por donde se llega a la realeza del trono.

Los años más recientes del pasado de Josué habían estado llenos de los empeños más nobles y elevados. Durante cuarenta años, si Josefo está en lo cierto en cuanto a lo que dice acerca de la edad de Josué a la muerte de Moisés, él compartió la esclavitud y las tristezas de su raza. Como descendiente de una de las familias principales de Efraín (Números 13:8, 16), debe de haber tomado parte en la dirección del Éxodo, y allí se probó como digno de toda confianza.

Su conflicto con Amalec; su buen informe de la Tierra Prometida; su negativa a participar en modo alguno en el desastroso ataque a los cananeos; su deseo de conservar el buen nombre y la fama de Moisés; su paciente resistencia de los años de fatiga de la peregrinación... todo esto probó que su carácter no era nada común. Esta comisión dada a Josué como caudillo de Israel fue el premio por más de ochenta años de servicio fiel.

Ninguno de nosotros podría saber para qué nos está preparando el Señor. Nos quejamos y murmuramos por nuestras tareas de la rutina diaria, sin saber que es el único modo como podemos estar preparados para el alto y santo oficio que nos espera. La voluntad de Dios se nos manifiesta a usted y a mí en las circunstancias diarias, tanto en las cosas pequeñas como en las grandes. Significa las comisiones más pequeñas por la grandeza de su respuesta, de modo que el llamamiento se le haga como a Josué, el hijo de Nun, ministro de Moisés.

2. Un llamamiento claro. «Levántate y pasa este Jordán, tú y todo este pueblo, a la tierra que yo les doy... Esfuérzate y sé valiente; porque tú repartirás a este pueblo por heredad la tierra de la cual juré a sus padres que la daría a ellos» (Josué 1:2, 6). Cuando un creyente sabe que ha sido llamado para hacer cierta obra, es invencible. No está ignorante de sus propias deficiencias, ya sean naturales o intelectuales. No es insensible a las dificultades; nadie como él puede ver tan rápidamente las rocas inmensas, las puertas de hierro, las ciudades amuralladas, y los ríos anchos y caudalosos. No es invulnerable a los dardos del ridículo y la crítica adversa. Pero en todo esto mira siempre al propósito declarado de Dios y se somete como el canal a través del cual tal propósito puede realizarse.

La tarea de Josué era difícil. La gente de Canaán estaba bien versada en las ciencias y artes contemporáneas, adquiridas por el comercio con los fenicios al norte y los egipcios al sur. Parecía absurdo suponer que una nación tan joven fuera a desposeer naciones que habían conquistado el país y estaban preparadas para pelear por su territorio, empleando los mejores métodos bélicos. Es evidente que la promesa insistente de Dios de establecer a Israel con su ayuda debe de haber sido una gran fuente de fortaleza para él.

3. La seguridad de la presencia de Dios. «Como estuve con Moisés, estaré contigo; no te dejaré, ni te desampararé». Había una cosa en la cual Josué no podía igualar a su predecesor. Ambos estaban en constante y necesaria comunicación con Dios, pero Josué tenía que buscar el consejo a través del sumo sacerdote, en tanto que Moisés gozaba de la comunión directa con el Altísimo, y le hablaba «cara a cara, como habla cualquiera a su compañero» (Éxodo 33:11). Pero, Josué, hijo de Nun, estaba igualmente seguro de la compañía de su gran aliado, aunque le faltara la visión directa de Dios.

Durante las arduas campañas que siguieron, nada podía quitarle el valor a Josué mientras vibrara en sus oídos la promesa: «Yo estaré contigo».

4. La inherencia de la Palabra de Dios en lo interior. «Nunca se apartará de tu boca este libro de la ley, sino que de día y de noche meditarás en él». Debemos meditar en las palabras de Dios pues es a través de la Palabra de Dios que el Espíritu de Dios viene en plenitud para ser el poderoso ocupante de nuestro hombre interior. Después de todo, este es el secreto de la fortaleza: ser poseídos por el poderoso Hijo de Dios, fortalecidos por su fuerza interior, y llenos del Espíritu Santo.

Podemos hacer todas las cosas cuando Cristo está en nosotros con un poder sin impedimentos. El único limite está en nuestra fe y capacidad, es decir, en nuestra absoluta sumisión a su presencia en nosotros. Nuestro Señor resucitado está lleno de poder.

Esfuérzate en tu debilidad por el poder fortalecedor de Cristo. Lleva a su presencia todas tus debilidades, preocupaciones, ansiedades, dificultades, y temores; allí se derretirán como la nieve con el calor del sol. Tu camino será prosperado y con mucho éxito; y aun podrás guiar a una nación a su herencia en la Tierra Prometida.

3
LA PAUSA DE TRES DIAS
Josué 1:11; 2

Toda la tierra de Canaán era de Israel por derecho de donación. Tan pronto como Lot se había separado de Abraham, escogiendo toda la llanura del Jordán y levantando sus tiendas hacia Sodoma, el Señor se acercó a su fiel siervo, asegurándole que no lo dejaría perder por su magnanimidad. «Hizo Jehová un pacto con Abram, diciendo: A tu descendencia daré esta tierra, desde el río de Egipto hasta el río grande, el río Éufrates» (Génesis 15:18).

Pero aunque así era, tuvieron que conquistar pedazo a pedazo todo el país y tomarlo de las manos de sus poseedores. Había que dejar las huellas de los pies en la tierra que se quería tomar y reclamar. No nos resulta difícil comprender estas cosas, ya que espiritualmente estamos precisamente en posición similar. Nuestro Padre Dios nos ha bendecido con toda clase de bendiciones espirituales en Cristo, pero no son nuestras para disfrutarlas hasta que las reclamemos y nos las apropiemos por medio de una fe viva. Son nuestras solamente si nos aprovechamos de ellas. De ahí la necesidad de esforzarnos y ser valientes.

Pero ahora se presentó una nueva e inesperada demora. Se ordenó una espera de tres días. Los funcionarios le informaron al pueblo que tendrían que pasar tres días antes de que pudieran avanzar para poseer la tierra que el Señor Dios les daba con ese fin.

1. El significado de esta pausa. «Tres días» es el período reconocido en las Escrituras para la muerte y resurrección. Era por lo tanto apropiado que pasara este tiempo antes de que el pueblo pudiera pasar a un estado de resurrección a través de una muerte simbólica.

También había otra razón más profunda para la demora, que afecta íntimamente a uno de los mayores principios de la vida interior. Cuando Israel llegó a sus orillas, el Jordán estaba crecido e inundaba las vegas a ambos lados de su lecho, era la época de las «inundaciones del Jordán», que años más tarde se emplearía como expresión para referirse a un problema muy grande. Ante el asombro de la multitud reunida, las turbias aguas corrían agitadas, alimentadas por las nieves derretidas del monte Hermón y transportando troncos de árboles y otros desperdicios arrancados de las orillas en su descenso impetuoso.

Al otro lado del río estaba Jericó, rodeada de palmas y tamariscos, en un paraíso de vegetación exquisita, con sus arbustos aromáticos y los jardines que perfumaban el ambiente. Pero, según la opinión del pueblo, todas las esperanzas que abrigaban de tomarla por sus propias fuerzas y valor debían disiparse. ¿Qué podrían hacer frente a esa gran expansión de aguas turbulentas, espumosas y veloces? Las Escrituras asocian constantemente el Jordán con la muerte, no la del cuerpo sino la del bautismo de muerte que es una pausa de las energías naturales, y la entrada por la fe a un nivel más elevado y noble. Pero nunca en toda su historia pronunció el Jordán una sentencia de muerte más efectiva que en ese día, cuando le enseñó al pueblo de Israel que no podrían prevalecer por sus propias fuerzas.

Muchas multitudes habían llegado hasta las orillas de ese río, y habían quedado allí, esperando en sus barrancos, para considerar el significado de aquéllas aguas profundas, y llevar en sí mismos la sentencia de muerte.

He aquí una expresión maravillosa en cuanto a la fe de Abraham:«Y no se debilitó en la fe al considerar su cuerpo, que estaba ya como muerto ...o la esterilidad de la matriz de Sara» (Romanos 4:19). No hay muchos que pudieran soportar tales consideraciones por mucho tiempo sin perder toda la fe que posean. Hubo no obstante, un secreto que lo sostuvo. Él miraba las promesas de Dios. Al pasar de una a otra no vacilaba. Estas son las únicas condiciones por las cuales la visión del río no nos afectará; si tan solo nos volvemos de él a la presencia del Capitán de los ejércitos del Señor, y al pacto que está ordenado en todas las cosas y seguro. Entonces seguiremos fuertes en la fe, y completamente seguros de que lo que Dios ha prometido también puede llevarlo a cabo.

2. Lo que hicieron durante la espera. Durante estos tres días, ocurrieron cosas interesantes y características. Entre otras cosas, dos espías entraron a Jericó.

a. *Jericó bien puede ser la representación del mundo de los hombres sobre los que pende el juicio, pero que sigue su rumbo sin hacer caso.* En dos semanas le caería a la ciudad un golpe del cual no se recobraría durante siglos.

La mayoría de sus habitantes estaban bien resueltos a montar una resistencia obstinada o bien enorgullecidos de su río y sus murallas. Su maldad sobreabundaba. Pero había un alma en su medio que podía tener fe, y no la estaba ejercitando. Y aquel que había alimentado a Rahab en la fe, y la había llevado hasta el punto que había alcanzado, estaba dispuesto a perfeccionar lo que había comenzado, y a conducirla a la completa iluminación existente entonces. Este es siempre el método divino. Dondequiera que haya alguien como Rahab que, en medio del pecado y la ignorancia de su ambiente viva de acuerdo con su verdad, y quiera más de ella, Dios lo toma de la mano y lo atrae a sí mismo.

En el Nuevo Testamento hay dos referencias a la fe de Rahab (Hebreos 11:31; Santiago 2:25). Fue fe verdadera, aunque fue ejercitada solo hacia un fragmento de la verdad. Todo lo que sabía Rahab era que Dios había librado a su pueblo de la opresión de Faraón, y había prometido darles esa tierra. Ella lo creyó, y se le contó por justicia. Las evidencias de su fe se manifestaron pronto. Se identificó con Israel por el cordón escarlata. Reunió a su familia bajo su techo quedó encomendada al cuidado de Israel, y se convirtió en un eslabón en la genealogía del Hijo del Hombre.

Rahab, la pobre descastada de Jericó que tenía esta extraña fe en Dios, entró con el pueblo de Dios a poseer la tierra que manaba leche y miel. Se convierte entonces en el arquetipo de los pecadores gentiles a los que se les permite participar de las insondables riquezas de Cristo, sentarse con él en los lugares celestiales, y formar parte de la nueva raza que se está congregando alrededor del verdadero Josué, el Señor del cielo. Así que entonces ya no somos extraños ni advenedizos, sino conciudadanos con los santos, miembros de la familia de Dios. Saquemos pues provecho de nuestra herencia.

b. *Durante esta breve pausa Josué también tuvo la oportunidad de determinar el sentir de las dos tribus y media.* Supo que estaban listos a continuar su compromiso con él y a marchar con las otras tribus a la conquista de Canaán. Pero también estaban igualmente decididos a volver a los ricos pastos de Galaad y Basán, que Moisés les dio más allá del Jordán, hacia el oriente. Tenían «mucho ganado»(Números 32:2, 4, 19, 33).

¿No es esto una imagen de los cristianos para quienes la Tierra Prometida está tan abierta como para los demás, y que hacen una incursión dentro de ella sin planes para quedarse? ¿No hay entre nosotros creyentes que han pasado siete años en la Tierra Prometida y han tenido sagradas experiencias de bendición, reposo, y poder pero que han sido levantados y arrastrados a su origen por la pleamar de la mundanalidad?

El fin de los tales se puede ver claramente en la suerte que tuvieron las tribus orientales. Tenían mucho pasto; pero se fueron apartando de la vida colectiva de Israel. Dieron muy pocos nombres a la lista de santos y héroes blasonados en la historia de Israel. Fueron los primeros en caer en las invasiones asirias y arrastrados a la cautividad de la cual no regresaron nunca.

3. El fin de la espera. Al tercer día parece que la multitud había llegado más cerca de las riberas del río, y levantaron las tiendas para pernoctar muy cerca de las turbulentas aguas. Fue entonces cuando Josué le dijo al pueblo: «Santificaos, porque Jehová hará mañana maravillas entre vosotros» (Josué 3:5). Por esto sabemos que el poder milagroso de Dios depende en mucho de la santificación de su pueblo. Cuando hacemos la antigua pregunta: «¿Por qué eres como un hombre poderoso que no puede salvar?», recibimos la respuesta que nos demuestra que nosotros tenemos la culpa de que Dios no pueda responder: «Y no hizo allí muchos milagros, a causa de la incredulidad de ellos» (Mateo 13:58).

Si tan solo nos santificáramos todos, quitando el viejo hombre con sus obras, y vistiéndonos del hombre nuevo, renovado diariamente a la imagen de Cristo, veríamos que las maravillas comienzan y nunca terminan; que el futuro solo revelará cosas mayores y mejores que nunca antes; que los Jordanes se dividirán, y las murallas de los Jericós caerán. Entonces la Tierra Prometida quedará abierta con su abundancia inconmensurable, su aceite y su vino, su trigo y su miel, sus reservas preciosas y valiosas.

4
EL PASO DES JORDÁN
Josué 3:10

Había varias razones por las cuales se hacía necesario que Dios expulsara las siete naciones que moraban en Canaán. Pero la principal es la que se sugiere durante la memorable entrevista entre Jehová y Abraham, el antecesor de la raza escogida, cuatro siglo antes: la maldad del amorreo ya había llegado a su colmo (Génesis 15:16).

En primer lugar, las naciones de Canaán se habían entregado a la más abominable inmoralidad. La destrucción de la gente por la espada de Israel fue solo la aceleración de los resultados naturales de sus vergonzosos vicios. Las razones que exigieron el diluvio de agua hacían necesaria ahora esta inundación de sangre. Siendo el foco de la plaga, Canaán habría infectado al mundo si no hubiera sido pasada por fuego.

En segundo lugar, los cananeos eran versados en espiritismo, mantenían comunicación estrecha con los demonios de la potestad del aire, lo cual siempre les había sido prohibido a los hombres Cuando el hombre abre un pasaje de comunicación con los espíritus caídos que lo rodean, se expone a la ira más terrible de Dios; y por amor al pueblo escogido Dios tenía que impedir y acabar con esta artes de magia negra.

Este último concepto añade complicación al conflicto. Al sacar y destruir estas razas desmoralizadas, Dios estaba en realidad haciendo la guerra a los espíritus malignos, quienes desde su posición en el aire gobernaban las tinieblas de esa tierra. Y así esta antigua Escritura adquiere un nuevo interés. No es solamente la historia de la conquista de Canaán sino también un fragmento de las crónica celestiales, que presentan un episodio del conflicto eterno entre la luz y las tinieblas, entre el cielo y el infierno. ¡Qué analogía adicional tan interesante entre el libro de Josué y el de los Efesios!

Dios misericordiosamente concedió una señal de la decisión final de la guerra, para que durante los siete años de batallas que le esperaban los israelitas pudieran estar tranquilos en cuanto a lo resultados. «En esto conoceréis que el Dios viviente está en medio de vosotros, y que él echará de delante de vosotros al cananeo, al hetea, al heveo, al ferezeo, al gergeseo, al amorreo, y al jebuseo. He aquí, el arca del pacto del Señor de toda la tierra pasará delante de vosotros en medio del Jordán» (Josué 3:10, 11). El paso de las turbulenta aguas del Jordán sería la señal dada del cielo.

1. El paso del Jordán. Al terminar los tres días de preparación parece haber habido un movimiento del campamento desde Sitim con sus arboledas de acacias, a un lugar como a un kilómetro del ruido de las hinchadas aguas. Allí pasó Israel la última memorable noche de su peregrinación. Al amanecer, los jefes nuevamente pasaron por entre la multitud y le ordenaron a la gente que observaran y siguieran los movimientos del arca. solo hubo un corto intervalo antes que la congregación levantara las estacas y alzara las tiendas, empacara sus pertenencias, y ajustara sus cargas, y estuviera en pie como un gran ejército de dos y medio millones, preparados para avanzar por la senda desconocida. El sol se levantaba detrás de ellos, sus rayos se reflejaban en el Jordán, de kilómetro y medio de ancho, y hacia resaltar en atrevido relieve las blancas paredes de las casas de Jericó; mientras todas las colinas adyacentes de Canaán aparecían veladas con la neblina matutina o vestidas con un hábito exquisito de luz.

Al fin un grupito surgió de entre esa densa multitud. Era el grupo escogido de los sacerdotes, con vestiduras blancas, descalzos, quienes descendieron lentamente a orilla aterrazada del río, llevando en sus hombros el arca sagrada, con su tapa de oro y los querubines doblados bajo su cubierta azul. ¡Qué silencio tan terrible! Las miradas fijas seguían los pasos de los sacerdotes. Callados estaban también los comentarios chistosos y las negaciones en voz alta de los días anteriores que afirmaban que el paso del río era imposible; y que sería más sensato esperar a que las aguas bajaran hasta el ancho normal de unos treinta metros cuando la corriente no tenía sino entre uno y dos metros de profundidad y se podría vadear fácilmente.

La pequeña procesión siguió acercándose a las aguas; pero aun cuando estaba a un metro del río su presencia no produjo ningún cambio. Las aguas no mostraban nada que indicara su disposición de huir ni menguar. Pero cuando los pies de los sacerdotes tocaron las pequeñas olas color de barro, ocurrió un cambio maravilloso. Las aguas comenzaron a dividirse y a encogerse. Y mientras los sacerdotes las perseguían, descendiendo hacia el medio del Jordán, huyeron de delante de ellos como aterrorizadas. solo la presencia del Dios de Jacob era la razón de tan grande maravilla, y que el arca del pacto del Señor de toda la tierra estaba pasando por aquéllas profundidades.

Unos cincuenta kilómetros río arriba, en Adam, la ciudad que estaba al lado de Saretán, el flujo del río se había detenido de repente, y las aguas incapaces de seguir adelante, se amontonaron y posiblemente formaron un gran lago de varios kilómetros de ancho. Desde aquél punto hacia abajo, las aguas comenzaron a menguar por no tener provisión de arriba; se precipitaron al Mar Muerto y fueron tragadas por sus profundidades malsanas y oscuras. Las «aguas se acabaron y fueron divididas». Entonces el lecho del río se secó por varios kilómetros; y la gente apresurándose a bajar hacia la orilla pasó al otro lado. Los pies de los sacerdotes permanecieron firmes hasta que cada persona de la raza redimida hubo pasado el río.

Y esta era la señal prometida, pues aquel que podía hacer huir las aguas también podría poner en fuga a sus enemigos. Una vez hecho todo esto, él perfeccionaría lo que ya había comenzado.

2. La importancia simbólica de este pasaje. «Entre vosotros y ella [el arca] haya distancia» (v. 4). Sí, el Señor Jesús precedió a su iglesia. El pasó primero por la tumba con el poder de la resurrección. «Cada uno en su debido orden: Cristo, las primicias; luego los que son de Cristo» (1 Corintios 15:23). En todas las cosas, y por lo tanto también en esta, El debe tener la preeminencia. «Los sacerdotes que llevaban el arca del pacto de Jehová, estuvieron en seco, firmes ...hasta que todo el pueblo hubo acabado de pasar el Jordán» (v. 17).

Puede ser que las aguas del juicio se estén acumulando para todos los que se apeguen al hombre viejo adámico, pero jamás se soltarán hasta que hayan pasado aun los más lentos de los que deban pasar al reposo bendito. Aunque seas joven, o paralítico, o estés listo a detenerte, o tengas mucho miedo, si tan solo echas tu suerte con el ejército de los redimidos, el Sacerdote alargará la dispensación y detendrá las aguas mientras pasas.

3. El efecto de este pasaje en la experiencia cristiana.

a. *Ya hemos considerado el efecto que la muerte del Señor Jesús produjo sobre la muerte.* Está establecido a los hombres que mueran una vez. Y como hemos muerto en él, la muerte ha perdido todo el terror que infunde. La oscuridad del valle es solo la de una sombra. Pero eso no es todo; por virtud de nuestra unión con él, hemos pasado de muerte a resurrección y nos hemos convertido en «hijo de la resurrección». En este hecho de nuestra historia espiritual basan los apóstoles muchos de sus más poderosos argumentos y recursos. «Porque los que hemos muerto al pecado, ¿cómo viviremos aún en él?» (Romanos 6:2). «Puesto que Cristo ha padecido por nosotros en la carne, vosotros también armaos del mismo pensamiento; pues quien ha padecido en la carne, terminó con el pecado, para no vivir el tiempo que resta en la carne, conforme a las concupiscencias de los hombres, sino conforme a la voluntad de Dios» (1 Pedro 4:1, 2).

b. *Con esta verdad podemos contrarrestar las más tentadoras fascinaciones del mundo.* Ya hemos salido del mundo con nuestro amado Señor. Hemos llegado a ser ciudadanos de la nueva Jerusalén, y si aún nos movemos en medio de los compromisos del mundo, es como extraños y advenedizos, hombres del otro lado del río que hablamos el idioma y llevamos el vestido de la Canaán celestial; el idioma, amor; el vestido, las vestiduras blancas, puras, y limpias, lavadas en la sangre del Cordero.

No es posible vencer las dificultades y tentaciones con nuestras propias fuerzas o inteligencia. Nuestro Jordán lo constituyen la oposición de un familiar, el odio de un perseguidor, la fuerza de una pasión, la tiranía de un hábito, la inconveniencia de nuestras circunstancias. La vida sería más fácil si esas dificultades no fueran lo que son. ¡Qué bueno fuera tener un Canaán sin tener que pasar el Jordán! Pero Dios permite los Jordanes para poder educar nuestra fe. No mires las aguas turbulentas que pasan a tu lado; sino al Sacerdote, quien es también el arca del pacto.

Cuando afrontes una terrible dificultad, no importa cual sea, verás que así como sus pies han entrado en ella, ha menguado su corriente. El rugido se ha acallado; las aguas se han recogido; la violencia ha desaparecido. La puerta de hierro queda abierta. La piedra de la tumba ha sido corrida. El lecho del río está seco. Jericó está al alcance de la mano. «Toda la gente hubo acabado de pasar el Jordán».

5
LAS PIEDRAS DE GILGAL
Josué 4:5

Al lado occidental del Jordán, al cual había llegado ahora el pueblo de Israel, a ocho kilómetros de la orilla del río, los barrancos aterrazados alcanzan su máxima altura. Era Gilgal. Allí se levantó el primer campamento, al borde de un palmar extenso y majestuoso, de unos cinco kilómetros de ancho por 13 de largo, que se extendía hasta Jericó. Por entre los espacios libres, se podían ver en medio de este bosque campos de cultivos, «pues era la estación de la cosecha de cebada»; y por encima de los árboles más altos se podían ver en el lado más lejano las altas paredes y torres de la ciudad, de ese palmar tomaba su famoso nombre: «Jericó, la Ciudad de las Palmas».

Gilgal fue la base de operaciones en la guerra contra los pueblos de Canaán. Allí se estacionó el campamento con las mujeres y los niños (9:6; 10:6). Junto con Mizpa y Bet-el, Gilgal era uno de los lugares donde Samuel ejercía su sagrado oficio (1 Samuel 7:16). Era el lugar de reunión en el cual se congregaba el pueblo en momentos solemnes de crisis nacional (1 Samuel 11:14). Saúl tenía razón al recordarlo; y allí Agag fue ofrecido en pedazos «delante del Señor». Es probable que hasta el último acontecimiento y aún después, las doce piedras que habían sido levantadas por Josué como monumento permanente del paso del río eran todavía visibles.

Por la época en que se escribió el libro, el otro montón de piedras levantado en el lecho del río tal vez se podía ver con claridad cuando la corriente, que había aumentado temporalmente por las inundaciones de primavera, había vuelto a su ancho normal (4:9); y no pudo haber habido dificultad para fijar la colina de la circuncisión donde, al mandato de Dios, habían echado a rodar el reproche de Egipto, y de donde se derivaba el nombre Gilgal, «rodar» (5:9).

Gilgal fue desde el principio un «lugar santo» (5:15); y al recorrerlo de nuevo con nuestro devoto pensamiento, también nos da temas de profunda y santa meditación.

1. Las piedras de la orilla. Por órdenes divinas, doce hombres, uno de cada tribu, bajaron al lecho del río. Del lugar donde los pies de los sacerdotes estaban afirmados en el Jordán, cada hombre tomó una piedra. Esas piedras habrían estado allí durante siglos sin que nadie las moviera; pero ahora, erigidas como una pila a los ojos de todos, serían un monumento del paso del río Jordán, tanto como el canto de Moisés lo fue del paso por el Mar Rojo.

Es conveniente que los que somos olvidadizos tengamos algo que despierte nuestra memoria; tanto tendemos a pasar desapercibida la Roca que nos engendró y olvidarnos del Dios que nos dio el ser. Por eso, ¡qué haya monumentos conmemorativos como esas piedras, erigidos en nuestros Jordanes, con su inscripción: «Para que recuerdes»!

Considera esas doce piedras del lado más lejano del Jordán, y puedes estar seguro de que como representaron a todo el pueblo y conmemoraron el transporte maravilloso de un lado al otro del Jordán, así también en la Nueva Jerusalén las doce piedras angulares con los nombres de los apóstoles, y las doce puertas inscritas con los nombres de las doce tribus de Israel, son una señal recordatoria permanente de que la iglesia toda es resucitada. Pero su vergüenza y tristeza consisten en no haberse valido de sus altos privilegios, ni ha descendido a la tierra vestida con el poder de Jesús resucitado y viviente.

Hemos cruzado el Río. Nuestra eternidad ha comenzado. En Jesús somos amados y aceptos. Somos más que vencedores; ocupamos una posición tal que, si la mantenemos, es inaccesible para nuestros enemigos. Ellos solo podrán dominarnos si consiguen que la abandonemos. Todas las cosas son nuestras mientras estemos unidos a nuestro Señor resucitado y reinante.

2. Las piedras del lecho del río. Sin contentarse con erigir una pila de piedras a la orilla del río, Josué, a órdenes de Dios, colocó doce piedras en medio del Jordán, en el lugar donde habían estado firmes los pies de los sacerdotes que llevaban el arca. Y a menudo, al venir a Gilgal, debe de haber ido solo a caminar y meditar junto al río, volviendo sus miradas interiores y exteriores al lugar donde se escondían aquéllas piedras bajo el flujo de la corriente. Eran el monumento permanente del milagro que de otro modo se habría borrado de la memoria, o habría parecido increíble. Eran ayudas para la fe. El pueblo había estado allí donde estaban las piedras, y también estuvieron allí, en seco, los pies de los sacerdotes. Y, de seguro, el poder que había controlado el Jordán y había sacado al pueblo de su cauce no faltaría hasta que se realizara todo el propósito de Dios.

3. El rito de la circuncisión. Israel no esperaba nada menos que ser guiado desde las orillas del Jordán a la conquista y posesión de la tierra. De pronto, descubrieron, no obstante, que este no era precisamente el programa divino para ellos. Pero se les exigió que se sometieran a un rito doloroso, el sello del pacto hecho originalmente con Abraham y por virtud del cual se había dado la tierra a él y a su descendencia (Génesis 17:8-10).

Durante las peregrinaciones por el desierto —por su incredulidad, que prácticamente los desheredó— se había discontinuado este rito porque la efectividad del pacto estaba en suspenso temporalmente. Pero ahora que la nueva joven nación estaba aprendiendo a ejercitar la fe, el pacto y su sello estaban otra vez en vigor. «A los hijos de ellos, que él había hecho suceder en su lugar, Josué los circuncidó» (5:7).

Aun aquéllos individuos relativamente de pocas luces deben de haberse dado cuenta de que en esa ocasión había una importancia espiritual profunda en la administración del rito. Repetidas veces habían escuchado a Moisés referirse a la circuncisión del corazón; y deben de haber pensado que Dios quería amonestarles sobre la vanidad de confiar en su gran número, valor, o disposición marcial. No iban a ganar la tierra por su poder, sino que la recibirían de la mano de Dios como un regalo. Tendrían que echar a un lado el egoísmo y la energía de la carne para que la gloria de las victorias futuras fuera de Dios y no de los hombres.

También nosotros debemos tener nuestro Gilgal. No es suficiente reconocer como principio general que estamos muertos y resucitados con Cristo; debemos aplicarlo a nuestra vida interior y exterior. Si morimos con Cristo, tenemos que mortificar nuestros miembros terrenales. El primer efecto de nuestra apreciación del significado de la muerte de Cristo será nuestra aplicación de esa muerte a nuestros miembros que están en la tierra. No tenemos garantía para decir que el pecado está muerto, ni que el principio del pecado haya sido erradicado; pero podemos decir que estamos muertos a él en nuestra posición, y también por la fe.

En cierto sentido todos los creyentes hemos sido circuncidados en Cristo, pero también debemos pasar uno tras otro por la circuncisión de Cristo no hecha a mano, la que consiste en desprendernos del cuerpo carnal. A esto deben someterse todos los que quieran vivir en victoria y heredar la Tierra Prometida. El procedimiento puede ser agudo, pues el cuchillo no escatima dolores. Pero está en las manos de Jesús, el amador de las almas. No te abstengas de hacerlo. Deja que Él haga todo lo que le parezca necesario, aunque la herida se tarde mucho en sanar. Aunque parezca que la vida circuncidada será siempre una vida mutilada, no es así en realidad; el testimonio universal de este libro dice lo contrario. Cuando se corta la mano, entramos mancos a la vida. Cuando mortificamos las obras de la carne, comenzamos a vivir. Cuando el Señor nuestro Dios haya circuncidado nuestros corazones, entonces lo amaremos con todo nuestro corazón y con toda nuestra alma, y viviremos.

Amado obrero cristiano: Nunca podrá tomar a Jericó hasta que haya sido circuncidado, hasta que Dios le haya quitado la confianza en sus propias fuerzas y le haya abatido hasta el polvo de la muerte. Entonces, cuando la sentencia de muerte esté en usted, comenzará a experimentar la energía de la vida divina, la gloria de la victoria divina.

6
TRES DÍAS SUCESIVOS
Josué 5:10-12

En uno de sus sonetos Mateo Arnold nos cuenta de una entrevista que tuvo un día de mucho sol en agosto, en Spitalfields, con un predicador que él conocía y que parecía enfermo y fatigado. Como respuesta a la pregunta de cómo le iba, él dijo: «De lo mejor, pues últimamente me ha dado mucho ánimo el meditar en Cristo como el Pan de Vida». Él no es el único espíritu humano que, por encima del flujo y reflujo de las tormentas y el tumulto de Londres, ha colocado una marca de luz eterna para animar, y para iluminar su curso a través de la noche.

En estas viejas crónicas podemos sin mucho esfuerzo descubrir el Pan Vivo bajo tres aspectos: la Pascua, los cereales de la tierra, y el maná. Cada uno de estos estuvo asociado con uno de los tres días sucesivos.

1. La Pascua. La Pascua misma no se podía repetir. Pero la Fiesta de la Pascua, celebrada en conmemoración de ese acontecimiento, estaba destinada a una repetición perpetua hasta que cediera su lugar a un símbolo todavía más importante, el cual, a su vez, debe convertirse en la cena de bodas mientras el amor del noviazgo se convierte en amor conyugal.

La Fiesta de la Pascua se conmemoró en el Sinaí, pero no se volvió a celebrar hasta que hubieron pasado cuarenta años. En efecto, no se podía celebrar mientras la nación, por la incredulidad y desobediencia, fuera infiel al pacto. ¿No se había afirmado claramente, entre otras provisiones, que ningún incircunciso debía comerla? Pero tan pronto como se completó la circuncisión del pueblo desaparecieron las barreras; y se celebró la Pascua entre las dos tardes, en tanto que el sol del día catorce del mes extendía hacia ellos largas sombras de las palmeras y murallas de Jericó.

Cuando se instituyó, la Pascua tenía dos partes importantes. Primera: la aspersión de la sangre sobre las puertas exteriores. Segunda: la reunión de la familia alrededor del cordero asado, que debía ser comido de prisa. Con el correr de los años y el cambio de las condiciones, ya no se rociaba la sangre en el dintel y los postes de las puertas, pero el antiguo e importante acto se sustituyó con la bebida de vino. Y la familia se reunía alrededor de la mesa para la fiesta sagrada, ya no solamente con los lomos ceñidos y el cayado en la mano como conviene a los peregrinos sino también en el reposo sosegado del hogar. Era una comida familiar en la cual el pueblo repasaba su historia con agradecimiento, y hablaban juntos de la misericordia que de modo tan extraordinario se había desplegado en su nación. Al llegar a la Tierra de la Promesa los pensamientos de la gente se remontaban al gran hecho de redención por la sangre que era la base de su existencia.

El otro lado de la Pascua también tiene un equivalente en nuestra experiencia. Los israelitas festejaban, tomaban el suave vino oriental, y años más tarde cantaban el Halel y comían la carne del cordero. El pan era ázimo (sin levadura) y las hierbas eran amargas, pero el gozo sobrepasaba la tristeza, y este es un tipo de la vida cristiana.

La Cena del Señor no es simplemente una conmemoración de lo que él hizo en el Calvario, o está haciendo en el trono; es un recordatorio perpetuo al corazón creyente de su privilegio y su deber de comer la carne y beber la sangre del Hijo del Hombre de un modo espiritual. Si no comemos su carne no tendremos vida en nosotros. Si no bebemos su sangre no moraremos en él, ni él en nosotros.

Recordemos siempre que así como no se permitía a ningún incircunciso tomar parte de la Pascua, tampoco ninguno que esté viviendo en pecado voluntariamente se puede alimentar de la carne y la sangre que fueron dadas por la vida del mundo, Debe haber un Gilgal antes que pueda haber una Pascua en su sentido más pleno y profundo.

2. Los cereales de la tierra. «Al otro día de la pascua comieron del fruto de la tierra». Parece que comieron el trigo de la cosecha anterior y no el que apenas estaba madurando por toda la tierra de Canaán y que estaba listo para la siega. Lo importante es que, con gran agradecimiento, los israelitas, cuya mayoría nunca había comido otra cosa que maná, comieron del producto de la Tierra Prometida.

¿No es significativo que en este preciso día el Señor Jesús resucitó de entre los muertos, «primicias de los que durmieron»? Luego estamos seguros de que no forzamos la comparación al decir que el fruto de la tierra de la Promesa lo representa en su gloria resucitado. El cayó como una semilla de trigo en la tierra para morir, pero a través de la muerte ha conseguido el poder de impartirse a sí mismo a todos los que creen. Él fue triturado, como pasa con todo el trigo que se usa para hacer pan —la rueda de piedra del molino de la justicia divina lo molió bajo su peso— y por eso él ha llegado a ser la harina de trigo más fina para alimentar a un mundo necesitado. Debemos alimentarnos del Cordero Pascual y aprender todo el significado de su cruz, su pasión, su muerte preciosa, y su sepultura; pero también debemos alimentarnos del trigo de la ciudad celestial, y sacar vida y bendiciones de su gloriosa resurrección y ascensión.

La iglesia ha aprendido hasta cierto punto a apreciar la importancia de la encarnación y la Crucifixión. Pero rara vez oímos de un tratado o un sermón adecuados acerca de la Ascensión de Jesús de las partes más bajas de la tierra hasta el cenit de su gloria desde donde llena todas las cosas. ¡Ojalá que supiéramos lo que Pablo quiso decir al recalcar «Mas ahora Cristo ha resucitado de los muertos»; y que entendiéramos sus pensamientos cuando dijo que aunque había conocido a Cristo en la carne, ya no quería conocerlo así, porque anhelaba entender el poder de su resurrección! El Cordero Pascual es bueno; pero el fruto de la tierra incluye las frutas, la miel y los cereales que crecen en el suelo de la vida resucitada.

La Ascensión de Cristo se puede considerar en muchos aspectos. La majestad y el triunfo del Dios hombre, elevado por encima de todo principado y poder, ya sea de ángeles como de demonios, y por encima de todo nombre, en este mundo y en el venidero; la certeza que el mismo poder que lo levantó de la tumba y lo puso a la diestra de Dios Padre espera hacer otro tanto por cada uno de nosotros; la creencia de que en su Ascensión él ha recibido dones para todos nosotros, y el mayor de todos, la plenitud del Espíritu Santo, podemos reclamarlo y recibirlo. Estos temas estremecen nuestros acobardados corazones y los hacen saltar de alegría, lo que ningún aumento de trigo ni de vino puede hacer por los hombres mundanos. ¡Felices aquéllos que de mente y corazón ascienden y moran continuamente con él! El hacer esto es lo que verdaderamente significa comer del trigo y el fruto de la tierra.

3. El maná. «Y el maná cesó el día siguiente, desde que comenzaron a comer del fruto de la tierra». No hubo intervalo entre los dos. El fruto comenzó antes que el maná cesara. El uno vino sobrepuesto al otro como la paja del heno o las plumas del ave.

Dios no quiere que haya intervalos de aparente deserción y falta de provisiones de los que tantos se quejaban. Parece que tiene que retirar las cosas extraordinarias y excepcionales, representadas por el maná; pero él esperará hasta que nos acostumbremos a las provisiones regulares y comunes de su gracia, representadas por el fruto de la tierra.

Constantemente se nos pasa del maná familiar que vino sin esfuerzo ni ansiedad de nuestra parte, al fruto de la tierra que requiere visión y preparación cuidadosa. Esto es necesario porque así aprendemos valiosas lecciones de paciencia, abnegación y cooperación con Dios. Pero nos asusta el cambio.

¡Cuán misericordiosa es entonces, la bondad de Dios, dulce y profunda, que nos deja ver lo nuevo antes de quitar lo viejo. Nos deja que nos acostumbremos a caminar antes de quitar la silla en la cual nos apoyamos!

Esta es, entonces, nuestra lección principal. Debemos aprender a vivir de tal modo que seamos alimentados con la vida del Hijo de Dios. Cuando comemos de Cristo, vivimos por él, como él vivió por el Padre; y como el Padre, morando en él, obró por su vida e hizo sus maravillas, así él, al entrar en nosotros —el Verbo por su palabra—, hará por nosotros lo imposible.

¿Anhelas más fortaleza para obrar o sufrir, para testificar, o para alejar al enemigo de tu puerta? Entonces aliméntate de Cristo, meditando en su Palabra, manteniendo comunión con él, lleno del Espíritu Santo, que toma de las cosas que son de Cristo y nos las revela. «Bienaventurados los que tienen hambre y sed ... porque serán saciados». «A los hambrientos colmó de bienes». «El Pan que fortalece el corazón del hombre».

7
EL CRISTO GUERRERO
Josué 5:13-15

El tiempo y el lugar exactos de este pasaje no son definidos, pero no son tan importantes frente a la presencia de ese episodio maravilloso que ocurre antes de la conquista de Canaán. En cuanto al tiempo, fue posiblemente el día que cesó el maná, y el jefe debe de haberse dado cuenta de que la tierra debía suplir ahora lo que fuera necesario para la alimentación. En cuanto al lugar, basta con saber que estaba junto a Jericó.

Detrás estaba el Jordán, la senda hecha por el paso de la multitud ya no se discernía; aunque el montón fresco de piedras conmemorativas proclamaba el milagro del lecho seco del río. Más abajo, bajo la sombra de la colina, yacía el campamento, donde la gente descansaba de sus fatigas al darse cuenta felizmente y por primera vez de que ya habían terminado sus largas jornadas. Al tiempo que a unos ocho kilómetros de allí, por el sendero que conduce a Canaán, elevándose por encima de los palmares se erguían las murallas fortificadas de Jericó.

Para Josué, debe de haber sido por lo menos una hora de ansioso suspenso. Había sido relativamente fácil enfrentarse a Amalec, Og, y Sehón, pues se habían encontrado con Israel en guerra abierta sobre el campo de batalla; pero era diferente atacar una ciudad que podía resistir un largo asedio. Era imposible dejarla atrás sin someterla, pero también era un acto suicida el sentarse delante de ella para hacerla rendir por hambre. Al pasar los meses de espera, se esfumaría la energía de la gente y se reunirían los ejércitos de los enemigos. Este general solitario debe de haber deseado intensamente el poder pasar siquiera un momento con Moisés o, quizás mejor, con el Ángel de la presencia de Dios, que había sido prometido cuando el campamento estaba aún instalado bajo los precipicios del Sinaí.

Meditando mucho y profundamente, Josué prosiguió solo, y de repente, «alzó sus ojos y vio un varón que estaba delante de él, el cual tenía una espada desenvainada en su mano».

Pero, ¿quién era este varón? Josué no sabía; pero su corazón era puro y claro, y por eso no dudó en acercársele y desafiarlo con la pregunta: «¿Eres de los nuestros, o de nuestros enemigos?»Entonces oyó la respuesta majestuosa: «No; mas como Príncipe del ejército de Jehová he venido ahora».

No cabe duda de quién era. Aunque en semejanza de hombre, seguramente no era ni hombre ni ángel. Tenemos que creer que aquel que habló con Josué en la entrada a Canaán no era otro que Jehová, el Dios de Israel, cuyo agrado, mucho antes de la encarnación, era con los hijos de los hombres, y que se anticipaba a su venida en la carne mediante visitas preliminares en forma corpórea a nuestra tierra.

1. La importancia especial de esta visión para Josué. Muchos han supuesto que este Príncipe divino apareció para tomar el lugar de Josué en el mando, y para asumir la dirección suprema de las huestes de Israel; pero ese no es el significado más profundo aquí. «El ejército de Jehová» no alude principalmente a las huestes israelitas acampadas junto a las aguas caudalosas del Jordán sino a otras huestes invisibles. Las tropas de ángeles acorazados eran el ejército del que era Príncipe este maravilloso guerrero.

En las Escrituras hay varias referencias a la presencia cercana de multitudes de ángeles. Está por lo tanto en armonía con el tenor de las Escrituras el ver esas filas de guerreros esperando entre las cortinas de lo invisible para ser dirigidas contra los enemigos de Dios y de Israel. Y le encontramos nuevo significado a la antigua declaración por la que se hizo conocer Jehová: «¿Quién es este Rey de gloria? Jehová de los ejércitos, El es el Rey de la gloria» (Salmo 24:10).

¿Hemos de maravillarnos entonces de que las murallas de Jericó se derrumbaran, o de que grandes ejércitos fueran esparcidos, sin darse ni un solo golpe; o de que la tierra fuera sometida en una campaña de siete años? Estas conquistas fueron los resultados visibles y terrenales de victorias ganadas en las esferas espirituales y celestiales por ejércitos que seguían al Verbo de Dios en caballos blancos, vestidos de lino fino, blanco y puro. aquellas murallas cayeron porque fueron derribadas por el impacto de los ejércitos celestiales. Esos ejércitos huyeron porque los poderes de las tinieblas con las cuales estaban aliados fueron derrotados delante del Señor Jehová Sabaoth. Por lo tanto había una importancia profunda en las palabras con que Caleb trató de dar valor a su pueblo cuarenta años atrás. «Su amparo se ha apartado de ellos, y con nosotros está Jehová; no los temáis» (Números 14:9). Y podemos entender mejor lo que el Señor quiso decir con las palabras: «Como Príncipe del ejército de JEHOVA he venido ahora».

2. La importancia de esta visión para la iglesia. En toda la naturaleza hay señales de conflicto y lucha. Por todas partes hay ejércitos en combate, y se separan para reparar sus pérdidas o contar sus ganancias. Las invisibles moléculas del aire más calmado están en rápido movimiento a nuestro alrededor chocando unas contra otras, y luchando muy duro para mantenerse en su curso, pero las estorban los millares de moléculas similares que también luchan, de modo que nos movemos y trabajamos dentro de un ciclón de átomos agitados. La piscina más tranquila, el soto del bosque más pacífico, la isla bañada por los mares del sur y puesta como una gema sobre el pecho del océano, no importa cuán encantadora sea, y la escena más fascinante, todas son escenarios de escuadrones antagónicos que contienden por la victoria. El veloz persigue su presa; el fuerte devora al débil; solo el mejor adaptado a su ambiente sobrevive esta lucha magnífica.

Todo esto lleva a un conflicto más tremendo, entre las tinieblas y la luz, el mal y el bien, Satanás y nuestro Rey. A través de todo su ministerio terrenal nuestro Señor se enfrentó a los poderes de las tinieblas. Pero la vida y la muerte del hombre Jesucristo cambió el rumbo de los acontecimientos. Y cuando él resucitó y ascendió, quedó establecido sin lugar a duda que, aunque el hombre no podía en sí mismo vencer el infierno, sin embargo el hombre en Cristo, unido al Hijo de Dios, era más que vencedor; podía hacer todas las cosas por medio de aquel que lo fortalece, y está destinado a vencer.

¡Qué triste que se haya apreciado tan poco esta admirable verdad! La iglesia de Cristo con demasiada frecuencia ha considerado que contiene en sí misma todos los recursos necesarios para obtener la victoria sobre el mal del mundo; o se ha quedado paralizada o estupefacta ante los Jericós de pecado que se han levantado para obstaculizar su camino. Las ciudades amuralladas del licor y la lujuria, de la autocomplacencia o la apatía, no han querido abrir sus puertas a su desafío, y se han burlado con risotadas de sus ejércitos. Entonces la Iglesia ha apelado a César, a recursos, alianzas, y métodos humanos. Pero todo es en vano, pues a pesar de todos los esfuerzos, los muros no han caído, ni sus enemigos la han dejado en paz.

Los santos de Dios tienen que arrepentirse de sus pecados y fracasos por no reclamar su victoria en Cristo. Deben darse cuenta de que el Príncipe de los ejércitos celestiales ya ha dirigido sus escuadrones contra los enemigos de la iglesia que también lo son de él. Deben apartarse de todo lo que pueda poner en peligro o debilitar la alianza con el Señor. Deben atacar al enemigo con el grito de batalla que tenía como base original el reconocimiento de esta gran realidad espiritual: «La espada de Jehová y de su pueblo».

3. La importancia de esta visión para nosotros. A veces nos sentimos solos y desanimados. aquellos con quienes estamos acostumbrados a cooperar descansan tranquilamente en sus camas. Parece que nadie puede penetrar nuestras ansiedades y nuestros planes. Nuestros Jericós (obstáculos) son muy grandes: la parroquia descuidada; la iglesia vacía; la congregación endurecida; la familia impía. ¿Cómo podríamos jamás capturar estos problemas y llevárselos al Señor como castillos desmantelados para que él se ocupe?

Pero en nuestras horas de desengaño, cuando en vano hemos hecho nuestros mayores esfuerzos y hemos caído —como las aves marinas que chocan contra los faros y caen al pie de la torre con las alas rotas—, conviene seguir adelante solos, confesando nuestra incapacidad y esperando la visión, pues entonces es muy posible ver al Príncipe de los ejércitos de Jehová. Él tomará nuestra causa; él dirigirá sus tropas y ganará la victoria del día; él derribará los muros de Jericó. Tal vez se emplee nuestra cooperación, pero solo para marchar alrededor de los muros, con el traje de la pureza sacerdotal, y para tocar las trompetas de cuernos de carnero.

Debemos ser santos si hemos de colaborar con él. Debemos poner a un lado el hombre viejo, con sus afectos y lujurias; debemos limpiarnos de toda impureza de la carne y del espíritu; debemos arrojar afuera las obras de las tinieblas, y vestirnos con el traje ceremonial de la luz, que es Cristo.

La batalla no es para el fuerte, ni la carrera para el veloz, sino para aquéllos que viven vidas separadas del mundo y dedicadas a Dios. Las vasijas aptas para el uso del Maestro son las puras. La limpieza, y no la inteligencia, es la condición principal del servicio eficaz. ¡Que no hay división entre la santidad de Dios y nosotros! Nada que nos aísle ni desconecte la corriente de la potencia divina.

8
LAS MURALLAS DE JERICÓ
Josué 6

Jericó estaba sumida en desolación. No envió a sus guerreros ni lanzó ningún ataque nocturno repentino contra el ejército que acampaba a lo largo de las orillas del Jordán, con sus tiendas levantadas alrededor del pabellón central, o sea, el tabernáculo de Dios. Era como si un hechizo misterioso hubiera caído sobre su rey y su pueblo, desconcertándolos e impulsándolos a ponerse a la defensiva y a esperar el desarrollo de los acontecimientos. «Desfalleció su corazón, y no hubo más aliento en ellos delante de los hijos de Israel» (Josué 5:1).

Israel, al contrario, estaba probablemente impaciente, ansioso de ser llevado a la batalla. Los guerreros, confiados en sus fuerzas, estaban deseosos de medirse con los habitantes de la tierra y borrar con sangre el recuerdo de la derrota de sus padres en Horma.

Conscientes de que el paso del Jordán se debía a la presencia de los sacerdotes, puede ser que tuvieran un deseo secreto en sus corazones de demostrar que había llegado la hora de que los sacerdotes se hicieran a un lado, mientras ellos probaban su valor y ganaban la tierra por su capacidad.

Les faltaba aprender que la tierra era un regalo que se debía recibir por fe, no ganarlo por esfuerzo. Lo único que Dios les exigía era obedecer, esperar, y confiar, mientras el Príncipe divino comandaba sus ejércitos celestiales en el asalto y ganaba la victoria. «Mas Jehová dijo a Josué: Mira, yo he entregado en tu mano a Jericó y a su rey, con sus varones de guerra. Rodearéis, pues, la ciudad todos los hombres de guerra, yendo alrededor de la ciudad una vez» (v. 2).

Ciertamente fue el espectáculo más extraño jamás presenciado por una guarnición asediada. Los asediadores no hicieron un asalto, ni levantaron trincheras ni pusieron escaleras contra los muros. Ni podían conceder la oportunidad de parlamento para discutir condiciones de capitulación. Parecía sobreentendido para todos que la guerra sería al degüello; sin cuartel ni misericordia. Sin demora las tropas de Israel comenzaron a dar vuelta alrededor de la ciudad.

Acababa de amanecer. El sol surgía no muy lejos en el horizonte oriental. Entonces del campamento de Israel comenzó a desenvolverse una larga procesión. Primero los guerreros, marchando bajo sus pendones tribales; luego, siete sacerdotes, vestidos de blanco, tocando las siete bocinas de cuernos de carnero; después, el arca de Dios, oculta con sus mantos de las miradas de los israelitas y cananeos; y por último la tribu de Dan cerrando la retaguardia.

Hacia la ciudad marchó esta procesión, guardando absoluto silencio, con la excepción de que los sacerdotes avanzaban continuamente y tocaban las bocinas. No se oía ningún otro sonido: ni desafíos, ni retos, ni gritos de dominio. Toda la multitud se movió silenciosa alrededor de la ciudad como una serpiente, y al completar el circuito, para sorpresa de los cananeos, que probablemente esperaban un ataque de inmediato, regresó callada al campamento de dónde había surgido hacía una o dos horas. Y el resto del día pasó sin ningún otro incidente extraordinario. «De esta manera hicieron durante seis días».

En el séptimo día, se repitió la vuelta a los muros siete veces. Y al terminar la séptima, la voz de Josué estremeció el sosegado aire vespertino con la orden: «Gritad, porque Jehová os ha entregado la ciudad». Entonces los sacerdotes hicieron sonar las trompetas como una explosión; el pueblo grito con tanta intensidad que el eco reverberó por todas las colina de los alrededores, y quizá fue contestado por las voces más débiles de las mujeres y los niños del campamento; y los muros de Jericó cayeron a tierra, de modo que el pueblo de Israel pudo entrar a la ciudad y tomarla.

En varias direcciones podemos encontrar aplicaciones de este incidente extraordinario.

1. En la experiencia cristiana. Si Egipto representa nuestros conflictos con el mundo, y Amalec nuestra lucha con la carne, las siete naciones de Canaán son un símbolo de las batallas que tenemos que librar contra los principados y potestades de espíritus malos que se oponen a nuestra entrada a los lugares celestiales y ensombrecen nuestro conocimiento práctico de lo que Cristo ha hecho por nosotros. Atrincherados detrás de las rampas de alguna fortaleza de dificultad o mal hábito, nos desafían y amenazan con menguar o impedir nuestro progreso en la vida divina. ¿Quién hay entre nosotros, o que lea estas líneas, que no sepa o haya sabido de algo —un placer en el que nos deleitamos, una amistad, un enredo pernicioso— que se levante como una barrera impasable hacia el gozo de esas benditas posibilidades de la experiencia cristiana que son nuestras en Cristo pero que por esa razón parecen fuera de nuestro alcance? Eso es un Jericó espiritual.

Preguntamos otra vez: ¿Quién hay que no se haya enfrentado alguna vez a un Jericó que obstaculizaba su paso al Canaán celestial? Para los tales hay consuelo en las palabras dichas por el Gran Capitán a Josué, que estaba descalzo y parado en lugar santo: «Mira, yo he entregado en tu mano a Jericó y a su rey, con sus varones de guerra».

    a. *¡Espera en silencio!* Este es un mandamiento muy duro. Que no se oiga nuestra voz; ninguna palabra debe salir de nuestra boca; debemos presentar nuestras quejas a Dios solamente; todo esto es extraño a nuestros hábitos y gustos.

    solo el corazón silencioso puede reflejar el cielo abovedado del cuidado de Dios. Solamente cuando nos hemos calmado como criaturas satisfechas podemos llegar a la posición en que Dios puede interponer su ayuda para nosotros. Dice Dios; «Callad y sabed que yo soy Dios». Y bien puede callar y esperar esa alma que sabe que el Señor de los ejércitos está junto a ella y que el Dios de Jacob es su refugio; se apresura a revelar su secreta agonía a ese amigo. En ese hogar se anida como al abrigo de un gran peñasco, protegida de las tormentas del mundo.

    b. *¡Obedece!* En la vida de gracia sucede como en esta historia, debe haber cooperación entre Dios y el hombre. Las murallas de Jericó cayeron solamente por la manifestación del poder divino, pero los hijos de Israel tuvieron que dar vueltas alrededor de ellas. solo Dios puede dar la forma que le plazca a la semilla de cereal, pero el hombre debe arar, sembrar, recoger, ventear, y moler. solo Dios puede quitar las dificultades que se atraviesan en el camino de una vida plenamente bendita y consagrada, pero hay mandatos y deberes que debemos cumplir.

    ¿Cuáles son? En algunos casos estamos reteniendo la obediencia que debiamos dar de una vez. Hay cosas que deberíamos hacer pero que no estamos haciendo. Y también existe el peligro de hacer más de lo que debemos; tratando de escalar muros que se nos dice que rodeemos; gritando antes de que se dé la voz de mando; rodeando la ciudad con más frecuencia que la una vez al día prescrita por la orden divina.

    Lo que se nos revele como la clara voluntad de Dios, para hacer o dejar de hacer algo, debe producir nuestra respuesta inmediata, dejándole el resto a Dios.

    c. *¡Ten fe!* Quita tu mirada de tus preparativos, y aun de los actos ordenados por Dios y ponla en Dios mismo; y al hacerlo, tus dificultades desaparecerán: la piedra será quitada de la entrada del sepulcro; la puerta de hierro se abrirá sola; los muros fortificados caerán.

    Cree que él está obrando por ti, y todos los que te conocen tendrán que confesar que el Señor ha hecho grandes cosas por ti. Él te ha entregado Jericó. Tu corazón debe confiar en esa promesa. Aunque los muros estén todavía en pie, es como si no lo estuvieran; y dejando las ruinas detrás de ti, puedes pasar adelante a poseer la tierra.

2. En la obra cristiana. El apóstol nos habla de fortalezas que hay que derribar y de cosas elevadas que se exaltaron contra el conocimiento de Dios. También afirma que no luchó contra tales cosas según la carne, y que las armas de su combate no fueron carnales, sino poderosas delante del Señor para derribar fortalezas y para traer todo pensamiento orgulloso y altivo en cautividad a la obediencia de Cristo.

Es muy necesario que todos los obreros cristianos meditemos en estas preciosas palabras. El peligro de nuestros tiempos es la tendencia a apartarnos de la sencillez de la iglesia primitiva, que entró en combate con las poderosas supersticiones y los pecados flagrantes de su época, solamente con las armas simbólicas que aparecen en este antiguo incidente: Las vestiduras blancas de la pureza sacerdotal; la exaltación de la propiciación de Cristo; el toque de los cuernos de carnero; el evangelio proclamado no con cadencia de plata sino con efecto rudo y estremecedor, como llamada a la rendición.

¡Con qué desmayo y dolor, los confesores y mártires, los profetas y apóstoles del cristianismo primitivo contemplarían los métodos que usamos para asaltar las formas monstruosas de los vicios que confrontamos hoy en día!

Cuando tenemos que enfrentarnos con estas cosas, tendemos a luchar con el mundo con armas prestadas de su propio arsenal y a adoptar métodos que son más carnales que espirituales. Es un gran error. Nuestra única esperanza radica en nuestros actos estrictamente espirituales. Si podemos vencer los espíritus de las tinieblas que instigan y resisten, veremos al sistema que ellos sostienen desmoronarse como un castillo de naipes ante el viento.

Seamos puros y santos, dedicando tiempo a la meditación en la presencia del Capitán; exaltemos el sacrificio y la obra de Jesús; hagamos sonar la trompeta del evangelio como llamada y alarma para la rendición; pasemos mucho tiempo en oración silenciosa delante de Dios; abriguemos un espíritu de unidad y amor, como las tribus de Israel olvidaron sus diferencias y emprendieron una expedición común contra sus enemigos. Por encima de todo, creamos en la presencia y la cooperación de Dios, y veremos repetido el antiguo milagro y las paredes de Jericó derribadas.

3. En la historia de la iglesia. Esta captura de Jericó bien puede ser una parábola de cosas que todavía están por suceder. Tal vez esta narración de la toma de Canaán es una anticipación en miniatura de lo que va a pasar en un futuro cercano. Dios le ha dado los reinos de este mundo a su Hijo; pero ellos tendrán que ser circuncidados por las huestes sacramentales de su elegido hasta que él haya suprimido todo gobierno, autoridad y poder.

9
CAPTURA Y DERROTA
Josué 7:1, 2

La conquista de Canaán se demoró siete años, y durante todo ese tiempo Israel solo perdió una batalla. En realidad, los treinta y seis hombres muertos en su huida delante de los hombres de Hai parece que fueron la única pérdida que tuvieron sus ejércitos. La historia de esta derrota se cuenta con muchos detalles porque comprende lecciones muy importantes para Israel, y de incalculable valor para nosotros.

La experiencia de la derrota es demasiado común para la mayoría de los cristianos. No se postran sobre el rostro delante de Dios, deseosos de descubrir la causa de su fracaso, para tratarlo, y para pasar de la escena de la derrota a un éxito más amplio y permanente.

Si investigáramos cuidadosamente las causas de nuestras derrotas, estas ocuparían el segundo lugar después de las victorias en la producción de benditos resultados en la formación de nuestros caracteres y vidas.

Hubo tres causas de esta derrota.

1. Tuvieron demasiada confianza porque Hai era pequeña. Jericó había quedado convertida en un montón de cenizas humeantes. Hombres y mujeres, jóvenes y viejos, bueyes, ovejas, y asnos ... todos habían sido destruidos a filo de espada.

Sin temer un ataque por la retaguardia, Josué se dispuso a marchar hacia el interior del país, y como ruta para su ejército escogió una quebrada o depresión montañosa que se dirigía un poco hacia el norte. A unos trece kilómetros de su comienzo en el valle del Jordán esta quebrada se cruzaba con otra, y cerca de allí estaba la aldea de Hai con una población de doce mil habitantes. Su proporción de hombres de guerra se calcula en unos dos mil, pero eran fuertes y tenían el control del paso montañoso, de modo que Josué no tuvo otra alternativa que impartir a Hai la misma terrible suerte que aquélla con la cual había visitado a Jericó.

Humanamente hablando, había mucha verdad en el informe de los espías enviados a reconocer el valle. El lugar era mucho más pequeño que Jericó, y aparentemente requería mucho menos gasto de tiempo y esfuerzos para su captura. Jericó pudo haber necesitado todo el ejército; pero para Hai seguramente se necesitaban unos tres mil hombres. «No fatigues a todo el pueblo yendo allí, porque son pocos».

Esta recomendación se basó en la suposición de que Jericó había sido vencida por el ataque del ejército de Israel; cuando en realidad fue muy poco lo que ellos hicieron. Habían caminado alrededor de ella y gritado; eso fue todo. Había sido tomada por su gran capitán y guía y entregada en sus manos por él. Él hablar como lo hacían era olvidar la verdad de los hechos, y el argumentar en cuanto a la victoria se debía a ciertas cualidades inherentes en ellos mismos; con la inferencia de que si habían conquistado a Jericó también conquistarían a Hai.

No hay ninguna otra experiencia en la vida cristiana tan llena de peligros como la hora en que estamos atolondrados por una victoria reciente. Confiados de nuestro gran triunfo en Jericó, nos burlamos de un obstáculo tan pequeño como Hai. Seguramente argumentamos que si hemos vencido la una, también venceremos la otra. Y es así como con mucha frecuencia ocurre que un gran éxito en público viene seguido de una derrota en privado. Nunca necesitamos tanto la observancia del mandamiento de «velad y orad» como cuando el enemigo está huyendo delante de nosotros.

No hay nada pequeño en la vida cristiana; nada tan pequeño que lo podamos combatir con nuestra propia fuerza. Las victorias que hemos ganado en compañía de Dios no nos han impartido poder permanente; somos tan débiles como siempre; y tan pronto como entremos en combate con el menor de nuestros enemigos, separados de Dios, seremos inevitablemente derribados en el encuentro. solo la fe, la vigilia, y la comunión con Dios que sirvieron antes de Jericó solo pueden servir como la llave para Hai.

2. No consultaron con Dios. Una prevaricación rompió el eslabón de comunión entre ellos y los ejércitos que servían bajo el guerrero celestial que se le había aparecido a Josué. No cabe la menor duda de que si Josué se hubiera mantenido en permanente comunión con Dios, el Espíritu Santo le habría indicado la presencia del mal en su pueblo, y entonces Acán y su pecado hubieran sido descubiertos y juzgados antes de la marcha hacia Hai.

Dios ve la pequeña desgarradura en la ropa; la mancha de daño en la fruta; la úlcera en la carne, que amenaza con quitarle la vitalidad. Tal vez no nos demos cuenta de estos cambios, pero él sabe que llevan a la derrota sin remedio. Ni tampoco se tarda en advertirnos. Pero ¿de que le vale hablar a oídos sordos; o a aquéllos que confían en su propia sabiduría; o que se enorgullecen de victorias que fueron concedidas por él?

Cuando los hijos de Dios, como Josué, desoyen las voces de alerta que se hacen cada vez más débiles al ser pasadas por alto, Dios se ve obligado a dejarlos seguir su curso hasta que algún desastre terrible los derriba y los deja rostro en tierra. ¡Ah, si Josué se hubiera postrado en medio de los gritos de victoria de Jericó, no hubiera tenido necesidad de postrarse en medio de los clamores de una multitud aterrorizada!

Antes de hacer un nuevo avance, aunque el punto de ataque sea solo un Hai, es nuestro deber, como la mejor regla de conducta, volver a Gilgal. Debemos encerrarnos en conversación espiritual con nuestro poderoso Confederado, pidiéndole que nos revele cualquier maldad que él pueda ver en nosotros, y juntando las tribus de nuestro corazón ante su escrutinio, para que el Acán que se esconda allí pueda ser sacado a la luz antes, y no después, de la batalla.

3. Habían cometido una prevaricación en cuanto al anatema.

a. *Josué se sintió inclinado a echarle la culpa del fracaso a Dios.* Pero, la culpa no era de Dios sino de ellos solos.

Hay ocasiones en nuestras vidas cuando queremos hallarle faltas a Dios. «¿Por qué me hiciste así? ¿Por qué se me sacó de mi hogar tranquilo, o de mi parroquia campestre, o de mi lugar de servicio feliz para hundirme en este mar de dificultades?» Cuando nos dolemos de algún fracaso, causado por el poder dominante o la estrategia inteligente del enemigo, nos sentimos inclinados a acusar a Dios. Nuestro Padre nos pasa por el Jordán para darnos mayores experiencias, para abrir delante de nosotros posibilidades más vastas, para darnos mejores oportunidades de adquirir sus insondables riquezas. No hay tarea que no tenga suficiente gracia.

No tenemos que sufrir derrotas en la Tierra Prometida. No hay razón para el fracaso en la vida cristiana; siempre, y en todo lugar, se espera que seamos más que vencedores. Usted, hijo de Dios, nunca le eche la culpa de su fracaso a Dios; búsquela dentro de sí mismo.

b. *Ninguno de nosotros está solo; no podemos pecar sin afectar insensiblemente la condición espiritual de todos los demás hombres.* solo un israelita había prevaricado, y sin embargo se dice: «Los hijos de Israel cometieron una prevaricación en cuanto al anatema».

Si Israel hubiera comprendido cuánto dependía el todo de la obediencia de cada uno, todos hubieran vigilado a sus hermanos, como cada uno a sí mismo, no por el bienestar de los otros solamente sino por el propio. Si los miembros de las comunidades cristianas entendieran la vasta influencia para bien o para mal que depende de la elección, la decisión, o la acción de cualquiera, habría una obediencia más inteligente y plena a las admoniciones reiteradas del Nuevo Testamento: para que el fuerte sobrelleve las debilidades de los débiles, y para que todos miren no solamente por lo propio sino también por lo de los demás.

Si cualquier persona que lea estas palabras está consciente de estar desempeñado el papel de Acán, póngase alerta y, mientras tenga la oportunidad, confiese, restituya, y arrepiéntase. Haga esto no solo para escapar el juicio inevitable sino para no traer el desastre y la derrota sobre aquéllos alrededor, arrastrando al inocente al remolino de una suerte común. Las manos de Acán estaban manchadas de la sangre de los treinta y seis que perecieron en la huida a Sebarim.

c. ¡*Qué descuidados somos de las claras prohibiciones de Dios*! Nada se podía haber promulgado con más claridad que la orden de no tocar los despojos de Jericó. La ciudad y su contenido estaba destinada a la destrucción completa; solo un número específico de artículos se preservarían para el uso del tabernáculo. Pero para Acán la voluntad de Dios fue supeditada por la concupiscencia de los ojos y la vanagloria de la vida. La fuerte oleada de la pasión arrastró la barrera levantada por la palabra divina.

«Israel ha pecado, y aun han quebrantado mi pacto que yo les mandé; y también han tomado del anatema ... Por esto ... no podrán hacer frente a sus enemigos ... ni estaré más con vosotros, si no destruyereis el anatema de en medio de vosotros».

10
EL VALLE DE ACOR
Josué 7

¿Fue una tentación repentina la que arrastró a Acán cuando, con el resto del ejército, entró a Jericó? Por lo menos queda en claro que, al finalizar la tarde del día de la captura de Jericó, había hurtado uno de aquéllos mantos de exquisito tejido que le daban fama a la llanura de Sinar, junto con un lingote de oro y unas monedas de plata, y se los había llevado ocultamente.

Podemos imaginárnoslo trayéndolos a su tienda. Cavó un hueco en la arena y escondió el botín, que por orden especial de Josué había sido dedicado a Jehová.

Había procedido con tan absoluto secreto, y tenía tanta confianza en la connivencia de los que vivían en su tienda, que en medio de la búsqueda general del ladrón esperó la detención y calló hasta que el infalible dedo de Dios lo señaló, como si dijera: «¡Tú eres el hombre!»

1. Deberíamos lamentarnos más por el pecado que por sus resultados. «Entonces Josué rompió sus vestidos, y se postró en tierra sobre su rostro delante del arca de Jehová hasta caer la tarde» (v. 6). Se dolía por la desgracia infligida a su pueblo, y estaba estupefacto por los resultados que seguirían tan pronto como las noticias se difundieran. A juzgar simplemente por las razones humanas, la peor consecuencia podría esperarse cuando las naciones de Canaán descubrieran de repente que las huestes israelitas no eran invulnerables. Esto era lo que temía Josué, que los cananeos y demás habitantes de la tierra lo supieran, los encerraran, y borraran su nombre de sobre la tierra.

Nos asustan más las consecuencias del pecado que el pecado en sí; el «qué dirán» y lo que otros hagan, más que la mirada de dolor y tristeza del rostro que nos observa desde la multitud de espíritus glorificados que nos rodean.

No es así con Dios. Es nuestro pecado lo que lo oprime, como la carreta que gime por el peso de su carga. Pocos de nosotros nos damos cuenta de lo que es en realidad el pecado, pues no hemos conocido ningún carácter sin él, ni en nosotros ni en los demás.

Por supuesto, es posible aprender algo de la extrema pecaminosidad del pecado al contemplar la agonía, el dolor, y la vergüenza del Señor moribundo en la cruz; al recordar el precio infinito que el amor de Dios pagó para redimirnos del pecado. Sin embargo, la mejor manera de conocer bien el pecado en sí es cultivar la amistad del Dios santo. Mientras más lo conocemos, tanto más entramos en su idea del mal sutil de nuestro corazón. Encontraremos el pecado oculto donde menos lo esperamos. Sabremos que toda mirada, tono, gesto, palabra, pensamiento que no sea compatible con el amor perfecto indica que el virus del pecado todavía no ha sido expulsado de nuestra naturaleza; y no nos quejaremos tanto por los resultados del pecado como por el pecado en sí. Este es el dolor pío que no necesita de arrepentimiento.

2. Deberíamos someternos al juicio de Dios. «Y Jehová dijo a Josué: Levántate; ¿por qué te postras así sobre tu rostro?» Fue como si hubiera dicho: «Te entristeces por el efecto; laméntate más bien por la causa».

Siempre que nos sintamos en perpetuo fracaso podemos estar seguros de que hay un mal secreto escondido en el corazón y en la vida. Debe de haber alguna falla en el elemento aislador del alambre por el que nos llega la corriente de la fuerza y la gracia divinas; y es inútil orar que la comunicación sea renovada hasta que se repare el defecto. No es cuestión de la disposición o indisposición de Dios para hacerlo, sino de las leyes del mundo espiritual que no le permiten aliarse con el pecador que conscientemente tolera el pecado en su vida.

a. *Al buscar las causas del fracaso, debemos estar dispuestos a recibir las peores noticias.* Al desnudarnos espiritualmente delante del buen médico, recordemos que él desea indicar la fuente de nuestro dolor solo para extraerla. «Callad y sabed». Él tiene toda la responsabilidad de mostrarle su error si ha puesto todo en sus manos. Déjelo allí y espere. Si él tiene algo que decir, lo dirá clara, precisa, y ciertamente. Si no dice nada, es porque la hora de decirlo no ha llegado. Pero puede que sea mañana por la mañana cuando él le diga todo. Mientras tanto, espere y confíe.

b. *Cuando Dios juzga el pecado, se remonta a su genealogía.* Para tratarlo a fondo debemos ir a su origen. Generalmente juzgamos lo malo que flamea a la vista de los demás; deberíamos profundizar más hasta ver la chispa que arde por horas y el descuido que la dejó allí. Y al meditar en estos pequeños comienzos, nuestro Dios nos fortalecerá contra las grandes catástrofes.

Lo que llamamos pecado es la consecuencia del pecado permitido días, quizá semanas antes, que durante ese tiempo ha estado cobrando fuerzas dentro del corazón. Si queremos estar libres de grandes transgresiones, debemos preocuparnos por estar libres de faltas ocultas, tan sutiles y microscópicas que eludirían cualquier escrutinio menos el de la conciencia mantenida sensible por la gracia del Espíritu Santo.

c. *Es conveniente a veces pasar revista a las tendencias del corazón y la vida.* Debemos hacer que las «tribus» principales de nuestro ser pasen delante de Dios, las públicas y las privadas; nuestra conducta en los negocios, la familia, la iglesia ... hasta que una sea señalada. Entonces debemos examinar esa parte de nuestra vida, en sus varios aspectos y compromisos, y analizarla por días o deberes; separarla en sus elementos y escrutar cada uno de ellos.

Este deber del examen de conciencia deben realizarlo aquéllos que se sientan menos inclinados a hacerlo, pues es probable que lo necesiten más; en tanto que los que por naturaleza son introspectivos, probablemente se aplicarán a esa tarea sin que tengan necesidad de que se les recuerde que lo hagan, solo que se cuiden de su exceso y abuso. Cualquiera que practique el autoexamen debe apoyarse para ello en la dirección del Espíritu Santo, y debe mirar diez veces al bendito Señor por cada vez que ponga su vista en las corrupciones del corazón natural. Es «puestos los ojos en Jesús» como se consigue el secreto del crecimiento espiritual.

3. No deberíamos tener tregua con el pecado descubierto.
«Entonces, Josué, y todo Israel con él, tomaron a Acán, hijo de Zera, el dinero, el manto, el lingote de oro, sus hijos, sus hijas, sus bueyes, sus asnos, sus ovejas, su tienda y todo cuanto tenía, y lo llevaron todo al valle de Acor ...y todos los israelitas los apedrearon, y los quemaron después de apedrearlos». Entonces Jehová repitió las palabras que precedieron a la captura de Jericó: «Jehová dijo a Josué: No temas ... Mira, yo he entregado en tu mano al rey de Hai, a su pueblo, a su ciudad y a su tierra»(Josué 8:1).

Entonces Josué marchó hacia arriba del estrecho y largo paso, con treinta mil hombres, guerreros poderosos. En todos los pechos se respiraba una sensación de integridad que había echado a un lado todas las causas del fracaso y la derrota. Se hicieron los preparativos con gran destreza; la apariencia de huida de parte de Israel hizo que los de Hai los persiguieran; y la ciudad quedó a merced de los que estaban emboscados, quienes a la señal de la jabalina levantada de Josué entraron y le prendieron fuego. Y en aquél lugar donde Israel había tenido aquélla derrota tan desastrosa. el pueblo tomó un botín muy grande, especialmente de ganado, que bajaron en triunfo al campamento de Gilgal.

Entonces el valle de Acor se convirtió en «la Puerta de la Esperanza», una metáfora que es tan verdadera como tan hermosa.

Para nuestra vida interior en Cristo no hay valle de Acor donde se lleve a cabo fielmente la ejecución en el que no haya una puerta de esperanza, una puerta de entrada al jardín del Señor, un canto tan dulce, gozoso, y triunfante que parecería como si el vigor de la juventud estuviera entrelazado con la experiencia y dulzura de la vejez.

11
EBAL Y GERIZIM
Josué 8:30

Esta fue una de las escenas más impresionantes que ocurrieron durante la ocupación de Canaán. Jericó y Hai fueron convertidas en pilas de ruinas quemadas; sus reyes y su gente fueron completamente destruidos; sus aldeas vecinas y dependientes enmudecieron de terror. Y por toda la tierra se extendió el rumor del poder del Dios de Israel. Las naciones de Canaán parecían estar tan aterrorizadas que no ofrecieron resistencia alguna cuando todo Israel fue en una peregrinación de unos cincuenta kilómetros para realizar un deber religioso.

La Palabra dice: «Y el día que pases el Jordán a la tierra que Jehová tu Dios te da, levantarás piedras grandes, y las revocarás con cal; y escribirás en ellas todas las palabras de esta ley» (Deuteronomio 27:2, 3). Josué, sin pérdida de tiempo, se dispuso a obedecer estas órdenes detalladas y urgentes; y a los dos o tres días después de la caída de Hai —tal vez a las tres semanas después del paso del Jordán— se congregó el pueblo en el valle de Siquem, vigilado por el norte por las laderas estériles del Ebal, y por el sur por su gemelo gigante el Gerizim.

El valle que está entre estos dos montes es uno de los más hermosos de Palestina; el pozo de Jacob está a su entrada, y toda su fértil extensión está cubierta con la belleza esmeraldina de jardines, arboledas, y olivares, dispuestos en belleza ondulante hasta los muros de Siquem; en tanto que el murmullo de los arroyos que fluyen de todas direcciones llena el aire. Allí llevó Josué al pueblo para que, por un acto solemne, pudieran tomar posesión de la tierra para Dios.

1. El altar sobre el monte Ebal. Ebal tenía aspecto severo y estéril. Había, por tanto, una congruencia entre su apariencia y la parte que desempeñaba en el programa solemne de ese día. Por sus laderas hacia la cima ascendía en apretada masa las seis tribus. Con estentóreos amenes, repetidos doce veces, respondían a las voces de la banda de levitas de vestiduras blancas, quienes, de pie con Josué y los ancianos, oficiales, y jueces en el fértil valle, repetían solemnemente las maldiciones de la ley.

Pero eso no fue lo primero que se hizo en la sagrada ceremonia. Antes de que la gente ocupara sus puestos en las laderas de la montaña, se levantó un altar en la parte baja del Ebal. Las instrucciones especiales para su construcción habían sido dadas en Deuteronomio 27. Se debía construir con piedras sin pulir, sobre las cuales no se había levantado ninguna herramienta de hierro. Esto era probablemente para prevenirlos contra el intento de hacer una imagen de Dios, y para mostrar el rechazo de los ornamentos floridos y lascivos que tanto les gustaban a los gentiles circundantes.

Allí ofrecieron ofrendas quemadas y sacrificaron holocaustos de paz. La ofrenda quemada era la que se conocía como ofrenda de olor fragante. Se quemaba toda la víctima: «Ofrenda encendida de olor grato para Jehová» (Levítico 1:9). Con esto el Espíritu Santo significó nuestro deber de presentarnos sin reserva a Dios.

La ofrenda de paz también pertenecía a las ofrendas de sabor grato, pero no se consumía completamente; una parte era comida por los ofrendantes para dar testimonio de que en ella tenían compañerismo y comunión con Dios. A la vista de Israel, pues, Josué y otros representantes escogidos participaron de los sacrificios y obedecieron el mandamiento divino: «Comeréis allí, y os regocijaréis delante de Jehová tu Dios».

Al pasar a la Tierra Prometida debemos tener en cuenta no dejar atrás la amable y devota consideración de esa preciosa sangre mediante la cual hemos sido redimidos y que es nuestra vida.

Como él murió, nunca tendremos que estar sobre el monte de la maldición. Como él no estimó su vida como cosa a que aferrarse, esas colinas terribles y prohibidas se han convertido en la escena de la bendita comunión con Dios. Nos sentamos a festejarnos con él, y desde un pico hasta el otro, el gozo persigue los terrores de la maldición. Como el derramó su sangre, habrá «rocío, y lluvia, y campos de ofrendas», aun sobre el monte Ebal; hasta que sus laderas aterrazadas semejen a las del monte opuesto, el de la bendición.

2. La ley en Canaán. Alrededor del altar los hombres fuertes levantaron grandes piedras, y las repellaron con una mano de cemento, compuesto de cal o yeso, sobre el cual era fácil escribir claramente todas las palabras de la ley (Deuteronomio 27:8). En aquélla atmósfera seca donde no hay escarcha que raje ni desintegre, tales inscripciones permanecerían durante siglos. Como el tiempo no permitía la inscripción de toda la ley, es posible que solo los puntos sobresalientes fueron encomendados a la custodia de las piedras, para perpetuar para las generaciones venideras las bendiciones para la ocupación de Palestina por Israel.

Cuando pasamos de lo literal a lo metafórico, y buscamos el significado típico subyacente de esta inscripción de la ley en posición tan prominente en la Tierra Prometida, al principio nos asustamos. ¿Qué puede significar? Los que estamos sentados con Cristo en los lugares celestiales, ¿estamos todavía sujetos a la ley, «bajo la ley», como dice el apóstol? ¿Hay después de todo, una conexión entre la ley y la gracia?

solo hay una respuesta para estas preguntas. No confiamos en nuestra obediencia para merecer el favor de Dios, ni para ganar ninguna de las bendiciones del evangelio. Pero también es verdad que la fe no invalida la ley de Dios.

Cuando estamos completamente rendidos al Espíritu de vida que está en Jesucristo que se mueve libremente a través de nosotros como la sangre por las arterias y venas, él nos vuelve sensibles aun a los mandamientos y deseos más pequeños que él nos ha enseñado a amar; y al hacerlo, nos encontramos guardando la ley de un modo que nos era extraño cuando era solamente una observancia externa, y clamamos con el salmista: «¡Oh, cuánto amo yo tu ley! Todo el día es ella mi meditación» (Salmo 119:97).

3. La convocación. Cuando estos ritos se completaron tuvo lugar la escena tercera y final de esta extraordinaria transacción. El arca reposaba en el centro del valle con su grupo de sacerdotes y levitas asistentes. Cerca de allí estaban Josué, los jefes de las tribus, los ancianos, los funcionarios, y los jueces. Luego, más arriba en las pendientes de Ebal, sentados en las terrazas de las laderas, estaban Rubén, Gad, Aser, Zabulón, Dan, y Neftalí; en las laderas del Gerizim estaban las tribus más grandes e importantes de Simeón, Leví, Judá, Isacar, José, y Benjamín. Era como si la voz de la bendición tuviera que resonar más alto que la de la maldición: una predicción de su dominio y triunfo finales.

Entonces Josué leyó en voz alta «todas las palabras de la ley, las bendiciones y las maldiciones, conforme a todo lo que está escrito en el libro de la ley» (8:34). Mientras él leía con solemnidad, las bendiciones o las maldiciones, cada parte recibía la respuesta de los amenes que tronaban en los millares de gargantas, y se repetían en ecos reverberantes por las colinas. ¡Rara vez la tierra ha oído tales gritos!

Vale la pena meditar en las bendiciones adjudicadas a la obediencia en ese famoso capítulo veintiocho de Deuteronomio para descubrir sus resonancias espirituales y entonces reclamarlas.

No podemos concluir nuestra meditación mejor que pidiendo al Espíritu Santo que more en nosotros y nos guíe para que escojamos lo que él ordena y para que no nos desviemos ni a diestra ni a siniestra de la senda estrecha de la obediencia; que mantengamos sus mandamientos y sus peticiones en perfecta conformidad con su voluntad. Así Ebal deja de fruncir el ceño, y Gerizim hace llover sus bendiciones sobre nosotros.

12
LAS ARTIMAÑAS DEL DIABLO
Josué 9

Todo el país se había levantado en armas. Así como los fariseos y saduceos, enemigos por herencia, se confabularon para destruir a Cristo, también todos los reyes de Canaán —heteos, amorreos, ferezeos, o heveos— se coligaron para pelear contra Israel y Josué.

Las noticias de esta formidable coalición llegaron al campo de Gilgal, adonde había regresado el guía con el pueblo, de su peregrinación a Siquem. Josué posiblemente oyó las noticias sin mayor sobresalto, pero para los príncipes las noticias resultaron buenas al saber que había posibilidad de aliarse con los que estaban listos a estar con ellos en aquélla hora de dificultad solemne. Esta alianza, sin embargo, les iba a causar tal vez más ansiedad que el pecado de Acán.

Cada vez que nos amenace una nueva dificultad podemos esperar el encuentro de una tentación tal cual la que le presentaron a Israel los gabaonitas.

1. Trabajaron voluntariamente. Un día un grupo de extraños se anunció y parecía que habían venido de un país lejano. En todas las piezas de sus vestidos, como en las enjalmas de sus burros, se veían las señales de un largo viaje. Los zapatos estaban gastados, los trajes desteñidos, los costales con huecos, los odres de vino con parches, y cuando mostraron lo que les quedaba de pan. El moho mostraba que hacia muchos días que lo habían sacado del horno. Nadie sospechó que bajo ese inteligente disfraz se ocultaba una banda de heveos. Pero así fue. Por primera vez, dentro de los recintos del campamento que era sagrado para el Señor, entraba una compañía de los habitantes de Canaán, cuya destrucción se le había comisionado expresamente a Israel.

Si no hubiera sido por el disfraz, no se les habría permitido entrar dentro del círculo de las tiendas. Pero su explicación era tan lógica, sus referencias a Jehová tan reverentes, su apariencia tan de acuerdo con su palabra, que engañaron completamente a Josué, a los príncipes, y al pueblo.

Así es como somos tentados todavía; más por la astucia de Satanás que por sus asaltos al descubierto; más por el engaño del pecado que por su guerra declarada. Todos debemos cuidarnos de aquéllos que se abren camino hacia nuestro afecto, nuestros consejos, nuestros hogares o negocios; que hablan persuasiva y falsamente del buen nombre de Dios. Hay muchos gabaonitas engañosos alrededor nuestro. «Amados, no creáis a todo espíritu, sino probad los espíritus si son de Dios; porque muchos falsos profetas han salido por el mundo» (1 Juan. 4:1).

2. No buscaron el consejo de Jehová. Parece que los que dirigían a Israel sospecharon un poco de los visitantes, al principio. «Y los de Israel respondieron a los heveos: Quizás habitáis en medio de nosotros. ¿Cómo, pues, podremos hacer alianza con vosotros?» (9:7). Pero sus sospechas se desvanecieron al escuchar su historia y ver las evidencias aparentes de su largo viaje. Fue una buena oportunidad para poner a prueba su sagacidad. Todavía no se les había permitido demostrar su valor y su poder pero por lo menos podían ahora dar prueba de su inteligencia. Este era un asunto demasiado obvio para referirlo al sacerdote Fineas con su Urim y Tumim. Y entonces tomaron de sus provisiones, mohosas como estaban, en prueba de su buena voluntad de considerarlos como aliados y amigos; más aún, los príncipes de la congregación también les pronunciaron juramento. Pero no «consultaron a Jehová».

¡Qué sonido más ominoso hay en esas palabras! Anuncian desastre, y les cayó. Si tan solo hubieran consultado al Señor, la lucecita de la piedra sagrada hubiera descubierto el secreto fatal e impedido la formación de aquélla alianza.

Apliquemos esta moraleja a nuestros corazones. Nunca confíes en tu propio juicio. Cuando el sentido común está demasiado seguro de la rectitud de cierto método de acción, será mejor asegurarse más y elevar el alma a Dios, para que nos conteste en desaprobación con el no, o nos ilumine con un sí. Si después de esto, todavía hay dudas, sabremos que el tiempo no ha llegado todavía para entender toda la voluntad de Dios. Bajo tales circunstancias, hay que esperar. Y cuando llegue la hora de actuar, él le habrá dado señales tan claras de su voluntad que no habrá lugar a equivocaciones. «ninguno que espere en El será avergonzado».

Antes de entrar en cualquier tipo de alianza —al escoger el cónyuge, al entrar en negocios con otros, al dar aprobación a alguna proposición que supone una confederación con otros— asegúrate de buscar el consejo de Jehová.

3. Leñadores y aguadores. Hay ciertos juramentos que son solo promesas vanas, como fue el caso de Herodes. Y si se hubiera previsto el peligro de que estos heveos corromperían a Israel, hubiera sido mejor para el pueblo, no obstante el juramento de los príncipes, haberlos destruido como al resto de los cananeos. Pero se trató de evitar la realización de ese peligro al reducirlos a la servidumbre: «Josué los destinó aquél día a ser leñadores y aguadores para la congregación, y para el altar de Jehová» (9:27).

Este es un ejemplo hermoso y consolador del modo como Dios repara nuestros errores, y saca bendición de nuestros pecados. Sin pensarlo, tal vez, uno de los lectores se ha aliado con un gabaonita:

por matrimonio, en los negocios, o alguna otra cosa. ¿Debe entonces abandonar su elevado privilegio y olvidar su ministerio al mundo? Por supuesto que no. Vuélvase a Dios en arrepentimiento y confesión, y él le enseñará a cambiar estos obstáculos en medios útiles; de modo que pueda cortar la leña para la ofrenda quemada, sacar el igual para las libaciones, y promover la prosperidad y el bienestar del alma.

«Si algún hermano tiene mujer que no sea creyente, y ella consiente en vivir con él, no la abandone. Y si una mujer tiene marido que no sea creyente, y él consiente en vivir con ella, no lo abandone. Porque el marido incrédulo es santificado en la mujer, y ,a mujer incrédula en el marido ... Porque ¿qué sabes tú, oh mujer, si quizás harás salvo a tu marido? ¿O qué sabes tú, oh marido, si quizás harás salva a tu mujer?» (1 Corintios 7:12-14, 16).

Es verdad que la consecuencia natural de nuestros pecados puede seguir su curso. Las manos del borracho regenerado todavía tiemblan. El recibimiento del hijo pródigo tal vez nunca pueda quitar los efectos de la fiebre contraída en los corrales de los puercos. El gabaonita estará amarrado a ti siempre, por lo menos en este mundo. Pero estas cosas no gobernarán, sino que servirán; no impedirán, sino que promoverán. Rajarán la leña y sacarán el agua para el Santuario interior del carácter, y para la promoción de las normas más elevadas de la realización cristiana.

13
UN DÍA MEMORABLE
Josué 10:14

«No hubo día como aquél». Quedó como único en la historia de la conquista y de Josué. Observemos lo siguiente:

1. La confederación que se formó contra Israel. Antes Israel había luchado contra ciudades separadas, Hai y Jericó; pero ahora cinco reyes de los amorreos se aliaron contra el pueblo de Dios: los reyes de Jerusalén, Hebrón, Jarmut, Laquis y Eglón.

La ciudad traidora de Gabaón fue el objeto del ataque de las fuerzas combinadas. Esto se debió en parte a que su deserción había hecho enojar mucho a sus antiguos aliados, y en parte también a que por su ocupación podrían interponer una barrera más a la invasión de los israelitas. La ciudad real de Gabaón estaba solamente a unos diez kilómetros al norte de Jerusalén.

De repente los hombres de Gabaón se vieron rodeados por una

vasta hueste de furiosos guerreros, quienes, aunque no se atrevían a medirse con Josué, estaban muy deseosos de vengarse de los que se habían atrevido a aliarse con él. Confiados en la fidelidad de Josué al pacto hecho recientemente, los gabaonitas se apresuraron a enviarle un mensaje con una petición de ayuda inmediata.

2. La fe heroica de Josué. Había habido grandes días en su vida antes, pero nunca uno como este.

a. *Fue un día de vigor.* Tan pronto como recibió el mensaje, Josué vio la importancia de justificar de una vez la confianza que habían depositado en él. Antes de ocultarse el sol, ya habían circulado por el campamento las órdenes de que todos los guerreros estuvieran listos para una marcha de medianoche; y al amanecer escaló el paso de Gilgal a Gabaón —veinticuatro difíciles kilómetros— y cayó de repente sobre el ejército adormecido, antes de que tuvieran tiempo de prepararse para la batalla. aquellos a quienes se les confían grandes empresas no deben conocer la inercia ni la indolencia.

b. *aquel fue un día de comunión.* La batalla debe de haber sido muy recia toda la mañana. Era el amanecer cuando el combate comenzó, y los reyes empezaron a retirarse al caer de la tarde; y los cananeos, incapaces ya de soportar los ataques sucesivos de Israel, que cargaba con el grito de batalla: «Jehová, poderoso en combate», huyeron como un rebaño de ovejas asustadas. Corrieron unos dieciséis kilómetros, escalando una loma empinada hacia la cordillera alta de Bet-horón Superior. Desde ese punto la carretera desciende doscientos diez metros en tres kilómetros, y es rústica y quebrada. La roca ha sido cortada en forma de escalones. Por esta escabrosa pendiente huyeron los fugitivos para ver si podían llegar a sus fortalezas y ciudadelas, que quedaban en el valle de abajo, deseando que llegara la noche para descansar de la angustia de la persecución. Fue entonces cuando comenzó la tormenta, de la que hablaremos enseguida, y cayó granizo sobre ellos con furia irresistible, como si toda la artillería del cielo hubiera abierto fuego de repente. El sol ya se ocultaba sobre las colinas de Gabaón. solo faltaban una o dos horas y su repentina desaparición traería consigo el rápido crepúsculo oriental, mientras la cara pálida de la luna aparecería sobre las aguas púrpuras del mar grande en espera para guiar a la noche en su curso estelar.

Fue bajo estas circunstancias que Josué se atrevió a pedir un don de Dios sin precedentes: que se pudiera prolongar el día.

Hay días magníficos en la vida humana cuando los pensamientos y propósitos, luego de haber estado fortaleciéndose en silencio, de pronto se dan rienda suelta y se transforman en actos, palabras, y oraciones extraordinarios. En tales ocasiones entendemos lo que Jesús quiso decir cuando dijo: «Cualquiera que dijere a este monte: Quítate y échate en el mar, y no dudare en su corazón, sino creyere que será hecho lo que dice, lo que diga le será hecho» (Marcos 11:23).

c. *aquel fue un día de expectación triunfante.* Derrotados, vencidos, fatigados estaban los reyes cuando se refugiaron en la cueva de Maceda; pero Josué no se detuvo para despacharlos; estaba muy ansioso por terminar lo que ya había comenzado, y por impedir que los cananeos volvieran a sus ciudades. Así que dio órdenes de mantenerlos presos en la cueva hasta su regreso. Después, victorioso, y —como dice Josefo— sin perder casi ni una sola vida, regresó. Sacaron a los reyes de su escondite y, mientras ellos se arrastraban humillados a los pies de sus conquistadores, Josué llamó a los hombres de Israel y les dijo a los jefes de los guerreros: «Acercaos, y poned vuestros pies sobre los cuellos de estos reyes» (Josué 10:24).

3. La interposición extraordinaria del Señor. La tormenta que se desató aquélla tarde sobre el escarpado descenso de Bet-horón no era nada común. El granizo oriental es de gran tamaño; se dice que algunas veces caen pedazos de hielo de más de una libra de peso; estos podrían matar con su impacto a cualquier persona. Lo más extraordinario es que la tormenta ocurrió en un momento en que podía saciar su furia en los amorreos sin herir a Israel. «Y mientras iban huyendo de los israelitas, a la bajada de Bet-horón, Jehová arrojó desde el cielo grandes piedras sobre ellos hasta Azeca, y murieron; y fueron más los que murieron por las piedras del granizo, que los que los hijos de Israel mataron a espada» (10:11).

El milagro más estupendo del día consistió en la continuación de la luz del día. La potencia divina no tiene límites. No debemos dudar al aceptar cualquier maravilla bien acreditada, pero tampoco debemos dejar de creer que Dios puede detener el reloj del universo, si fuera necesario hacerlo.

No hace falta creer que se detuvo el tiempo. Por algún proceso cuyas leyes ignoramos todavía, pero de las cuales tenemos una ligera idea —por refracción, en el fulgor que sigue al ocaso, con el fantástico espectáculo que bien conocen los viajeros que se aprecia en las grandes alturas y entre las montañas más elevadas—, Dios pudo prolongar la luz del día hasta cuando Israel hubo terminado de destruir a sus enemigos, de modo que solo una pequeña minoría entró a las ciudades fortificadas. El «cómo» no es importante para la discusión que nos ocupa ahora. Nos basta con creer en el hecho mismo. De algún modo, la duración de la luz de ese día fue prolongada hasta que el pueblo se hubo vengado de sus enemigos.

Nuestro propósito de ahora no nos exige que sigamos los pasos de los conquistadores de ciudad en ciudad. Todas fueron tratadas con la misma severidad inmisericorde. Los reyes fueron muertos, sus cuerpos colgados en maderos hasta la noche; y todos los habitantes fueron matados, de modo que no quedó nadie con vida, una destrucción completa de todos y cada uno de los habitantes a filo de espada.

Debemos recordar que los israelitas eran los verdugos de la justicia divina, comisionados para llevar a cabo la sentencia que requerían las abominables impurezas de Canaán. Hay un tribunal de justicia para las naciones, así como lo hay para los individuos. Y el juez Todopoderoso se asegura de que se cumplan sus sentencias.

4. La lección para nuestra propia vida. Hay en nuestras vidas días tan extraordinarios por la combinación de circunstancias difíciles, oposición humana, y conflictos espirituales, que se destacan del resto con singular terror. Pero si vivimos en comunión con Dios tratando de hacer su voluntad, estos días no vienen sin que también venga el aliento de Dios: «No tengas temor de ellos; porque yo los he entregado en tu mano» (10:8). Nuestra única preocupación deberá ser que nada nos aparte de su camino ni intercepte la comunicación de su gracia. Como avisado general, debemos mantener despejada nuestra ruta de regreso a la base de operaciones, que es Dios. Si observamos esto, no tenemos por qué preocuparnos por nada más.

Además, tales días bien pueden estar llenos de la presencia consciente de Dios. A través de todo el conflicto, el corazón de Josué estuvo en comunión perfecta con el poderoso capitán del ejército del Señor, que cabalgó junto a él todo el día. De modo que en todas nuestras luchas, nuestras mentes y corazones deben estar allá arriba, y morar allí donde está sentado Cristo, recibiendo de él gracia sobre gracia, a medida que la necesitemos. Pongamos todas las cosas en las manos de Dios, pidiéndole que vaya delante de nosotros, que pelee por nosotros, y que nos libre como lo hizo por su pueblo en aquél gran día. En tales días podemos tener luz para la cual no se pueda hallar una hipótesis natural. No más busquemos la gracia del Espíritu Santo, para que sigamos con tal actitud de alma que no perdamos nada de la oportuna y gratuita ayuda de Dios.

14
EL RECLAMO DE LA VICTORIA
Josué 11

Las aguas de Merom, de cuya historia vamos a tratar ahora, deben de haberse puesto rojas con la sangre vertida ese día de lucha. Los viajeros describen este lugar como uno de los paisajes más bellos de Palestina.

A este grato y adecuado lugar, Jabín, rey de Hazor, provocado al fin al temor y la acción por las noticias de lo ocurrido en Gabaón, citó a todas las tribus del norte de Canaán. Los mensajeros se apresuraron por las colinas de Galilea hacia el norte lejano bajo las sombras del Líbano, bajando por el valle de Esdraelón hasta el Carmelo y por las costas del mar Grande. Los jebuseos oyeron el llamado en las montañas, y también los heveos del Hermon de la tierra de Mizpa; y aun algunos que quedaban de la destruida confederación del sur parecen haber dado su escasa contribución a las filas congregadas de aquél gran ejército.

No había tiempo que perder en el campamento de Gilgal, adonde Josué había llevado sus guerreros a restaurarse después de las batallas. Tan pronto como recibió las noticias salió con su ejército en marcha de cinco días que los llevó de Gilgal a Merom, a la batalla más grande de su vida. Josefo afirma que todas las fuerzas llegaban a 300.000 guerreros, 100.000 caballos, y 20.000 carros. También dice que los israelitas estaban aterrados de tener que habérselas con los carros de hierro que penetraban raudos dentro de las filas del enemigo, a la vez descargaban sus proyectiles con un efecto devastador. Tal vez la información acerca del inmenso ejército que lo esperaba dentro del círculo de las colinas le llegó a Josué cuando estaba a un día de marcha de su campamento, pero la firmeza de su carácter no conocía límites, porque al mismo tiempo que las noticias le vino la promesa: «No tengas temor de ellos, porque Mañana a esta hora yo entregaré a todos ellos muertos delante de Israel» (11:6).

Josué volvió a usar la táctica con la que tanto éxito había tenido antes. Cayó sobre ellos de repente, tal vez al comienzo del amanecer.

Al ataque de los israelitas, aquélla gran multitud quedó sobrecogida de pánico y las fuerzas del enemigo fueron derrotadas. Durante los años siguientes esta última y final victoria, Josué llevó a cabo una campaña contra las ciudades que quedaban en pie, cada una sobre su cima o colina según las costumbres de aquél tiempo, de donde habían salido Jabín y sus aliados a pelear. Hazor fue quemada, posiblemente para intimidar al resto de ellas, pues era la más prominente en la alianza contra Israel. Ahora parecía suficiente destruir a los habitantes que podían portar armas, inutilizar los caballos, y quemar los carros.

Los guerreros anaceos, de extraordinaria estatura, que habían sido el terror de Israel, fueron destruidos juntamente con sus ciudades, y toda su tierra pasó a manos de Israel.

1. Fue una victoria decisiva. Antes, con frecuencia, los cananeos se habían reunido para oponerse a la invasión israelita, pero nunca después de esta batalla jamás se atrevieron a combatirlos.

2. Era necesario seguir esta victoria y aplicar sus consecuencias.
Aunque las victorias de Israel fueron decisivas, en cierto sentido eran todavía incompletas. Es verdad que Josué destruyó las ciudades y a sus habitantes; pero parece que muchos de ellos se habían retirado antes del ataque en busca de seguridad en las fortalezas rocosas o en cuevas de la vecindad de sus hogares, de modo que tan pronto como pasó la oleada de la conquista por su tierra y cesó, salieron de sus escondites y volvieron a ocupar las casas y tierras de las que temporalmente habían sido expulsados.

La exterminación total de la población habría resultado muy inconveniente, pues la tierra habría quedado sin cultivo; las terrazas, tan necesarias en aquéllas colinas, se habrían desmoronado, y los acueductos habrían quedado irreparables. Encima, las bestias salvajes se multiplicarían en forma alarmante y peligrosa. Sería más sabio, pues, desplazar gradualmente a los cananeos. Las victorias de Josué fueron decisivas pero no finales. Las debían continuar las varias tribus. No había más duda en cuento a la continuación de las victorias de la que había habido para ganarlas, pues ambas empresas estaban garantizadas por las promesas divinas.

Encontramos una muy importante lección espiritual en las peculiaridades de esta ocurrencia progresiva de las victorias de Josué. «Tomó, pues, Josué toda la tierra, conforme a todo lo que Jehová había dicho a Moisés; y la entregó Josué a los israelitas por herencia conforme a su distribución según sus tribus» (11:23). Pero Israel tendría todavía que pelear por cada metro de terreno para expulsar a los enemigos que había conquistado. Así también, como ya hemos visto, nuestro bendito Señor ha obtenido una victoria decisiva sobre todos nuestros enemigos; pero tenemos que continuar reclamándola hasta que, como nos sucede a todos nosotros, sea destruido nuestro último enemigo, que es la muerte.

El mundo está vencido, pero nosotros tenemos que conquistarlo por la fe. La carne ha sido clavada en la cruz, y el viejo hombre ha sido destruido, pero para poder vivir tenemos que mortificar por el Espíritu las obras de la carne, para que podamos vivir. El diablo ha sido completamente vencido, pero tenemos que abrigarnos en el Unigénito, confiando en que él nos protegerá para que no nos toque el maligno. Somos más que vencedores por medio de aquel que nos amó; pero no habrá nunca un día en nuestra vida en que no necesitemos vencer mediante la palabra de nuestro testimonio y la sangre del Cordero.

¡No temas, ni desmayes! El Señor está contigo. Somos guerreros poderosos porque somos uno con aquel que es más poderoso que todos. Reclamemos la victoria. Cuando te veas rodeado por tus enemigos, clama victoria. Cuando el corazón y la carne desfallezcan, mira al Señor y pídele la victoria. Asegúrate de que es tuya, y recoge el botín. Ni los hijos de Anac ni las ciudades amuralladas podrán acobardarte ni sorprenderte. Perteneces a la legión de conquistadores. ¡Reclama lo que te pertenece de la victoria del Salvador!

15
EL REPOSO EN LOS LUGARES CELESTIALES
Josué 11:23

El libro de Josué se divide en dos partes; la primera trata de la conquista, la segunda de la distribución de la Tierra Prometida. El punto divergente de las dos se encuentra al final del capítulo once. Allí termina la historia de la conquista y comienza la de la distribución. Y allí precisamente tenemos el solemne resumen: «Y la tierra descansó de la guerra», nota de bendita paz y tranquilidad que se repite en el capítulo catorce. Pero eso no es todo, pues en el capítulo veintiuno se nos dice de nuevo que «Jehová les dio reposo alrededor, conforme a todo lo que había jurado a sus padres» (21:44).

Lo cierto es que todo esto está muy de acuerdo con la analogía espiritual que hemos seguido a través de este libro. aquel que incorporó anticipaciones del Calvario en los sacrificios y ofrendas de Levítico, también representó la tumba vacía y el monte de la Ascensión en la conquista y distribución de Canaán por Josué. En el caso del glorioso antitipo hubo también una pausa de bendito reposo. Entre la consolidación de su victoria y el derramamiento del Espíritu Santo, se nos dice que se sentó a la diestra de Dios.

La imagen de Nuestro Señor Jesucristo sentado a la diestra de Dios Padre es una metáfora gráfica y hermosa, llena de buenas ideas para la meditación. Es obvio que afirma el glorioso honor de su majestad, pues es uno con el Padre en su naturaleza divina. Con igual claridad, indica la unidad del Señor Jesús en la divina unidad del ser, aunque ahora lleve también consigo nuestra naturaleza humana. Así mismo nos enseña que él reposa. El estar sentado sugiere una posición de reposo. Y, con reverencia, podemos indagar acerca de la naturaleza del reposo divino, para que nosotros también disfrutemos del Sabbat que él mantiene a través de las edades.

1. El reposo de nuestro Salvador. El descanso del Señor Jesús, simbolizado por su posición a la diestra del Padre, no fue provocado por la debilidad o la inactividad. ¿Qué fue? Seguramente significaba que había terminado lo que se había propuesto hacer. En la cruz dijo: «Consumado es»; desde el trono podría decir: «Ya he terminado». Como se dijo de Josué, así se podría decir del Josué mayor: «No dejó nada sin hacer». Y por eso, así como el Padre entró en su reposo cuando había terminado la creación —un descanso, no por fatiga o inactividad, sino por la terminación de su obra—, así también el Hijo entró en su reposo cuando terminó de sentar las bases tanto de su obra redentora como de los triunfos futuros de su iglesia. Ni fatigado ni inactivo, sino satisfecho. Había hecho todo lo que había proyectado que haría, todo lo que se podía hacer, y se sentó ... por haber terminado su obra.

Cuando el creyente entiende el significado del reposo del Señor Jesús a la diestra del Padre, no solo recibe la seguridad de la majestad divina de Jesús y de la aceptación del Padre de su obra mediadora sino que además se da cuenta de que no se puede añadir nada a la obra que él completó. Como Jesús está sentado en los lugares celestiales, su sacrificio es suficiente y completo; su sangre preciosa puede limpiar pecados tan rojos como la grana y beneficiar a una humanidad de pecadores; como su obediencia hasta la muerte ha satisfecho las exigencias de la ley, ya no hay condenación para los que están en Cristo Jesús y sentados «en los lugares celestiales» con él (Efesios 2:6).

También hay una importancia experimental en la reiteración en las Escrituras de que nuestro Señor está sentado a la diestra del Padre. No debemos nunca dejar de tener presente que la obra de Jesús, como él tomó nuestra naturaleza, es la del hombre representativo. Como tal él murió, resucitó y reina. Y como somos uno con él por una fe viva, en la misma proporción podemos también decir que moriremos, resucitaremos, y reinaremos con El.

2. ¿De qué manera podemos compartir el reposo de Cristo? Esta es una pregunta muy necesaria. Algunos de nosotros hemos sido hombres de guerra desde nuestra juventud; debemos cuidarnos no sea que, como a David, no se nos permita edificar el templo de Dios. Solamente los «Salomones», cuyos nombres hablan de la paz, son competentes para eso. Nuestra mejor obra para Dios no se puede hacer a menos que aprendamos en silencio.

El corazón reposado vive con Cristo por encima de la tormenta y la lucha, con Cristo; sensible al dolor humano y al propio, más capaz de discernir los propósitos de la sabiduría divina; de esperar la realización del plan divino; y de confiar en el amor del corazón divino. En silencio espera la Palabra del Señor. No se conmueve con los cambios emotivos. Tal es su aquiescencia de la voluntad divina que se contenta con lo que venga.

No hay en esta clase de vida un quietismo antinatural, sino más bien la actividad y deseo más intensos. Pero en medio del movimiento más rápido y vehemente hay una forma de reposo, dulce y profundo.

a. *El reposo de la reconciliación.* El alma ya no se esfuerza por llegar a la cruz para obtener la justificación. Está segura de que todo lo que se tenía que hacer para ganarla fue hecho cuando Jesús dijo: «Consumado es».

b. *El reposo de la victoria segura.* Antes de entender el significado de la ascensión de nuestro Señor, nos oponemos a Satanás con la armadura de nuestra propia resolución y esfuerzos para enmendarnos. Pero cuando nos damos cuenta de todo lo que Jesús ha hecho, vemos que Satanás es un enemigo conquistado; que sus armas no pueden alcanzar una vida escondida con Cristo en Dios; y que en tanto que mantengamos nuestra posición en nuestro Señor resucitado, no tenemos que temer sus ataques ni sentirnos perturbados en la lucha.

c. *El reposo de la voluntad rendida.* Cuando nuestras voluntades pasan del eje egocéntrico al eje de Dios, nuestras vidas se hacen concéntricas con la vida de Dios. Entonces tratamos las pruebas y tristezas como mensajeros de nuestro Padre, pero no nos dejamos asustar por ellas. Así, aun nuestras debilidades indican la dirección por donde debemos canalizar nuestras energías. Por eso todo nos sale bien siempre, pues los propósitos divinos y los nuestros son los mismos. La oración será entonces el descubrimiento de los planes de Dios y un aferrarse a su voluntad.

d. *El reposo de la comunión ininterrumpida.* Así como Jesús es uno con el Padre, también nosotros llegamos a ser uno con él, y a través de él uno con la bendita Trinidad. No hay quien pueda describir la perfecta comunicación que existe entre el Padre, el Hijo y el Espíritu Santo.

e. *El reposo del amor perfecto.* Nuestros afectos nos han perturbado dolorosamente al apartarse hacia cosas prohibidas. Pero cuando entramos a la vida del Jesús ascendido —que es la vida de Pentecostés— vemos que nuestros corazones se inundan del amor de Dios. El corazón aprende que Dios satisface sus deseos con sobreabundancia. Ama y calla.

f. *El reposo del corazón santo.* No está ocupado por la lascivia congénita, ni va de aquí para allá dominado por las pasiones, ni dirigido por caprichos momentáneos. La carne está crucificada, el egoísmo está reprimido, el imperio del Salvador Santo es supremo y todos los elementos discordantes están en silencio.

Bien puede ser que algunos lectores estén pasando por grandes sufrimientos. Es casi inútil pedirles que se calmen y reposen. Deben conocer la fuente del reposo. Con reverencia y fe deben también reclamar ese reposo como parte de su herencia, de la cual son coherederos con Cristo.

3. De cómo se debe disfrutar de este reposo. Estas benditas experiencias son posibles solamente a través del poder del Espíritu Santo. La ascensión de Jesús está inevitable y místicamente conectada con el descenso del Espíritu Santo. Magnificar los derechos en el Salvador glorificado, pero dejar de realizar la voluntad del Espíritu Santo para apropiarse esos mismos derechos en el gozo diario y real, es exigir a las almas que asciendan a cumbres inaccesibles, y hacerles perder la esperanza. Enseñe a las almas el significado del reposo de Cristo, y que tienen derecho a todo lo que es el reposo en Dios; pero dígales también que el poder para reclamar ese derecho se consigue a través de la gracia del Espíritu Santo, el cual ha dado Dios a los que le obedecen.

16
TIERRA AÚN SIN CONQUISTAR
Josué 13:1

Josué tendría unos noventa años de edad cuando se completó la conquista de Canaán. Pero todavía faltaba la realización de una parte muy importante de su obra. No le hubiera bastado confirmar la supremacía de Israel sobre los cananeos sin tomar medidas para la continuación de sus victorias con el establecimiento del pueblo en la tierra conquistada. El guerrero debe cederle el paso al administrador y al estadista.

El primer paso hacia la ocupación de Canaán lo vemos en el mandamiento del Señor a su siervo Josué, quien había cumplido su Palabra con tanta fidelidad. Aunque era viejo y muy cargado de años, todavía era el confidente de Jehová, el depositario de sus secretos y el ejecutor de sus planes. El haber sido comisionado para coronar y cerrar con broche de oro la carrera de su vida, aun después de sobrepasar el límite normal de la vida humana en veinte años, fue para Josué un tributo muy elevado.

Primero se hizo un estudio de la tierra aun sin conquistar; luego su distribución entre las varias tribus según su tamaño; y por último la apropiación y adquisición definitivas de cada zona mediante los esfuerzos de la tribu a la cual hubiera sido asignada.

Es de lo primero que nos ocupamos ahora. Después que la voz de Dios lo hubo llamado a la última y grande obra de su vida, el veterano caudillo procedió a enumerar las zonas que quedaban sin conquistar. Algún tiempo más tarde, cuando todavía faltaban siete tribus por establecerse y había necesidad urgente de completar la tarea, se nombraron veintiún comisionados para que recorrieran la tierra, la examinaran, y le presentaran un informe de los resultados de su comisión a Josué en Silo.

Si el espacio lo permitiera, sería interesante examinar las distintas zonas designadas por el Espíritu divino. Por lo menos, podemos observar de paso que incluía toda la región de Filistea (origen de la palabra Palestina), habitada por unos de los enemigos más obstinados que Israel haya encontrado jamás, y que fueron una fuente perpetua de debilidad y peligro hasta la época de los reyes (y tal vez hasta el presente). También estaban los ricos pastizales del sur, y además la fértil y hermosa llanura de Fenicia, y los productivos valles altos, refrescados por las nieves y regados por los arroyos del Líbano. Sobre todas estas porciones de la tierra Israel tuvo siempre un dominio muy débil. Al comparar este bosquejo de las intenciones divinas con los territorios que se tenían en realidad bajo control en ese entonces, y los que Israel conquistó después, salta a la vista la diferencia tan grande entre el ideal de Dios y la herencia real de Israel.

El mismo contraste aterrador aparece cuando recordamos la promesa original hecha a Josué al principio de este libro: «Desde el desierto y el Líbano hasta el gran río Éufrates, toda la tierra de los heteos hasta el gran mar donde se pone el sol, será vuestro territorio» (Josué 1:4). En realidad, Israel cumplió esta predicción solo una vez, y por corto tiempo, durante su posesión de Canaán. Salomón cumplió el ideal divino por un tiempo breve; pero la radiante gloria de su reino fue acortada y oscurecida por las nubes tormentosas que echaron su velo sobre el firmamento de Israel. Los hombres usan esto algunas veces como argumento contra la veracidad divina. Debería citarse más bien como una triste confesión de la fragilidad humana y de la falta de reclamar y apropiarse las promesas de Dios. Dios es inmutable. Es imposible aun para nuestra incredulidad invalidar sus promesas.

Consideremos si acaso no haya un contraste similar entre lo que Dios se proponía ver realizado en nosotros y lo que hemos alcanzado. Extendido por toda la Biblia y desplegado en la vida de Jesús hay para nosotros, como para Josué, un mapa de lo que Dios quiere para su pueblo. Todo está trazado para nosotros, y sería sabio de nuestra parte meditar con cuidado en esto, para con humildad reconocer el poco progreso que hemos hecho, y nos animemos a tomar posesión de todo aquéllo para lo cual fuimos llamados en Cristo Jesús.

1. El conocimiento cristiano. Debemos distinguir entre intelectualismo y conocimiento. El ocio y el gusto, la memoria y la disciplina mental, la observación y la sociedad contribuyen mucho a la adquisición de cultura; pero esta es algo muy diferente de conocimiento. Un hombre puede estar completamente destituido de cultura y sin embargo puede tener una percepción directa e intuitiva de la verdad; en tanto que el intelectual sagaz, inteligente, y bien informado, puede estar completamente ignorante del verdadero conocimiento.

Dios quería que lo conociéramos así como lo conocía Jesús en su vida humana. Nuestro bendito Señor pone tal conocimiento a nuestro alcance. Él nos da vida eterna para que podamos conocer al único verdadero Dios. No obstante, ¡cuán poco conocemos al Padre!, conocemos tan poco del Padre por nuestra falta de comunión íntima y personal con él.

Nuestro conocimiento de la Palabra de Dios refleja mucho nuestro conocimiento del Padre. La mayoría de los que profesan la religión cristiana se contentan con el conocimiento de unos cuantos versículos conocidos y muy usados. Leen y releen los mismos pasajes de los evangelios, los Salmos, o Isaías, pero nunca se aventuran por territorio desconocido en su lectura de las Escrituras. Lo más triste de todo es que no logran una percepción más profunda de esas mismas palabras que les son tan familiares que la que tenían al principio. Son como las multitudes que pasan descuidadamente sobre las tumbas de los mártires, borrando las sagradas inscripciones e ignorantes de los pensamientos profundos que enriquecen al historiador que se inclina sobre ellas en meditación reverente.

Hay muchos temas que la gran mayoría de los cristianos, por

acuerdo tácito, rehusan considerar. Tales son, entre otros, la segunda venida de Cristo, la restauración de Israel y su misión futura para la humanidad, la cuestión de las profecías cumplidas y por cumplirse, y la unión mística de Cristo con los que creen en él. Hay aquí mucho territorio por conquistar. Corrijamos nuestros métodos, no vayamos siempre por la sendas trilladas, sino busquemos el conocimiento de toda la verdad como la ofrece la Palabra de Dios.

Si sabemos relativamente poco de la Biblia, sabremos menos de Dios. Algunos de nosotros nos atenemos solamente a un aspecto del carácter divino, en tanto que ignoramos el resto de la personalidad de Cristo. Exaltamos su misericordia a expensas de su justicia y esta a expensas de su gracia. Nuestro conocimiento de él, además, se basa en lo que otros nos dicen y en evidencias de oídas. Debemos oírlo y conocerlo por experiencia propia. ¡Oh, conocer a Dios de modo que se manifieste en el corazón como la mañana radiante o la lluvia temprana! La vida adquirirá nueva importancia cuando comencemos a explorar lo desconocido del Ser de Dios. Este es el terreno que nos queda por conquistar.

2. El logro cristiano. En nosotros, como en el Canaán antiguo, hay siete naciones de pecado. Al convertirnos a Cristo matamos el pecado en la carne con mucho éxito, pero nos hemos cansado de la vigilia constante y el conflicto. No nos gusta estar en la posición de alerta, firmes y dispuestos para el combate como un soldado. Cristo solo ha cambiado algunas partes de nuestra vida. En algunos casos es la vida de los negocios, la fábrica, o la oficina la parte que no ha sido transformada por Cristo todavía; en otros casos es la parte social o las relaciones domésticas de nuestra naturaleza lo que no han sido traídas en cautividad a él.

Considera la grandeza del ideal divino para cada uno de nosotros. El ser «conforme a la imagen de su Hijo», ¿es ese el ideal de Dios? ¿Y estamos todos predestinados a ser hechos conformes a este ideal? Entonces, ¿por qué desesperar? No obstante, todavía queda mucho por conquistar. ¡Cuán poco poseemos de su belleza, fortaleza, ternura y santidad!

Primero el alma es poseída por Cristo, luego posee a Cristo. Alma mía, ¿por qué vive entonces en pobreza y hambre? ¿No es porque no se ha entregado completamente a Cristo? Levántese, y ríndase a él. Deje que le posea; y luego reclame una posesión recíproca de su Señor. Entonces comenzará su entrada a su herencia eterna y comenzará a dedicarse a propósitos que le ocuparán aun después que el sol y la luna dejen de existir.

3. Los dones del Espíritu Santo. «A cada uno de nosotros fue dada la gracia conforme a la media del don de Cristo» (Efesios 4:7). El contexto demuestra claramente que esta no es la gracia común que se necesita para la vida diaria sino los dones especiales de gracia de la plenitud pentecostal del Espíritu Santo adquirida para nosotros por el Señor ascendido. Si entendemos correctamente las enseñanzas de las epístolas, hay para cada miembro del cuerpo místico de Cristo una porción separada del don pentecostal. Ciertamente, hay algo más que lo que entendemos de ordinario por la regeneración, o el don de fe, o la revelación del Salvador viviente. Hay un poder, un amor sobreabundante, una seguridad, un gozo exuberante, y una libertad que no todos los cristianos disfrutan, pero que son su derecho innato tanto como son deseables.

Además, están los dones del Espíritu Santo por medio de los cuales se nos prepara especialmente para hacer la obra de Cristo en el mundo. Algunos de ellos son: buen tacto para dirigir, sabiduría para ganar almas, capacidad para ayudar a los creyentes a alcanzar una vida más abundante, habilidad para administrar, hablar, o enseñar, facilidad de expresión, poder en la oración. Muchos «conquistadores» cristianos evitan todo el continente de la bendición pentecostal como si estuviera lleno de pantanos, fiebre, y pestilencias nocivas. En esto también encontramos mucha tierra sin conquistar.

Levantémonos y portémonos como hombres. Pidámosle a nuestro Josué celestial que nos establezca de tal modo que no quede riachuelo, valle, montaña, ni zona alguna sin conquistar. Dios nos ha dado en Cristo todas las cosas que pertenecen a la vida y a la piedad; reclamemos toda nuestra herencia por una fe viva, para que podamos entrar en el gozo de todo lo que podemos poseer a este lado del cielo.

17
UN COMPAÑERO VETERANO
Josué 14

El repartimiento de la tierra tuvo lugar en Gilgal. Allí, donde se había quitado el oprobio de Egipto y donde había permanecido el campamento principal, era conveniente que se repartieran también las recompensas de la victoria. Fue un momento grandioso en la historia israelita cuando las tribus se congregaron alrededor de su experimentado jefe. Delante de Josué y de Eleazar estaban las urnas, una con los nombres de cada tribu y la otra con el nombre de cierta zona de la hermosa tierra conquistada.

Judá, la primera en la guerra y en la marcha, fue la primera en acercarse. Era una gran tribu y todavía estaba destinada a desempeñar un papel más importante en la historia de Israel y de la humanidad. Pero un incidente que merece toda nuestra atención impidió el que echaran suertes: los derechos de Caleb. ¡Detente, oh cristiano, y contempla una imagen tuya en tus mejores momentos, en la demanda del guerrero de blanca cabellera excelente, de este cachorro de león, que es lo que significa el nombre «Caleb»! Fuerte, atrevido, heroico, había mucho de león en él, además de su nombre. Había sido el joven león de la tribu de Judá hacía unos cincuenta años pero estaba tan fuerte al salir de las filas de Judá para reclamar su derecho como cuando Moisés lo había enviado a espiar el país.

1. La característica más sobresaliente de la juventud de Caleb había sido su consagración completa a Dios. Con mucha frecuencia se dice de Caleb y de Josué: «Había seguido cumplidamente a Jehová» (Josué 14:14). Y eso se percibía en las palabras del anciano al dirigirse al camarada de muchas y difíciles batallas y fatigosas marchas. Todos los otros espías se habían apartado, aterrados a la vista de los gigantes, ciudades amuralladas y vastas formaciones de batalla. Habían quitado los ojos de los procesos de la voluntad de Dios y del poder de su mano; y en vez de seguirlo fielmente, se habían dejado vencer del pánico y habían hecho que el pueblo se acobardara.

Pero no había habido pánico en el corazón de Caleb. Solamente había estado meditando en que cuando Dios se deleita en los hombres, los introduce a la tierra que mana leche y miel y se la entrega como un regalo.

Caleb siguió a Jehová íntegramente a través de los años de fatiga que siguieron. En medio de las marchas y contramarchas, de las innumerables muertes, de las murmuraciones y rebeldías del pueblo, se mantuvo en el propósito firme de hacer únicamente la voluntad de Dios, de agradarle, de no reconocer ningún otro jefe, ni escuchar ninguna otra voz. Siempre fuerte, veraz y puro, fue un hombre noble en cuya naturaleza fuerte se refugiaban los más débiles.

Dos cosas iluminaron la senda de este gran corazón en medio de la tristeza de las peregrinaciones y el caos de la conquista. Primero la certeza que había en su corazón, como el resplandor del sol del estío sobre el océano, de que Dios se complacía en él; de que los efluvios de la naturaleza divina hacia él estaban llenos de amor y gozo; y de que la paz de Dios que sobrepasa todo entendimiento podía ser su posesión inalienable.

Luego el recuerdo de Hebrón. Ya habían pasado cuarenta y cinco años desde la última vez que había visto los edificios blancos de la antigua y santa ciudad que se anidaba bajo sus terebintos. Hebrón, bajo cuyas encinas Abraham había levantado sus tiendas; cuyo suelo había sido pisado por los pies del Dios encarnado, cuando acompañado de dos ángeles visitó la tienda de Abraham; Hebrón, donde estaban sepultados Sara y Abraham, Isaac y Rebeca, Jacob y Lea; cada uno en su nicho, en posesión de la tierra, pues las tumbas de los muertos siempre conservan la posesión de la tierra para los vivientes, hasta que se realizara la promesa de Dios y la simiente de Abraham pudiera regresar para reclamar su herencia.

Dios conocía su secreto y había dispuesto que él pudiera tener lo que satisficiera su corazón de modo permanente. A menudo, al acostarse junto al fuego, pensaba en Hebrón antes de dormirse; y al calor del mediodía, cuando brillaban los espejismos en el horizonte, parecería a veces que las verdes colinas de Hebrón lo estaban llamando a través del desierto.

Se puede apreciar la actitud del corazón de Caleb durante esos largos años de espera en las palabras que dijo en esta memorable ocasión: «Ahora bien, Jehová me ha hecho vivir, como él dijo ... Dame, pues, ahora este monte, del cual habló Jehová aquél día ... como Jehová ha dicho» (14:10, 12). La promesa de Dios era su seguridad, su consuelo y excelente recompensa. Él tenía que esperar su cumplimiento, y la espera parecía muy larga. Y así es casi siempre, especialmente cuando se espera a Dios. Pero Dios obraba a su favor mientras él esperaba.

2. Una devoción como la de Caleb produce resultados maravillosos.

a. *Tal devoción es el suelo del que brota la fe que puede reclamar la realización de la promesa*. «Dame, pues, ahora este monte, del cual habló Jehová aquél día». Se necesitaba mucha fe para hacer un reclamo tan grande. Piense en los anaceos que defendían ese monte con sus manos gigantescas. Pero la fe triunfó; y si la palabra «quizá» aparece en su discurso, como indicación de duda o temor muy humanos, debemos entender que no surgió motivada por ninguna duda de Dios, sino de esa desconfianza en sí mismo que es una tendencia común en las personas de grandeza moral. Amado lector, a usted también le espera una herencia, algún Hebrón prometido, algún bendito don del infinito amor de Dios en Cristo. A usted le toca decir, con fe semejante a la de Caleb: «Dame este monte».

b. *Tal devoción lleva a la comunión con Dios*. Hebrón aquí es sinónimo de amistad, compañerismo y amor. La palabra antigua significa eso, y tal vez por eso Caleb tenía tantos deseos de quitarle el nombre reciente que le habían puesto los gigantes —quiriat-arba— y resucitar la palabra que había brotado con tanta frecuencia de los labios de Abraham; Hebrón le recordaba aquélla comunión con su amigo invisible que había disfrutado durante las peregrinaciones y vicisitudes de su larga vida; y que no iba a terminar ahora, porque en la reclusión de su hogar, a la sombra de su viña o de su higuera, hablaría con él como alguien con su compañero.

Los que siguen a Dios también lo conocen. Él se vuelve para ver a los que lo siguen, escucha su petición y el deseo de conocer dónde mora, y les dice: «Venid y ved».

c. *Tal devoción fortalece*. Dijo Caleb: «He aquí, hoy soy de edad de ochenta y cinco años. Todavía estoy tan fuerte como el día que Moisés me envió; cual era mi fuerza entonces, tal es ahora mi fuerza para la guerra, y para salir y para entrar». La consagración es la fuente de la fortaleza que no mengua. El alma debe aprender a recibir el poder que Dios da al debilitado, y a tomar la fortaleza que Dios aumenta a los que desfallecen.

Esta fuerza se consigue solo mediante la obediencia. Dios no la otorga sino a los que tienen un propósito profundo y deliberado de hacer su voluntad, seguir su Camino y ejecutar su obra.

d. *Tal devoción lleva a la victoria*. De todos los israelitas que recibieron su herencia en la Tierra Prometida, parece que Caleb fue el único que logró expulsar completamente a los ocupantes nativos del país. En general, parece que los israelitas hicieron solo avances limitados contra sus fuertes y poderosos enemigos, con sus carros de hierro y sus ciudades amuralladas. A menudo encontramos la triste afirmación: No pudieron expulsarlos. Caleb fue la excepción notable. solo el hombre que siguió cumplidamente a Jehová fue completamente victorioso.

¡Qué conclusión tan preciosa y profunda! Nuestro fracaso al tratar de expulsar los gigantes de pecado del corazón, de la corrupción innata, y de los ataques de Satanás se debe casi totalmente a la falta de consagración. Pero, en cuanto sabemos, cuando estamos completamente rendidos a Dios, ningún pecado puede desafiarnos porque nada puede desafiarlo a él.

e. *Tal devoción nos capacita para bendecir a otros*. Dos veces se nos cuenta que Acsa descendió de su asno para pedirle bendiciones a su padre Caleb: «Dame también fuentes de aguas. Él entonces le dio las fuentes de arriba, y las de abajo» (15:19).

Siga al Señor de todo corazón para que more en la tierra prometida, para que pueda obtener promesas, no solo para usted sino también para otros. Como Otoniel y Acsa, los miembros de su círculo familiar se reunirán a su alrededor para pedirle bendiciones, y usted tendrá el poder para abrir fuentes de bendición espiritual en las alturas de los lugares celestiales y en lo profundo del servicio práctico cotidiano, así como en el valle de la vida humana.

18
RECIBIR Y REINAR
Romanos 5:17

La distribución de Canaán, inaugurada bajo la dirección de Josué y Eleazar en Gilgal y que se había suspendido temporalmente por el reclamo de Caleb, ahora se continuaba. Para comenzar, las tres tribus grandes de Judá, Efraín y Manasés recibieron su herencia. Una mitad de la tribu de Manasés ya había recibido su parte, dada por Moisés, al otro lado del Jordán. Los descendientes de José recibieron al principio solo una parte, y se separaron ciudades para los descendientes de Efraín en medio de la herencia de los hijos de Manasés (Josué 16:9; 17:14).

En cuanto concierne a cada una de las tribus, se hace la misma confesión melancólica que se repite a menudo en este libro y el siguiente, como el monótono tañer de una campana de costa sacudida por las olas al estrellarse contra un acantilado peligroso: «No pudieron arrojar a los de aquéllas ciudades; y el cananeo persistió en habitar en aquélla tierra» (17:12).

Obsérvese la fuerza de la palabra persistió. Los cananeos no tenían derecho a usarla. Eran un raza desposeída. Ya no tenían parte en Canaán; e Israel cometió un gran error al dejarlos que se quedaran a pesar de la promesa de Dios: «Los arrojaré de delante de los hijos de Israel». No podríamos condenarlos por esto, sin ponernos en peligro de condenarnos a nosotros mismos. No hay razón para dejar que el pecado ni las pasiones carnales se afirmen o encuentren apoyo alguno en la región de la naturaleza redimida. No los dejes nunca que persistan en establecerse en usted. Aunque pudieran resistir, no pueden hacer nada delante del Omnipotente que los venció en la cruz, y se propone destruirlos del todo.

La presencia de los cananeos produjo un altercado entre los hijos de José y Josué: «¿Por qué nos has dado por heredad una sola suerte y una sola parte, siendo nosotros un pueblo tan grande?»

«Si son un pueblo tan grande, les contestó Josué, hay mucho territorio sin conquistar dentro de los límites de su herencia. Bosques, tal vez. Hagan desmontes, saquen las raíces, con los troncos, y cultiven el rico y fértil suelo abonado con las hojas de muchos otoños».

Con mucha frecuencia le pedimos a Dios zonas de servicio más amplias, cuando no estamos usando las que están a nuestro alcance. No suspire por el servicio en el campo misionero hasta que haya cubierto el terreno que le es más conocido —el círculo familiar, los niños de algún barrio pobre—. Aunque el bosque sea muy denso, el hacha de la fe perseverante lo despejará.

Ellos insistieron: «No nos bastará a nosotros este monte; y todos los cananeos que habitan la tierra de la llanura, tienen carros herrados» (16:16).

Josué les dijo que debían usar todo el poder que tenían para echar a los cananeos de la tierra y para cortar los bosques. También nosotros debemos usar todas nuestras fuerzas para conquistar el territorio que debemos ganar para Dios. Tal vez la mejor manera de alcanzar poder espiritual rápidamente es reclamar y usar la gracia abundante que está a nuestro alcance, esperándonos en nuestro Salvador viviente.

Así llegamos al texto que encabeza este capítulo, que se encuentra dentro de una de las partes más difíciles de la Epístola a los Romanos, como un laguito en medio de abruptos acantilados y precipicios.

En las palabras de ese versículo sobresalen tres cosas:

1. Las diferencias entre los cristianos. Algunos solo existen; otros viven; otros reinan en vida. Unos tienen vida; otros la tienen en abundancia. El reinar en vida es saber que somos reyes y sacerdotes para Dios, un linaje real, un pueblo escogido. Este concepto envuelve nobleza de conducta, como conviene a descendientes de la realeza; generosidad, como cuando el príncipe reparte regalos con liberalidad a la multitud; y victoria, propia del monarca que al subir al trono ha puesto a sus enemigos en sumisión.

¿Qué sabe usted de estas cosas? ¿Hay algo en su vida por lo cual las otras personas puedan pensar que está reinando en vida? ¿Se abaten los deseos impíos en su presencia? ¿Tiene nobleza de carácter? ¿Piensan los demás que su vida religiosa no solo le basta a usted sino que la gracia de Dios para usted ha sido tan abundante que a su vez, hace muchas obras buenas? Si no es así, todavía tiene que aprender lo que significa «reinar en vida».

2. La causa de la diferencia. Gracias a Dios que no resulta de una distribución desigual de la gracia divina. La razón por la cual tantas personas no reinan en vida se debe buscar, no en una decisión arbitraria de Dios sino en la capacidad diferente de recepción espiritual de sus hijos. Algunos dejan de recibir (la gracia divina) porque no saben cómo, o por qué no han alcanzado la posición en la experiencia cristiana en que puedan aprovecharse de ella.

Los grandes santos son simplemente grandes receptores. Tal vez sean deficientes en cultura, educación, y mil cosas más que otros tienen, pero han aprendido el arte feliz, indicado por la palabra recibir, que se encuentra por todo el Nuevo Testamento y especialmente en conexión con el Espíritu Santo, que deben recibir los que creen en Cristo.

¿Quiere poseer esa conducta real? Recíbala. ¿Quiere esa generosidad? solo tiene que recibirla. ¿Desea alcanzar esa victoria? La única manera es recibiéndola. En otras palabras, ¿quiere reinar en vida? Debe recibir entonces la gracia que se le ofrece para que su vida alcance más realeza y nobleza. ¡Qué importa que las colinas abunden en bosques y que los valles estén llenos de enemigos, si ha de recibir y usar el poder que tiene a su alcance! «Ninguna arma forjada contra ti prosperará, y condenarás toda lengua que se levante contra ti en juicio» (Isaías 54:17).

3. Cómo desarrollar este sagrado arte de pedir y recibir. La falta de gozo de muchos corazones cristianos a menudo se debe a que no saben la diferencia entre la oración de súplica y la que recibe la recompensa de la mano extendida de Jesús. Con mucha frecuencia nuestras oraciones parecen barcos perdidos. En realidad, han llegado a puerto feliz cargados de grandes riquezas; pero no estábamos allí para recibir lo que nos correspondía.

Quizá lo siguiente le ayude a adquirir este bendito arte:

(a) Asegúrese de que lo que pide está en conformidad con la voluntad de Dios, expresada en alguna promesa o precepto de las Escrituras.

(b) Pida con sencillez y reverencia. Use el nombre de Jesús, esto es, permanezca en él y ruegue por su gloria.

(c) Crea que Dios sí oye y responde sus oraciones.

(d) Vaya tranquilo sabiendo que Dios es fiel. Descanse en aquel que se ha comprometido a cumplir sus promesas.

(e) Actúe como quien tiene todo el conocimiento y el gozo posibles.

Así verá que los montes tienen que convertirse en valles y los bosques en pastizales; los cananeos son expulsados delante de usted como la paja del trigo por el viento otoñal, y nada será imposible.

19
LA CONCLUSIÓN DE LA TAREA
Josué 18

Las dos grandes tribus quedaron al fin establecidas: Judá, como lo sugiere Dean Stanley, como un león para guardar el sur y recogido en la fortaleza de Sion; en tanto que Efraín, como buey más pacífico aunque no menos poderoso, debía pacer por los ricos valles del centro de la Palestina, y defender la frontera norte. Entonces Josué pudo poner su atención en otros asuntos de importancia.

1. Josué erigió el tabernáculo en Silo. Durante la marcha por el desierto, al acampar, el tabernáculo ocupaba el centro del campamento. Alrededor se agrupaban las tiendas de los sacerdotes y levitas, mientras las tribus ocupaban lugares específicos, tres en cada uno de los cuatro puntos cardinales. Si comparamos con cuidado esas posiciones con los territorios asignados en la Tierra Prometida encontramos una asombrosa semejanza. Parece que se hubieran repetido los rasgos principales del campamento en el establecimiento final en la tierra conquistada. Y para completar el paralelo, se pasó el tabernáculo de Gilgal a Silo, que quedaba muy cerca del centro de Canaán.

Entonces, allí en el centro del territorio, abrigado y resguardado por las tribus más fuertes, al este de la carretera que va de Bet-el a Siquem, estaba el lugar escogido donde el tabernáculo de Dios estaba entre los hombres y él moraba con ellos.

2. Josué reprendió al pueblo por su negligencia. «Y Josué dijo a los hijos de Israel: ¿Hasta cuando seréis negligentes para venir a poseer la tierra que os ha dado Jehová el Dios de vuestros padres?» (18:3). En ese momento los veintiún comisionados se levantaron para recorrer la tierra y delinearla. Presentaron a Josué su informe en forma de libro que en siete partes describía la tierra por ciudades. Tal vez ese informe de lo que vieron fue el medio que usó Dios para sacar al pueblo de la apatía en que se había hundido.

Primero se adjudicó la parte de Benjamín, el amado del Señor, un lugar de seguridad con él, protegido todo el día, y llevado en los hombros del Todopoderoso, tal como las madres orientales arrullan a sus niños, les dan abrigo, y los crían con muchos cuidados. Estaba la parte de Zabulón, hasta cuyas playas el océano ilímite arroja los tesoros de los abismos, en cuyo corazón quedaba Genesaret, con los fragantes recuerdos del Dios manifiesto en la carne. Estaba la parte de Isacar, quien sacó tesoros de las arenas, emblemas de las piedras preciosas, las perlas, y los cristales del carácter espiritual. Estaba la parte de Aser, cuyo aceite nos recuerda la unción del Espíritu Santo, mientras la resistencia de sus zapatos nos habla del Invencible que pisa sobre serpientes y escorpiones. Estaba la parte de Neftalí, satisfecho de favores y lleno de las bendiciones del Señor; poseedor de ricos bosques, el círculo de Galilea, y el jardín de Palestina. Cada una de esas partes simboliza prendas espirituales que debemos poseer.

Por mucho tiempo hemos sido negligentes para poseer la plenitud del Espíritu Santo que puede estar en nosotros como manantial de agua viva que nos sacia completamente; como la fuente del patio de un castillo asediado, que permite a sus soldados desafiar el asedio. Simbolizan el conocimiento de Jesús, la participación en su victoria, y las bendiciones, que están tan lejos de la experiencia común de los cristianos como Canaán lo estaba de las experiencias del desierto. Es muy triste que sepamos tan poco de todo esto.

¡Cuánto nos perdemos! La vida nómada no podía proporcionar a aquéllas siete tribus tanto gozo duradero como su dominio absoluto de Canaán. Pero esta comparación no alcanza a reflejar la pérdida que sufrimos al dejar de apropiarnos y disfrutar de la bendición que Jesús tiene preparada para nosotros. Vayamos a nuestro Josué de Silo y pidámosle que nos guíe para conseguir su gracia y sus bendiciones.

3. Josué recibió su propia herencia. «[Los hijos de Israel] le dieron la ciudad que él pidió; Timnat-sera, en el monte de Efraín» (19:50). Era «a parte del sol», en hebreo.

El anciano veterano se había ganado el favor de su pueblo, y debe de haberse sentido muy feliz al retirarse a su propiedad donde pasó los veinte años de vida que le quedaban. La grandeza de su carácter y su influencia en la conducta del pueblo se pueden inferir de todos los males que le sobrevinieron a Israel después de la muerte de Josué. Su sola presencia entre la gente era un freno. Josué 24:31 nos da un testimonio muy significativo de la persistencia y firmeza de este caudillo admirable: «Sirvió Israel a Jehová todo el tiempo de Josué».

4. Josué hizo también provisión de refugio para los homicidas. Se señalaron tres ciudades de fácil acceso a cada lado del Jordán. Allí podría huir del vengador cualquier homicida que matara a alguno por accidente y no a sabiendas. Una vez dentro de las murallas de la ciudad, con la respiración entrecortada por la carrera, el homicida esperaba a la puerta, hasta explicar a los ancianos su caso, para poder obtener de ellos su admisión dentro de la ciudad de modo provisional. Cuando aparecía el vengador de la sangre, parece que se daba un fallo final sobre su causa; si se demostraba claramente que no había animosidad o premeditación en el golpe que causó la muerte, se permitía que el homicida permaneciera allí, hasta la muerte del sumo sacerdote de aquél tiempo.

¡Anímate, oh cristiano! Aunque hayas hecho muchas cosas malas por tu ignorancia e imprudencia, puedes ir a la ciudad de Refugio (que es el Señor); allí, no solo serás salvo y estarás seguro sino que también disfrutarás de tu herencia, pues el Sumo Sacerdote ha muerto y así ha quitado tu pecado para siempre; por lo tanto no hay condenación para ti, pues estás en él.

Los judíos mataron al Príncipe de la Vida, pero lo hicieron por ignorancia (Hechos 3:17,18). Por lo tanto han perdido su herencia; pero todavía viven como prisioneros de la esperanza, buscando refugio entre las ciudades de los sacerdotes, hasta el tiempo en que Jesús inaugure esa etapa nueva y gloriosa en la cual tomará el reino para sí. Entonces los israelitas volverán cada uno a su propia casa y a la ciudad de donde huyeron.

5. Josué señaló ciudades para los Levitas. Había una maldición antigua que pendía sobre los destinos de Simeón y Leví. Eran hermanos y habían perpetrado un crimen terrible que le había dado a Jacob su padre muy mala fama entre los habitantes de Canaán y los ferezeos. El patriarca agonizante no pudo olvidar ese hecho de traidora crueldad, y al recordarlo dijo:

Armas de iniquidad sus armas.
Maldito su furor, que fue fiero;
Y su ira, que fue dura.
Yo los apartaré en Jacob,
Y los esparciré en Israel.

Pero esta maldición no se cumplió de la misma manera en cada caso. Para Simeón se cumplió al pie de la letra. Establecida en el sur de Canaán, entre Judá y Filistea, esta tribu se volvió cada vez más nómada, hasta desaparecer como grupo. En el caso de Leví, la maldición se convirtió en bendición. En el Sinaí, cuando Moisés pidió que todos los que fueran fieles a Jehová se reunieran a la entrada del campamento, los levitas, como un solo hombre, respondieron a su pedido. También Finees, quien tomó una acción tan decisiva en el asunto de Baalpeor, era levita. Por eso Jehová hizo un pacto de vida y paz con ellos, los tomó como sustituto por los primogénitos de Israel, y se comprometió a ser él mismo su herencia (Números 18:20; Josué 13:33). Por mandato divino, se dieron cuarenta y ocho ciudades a los levitas, con unos 418 metros de pastos en ejidos medidos a partir de las murallas de las ciudades. Allí vivían cuando no estaban de servicio en el templo, o cuando por su edad no podían asistir a su oficio sagrado.

Como Jacob lo profetizó, fueron esparcidos, pero el resultado fue saludable. Impregnaron toda la tierra con la influencia santificadora de Silo. Además, la enseñanza de la ley era una prerrogativa especial de los levitas, quienes parece que viajaban a través de los distritos que les fueron asignados.

Así la obra terminó . «No faltó palabra de todas las buenas promesas que Jehová había hecho a la casa de Israel; todo se cumplió» (Josué 21:45).

20
LA VIDA EN LA TIERRA PROMETIDA
Josué 22

Cuando los siete años de combates finalmente terminaron, los hijos de Israel se establecieron para disfrutar de la tierra. El silencio de las Escrituras sobre sus actividades sugiere el gran interés con que el pueblo se dedicó al cultivo de la tierra y a la ocupación de grandes ciudades que no habían edificado ellos y de casas llenas de cosas buenas que ellos no habían traído. Las cisternas que ellos no habían cavado recogían aguas refrescantes para los viñedos, olivares y huertas; y comían y estaban satisfechos.

1. Nuestro primer descubrimiento es el significado del reposo.
«Jehová les dio reposo alrededor, conforme a todo lo que había jurado a sus padres» (21:44). Había una medida muy clara de reposo. La tierra descansó (11:23) y también el pueblo. Pero queda igualmente claro que Canaán no cumplió a plenitud con el ideal de Dios. El reposo de Canaán, así como muchas otras cosas del libro de Josué, podrían a lo sumo ser solo tipo y sombra del reposo espiritual, esa sagrada tranquilidad, esa paz indescriptible que llena los corazones de los hombres con el reposo de Dios mismo. Por eso se dice en la Epístola a los Hebreos: «Porque si Josué les hubiera dado el reposo [el Espíritu de inspiración por boca de David], no hablaría después de otro día. Por tanto, queda un reposo para el pueblo de Dios» (Hebreos 4:8, 9).

Hay reposo desde el primer brote alegre de la vida nueva, pero se intensifica con los años. Su causa es la creciente convicción de que el camino de Dios es perfecto, su voluntad es muy amable, y su plan el mejor. Al entrar al reposo, tenemos al principio que cuidarnos de la desconfianza, pensar que todo vaya bien y solazarnos con las promesas y con lo que nos trae seguridad. Pero, con el paso del tiempo, la voz de la experiencia va aumentando su volumen dentro de las cámaras secretas del corazón.

Cuando desde alguna cumbre de la vida consideramos nuestro

pasado, nuestros corazones se llenan de las emociones del reposo tranquilo. Tal Dios es suyo, ¡oh, alma mía!, confíe en él; él está haciendo todas las cosas bien; ¡calla y reposa!

Y así el descanso, nacido de la confianza, se va profundizando, porque la confianza se agranda con el conocimiento progresivo. Mientras más crecemos en el conocimiento de Dios, y de su Hijo Jesucristo, tanto más absoluta es nuestra confianza en su amor eterno que todo lo llena; y tanto más inquebrantable es nuestro reposo.

2. Nuestro segundo descubrimiento es el verdadero centro de la unidad. Los cuarenta mil guerreros que tan noblemente habían cumplido su promesa hecha recibieron el agradecimiento público del gran jefe Josué; y su último consejo: «Volved, regresad a vuestras tiendas ... solamente que con diligencia cuidéis de cumplir el mandamiento ... de Jehová» (22:4, 5).

Cuando llegaron a las barrancas del Jordán y reflexionaron en que su corriente los dividiría del resto del pueblo, les sobrecogió de repente el temor de que, en el futuro, las siete tribus y media podrían decirles a sus descendientes: «¿Qué tenéis vosotros con Jehová Dios de Israel? Jehová ha puesto por lindero el Jordán entre nosotros y vosotros ... no tenéis vosotros parte en Jehová». Para evitar esto, y para dejar en claro para el futuro su identidad con el resto del pueblo, levantaron un altar en la orilla occidental del Jordán. Fue un testimonio perpetuo de que sus constructores fueron israelitas fieles.

Pero fue un gran error. Si hubieran obedecido las instrucciones divinas, de que tres veces al año todos sus varones debían aparecer delante de Dios en Silo, no habría habido necesidad de esta torpe invención.

3. Descubrimos la necesidad de paciencia al tratar con los que están en error o espiritualmente caídos. Cuando las tribus de Israel supieron de la erección del altar, su primer impulso fue salir de una vez a pelear contra sus hermanos. Silo era el lugar de congregación, y parecía que se había hecho una ofensa contra ese santo lugar.

Los consejos más sabios prevalecieron, y les pareció mejor enviar a Finees y a diez príncipes, hombres notables, como una embajada a nombre de toda la congregación del Señor. Encontraron a los guerreros en la tierra de Galaad a punto de dispersarse para ir a sus hogares, entonces les protestaron: «No os rebeléis contra Jehová, ni os rebeléis contra nosotros» (22:19).

El espíritu del amor había penetrado tan profundamente en sus corazones que aun propusieron compartir con sus hermanos la tierra de Canaán occidental, en la que se encontraba el tabernáculo del Señor: «Si os parece que la tierra de vuestra posesión es inmunda, pasaos a la tierra de la posesión de Jehová ...y tomad posesión entre nosotros» (v. 19).

Tenían ahora el deseo de restituir al equivocado, lo cual era muy diferente de la manera como sentían antes. Esto produjo el efecto deseado al obtener una repudiación franca de cualquier deseo de apartarse del camino del Señor, además de una explicación sencilla de los motivos que tenían para hacer el altar. Así, pues, todo lo ocurrido afirmó más los lazos de hermandad y produjo alegres expresiones de agradecimiento y alabanza.

21
AMAD CON DILIGENCIA
Josué 23

Probablemente ya habían pasado dieciocho años desde los sucesos registrados en el capítulo anterior. El reposo que Dios les había dado no había sido perturbado por ningún levantamiento armado de los cananeos; y el pueblo había podido proseguir los trabajos de la agricultura y la ganadería sin tener que preocuparse por la guerra.

Mientras tanto, el transcurrir de los años había dejado sus marcas evidentes en la apariencia y la energía del gran jefe, que se había vuelto ya «viejo y avanzado en años». Josué, sabiendo que ya se acercaba su fin, llamó a los principales del pueblo a una audiencia. Debe de haber sido una reunión imponente y memorable, tal vez en la vecindad de su propia heredad, o en el lugar sagrado de Silo.

De pie en lugar prominente de aquélla congregación, Josué dirigió los pensamientos de sus oyentes hacia el pasado, y les recordó lo que Dios había hecho por ellos. Él los había traído y los había establecido en la montaña de su herencia, en el lugar que él había hecho para morar; y nada había faltado de todo lo que él había prometido.

Lo que más le preocupaba a Josué eran las naciones que quedaban sin expulsar de la tierra de Canaán. Siete veces se refiere a ellas: lo que Dios les había hecho; que Dios estaba preparado para expulsarlas; y especialmente la tentación tan grande que representaba su presencia perpetua, pues el pueblo podría ser tentado a mezclarse con ellos, a concertar matrimonios con ellos, y a adoptar sus dioses falsos.

Como protección contra estas malas consecuencias, Josué propuso tres medidas de salvaguardia: La primera nos recuerda la admonición que se le dio a Josué al principio de este libro, que debían ser valientes para hacer y guardar todo lo que estaba escrito en la ley de Moisés. La segunda era la certeza de que si se identificaban con los gentiles por matrimonios o prácticas idólatras, no podrían dominarlos en batalla, sino que ellos se convertirían en trampa, tropiezo, azote y espinas para los israelitas hasta que perecieran de esa buena tierra a la que habían venido.

Pero, es en la tercera en que vamos a hacer especial hincapié: «Guardad, pues, con diligencia vuestras almas, para que améis a Jehová vuestro Dios» (23:11). Toda la ley y la vida humana se cumplen en esa palabra: «Amarás». Ama a Dios, y no te contentarás sino con la herencia de toda la tierra, aun hasta el gran mar de su amor sobre el cual nunca se pone el sol. Ama a Dios y el valor te poseerá. Ama a Dios y también amarás su Libro. Ama a Dios y poseerás a Dios y él te poseerá a ti. Ama a Dios y llegarás a ser uno con todos los santos de la tierra y del cielo y de todo el universo, para quienes él es el amor supremo.

Pero ¿cómo obedeceremos el mandamiento «Amad con diligencia»? ¿Cuáles son los medios para lograr la obediencia a esa gran ley: «Amarás al Señor tu Dios con todo tu corazón, y con toda tu alma, y con toda tu mente y con todas tus fuerzas»?

1. Recuerda que el amor es de Dios. El único ser que existe verdaderamente es Dios. Hay un solo Dios, el Padre, de quien son todas las cosas. Él está sobre todo, a través todo, y en todo. Por tanto, todo el amor, el poder, y la sabiduría no solo residen en él sino que pasan de él a todos los otros seres, según la medida en la que estén preparados para recibirlos.

Es lógico, pues, que los que aman con pureza, sin egoísmo, con poder, deban conversar íntimamente con Dios. Si hemos de dar, debemos conseguir; si hemos de compartir, debemos obtener. ¡Oh, quién pudiera andar más cerca de Dios!

2. El amor de Dios nos viene por medio de Jesucristo. El amor de Dios ha sido acumulado en la humanidad de Jesús. La esencia divina se expresa por medio del afecto humano. Cuando conocemos a Jesús, estamos unidos a él por la fe y por medio de él a Dios, comenzamos a experimentar la plenitud del amor divino que viene de Dios el Padre, a través de su Hijo, para convertirse en nosotros en pozo de agua viva, que salta para vida eterna (Juan 4:14). El amor engendra amor; piensa entonces cuánto le ama, puesto que se entregó a sí mismo por usted. Habla de él con otros, hasta que su alma comience a resplandecer.

3. El amor también nos viene por el Espíritu Santo. «El amor de Dios ha sido derramado en nuestros corazones por el Espíritu Santo, que nos es dado» (Romanos 5:5). No olvidemos nunca que el primer fruto del Espíritu es amor. Cuando somos fortalecidos por el Espíritu Santo en el hombre interior, comenzamos a conocer todas las dimensiones de la plenitud del amor de Cristo.

4. Hay unas instrucciones más sobre la manera de amar a Dios. solo podemos enumerarlas para concluir:

(a) Distingue entre la emoción del amor, que es variable e inconstante, y el amor mismo.

(b) Recuerda que es posible amar a Dios no solo de corazón, sino también con la mente.

(c) La prueba del amor no es el sentir o el hablar sino el obedecer: «El que tiene mis mandamientos y los guarda, ese es el que me ama».

(d) Cuídate de la intrusión de las sensaciones, pues cuando se da alguna licencia a los apetitos carnales, se sufre una pérdida inmediata en el crecimiento del alma en el amor de Dios.

(e) Sube al amor de Dios por medio del amor al hombre. Trata a todos los seres humanos como lo harías si sintieras amor por ellos, y llegarás a sentir ternura y piedad por ellos. Actúa siempre así por el poder del Espíritu que mora en ti, y de seguro recibirás más y más, aunque sin comprenderlo, del insondable amor de Dios.

22
LAS VÍSPERAS
Josué 24

Una vez más el guía veterano, quien era a la vez soldado, juez, estadista y profeta, deseaba ver a su pueblo cara a cara. Su reunión con los representantes del pueblo fue seguida, casi de inmediato, por la congregación de las tribus de Israel en Siquem. Fue allí donde habían estado juntos años antes en convocación solemne, mientras en las colinas del Ebal y del Gerizim se oían los amenes del pueblo en respuesta a las bendiciones y a las maldiciones.

Todavía se podían ver claramente las piedras en las cuales se había escrito la ley, y toda la escena debe haber revivido en la memoria de la mayoría de los que estaban reunidos. Pero a partir de ese momento, el valle quedaría asociado con esta conmovedora escena de despedida en la cual Josué expresó su última exhortación e instancia.

1. La narración de Josué. Les contó de nuevo la historia del pasado de Israel comenzando donde comenzó Dios, con los padres en su tierra nativa de más allá del Éufrates, al amanecer de la historia.

Isaac, Jacob, Esaú —nombres que hicieron vibrar las cuerdas más profundas de los corazones de los oyentes— se recordaron en sucesión en el profundo silencio que dominaba toda la vasta asamblea. Luego el orador tocó terreno más conocido, al recordar nombres y sucesos que habían ocurrido durante su maravillosa carrera: la misión de los dos hermanos; las plagas de Egipto; el clamor y la liberación del Mar Rojo; el desierto; Balac, hijo de Zipor y Balaam, hijo de Beor; el paso del Jordán; la caída de Jericó; la conquista de las siete naciones de Canaán y la posesión de la tierra.

En toda la historia el énfasis está en la gracia de Dios. Yo tomé, traje, di, envié, destruí, saqué, introduje, libré. No se menciona ninguno de los héroes de Israel. Todo se atribuye a la fuente original de la naturaleza, la historia, y la gracia: la voluntad suprema de Dios.

No hay nada más benéfico que detenerse en la ancianidad y en el ocaso dorado de la vida y repasar la manera como Dios nos ha guiado: el hogar lejano, donde los rostros se desvanecen en la aurora de la mañana de la vida, los cuales no veremos más hasta que se corra el velo de la eternidad; la dura esclavitud de la juventud; las muchas situaciones difíciles y las liberaciones; la nube guiadora de la peregrinación; la provisión cotidiana para las necesidades incesantes; el amor humano; la bondad y la misericordia que nos han seguido todos los días de nuestra vida. ¡Oh, qué romance más maravilloso se encierra aun en la más insignificante de las vidas! Pecado y perdón, provocación y piedad, gracia y regalo. No hay nadie que no diga que su propia historia es la más maravillosa de todas cuando compartamos experiencias en aquélla tierra que no conquistaremos con espada y arco, morando en mansiones que no construimos, comiendo de viñas y olivares que no plantamos.

2. La petición de Josué. Parece que el pueblo mantuvo por mucho tiempo la adoración de dioses domésticos, como los que Raquél le quitó a Labán. Probablemente esa práctica se perpetuó clandestinamente. Los gérmenes de la maldad solo esperaban las condiciones favorables para manifestarse, y Josué tenía razón para temer el desarrollo futuro de la engañosa corrupción. Por eso, con mucho énfasis, Josué le pidió al pueblo que pusieran a un lado los dioses que Tera y otros de sus antepasados habían servido más allá del río, y los que en vano habían invocado en sus chozas de esclavos en Egipto. Hizo esto al terminar su discurso (v. 14), y otra vez antes de clausurar la memorable entrevista (v. 23).

3. La primera respuesta del pueblo. Confesaron que no tenían intención de dejar a Jehová para servir a otros dioses. Reconocieron libremente que le debían todo a Dios desde el Éxodo hasta la posesión de Canaán. Expresaron también su determinación de servir al Señor.

4. La respuesta de Josué. No se sabe si expresaron estos votos en un atronador unísono, o por boca de representantes escogidos, o si el historiador tomó el consenso de sus sentimientos al pasar su opinión de boca en boca. Pero es obvio que Josué detectó indicios de doblez en sus voces. Quizás captó la irrealidad de su confesión cuando no dieron señal de abandonar sus dioses extraños. ¿Esperaba él una repetición de la escena que tuvo lugar en aquél mismo sitio tantos años antes cuando, a petición de Jacob, su familia le entregó todos los dioses falsos que poseían. y los aretes, y él los escondió bajo la encina que estaba en Siquem?

Pero no hubo tal reacción. El pueblo se quedó en promesas y no hizo sacrificios. No hubo holocaustos, y Josué conoció muy bien la irrealidad de la confesión que no pasó de las palabras. Esto, dijo en efecto, no es el modo de servir al Señor. Él es un Dios santo, un Dios celoso. Él sacará a luz los pecados secretos de ustedes; no se satisfará con solo el servicio de labios; él no pasará desapercibidos la transgresión y el pecado.

5. La segunda respuesta del pueblo. Estaban llenos de confianza en sí mismos y prometieron que servirían al Señor a todo costo. Allí, de pie ante Josué, se olvidaron de todos los fracasos del pasado, se burlaron de sus temores, se mofaron de las sugerencias de deterioro moral posible, y clamaron: «No, sino que a Jehová serviremos».

El libro de los Jueces niega terriblemente esas orgullosas palabras. ¡Servir al Señor! La primera frase que sigue al registro de la muerte de Josué en ese libro nos dice que: «Los hijos de Israel hicieron lo malo ante los ojos de Jehová, y sirvieron a los baales. Dejaron a Jehová el Dios de sus padres» (Jueces 2:11, 12). Y este informe se repite con monotonía melancólica en casi cada página.

En realidad, la resolución, aunque sea buena y se exprese con fuerza, no es suficiente para hacernos avanzar hacia una vida de obediencia. Nuestra naturaleza moral se ha debilitado tanto por los continuos fracasos que no puede resistir las insinuaciones de los sentidos. El querer está en nosotros, pero no el hacer lo que es bueno. Nadie puede contemplar la estructura de su propia naturaleza sin darse cuenta de la terrible parálisis que ha sufrido. La consagración es posible solamente cuando se concibe, prosigue, y realiza no por nuestro poder sino por la energía del Espíritu Santo.

6. La segunda respuesta de Josué. «Vosotros sois testigos contra vosotros mismos, de que habéis elegido a Jehová para servirle». Es decir, les respondió según sus propias declaraciones y trató de obligarlos a cumplir los votos que habían hecho, ¿No intentaba acaso probarlos aun más, para que se dieran cuenta de la solemnidad de la ocasión, para obligarlos a afrontar la grandeza de la responsabilidad que habían contraído?

7. La tercera respuesta del pueblo. «Testigos somos», respondieron, como, años más tarde, el pueblo contestó a las repetidas propuestas de Pilato, haciéndose responsable de la sangre de Jesús. ¡Ay de su orgullosa confianza y de su terquedad en los propósitos! Alma mía, aprenda, para que cuando se pongan a prueba sus resoluciones se enorgullezca únicamente en Dios. solo en Dios puede saltar barreras, o correr a través de la multitud. Pídale al Espíritu Santo que le ate al altar del sacrificio personal con las cuerdas enrojecidas por la sangre del Calvario, la cuerda plateada de la esperanza en la segunda venida, y la cuerda dorada de la comunión cotidiana con Dios.

8. La reacción de Josué. Como ya era inútil seguir hablando, Josué hizo un monumento de las promesas por las cuales se había comprometido el pueblo. Escribió las palabras de ellos en el libro de la ley de Dios, y tomó una gran piedra y puso el libro debajo de ella. «Y dijo Josué a todo el pueblo: He aquí esta piedra nos servirá de testigo, porque ella ha oído todas las palabras que Jehová nos ha hablado; será, pues, testigo contra vosotros, para que no mintáis contra vuestro Dios». Entonces despidió al pueblo para que volvieran a sus casas.

Hay cierto consuelo que se insinúa por contraste con esta escena solemne. Aun en la Tierra Prometida, el pueblo introdujo el antiguo espíritu sinaítico del deber y la obediencia como condición de su dominio. En Sinaí habían dicho: «Haremos todo lo que el Señor diga». Y lo repitieron en Canaán.

Josué no le dio reposo al pueblo. Si lo hubiera hecho, David no hubiera hablado de otro día de reposo. Canaán fue solo el tipo de la celebración del Sabbat del pueblo de Dios, pero no a plenitud. Cuanto más era solo un tipo material e insatisfactorio. Les sirvió de reposo para las fatigas de la marcha pero no para las capacidades infinitas del alma. El producto de los trigales, viñas, y olivares no podía saciar el ansia de lo infinito que se debe haber hecho sentir en el corazón de Israel al establecerse la nación en la tierra dada por Dios. Así pues, como nos dice el Espíritu Santo, quedaba por encima de todo un reposo abierto por la fe para el pueblo de Dios de todas las épocas.

Llegamos a la verdadera bendición del reposo y la paz solo cuando nos apropiamos de las provisiones del Nuevo Pacto, el cual aunque menciona al nombre, está lleno de las promesas de Dios. Cuando nos declaramos incapaces de mantener la consagración, y nos contentamos con funcionar en el poder del Espíritu de Dios, experimentamos la plenitud de ese reposo que es profundo como el de Dios, semejante al firmamento azul que se esconde tras los rayos de oro que encienden la gloria del ocaso.

Al terminar su tarea Josué se retiró a su heredad, pero la influencia de su carácter y de su ejemplo se dejó sentir mientras vivió, y aun después. Al fin murió de ciento diez años de edad y fue sepultado. Merecía, como el que más, todos los honores que recibió. Aunque no tuviera todos los dones de Moisés —como el hombre de los dos talentos de la parábola, mientras que su gran maestro estaba dotado de cinco—, Josué fue sabio, fuerte, y fiel a la gran comisión encomendada a su cuidado por el pueblo y por Dios; y entre las estrellas que brillan en el firmamento de los cielos, el lustre de Josué no es el menos brillante y claro; pues el hijo de Nun fue como un prototipo del Salvador resucitado y ascendido.

SAMUEL: EL PROFETA DE DIOS

1
UNA ÉPOCA DE TRANSICIÓN
1 Samuel 16:1

La historia de Samuel es un interludio divino entre los días de los Jueces y los del rey David.

Hasta entonces el sumo sacerdocio había sido la autoridad suprema reconocida por el pueblo hebreo. Para Moisés, su fundador, no podía haber sucesor, por supuesto; pero Aarón fue el primero de un linaje ininterrumpido de sacerdotes. Ningún otro oficio representaba a todo Israel. La era mosaica, no obstante, no estaba destinada a culminar con el gobierno de los sacerdotes, que rara vez habían combinado las funciones sacerdotales con las condiciones especiales de mando de un gobernante. El sacerdote tenía que ceder el paso al rey.

Una indicación de que se acercaba un desenvolvimiento nuevo de la política hebrea ocurre en los últimos versículos del libro de Rut. La genealogía, que es el clímax evidente de esa dulce historia pastoril, no tiene relación con Aarón ni su linaje. Trata expresamente de la tribu de Judá, de la cual no se menciona nada con relación al sacerdocio. Está claro que el propósito divino avanzaba, pero ¿hacia dónde? Desde nuestra posición ventajosa de conocer los hechos cumplidos, podemos ver que se movía lentamente hacia el establecimiento del reino bajo la figura de David. Velado para todos los ojos estaba el movimiento aun más profundo hacia la revelación del hombre capaz conocido de modo apropiado como maravilloso, en cuya naturaleza se combinaban en perfecta simetría el sacerdote, el profeta y el rey.

1. La necesidad urgente de un hombre fuerte. En todas las épocas se oye el clamor «¡Dennos hombres!»; pero si alguna vez se necesitó un hombre fuerte, fue en los días de los cuales el libro de los Jueces nos da sorprendentes vislumbres.

Canaán había sido conquistada, pero sus antiguos habitantes no habían sido subyugados completamente. En el sur los filisteos tenían todavía el control de sus cinco ciudades. La fortaleza montañosa, que más tarde se conoció como el monte de Sión, defendida por los jebuseos, se erguía desafiante y orgullosa hasta los días de David. Casi todas las costas del mar y todos los fuertes de la rica llanura de Esdraelón, estaban en manos de los cananeos. El pequeño reino de Gezer permaneció independiente hasta que fue conquistado por el rey de Egipto y dado como dote a la reina de Salomón. En la frontera norte estaban los restos de las poderosas naciones que Josué derrotó en la gran batalla de las Aguas de Merom, pero que probablemente solo daban un acatamiento nominal a la hegemonía de Israel. Si no hubiera sido por la presencia de estas tribus guerreras, nunca hubiéramos sabido de Gedeón, Barac, Jefté, Sansón y David.

En Israel la incesante exposición al ataque se agravó por la ausencia de un gobierno central fuerte; el sacerdocio evidentemente había caído en manos débiles desde los días de Finees. De esto hay confirmación muy firme por el hecho de que Elí salió, no de la casa de Eleazar, el hijo mayor de Aarón, de quien se debiera haber continuado la sucesión, sino de la familia del hijo menor, Itamar. Hay una gran posibilidad de que los representantes de la rama del hijo mayor se habían mostrado incapaces de resolver los desórdenes de la época, y habían sido desechados en favor de cualquiera que mostrara suficiente capacidad para tomar el campo y dirigir las fuerzas de Israel. Tal vez Elí había realizado alguna proeza en su juventud que lo llevó a la posición más elevada que sus compatriotas podían darle; aunque, cuando sabemos de él, da lástima en su decrepitud senil y su debilidad (1 Crónicas 6:4-15; 24:4). De tiempo en tiempo habían surgido algunos profetas como solución temporal. «Les dio jueces hasta Samuel el profeta». El gobierno de un juez era, sin embargo, un rayo de luz muy transitorio en aquélla oscura y tormentosa época.

Así que la nación estaba en peligro de desolación por la anarquía interna y los ataques externos. Sin principio de cohesión, ni punto de reunión, ni guía reconocido, ¿con qué podrían resistir la presión de los cananeos dentro de sus fronteras y de las naciones hostiles desde afuera? «En esos días no había rey en Israel, pero todos hacían lo que les parecía recto según su opinión»; «los hijos de Israel hicieron lo malo delante del Señor»; «los hijos de Israel clamaron al Señor». Estas tres oraciones, repetidas con frecuencia y énfasis, son las claves de todo el libro. Los lazos religiosos eran asimismo muy débiles. Por ejemplo, encontramos el nombre de Baal, deidad fenicia, tres veces entre los nombres de la familia de Saúl (1 Crónicas 8:30, 33, 34). Las historias de Miqueas, Rut, y el exterminio de los danitas, nos dan un cuadro gráfico de la desunión, independencia, y violencia de la época; del libertinaje violento y la exposición al ataque.

Por eso, era necesario introducir un nuevo orden de cosas. La tarea requería un hombre predominantemente fuerte; y esa persona por excelencia, como veremos, fue el profeta Samuel, quien condujo a su pueblo de una época a otra sin una sola revolución y casi sin el disturbio que acompaña naturalmente a un cambio tan grande.

2. Como se satisfizo la necesidad. Los grandes dones de Dios para los hombres vienen a través de las dificultades. Antes de poder entregar a Samuel a su pueblo, Ana tuvo que ser una mujer de espíritu acongojado.

Unos pocos kilómetros al norte de Jerusalén, en los confines de los territorios de Efraín y Benjamín, estaba situada la aldea de Ramataim de Zofim. Era también conocida como Ramá, y ha pasado a la historia del Nuevo Testamento como Arimatea, el pueblo de donde vino José, el que reclamó a Pilato el cuerpo del Señor. Ramataim significa las dos Ramaes, pues pudo haber una superior y otra inferior, a las que se hace referencia en una historia posterior (1 Samuel 9:13). Zofim recuerda a un ancestro de Elcana, llamado Zuf, quien parece haber sido un hombre de considerable importancia (1 Crónicas 6:35; 1 Samuel 9:5). En esta ciudad de las montañas nació un niño que habría de darle interés e importancia, no solo durante su vida, cuando el pueblo fue el foco de la vida nacional, sino por centenares de años.

Hacia los fines de la carrera de Sansón en el sur de Judá, residía en Ramá una familia que constaba de Elcana, levita, y sus dos esposas: Ana (Gracia) y Penina (Perla o Margarita). Antes había vivido en Efraín, y por eso se le consideraba como perteneciente a esa tribu (Josué 21:20). El tener dos esposas no era una violación de las leyes levíticas, que no prohibían la poligamia aunque regulaban con cuidado las leyes matrimoniales.

Se supone que Elcana llevó a su hogar una segunda esposa debido a la esterilidad de Ana; pero, cualquiera que haya sido la razón, esa decisión no le trajo sino miseria. La casa de Ramá se llenó de altercados y disgustos, que aumentaban con la fertilidad de Penina que daba a luz niños, mientras Ana permanecía estéril. Aparte de todo eso, su desolada condición era una aflicción casi intolerable (Génesis 30:1); pero el estar sujeta a las burlas y el sarcasmo punzante aumentaba mucho más su tristeza. Era como si la espada del Señor atravesara su alma, y la arrastrara casi a la tumba; ni siquiera el afecto de Elcana podía calmar el deseo de su espíritu (1 Samuel 1:5, 8; 2:5-8). Pero de todo su sufrimiento nacería el salvador de su país y el gozo de su existencia.

2
LA ANGUSTIA DEL CORAZÓN DE UNA MUJER
1 Samuel 1:15

Podemos inferir que la esterilidad de Ana y las provocaciones de su rival no eran las únicas razones de su tribulación. Como lo prueba su noble canto, estaba saturada con las tradiciones y esperanzas más espléndidas de su pueblo; su espíritu vibraba con los conceptos que inspiraron los cantos de Moisés. Dominada por la agonía de tristeza por la anarquía y confusión que la rodeaban, anhelaba proyectar lo más noble de su ser en un hijo que resucitara la prosperidad menguante de la nación, y le diera bases sólidas. ¿Importaba, acaso, que se viera privada de su presencia y la ayuda de su juventud, si recibiría una recompensa mil veces mayor si tan solo el Señor lo aceptaba como suyo y lo usaba como su medio para lograr la realización de sus planes redentores? Los levitas estaban comúnmente dedicados al servicio del Señor entre los treinta y cincuenta años de edad; pero su hijo, si llegaba a tenerlo, seria entregado al Señor por todos los días de su vida y nunca se cortaría el pelo de la cabeza.

En cierta ocasión, mientras tenía lugar un fiesta en Silo, parece que Ana ya no pudo resistir más, y después que su gente había comido y bebido —ella ayunaba, excepto por las lágrimas—, se levantó y volvió al patio exterior del tabernáculo que había perdido la mayor parte de gloria antigua. «Ella con amargura de alma oró a Jehová, y lloró abundantemente» (1:10). Otros iban con ofrendas quemadas, pero ella fue con el corazón contrito, que Dios no desprecia.

Se nos dice que Ana «oró», y nos conviene estudiar su oración y el resultado de ella.

1. Fue una oración del corazón. Es la costumbre oriental orar en voz alta, pero mientras ella estaba en pie junto a la silla de Elí (26) hablaba en el espíritu; sus labios se movían pero no se oía su voz. Esto indica el progreso alcanzado en la vida divina, y que ella había llegado a conocer el secreto de la comunión íntima con Dios.

2. Su oración tenía como base un nuevo nombre de Dios. Ella apeló al Señor con un nuevo título: «Jehová de los ejércitos». Le pidió que quitara su mirada de las miríadas de santos espíritus que circundan su trono, para ponerla en su abrumadora aflicción y angustia. Ella prometió con palabras, que Elcana ratificó después con su silencio o su consentimiento (Números 30:6-15), que ella no quería su inestimable merced para ella solamente sino para la gloria de

Dios; y prometió también que su hijo sería nazareo desde su nacimiento, es decir que se abstendría de licores, no se afeitaría la cabeza, y no se contaminaría su cuerpo por el contacto con cadáveres humanos.

3. Fue una oración definida. «Que dieres a tu sierva un hijo varón». «Por este hijo oré». Muchas de nuestras oraciones abortan porque no tienen un objetivo específico. Los santos experimentados y versados en el arte de la oración intercesora nos cuentan los maravillosos resultados obtenidos cuando se dispusieron a orar definidamente por la salvación de ciertos individuos, o por algún favor bueno y perfecto para su bien.

4. Fue una oración sin reservas. «He derramado mi alma delante de Jehová». ¡Ah, qué bueno fuera si siguiéramos el ejemplo de Ana con más frecuencia. Cuando el corazón está quebrantado, cuando su frágil maquinaria parece incapaz de soportar el peso de su ansiedad, cuando sus cuerdas se estiran a punto de romperse, entonces al recordar estas cosas, derrama tu alma dentro de ti (Salmo 42:4).

5. Fue una oración perseverante. «Mientras ella oraba largamente delante de Jehová». No que ella o nosotros podamos afirmar que somos oídos por nuestras muchas palabras, sino que cuando el Señor nos da una carga no podemos hacer otra cosa que esperar delante de él.

6. Fue una oración que recibió la respuesta deseada. Elí estaba sentado en su lugar a la entrada del santuario y observaba a Ana. Al principio tal vez las señales de sus penas cautivaron su atención, y él esperaba que ella hiciera audibles sus oraciones, como lo harían muchas otras almas acongojadas. Pero como sus labios se movían sin dejar oír su voz, el sumo sacerdote pensó que estaría ebria, y con rudeza y groseramente la interrumpió con el reclamo: «¿Hasta cuándo estarás ebria? Digiere tu vino» (1:14). Elí juzgó según las apariencias, y está claro que no le había sido revelado el propósito divino. Había degenerado hasta convertirse solo en funcionario, del cual estaban escondidos los planes divinos.

Ana respondió al injusto reproche con mucha humildad: «No he bebido vino ni sidra, sino que he derramado mi alma delante de Jehová». Ella supo, aun antes de la respuesta de Elí, que el misericordioso Señor que lleva nuestras cargas había oído y respondido su oración. Ella había entrado en el espíritu de la oración que, no solo pide, sino que toma. Ella se anticipó a esas maravillosas palabras que, más que todas las demás, descubren el secreto de la súplica eficaz: «Todo lo que pidiereis orando, creed que lo recibiréis, y os vendrá» (Marcos 11:24). Ella supo que había tenido éxito, y la paz de Dios, que sobrepasa todo entendimiento, llenó y guardó su mente y su corazón. Y ella dijo: «Halle tu sierva gracia delante de tus ojos. Y se fue la mujer por su camino, y comió, y no estuvo más triste» (v. 18).

Al día siguiente debían regresar a casa. Pero, ella era una mujer transformada. ¡Cuán diferente había sido su conducta en esta última y breve visita al sagrado santuario! Con rostro alegre entró a su casa que había sido la escena de sus penas. Penina debe haberse preguntado cuál sería la causa de aquél cambio tan grande; pero Elcana era el confidente de su secreto, y la fe de él se robusteció por la confianza indubitable de ella (v. 23).

7. El fruto del sufrimiento. En esta oración podemos observar la semilla sembrada durante años de sufrimiento. El dolor le da al alma una belleza indefinible. Bien puede ser que el dolor largo y agudo que le ha tocado por tantos años, los deseos del corazón, los desengaños, la espera silenciosa, la opresión del alma y el silencio, aun sobre lo bueno, hayan sido necesarios para enseñarle a orar, para indicarle el secreto de la fe que no vacila, como la de un niño, y para prepararle como padre de algún don invaluable para el mundo.

A Ana le sucedió todo según su fe. «Jehová se acordó de ella. Aconteció que al cumplirse el tiempo ... dio a luz un hijo, y le puso por nombre Samuel, diciendo: Por cuanto lo pedí a Jehová».

El buen Elcana tenía un nuevo gozo en su corazón al subir a ofrecer a Jehová su sacrificio anual; pero Ana se quedó en Ramá hasta que el niño fuera destetado, que probablemente sería al completar su tercer año, cuando se les permitía a los niños levitas inscribirse y entrar a la casa del Señor (2 Crónicas 31:16).

Al fin llegó el tiempo cuando se debía presentar el niño al Señor. Los padres salieron a su viaje solemne con el niño. El corazón de la madre estaba ahora tan lleno de alabanzas como lo había estado antes de tristeza. Había aprendido que no hay Roca como su Dios. Su canto, que le sirvió a la madre de nuestro Señor como modelo del Magnificat, es la expresión de un alma rebosante de la bondad del Señor.

Ya había terminado el famoso viaje desde Ramá. El santuario ya se divisaba, donde había sufrido tanto y había orado con tanto fervor. Todo se le atropellaba en la memoria. «Yo soy aquélla mujer que estuvo aquí junto a ti —dijo ella a Elí—. Por este niño oraba, y Jehová me dio lo que le pedí».

Hombres y mujeres de espíritus sufridos: Sufran solamente según la voluntad de Dios y no por causa del pecado; sufran por la iglesia, el mundo perdido, y los que mueren en pecado. Sufran dolores de parto por las almas. Si esperan al Señor, otra vez los hará caminar con trajes de alegría, donde hayan estado antes vestidos de luto y de dolor. Los que salen llorando y llevando la preciosa semilla, de seguro, de seguro, DE SEGURO volverán otra vez alegres, trayendo las gavillas.

EL JOVEN LEVITA
1 Samuel 2 y 3:1

Los eruditos de las Escrituras en todas las épocas han sido cautivados por la figura de este niñito vestido con su efod de lino, o con la túnica que su madre le traía todos los años al subir con su esposo a ofrecer el sacrificio anual.

La madre debe de haber esperado esa vista anual con profundo y casi irreprimible anhelo. Debe de haber sido muy duro dejarlo a tan tierna edad; pero Ana fue consolada por su pérdida. Tenía el recuerdo de esos primeros años, cuando él llenaba la casa con su griterío infantil. Le nacieron después otros niños, tres hijos y dos hijas para quienes el pensamiento de su hermano mayor en su oficio sagrado debe de haber sido un tema de vivo y perenne interés. Con pensamientos amorosos, reverentes, y tranquilizadores se llenaba el corazón de la madre al adornar la túnica, como aquélla «tejida de arriba abajo y sin costura» que los soldados no se atrevieron a cortar.

1. La influencia de una madre. Las madres todavía hacen trajes para sus hijos, no en el telar ni con agujas solamente sino mediante el ejemplo de sus santos y ennoblecidos caracteres, desplegados a diario ante los ojos observadores y sagaces de sus hijos, por sus palabras y conversaciones y por los hábitos de sus devociones diarias.

«El joven Samuel ministraba a Jehová en presencia de Elí». Dormía su sueño inocente e inconsciente de los pecados que lo rodeaban, y atraía el creciente afecto del anciano por su amor reverente y sus procederes amables, y daba mucha evidencia de que se le estaba preparando para convertirse en un eslabón entre Dios y su pueblo, un mediador entre lo antiguo y lo nuevo, entre los turbulentos días de Sansón y la espléndida paz del reino de Salomón.

2. El sacrilegio y los pecados de los hijos de Elí. «Los hijos de Elí eran hombres impíos, y no tenían conocimiento de Jehová» (2:12). La ley de Moisés autorizaba al sacerdote a tomar su porción del todo de las ofrendas por los pecados, el pecho y el hombro derecho de las ofrendas de paz, cuya gordura solamente se quemarla en el altar. El resto del animal se devolvía al oferente para que lo consumiera con sus hijos e hijas, sus siervos y siervas, y el levita que habitara en su población (Deuteronomio 12:12).

El primer acto de toda ofrenda de paz era la aspersión de la sangre por todo el altar; el segundo era quemar la grosura interna. Nunca se comía, sino que siempre era consumida con el fuego. La llama se alimentaba así, como la comida de Dios, quien por así decirlo, comía con el adorador acepto (Levítico 3:16, 17). Después de realizar este rito solemne, la porción del sacerdote era mecida y presentada a Dios, y el grupo de adoradores se repartían el resto, llevando cada uno su porción para la feliz fiesta de sacrificio.

Aquí se presentan los hijos de Elí con su avaricia rapaz. No satisfechos con las porciones asignadas legalmente, enviaban a su siervo detrás de los adoradores con un garfio de tres dientes en la mano, y mientras se cocía la carne para la comida sagrada, metía el garfio en el perol y todo lo que sacaba el garfio, el sacerdote lo tomaba para sí.

Pero ni aun eso satisfizo a los sacerdotes. Procedieron a exigir que después que les hubieran entregado el pecho y el hombro, pero antes de que se cociera el resto, se les debía dar carne cruda de la porción del oferente; ni quemaban la grosura que era la parte esencial de todo el sacrificio, y por la que los adoradores tenían que esperar hasta que se satisficieran sus demandas. Este último toque parece haber ofendido al pueblo sufrido hasta la exasperación. No esperaba el criado hasta que se presentara la porción de Jehová. «Y si el hombre le respondía: Quemen la grosura primero, y después toma tanto como quieras». El sacerdote respondía rudamente: «No, sino dámela ahora mismo; de otra manera yo la tomaré por la fuerza». «Era, pues, muy grande delante de Jehová el pecado de los jóvenes; porque los hombres menospreciaban las ofrendas de Jehová».

Sin contentarse con la extorsión, Ofni y Finees perpetraron los excesos más viles de paganismo entre los bosques y las viñas de Silo. Los ritos licenciosos habían sido desde tiempos inmemoriales asociados con los festivales paganos, pero nunca antes habían manchado las sacras vestiduras de los sacerdotes del linaje de Aarón. Tan depravados eran estos jóvenes que, aunque tenían esposas propias, no dudaron en hacer caer a las mujeres asignadas para desempeñar varias funciones del santuario.

Le daban las quejas al anciano sacerdote; todo el pueblo le contaba del perverso proceder de sus hijos (2:23); pero él se contentaba con darles solamente un regaño muy leve. Sobre esto el Juez divino hace el comentario terrible de que los hijos de Elí se envilecieron, y él no se lo impidió. Y por esta debilidad, esta laxitud fue condenado y depuesto.

3. La necesidad de la educación en la familia. Esto sugiere una pregunta muy seria para los que toman una posición prominente en la iglesia y delante del mundo pero que descuidan sus propias familias. Somos responsables por nuestros hijos. Nuestra debilidad en restringirlos es pecado, el que traerá como consecuencia no solo su castigo sino también el nuestro. Es mejor hacer menos en la iglesia y el mundo que dejar que los niños se vuelvan una miseria para ellos mismos y un reproche para sus padres. Recuerda que una condición esencial para ejercer una función de importancia en la iglesia primitiva era el gobierno sabio e íntegro del hogar y los hijos. Si un hombre no podía mantener en sujeción a sus hijos y gobernar bien su propia casa, seguramente tampoco podría gobernar bien la casa de Dios (1 Timoteo 3:4, 12).

Por encima de todo, debemos buscar la conversión de nuestros hijos a Dios. Como hijo de padres piadosos, no puedo saber la fecha exacta de mi conversión, porque el amor de Dios cautivó mi corazón en mi infancia como la aurora de un firmamento de verano. Pongo mi sello sobre esta palabra de Dios como verdadera: «Mis palabras que puse en tu boca, no faltarán de tu boca, ni de la boca de tus hijos, ni de la boca de los hijos de tus hijos, dijo Jehová, desde ahora y para siempre» (Isaías 59:21).

4
LA VISIÓN DE DIOS
1 Samuel 3

Es muy conmovedor observar las referencias varias al niño Samuel que se repiten al avanzar la narración, especialmente aquéllas en las que se hace un contraste entre su dulce inocencia y el libertinaje violento de los hijos de Elí. Es como un redoble dulce de campanas que se escucha en medio de los truenos de una tempestad.

Ana dijo: «Hasta que lo lleve y sea presentado delante de Jehová, y se quede allá para siempre». «Y lo trajo a la casa de Jehová en Silo; y el niño era pequeño». «Todos los días que viva, será de Jehová. Y adoró allí a Jehová». «Y el niño ministraba a Jehová delante del sacerdote Elí». «Los hijos de Elí eran hombres impíos, y no tenían conocimiento de Jehová». «Y el joven Samuel ministraba en la presencia de Jehová». «Pero Elí era muy viejo; y oía de todo lo que sus hijos hacían con todo Israel ...Y el joven Samuel iba creciendo y era acepto delante de Dios y delante de los hombres». «Y Samuel creció, y Jehová estaba con él, y no dejó caer a tierra ninguna de sus palabras».

Su vida parece haber sido una cinta ininterrumpida de pureza, integridad, y justicia sin tacha. Un solo propósito tuvo en toda su vida que enhebraba todos sus días como las páginas de un mismo libro. No había vacíos ni hendiduras; ni caídas en la sensualidad o el egoísmo; ni hechos ilegales en aquélla época sin ley. Hacia el fin de su larga vida pudo apelar al veredicto del pueblo con memorables palabras que dan testimonio de su conciencia de virtud moral intachable.

Samuel no fue un profeta en el sentido de que predijera el futuro lejano. Pero fue con su santidad y la grandeza moral de su carácter que impidió la ruina de su pueblo.

El regalo más noble que cualquiera de nosotros le puede hacer a nuestro país o a nuestra época es un carácter sin mancha y una vida sin mancilla.

1. La transición de un alma joven. A Samuel le esperaba un cambio necesario e inminente. Hasta ese momento había vivido principalmente por la energía y el poder de la intensa vida religiosa de su madre. Su fe tenía que descansar no en los principios del testimonio de otra persona sino en el hecho de que por sí mismo había visto, saboreado, y palpado la Palabra de Vida. Es muy grande la hora de la vida de una persona cuando lo tradicional, que se ha convertido en hábito por su largo uso, se cambia de repente por una visión amplia de Dios; cuando decimos como Job: «De oídas te había oído; mas ahora mis ojos te ven» (Job 42:5).

¿Cree usted, pues, que Dios se le puede estar acercando, y está a punto de revelarse en el Señor Jesús, y no como al mundo? Él se dispone a transformar su vida y levantarla a un nuevo nivel.

2. La visión de los ojos jóvenes.

a. *Cuando Dios se acercó a su joven siervo, parece que le puso su sello a su fidelidad.* Hasta ahora solo se le había pedido que hiciera pequeños servicios. Estaba bien que el que había sido fiel en lo poco tuviera una responsabilidad más amplia y grande.

b. *La visión* vino al amanecer; pero la lámpara todavía no se había apagado «en el templo de Jehová, donde estaba el arca de Dios». El niño fue despertado tres veces de su inocente sueño. Él oyó que alguien llamaba su nombre y, seguro de que Elí lo necesitaba, tres veces corrió por el espacio que los separaba para presentarse. Cada vez corrió a Elí y dijo: «Heme aquí; ¿para qué me llamaste?»

c. *Elí trató al joven con mucha sabiduría.* Pudo haber actuado como el único depositario de los secretos divinos o fundarse en la dignidad y el orgullo de su oficio. Al contrario, tomando al niño de la mano lo puso en la presencia del Señor. El anciano le dijo dulcemente: «Ve y acuéstate; y si te llamare, dirás: Habla, Jehová, porque tu siervo oye»

d. *El mensaje que se le confió al joven era terrible.* No podemos dejar de preguntarnos si acaso Samuel tuvo temor de contarle la visión a Elí. Con hermosa modestia y reticencia se dedicó a los deberes del día, y abrió las puertas de la casa del Señor, como de costumbre. No quería revelar de una vez todo lo que se le había dicho. Este era otro bello aspecto del carácter del muchacho. Pero él no entendía el carácter de Elí; no se había dado cuenta de que los hombres como él se resignan a lo que venga sin proferir una palabra en su defensa, y cuando saben lo que les espera, responden humildemente: «Jehová es; haga lo que bien le pareciere».

5
DESGRACIA SOBRE DESGRACIA
1 Samuel 4-6

Lo que se narra en estos capítulos (4:1-7:7) cubre un trecho considerable de las Escrituras; tal vez, unos cuarenta años. Fue una época de desunión y anarquía. Después de las muertes de Josué, Caleb, y toda aquélla generación, «se levantó después de ellos otra generación, que no conocía a Jehová, ni la obra que él había hecho por Israel» (Jueces 2:10). No había hombre ni tribu capaz de unir al pueblo bajo un solo gobierno, ni de volverlos a la adoración del Dios único. El corazón de la vida nacional latía débilmente y, según la expresiva frase que representa plenamente la época de los jueces: «Todos hacían lo que les parecía bien en su propia opinión».

Solamente el tabernáculo, el arca, y el sumo sacerdocio ofrecían un lazo común; pero aun su influencia se había reducido mucho. «Los hijos de Israel ...dejaron a Jehová ... y se fueron tras otros dioses, los dioses de los pueblos que estaban en sus alrededores, a los cuales adoraron».

No había, por tanto, nada que impidiera la constante infiltración de las naciones vecinas. Unas veces eran los hijos de Amón al oriente, otras los amalecitas y madianitas del desierto y otra vez los filisteos del suroeste, que invadían la Tierra Prometida. De vez en cuando surgían jueces, pero su autoridad era solo temporal y limitada.

Nuestra historia se refiere especialmente a los distritos sur y medio de Canaán que, pese a las hazañas de Sansón —pues era contemporáneo de la juventud de Samuel—, estaba bajo el yugo tiránico de los filisteos, quienes en este tiempo parecen haber recibido refuerzos de la sede original de su imperio en la isla de Creta, haciendo intolerable la posición de los hebreos.

1. Un intento fallido. «Por aquél tiempo salió Israel a encontrar en batalla a los filisteos, y acampó junto a Ebenezer, y los filisteos acamparon en Afec» (4:1). De esto inferimos que Israel comenzó la guerra porque no podrían soportar el yugo exasperante de Filistea; pero estamos casi seguros de que desde el principio fue una campaña desgraciada y mal dirigida.

Moisés había dado instrucciones claras para el comienzo y la conducción de una campaña (Deuteronomio 20), pero parece que no se pusieron en práctica en esta ocasión. No se llamó a ningún sacerdote para buscar el consejo de Dios, ni siquiera a Samuel. Fue el encendimiento repentino de un espíritu de odio y venganza de una raza de esclavos, que se sentían profundamente heridos por las burlas, los insultos, y el látigo de sus amos.

El ejército israelita, congregado de prisa e insuficientemente armado, sufrió una grave derrota. Cuatro mil hombres quedaron muertos en el campo de batalla, y por toda la multitud se esparció un espíritu de intimidación y desaliento. Tal es siempre el resultado cuando el pueblo de Dios lo deja fuera de sus planes.

2. El arca, no Dios, viene al rescate. Al anochecer de ese aciago día los ancianos de Israel tuvieron un consejo de guerra (v. 3). Era evidente que había que atribuir su derrota a su fracaso en las relaciones con el Señor. Dijeron: «¿Por qué nos ha herido hoy Jehová delante de los filisteos?» Estaban conscientes de que lo habían dejado fuera de sus planes, y de repente se les ocurrió una idea por la cual casi podrían obligarlo a ponerse a su lado contra sus enemigos. «Traigamos a nosotros de Silo el arca del pacto de Jehová, para que viniendo entre nosotros nos salve de la mano de nuestros enemigos».

Recordaron las maravillosas escenas en las cuales esa arca había desempeñado un papel destacado. Su avance siempre había hecho huir y esparcir a los enemigos de Jehová. De seguro haría lo mismo otra vez. No supieron que la ayuda actual del Señor dependía, no de la presencia de un símbolo material, sino de las condiciones espirituales y morales que ellos se debían haber propuesto entender y cumplir.

La llegada del arca, por consiguiente, cargada por los levitas y acompañada por los hijos de Elí como sus custodios, fue recibida con gritos de júbilo por todo el ejército. Parece que Elí no había querido que la sacaran de su sagrado tabernáculo, «su corazón estaba temblando por causa del arca de Dios», pero él había cedido con mucha frecuencia y por mucho tiempo para poder sostener una protesta con éxito. Probablemente nadie más había tenido tales presentimientos, pues cuando el arca del pacto de Jehová llegó al campamento, todo Israel gritó con tan gran júbilo que la tierra tembló».

Tan pronto como los filisteos se informaron de la causa de esta exuberante demostración se sintieron deprimidos a su vez, pues también identificaban la presencia del Dios de Israel con la llegada del arca. Siempre había estado asociada en sus pensamientos con la mano de «estos dioses poderosos ... que hirieron a Egipto». «¡Ay de nosotros! —clamaron— pues antes de ahora no fue así. ¡Ay de nosotros! ¿Quién nos librará?»

Parece que los filisteos se esforzaban para realizar hechos de valor desesperado. Avanzaron al combate con las palabras de sus jefes sonando en los oídos: «Esforzaos, oh filisteos, y sed hombres, para que no sirváis a los hebreos, como ellos os han servido a vosotros; sed hombres, y pelead» (véase 1 Corintios 16:13).

El resultado de ese terrible día fue desastroso en extremo. «Israel fue vencido, y huyeron cada cual a sus tiendas; y fue hecha muy grande mortandad, pues cayeron de Israel treinta mil hombres de a pie». Alrededor del arca deben de haberse amontonado los cadáveres, mientras los hebreos luchaban desesperadamente por defender el símbolo de su fe; pero todo fue en vano, pues el arca fue tomada, y los dos hijos de Elí muertos. Samuel lo había predicho y así sucedió.

Esa tarde un benjaminita, rotos sus vestidos y tierra sobre la cabeza, llevó la noticia a los caseríos y villorrios que quedaban junto al camino abierto hacia Silo; y se levantó un lamento que fue aumentando mientras él corría hasta llegar a su clímax en la ciudad del sumo sacerdote. «Llegado, pues, aquél hombre a la ciudad, y dadas las nuevas, toda la ciudad gritó». Por el tranquilo aire vespertino se levantó un penetrante gemido, pues no había allí nada que pudiera detener la marcha inminente del ejército victorioso sobre la ciudad, privada en un día de sus guerreros, y aparentemente de su Dios.

El anciano Elí, ciego y ansioso, se había sentado en su trono, mirando hacia la carretera principal. Cuando aumentó el ruido del tumulto, preguntó con vehemencia a los sacerdotes y levitas asistentes y, tal vez, a Samuel, en espera como de costumbre para responder a sus pedidos de ayuda, «¿Qué estruendo de alboroto es este?» Al mismo tiempo parece que el mensajero había aparecido frente al grupo para decirle a Elí quién era. Como respuesta a la emocionada pregunta del sumo sacerdote, «¿Qué ha acontecido hijo mío?», sin aviso ni prefacio, y sin preocuparse por ablandar sus palabras, el mensajero se destapó a hablar, yendo en aumento con un tono aterrador: «Israel huyó delante de los filisteos, y también fue hecha gran mortandad en el pueblo; y también tus dos hijos ... fueron muertos, y el arca de Dios ha sido tomada».

El anciano recibió las noticias en silencio. Los primeros tres tiros lo golpearon grave pero no mortalmente; pero «aconteció que cuando él hizo mención del arca de Dios, Elí cayó hacia atrás de la silla al lado de la puerta, y se desnucó y murió». Con su último aliento la esposa de Finees resumió todo el horror de la situación en una sola palabra que expresó como el nombre de su hijo prematuro: Icabod. Era bastante triste haberse quedado viuda; triste que su suegro hubiera muerto en el momento cuando más se le necesitaba; pero era especialmente triste que el arca hubiera sido tomada, pues con ella había desaparecido la gloria. Ella fue un alma veraz y digna de ser contada con Ana por su devoción leal al nombre y la casa de Dios.

Pero sobrevinieron problemas aun peores. En su huida acelerada los israelitas desarmaron lo que quedaba de la sagrada tienda y sus muebles, y lo escondieron. En años siguientes esos restos estuvieron en Nob (1 Samuel 21:1). Apenas habían completado el rescate de las preciosas reliquias cuando la invasión de los filisteos cayó sobre la ciudad desértica como devastadora inundación.

3. El temible nombre de Dios. Esta parte de la historia tiene que ver más con el gradual entendimiento por parte de las naciones vecinas de la verdadera naturaleza del Dios de Israel.

El Espíritu de Dios adoptó en esta ocasión un método muy eficaz para informar a los filisteos acerca de su santidad y su poder. En jubiloso triunfo, ellos habían llevado el arca del campo de batalla al templo de Dagón. El mensaje de un profeta no los habría impresionado; pero no pudieron resistir lo que pasó en las dos mañanas siguientes, cuando encontraron la imagen de Dagón postrada delante del emblema de Jehová, y en la segunda ocasión la cabeza y los brazos estaban separados del cuerpo, de modo que la única parte que quedaba intacta era la cola de pescado al extremo de la figura. Una terrible plaga de tumores cayó sobre los habitantes de cada una de las ciudades a donde se trasladó el arca, y una invasión de ratones destructores en los campos donde la hubieran podido depositar.

Por supuesto, no debemos pensar que Dios no amaba a estas almas rebeldes, pero no había otro medio de convencerlas de la verdadera naturaleza y las prerrogativas de Dios. La forma postrada de Dagón, la dolorosa enfermedad que los azotó, y la devastación de las cosechas los hizo clamar al cielo (5:12): se dieron cuenta de que uno más grande que Dagón los castigaba.

Si los filisteos hubieran podido entender epístolas como las de Juan, sin duda alguna cierto hombre de Dios se las hubiera escrito y comunicado; pero como no podían entender tales medios de instrucción, fueron alcanzados por la caída y quebrantamiento de su ídolo, las plagas que acompañaron el traslado del arca, y la dirección que tomaron las vacas que, aunque iban llorando por sus terneros, llevaron la sagrada carga por la carretera derecha que iba de su hogar a Bet-semes.

También los habitantes de ese pueblo fronterizo tuvieron que aprender una dura lección sobre la santidad de Dios. Él no podía permitirles que manifestaran una indebida curiosidad e irreverencia al manipular el sagrado emblema de su presencia. El ojear dentro del arca como lo hicieron ellos, estaba prohibido a los sacerdotes, y aun al sumo sacerdote mismo, ¿cuánto más a ellos? La rápida retribución que siguió a este acto de irreverencia produjo el reverente reconocimiento de la temible santidad de Dios, cuando decían los hombres de Bet-semes: «¿Quién podrá estar delante de Jehová el Dios santo?» Y por el contrario, cuando el arca se llevó reverentemente a Quiriat-jearim, y con mucho cuidado fue confiada a la custodia de Abinadab y de su hijo Eleazar, la bendición que vino sobre este hogar indicaba el tierno amor y piedad de la naturaleza divina, dispuesta a morar con los que son de corazón humilde y sencillo y que tiemblan al oír su palabra.

6
LA OBRA DE RECONSTRUCCIÓN
1 Samuel 7:2

Mientras ocurrían las cosas que acaban de describirse, Samuel estaba dedicado a la obra noble y grandiosa de la reconstrucción. Parece que la invasión de los filisteos había perdido fuerza en comparación con su primera explosión triunfante, y habían abandonado los territorios ocupados en el interior de Israel. Por eso Samuel pudo proseguir sus trabajos para su pueblo en calma y sin interrupciones, libre de la celosa supervisión y oposición a la cual hubiera estado sujeto si hubiera continuado la ocupación.

Es posible que se haya establecido en Ramá, que le traía tantos recuerdos de su niñez. Allí estableció su centro de operaciones donde los jóvenes se reunían y recibían instrucción en la primera escuela de los profetas; allí también se casó y tuvo dos hijos. Sus nombres reflejan la piedad y la comunión con Dios que tenía su padre: Joel que significa «Jehová es Dios» y Abías «Jehová es mi Padre».

Samuel sabía que había que lograr dos objetivos antes de que se pudiera remediar la triste condición de Israel o realizar el ideal divino. Primero, la unidad nacional tenía que recuperarse de la anarquía en que se había hundido. Era inútil pensar en defender la tierra contra las incursiones de los vecinos mientras cada tribu se contentara con una existencia aislada, repeliendo a sus propios enemigos por algún tiempo, pero indiferente a la condición de sus vecinos israelitas y del país en general. Israel tenía que ser uno, animado por un entusiasmo común por su independencia e integridad futuras.

Lo mismo pasa en nuestra época. Las divisiones de la iglesia son su carga que la vuelven impotente frente a sus enemigos. Es muy triste ver las divisiones entre los cristianos frente a un mundo sarcástico, y nunca podremos hacer que la gente nos crea hasta que hayamos aprendido a magnificar los puntos en los que estamos de acuerdo, y a tener paciencia con todos aquéllos que aman al Señor Jesús y están unidos a él como su cabeza viviente, aunque su método de declarar la verdad difiera mucho del nuestro.

Segundo, los males que habían carcomido el corazón de la nación habia que destruirlos. los lugares de adoración de Baal y Astarot cubrían la tierra. Por todas partes se celebraban orgías terribles de impureza desvergonzada. Y se hacía evidente que solo un gran avivamiento religioso podía salvar al pueblo.

Esta fue la oportunidad de Samuel. «Habló Samuel a toda la casa de Israel, diciendo: Si de todo vuestro corazón os volvéis a Jehová, quitad los dioses ajenos y a Astarot de entre vosotros, y preparad vuestro corazón a Jehová, y solo a él servid» (7:3).

Samuel fue principalmente un hombre de oración. En las páginas siguientes se le conoce como al que invocaba el nombre de Dios (1 Samuel 9:6-9; Salmo 99:6; Jeremías 15:1). Fue además un hombre que tuvo las eminentes virtudes de una vida y reputación inmaculadas. También tuvo sagacidad práctica, y por sus peticiones obró en la conciencia nacional de modo que como resultado «desde el día que llegó el arca a Quiriat-jearim pasaron muchos días, veinte años; y toda la casa de Israel lamentaba en pos de Jehová».

Obsérvense las dos frases: Toda la casa de Israel —la restauración de la unidad perdida— lamentaba en pos de Jehová arrepentimiento nacional, seguido de una reformación general. «Entonces los hijos de Israel quitaron a los baales y a Astarot, y sirvieron solo a Jehová». ¡Ojalá que hubiera un arrepentimiento similar y un regreso a Dios en esta tierra y en esta época!

7
LA VICTORIA DE LA FE
1 Samuel 7:1-14

Después de veinte años de trabajos callados e ininterrumpidos, Samuel guió a su pueblo de modo que volvieran a sentir y a manifestar su antigua unidad, y había un anhelo muy firme de seguir al Señor. Todos los israelitas se unieron para seguir a Jehová, y al hacerlo, se acercaron unos a otros como convergen hacia el centro los rayos de una rueda.

En los versículos tres y cuatro probablemente tenemos la sustancia de innumerables exhortaciones que Samuel les dio a toda la casa de Israel. Él viajó por todo el país, de extremo a extremo, urgiendo a la gente a volverse a Jehová y a desechar los dioses falsos y Astarot. Por todas partes tumbaban a los ídolos de sus pedestales, y se acabaron las orgías viciosas en los bosques y los valles.

1. La convocación en Mizpa. Este movimiento demandó por último una demostración pública, y Samuel citó a todo Israel a Mizpa.

Se dedicó un día al ayuno, como lo exigía la ley para el día de la Expiación. El pueblo confesó sus pecados, afligió sus espíritus, y se humillaron delante del Señor. Además, se introdujo un rito bastante nuevo. Se trajo agua de un pozo vecino y se vertió solemnemente delante de Jehová, como se haría después en la Fiesta de los Tabernáculos.

El derramamiento del agua pudo haber significado que ellos vertían de sus corazones repletos manantiales de penitencia y lágrimas; que deseaban por el peso de sus tristezas lavar su tierra del mal acumulado durante los años pasados; o que el pueblo se daba cuenta de su incapacidad, de modo que eran como el agua derramada en la tierra, que no se podía recoger. Pero, no importa lo que significara, debe de haber sido un espectáculo asombroso. Fue un acto digno de su hombría, y no nos sorprende que, por repentina aclamación, se le nombrara juez (6).

¡Oh, quién indujera a la iglesia de Dios a rechazar las cosas malas que han dañado su testimonio! ¡Cuál no sería el bendito resultado si los hijos de Dios vinieran a otro Mizpa y confesaran, como hizo Israel: «¡Contra Jehová hemos pecado!»

2. La victoria de la fe. Las noticias de esta gran convocación llegaron hasta los filisteos, quienes las consideraron como una señal clara del retorno del espíritu de vida nacional. Y «subieron los príncipes de los filisteos contra Israel» (v. 7). De todas partes arribaron contingentes que formaron un gran ejército, y había mucha razón para temer que se repitiera la experiencia terrible de Afec. Las multitudes israelitas estaban sobrecogidas de pánico. solo les quedaba una esperanza: Dios tendría que venir al auxilio de Israel, o si no serían pisoteados por los conquistadores. «No ceses de clamar por nosotros a Jehová nuestro Dios —dijo el pueblo a Samuel—, para que nos guarde de la mano de los filisteos».

El poder de las oraciones de Samuel ya tenia fama por toda la tierra, como las de Juan Knox en los días de la reina María. El pueblo llegó a creer en ellas; las consideraban como la salvaguardia de sus libertades. Si Samuel oraba, podían contar con la liberación. Sabían que había orado, ahora le rogaban que no cesara.

Pero Samuel hacía algo más que orar. Tomó un corderito y lo ofreció como ofrenda del todo quemada delante del Señor, simbolizando así que el deseo de Israel era estar completamente rendido a la voluntad divina. Debe haber consagración antes de que haya fe y liberación. No basta con rechazar el pecado; también debemos entregarnos absoluta y completamente a Dios. El fracaso en la conducta denota un fracaso en la vida espiritual. Si siempre estás vencido por los «filisteos», entonces puedes estar seguro de que hay algo malo en tu consagración interior.

Mientras se elevaba el humo de esta ofrenda por el aire tranquilo, y los ojos de decenas de millares estaban fijos en Samuel, y su clamor penetrante por la ayuda divina subía al cielo, los filisteos se acercaron para presentarle batalla a Israel. Entonces, de repente, la voz de Dios respondió a los gritos del profeta. «Jehová tronó aquél día con gran estruendo [en hebreo la voz de Dios] sobre los filisteos, y los atemorizó». El firmamento se puso oscuro con la tempestad y el estruendo de los truenos hacía estremecer la montaña. Luego a una señal de Samuel, los hombres de Israel se lanzaron sobre el enemigo fugitivo. Josefo cuenta de otra circunstancia que se añadió a los horrores de aquélla irresistible matanza: «Dios destruyó sus filas con un terremoto; la tierra tembló bajo sus pies, de modo que no había lugar donde pudieran detenerse con seguridad. Caían a tierra indefensos o en las grietas que se abrían bajo sus pies».

La persecución solo terminó cuando los filisteos estuvieron a la sombra de su propia fortaleza en Bet-car, o el Pozo de las Viñas como se la llama hoy en día.

Este es el gran mensaje de toda la historia para nosotros. Si tan solo la iglesia de Dios rechazara los males que entristecen al Espíritu Santo y si nosotros mismos nos separáramos de las cosas mundanas, el Espíritu se interpondría para nuestro bien. El Señor nos libraría, peleando por nosotros contra nuestros enemigos, para que seamos más que vencedores por medio de aquel que nos ama.

8
LA PIEDRA DE AYUDA
1 Samuel 7:12

«Tomó luego Samuel una piedra y la puso entre Mizpa y Sen, y le puso por nombre Eben-ezer (piedra de ayuda) diciendo: Hasta aquí nos ayudó Jehová». Este era el mismo lugar en el que Israel había sufrido la gran derrota que llevó a la captura del arca (4:1). ¡Qué maravilla que la historia de la victoria se contara en la llanura que había sido la escena de la derrota!

Desde aquél momento quedó establecida la supremacía de Samuel en el país. Durante su gobierno como juez los filisteos no volvieron a entrar a Israel. Las ciudades aisladas que los filisteos le habían quitado a Israel le fueron restauradas, desde Ecrón hasta Gat. Los amorreos, que eran parte de los cananeos, consideraron ventajoso aliarse con Samuel y abstenerse de hostilidades (v. 14).

Es sorprendente lo que puede hacer la oración. No solo puede abrir y cerrar los cielos, sino que le da al alma que ora una supremacía indisputada en sus tiempos, de modo que la gente reconozca que el salvador de la ciudad no es tanto el político, ni el intelectual, ni el estadista, sino aquél que ha aprendido a caminar con Dios.

Detengámonos un poco junto a esta piedra para aprender unas lecciones más, pues las piedras tienen oídos y voces. Josué dijo que la piedra que había levantado, al terminar la obra de su vida, había oído, y nuestro Señor dijo que las piedras que tenía alrededor podrían clamar (Josué 24:27; Lucas 19:40).

1. La localización de la piedra. Estaba en un terreno que era testigo de un terrible fracaso y desastre. Se nos dice en el capítulo cuatro que en este lugar se libró la batalla de Afec. «Salió Israel a encontrar en batalla a los filisteos, y acampó junto a Eben-ezer, y los filisteos acamparon en Afec». «Cuando los filisteos capturaron el arca de Dios, la llevaron desde Eben-ezer a Asdod» (4:1; 5:1).

Muchos de los que estaban reunidos alrededor de Samuel cuando él erigió la piedra y la nombró, deben de haber estado presentes, veinte años antes, en ese campo fatal, el ocaso de la gloria de Israel. En cierto punto la lucha debe de haber sido más fiera, y la matanza mayor; allá en la distancia la lucha se había intensificado alrededor del arca de Dios que cambió varias veces de bando durante la batalla. En este momento culminante se habían realizado grandes proezas para impedirle a Israel una vergonzosa huida, pero todo fue en vano. Allí murieron Ofni y Finees.

A pesar de todo esto, y aunque el lugar traía memorias de desgracia y vergüenza, allí fue erigida la piedra que tan bien les recordaba la ayuda divina.

¡Qué consuelo tan grande hay en esto para nosotros! Nosotros también tal vez estemos viajando en esta misma hora por campos de batalla tristemente marcados por la derrota. Una y otra vez nos hemos enfrentado a los enemigos de nuestra paz en conflicto mortal, solo para ser rechazados. Hemos sido dominados por nuestro adversario y vencidos, a pesar de todos nuestros esfuerzos, por nuestro pecado dominante. ¡Anímate! La piedra de Eben-ezer se levantará en el propio campo de la batalla fatal de Afec.

2. La retrospección de la piedra. Qué historia tan maravillosa, si se dijera toda, contaría esta piedra de las asombrosas relaciones de Dios con su pueblo. Veríamos en retrospección los últimos veinte años de paciente trabajo del profeta Samuel para llevar a su pueblo de regreso al Dios de sus padres.

Sabríamos de muchas escenas de acción iconoclasta, pues desde Dan hasta Beerseba había habido una expulsión general de los baales y Astarot, tala de bosques, y demolición de los falsos altares. Recordaba también esa memorable convocación de Israel en Mizpa, cuando se vertió agua delante del Señor con confesión de pecados y en penitencia humilde.

Era un monumento especialmente de la ofrenda quemada que declaraba la resolución de Israel de dedicarse desde entonces completamente a Dios y al penetrante grito intercesor de Samuel. Recordaba, sobre todo aquél momento glorioso en que al acercarse los filisteos para atacar a Israel, «Jehová tronó ...con gran estruendo sobre los filisteos, y los atemorizó, y fueron vencidos delante de Israel».

¿Ha sucedido algo así en su vida? Mucho depende de su respuesta. Si desde su último fracaso y derrota no ha habido actos del alma, como los que tuvieron lugar en Mizpa, no hay posibilidad de ningún cambio en la larga monotonía de sus reveses, a menos que se derrame su corazón delante de Dios, destruya sus ídolos, y se decida a seguirlo plenamente.

Yo testifico del incesante fracaso de mi vida mientras abrigué en mi corazón cosas que eran ajenas a la santa voluntad de Dios. De poco valor fueron las reglas para el vivir santo, las convenciones solemnes y conmovedoras, los libros y los discursos útiles. Hubo una enmienda temporal, pero poco más que eso. Pero cuando la escena de Mizpa se reflejó en el espejo interior del alma, entonces se produjo la victoria en el propio lugar marcado por la derrota. Me gustaría que meditara en esto. Nunca se levantará la piedra de Ebenezer hasta haber estado en pie en la torre de Mizpa y haber arrojado todos los pecados conocidos y toda complicidad que le sea ofensiva al Señor Jesucristo. solo entonces será de provecho y estará disponible la potencia guardadora de Dios.

Dice que no puede. ¡Ah, es el momento cuando el Gran Médico quiere mediar en su rescate y liberación! Él hará lo que usted no puede hacer por sí mismo. La única pregunta es ¿Lo desea? O, ¿está dispuesto a quererlo? Entonces dígale que no puede ser como quisiera, o que no será como debe, y pídale que tome por su cuenta su caso difícil y casi desesperado. No ponga en duda los resultados.

3. La inscripción de la piedra. «Hasta aquí nos ayudó Jehová». De seguro, si la piedra tenía un retrospecto también tendría un prospecto. Su mensaje se extendía tanto al pasado como al futuro. Parecía decir, así como Dios ha ayudado, seguirá ayudando.

En nuestro paso por la vida tengamos cuidado de levantar nuestras piedras de Eben-ezer, para que cuando se nos amontonen nuevas responsabilidades, o nos amenacen dificultades imprevistas, recibamos el valor para cantar como Newton:

Su amor no me deja pensar en lo pasado,
Él no me dejará hundir en mis problemas;
Cada dulce Eben-ezer que he levantado,
Son lemas de su pronta ayuda al alma.

En toda su vida, si tan solo confía en Dios, tendrá la ocasión de levantar estas piedras de ayuda. La última piedra que levantemos estará a las orillas del río de la muerte. Al darle la espalda para siempre a la tierra de nuestra peregrinación, y entrar a la obra y adoración de la eternidad, pondremos una gran piedra para la gloria de nuestro Dios, diciendo una vez más, con un suspiro profundo de perfecta satisfacción: «Hasta aquí nos ayudó Jehová».

9
UN GRAN DESENGAÑO
1 Samuel 7—8

La prueba suprema del carácter es el desengaño y el fracaso aparente. Ahora vamos a ver como se portó Samuel en medio de una gran decepción. Por lo menos se puede decir de él, como se había dicho antes de Job, que todavía se aferraba a su integridad.

1. Cómo surgió el desengaño. Durante los años que siguieron a la gloriosa victoria de Efec, Samuel se dedicó a construir en los corazones de sus conciudadanos algo de esa profunda creencia en el gobierno del Rey Divino que conocemos como la teocracia, y que era de tanta estima para todos los hebreos piadosos.

Su centro de operaciones estaba en su hogar en Ramá que era la escena de su feliz infancia. Desde allí salía a viajes por itinerarios. ¡Quién era él sino el mensajero y ministro del Señor de los Ejércitos? Con toda la fuerza de su carácter y la elocuencia de su oratoria insistía en que el pueblo era vasallo de Jehová. Solo a él debían acatar. De Él recibirían instrucciones en tiempos de confusión y liberación en las batallas. No necesitaban rey: Jehová era el Rey, ni funcionarios, sino solo los que llevaban sus mensajes; ni código legal, sino el que emanaba de él. Era un concepto hermoso e inspirador.

a. *Tenía el mismo propósito cuando instituyó las escuelas de los profetas.* Debemos atribuir la institución de estos centros de aprendizaje al conocimiento que tenía Samuel de su época. El sacerdocio había perdido el derecho a mediar entre Jehová y su pueblo. Era evidente que debía surgir algún otro cuerpo religioso. La situación temporal exigía hombres preparados en la ley de Dios y aptos para interpretar los oráculos sagrados del pueblo, y de cuyo medio se levantarían de vez en cuando hombres que proclamaran desde las azoteas lo que Dios les había susurrado en los oídos en secreto. Estas escuelas florecieron también en los días de Elías y Eliseo; algunas parecían estar en los mismos sitios donde las instituyó Samuel (10:35;19:23, 24; 2 Reyes 2).

b. *En el fracaso de sus hijos vemos que Samuel dejó de darse cuenta de su elevado propósito.* Al envejecer, Samuel fue perdiendo su capacidad para administrar justicia; la carga del gobierno se le volvió muy pesada y nombró a sus hijos como jueces para que le ayudaran. Este experimento dio como resultado un fracaso desastroso. «No anduvieron los hijos por los caminos de su padre, antes se volvieron tras la avaricia, dejándose sobornar y pervirtiendo el derecho».

Esto precipitó la catástrofe; y «todos los ancianos de Israel» vinieron a Samuel en Ramá. «He aquí tú has envejecido, y tus hijos no andan en tus caminos; por tanto, constitúyenos ahora un rey que nos juzgue, como tienen todas las naciones».

Considerándolo desde un punto de vista meramente humano, había mucho que justificaba esta petición. Los filisteos estaban moviendo sus puestos de avanzada hacia el corazón de Israel (13:3, 5); Nahas el amonita era un vecino peligroso de la frontera oriental

(11:1); existía el temor de que el pueblo se desintegrara de nuevo a la muerte de Samuel. Pero, al contrario, la petición quebrantó las esperanzas del profeta.

2. De cómo afrontó Samuel su desengaño. «No agradó a Samuel esta palabra que dijeron: Danos un rey que nos juzgue». No era tanto que lo hubieran rechazado a él, sino a Dios, que no sería Rey sobre ellos. Habían dejado de entender el concepto correcto y habían descendido al nivel de las naciones de alrededor.

Bajo estas amargas circunstancias, se fue a su Puerto de Refugio: «Samuel oró a Jehová».

Luego el Señor le respondió a su siervo. (Siempre lo hace, siempre responde.) «Por nada estéis afanosos, sino sean conocidas vuestras peticiones delante de Dios en toda oración y ruego, con acción de gracias. Y la paz de Dios, que sobrepasa todo entendimiento, guardará vuestros corazones y vuestros pensamientos en Cristo Jesús» (Filipenses 4:6, 7).

3. La respuesta y el consuelo divinos. Cuando Samuel clamó a Jehová acerca de su crítica situación, la respuesta divina aclaró que tendría que abandonar el querido ideal de toda su vida. En la mente del profeta quedó la impresión nítida de que tenía que renunciar a su elevado propósito, y descender para subordinarse a un rey. Su poderoso amigo y confidente le dijo: «Oye la voz del pueblo en todo lo que te digan».

Pero al mismo tiempo su tristeza se mitigó grandemente porque descubrió que Dios también sufría con él, y que la tristeza del corazón divino era infinitamente mayor que la suya. «No te han desechado a ti, sino a mi me han desechado» (v. 7). Es un gran honor que una persona sea llamada a compartir con Dios en el dolor y la tristeza terribles que ponemos sobre su tierno y santo Espíritu.

El sufrimiento de Dios. Ninguno debe considerar extravagancia el atribuir sufrimiento a Dios, por causa del rechazo de los corazones humanos, que rehusan su reino y tienen en poco el Espíritu de su gracia. Cristo nos enseñó que Dios no es impasible. Él anhela, sufre, ama, como los padres humanos, solamente con intensidad divina, que es más profunda y elevada.

El profeta dice que Dios estaba oprimido por la carga del pecado y la rebelión del hombre, como la carreta que chirrea bajo su carga.

4. La actitud noble de Samuel respecto al pueblo.

Sin duda alguna, la petición del pueblo de un rey tenía como fundamento parcial Deuteronomio 17:14, que parecía anticipar la crisis que ahora se presentaba. Pero la petición se le había hecho a Samuel prematuramente. En vez de tratar de entender el pensamiento de Dios, el pueblo había tomado su propia decisión; en vez de consultar al anciano profeta, dictaron ellos mismos las normas que ya habían decidido.

Bajo estas circunstancias, y por instrucción directa de Dios, Samuel protestó solemnemente a la embajada de ancianos —y por medio de ellos a todo el pueblo—, haciéndoles saber la clase de rey que tendrían. Era imposible que el rey exigido con un espíritu tal como mostraba el pueblo pudiera ser un hombre según el corazón de Dios. Ellos querían un rey que, en su estatura y comportamiento, en sus hazañas y hechos bélicos, fuera digno de comparación con los monarcas vecinos. Esto era de mucho más valor para ellos que el carácter, la obediencia a Dios, o la lealtad al código mosaico. Y como ellos querían, así se hizo. A menudo sucede que Dios nos da según nuestra petición, pero pone desconsuelo en nuestras almas (Salmo 106:15).

Los peligros que Samuel previó. Toda la extravagancia y prodigalidad de la vida humana, que eran las compañeras comunes de la realeza en los países vecinos, estaban destinadas a aparecer en la corte de los reyes de Israel. Obligarían a los jóvenes a hacer sus armas, pelear sus batallas, y servir en su propiedad real. obligarían al pueblo a trabajar gratis en el labrantío de su tierra. De las hijas y esposas del pueblo exigirían perfumadoras y panaderas y otros lujos exquisitos del gusto real. Confiscarían a su gusto viñas y olivares, las fincas y las tierras. Un pesado sistema tributario se impondría al producto de la tierra y del ganado que cubría los pastizales mientras que el pueblo tendría que contentarse con ver solamente que su dinero, ganado con el sudor de sus frentes, se malgastaba en los placeres y excesos sensuales del palacio. Una experiencia breve de este tipo de gobierno produciría un clamor universal, al darse cuenta la nación del grave error cometido; pero esta decisión apresurada sería irreparable.

Tanto la protesta como la reconvención de Samuel fueron vanas. «El pueblo no quiso oír la voz de Samuel, y dijo: No, sino que habrá rey sobre nosotros». Confiaron en el hombre y en el brazo de carne; su corazón se apartó del Señor; y en el futuro estaban destinados a ver a su rey asesinado, sus tierras destruidas, y los bienes nacionales reducidos al mínimo.

Cuando Samuel vio que el pueblo ya había tomado su decisión, despidió la asamblea y se dedicó a hacer por ellos todas las cosas de la mejor manera posible. Se propuso formar una organización completamente nueva. Al hacer esto, tuvo que sacrificar sus convicciones previas y violentar su buen juicio; pero cuando vio que no le quedaba alternativa, se volvió el organizador más dedicado y eficaz del nuevo sistema.

10
LA VOZ DE LAS CIRCUNSTANCIAS
1 Samuel 9-10

Ya amanecía en el cielo oriental, cuando tres hombres descendían por la empinada cuesta de Ramá y salían por las puertas de la ciudad. Era un grupo notorio aquél: el anciano vidente, un «joven y hermoso», rey elegido, aunque él no lo sabía, y su siervo Doeg, quien más tarde adquirió una infeliz notoriedad, según la tradición, pero era en ese tiempo un simple pastor al servicio del hijo de su amo. «Y descendiendo ellos al extremo de la ciudad, dijo Samuel a Saúl: Di al criado que se adelante, mas espera tú un poco para que te declare la palabra de Dios» (9:27).

1. Las circunstancias que condujeron a este incidente.

a. *Se habían perdido las asnas de Cis, padre de Saúl.* «Dijo Cis a Saúl su hijo: Toma ahora contigo alguno de los criados, y levántate, y ve a buscar las asnas».

Cuando salieron de casa no sabían lo lejos que los iba a llevar esa búsqueda. «Y él pasó el monte de Efraín, y de allí a la tierra de Salisa, y no las hallaron. Pasaron luego por la tierra de Saalim, y tampoco. Después pasaron por la tierra de Benjamín, y no las «encontraron».Pasaron tres días en esta infructuosa búsqueda, deteniendo. a todos los viajeros, haciendo muchas preguntas y examinando todos los senderos. Pero de nada valió todo eso.

b. *Por la providencia de Dios, que algunos llaman suerte, los buscadores se encontraron en la tierra de Josué,* y allí al pensar en la posible ansiedad de su padre, el joven campesino se detuvo y dijo: «Ven, volvámonos; porque quizá mi padre, abandonada la preocupación por las asnas, estará acongojado por nosotros». Esta declaración indicaba una tendencia admirable y buena del carácter de Saúl. En general, el hombre que se preocupa por los sentimientos de sus allegados tiene grandes posibilidades de ser un buen gobernante de hombres.

c. Después de decidirse a ofrendar la pieza de plata descubierta en el fondo del bolsillo del siervo, como su regalo para el vidente, los dos hombres se dirigieron hacia la puerta de la pequeña ciudad, «que estaba sobre una colina», y cuyas casas blancas relumbraban con la intensidad de la luz del sol. Las mujeres jóvenes, a quienes les hicieron preguntas, el hecho de que Samuel estuviera en la ciudad y en camino a una fiesta en el lugar alto, el encuentro con Samuel mismo en la calle principal, y las noticias de que las asnas habían sido encontradas, eran como señales que les indicaban el camino que debían seguir, hasta que llegaron al lugar que les esperaba: el puesto de honor y la porción de carne preparada por orden especial del profeta.

¿Hay algo tan trivial que no merezca incluirse en el plan divino? Nunca olvidemos que las asnas extraviadas, el encuentro inesperado en la calle, la presencia o ausencia de una moneda en el bolsillo, son todos parte del plan divino para Saúl; así que el ojo vivo, el oído aguzado y el corazón obediente detectan las cosas que Dios ha preparado para los que lo aman.

2. El incidente de la primera unción de Saúl. Saúl durmió en el terrado de la casa de Samuel aquélla noche. El profeta le había preparado cama allí con un propósito especial que ardía como llama intensa en su corazón; pues cuando la casa estuvo en silencio, subió a ver al joven que estaba meditando en los sucesos del día y «habló con Saúl en el terrado».

Con mucho cuidado Samuel despertó al joven Saúl, hijo del campo, quien posiblemente había vivido en una zona circunscrita y estrecha, y que tenía más interés en rebaños y ganado, en viñas y cosechas, y en las conversaciones de los granjeros que en el bienestar nacional.

Samuel lo despertó antes que la brisa que anunciaba la aurora comenzara a mover las hojas del bosque durmiente. «Samuel llamó a Saúl, que estaba en el terrado, y dijo: Levántate, para que te despida». Entonces, al llegar al extremo de la ciudad mandaron al siervo adelante y los dos se quedaron atrás. Samuel sacó de sus vestiduras un frasco con óleo y lo vertió sobre la cabeza joven y fuerte que se inclinó a su toque. Y le dijo: «¿No te ha ungido Jehová por príncipe sobre su pueblo Israel?»

Fue la hora suprema de la vida de Saúl. No es de maravillarse que «al volver él la espalda para apartarse de Samuel, le mudó Dios su corazón». En cierto sentido, aunque no el más profundo, las cosas viejas pasaron, y todo fue hecho nuevo.

11
HAZ LO QUE TE VINIERE A LA MANO
1 Samuel 10:7

Las circunstancias se combinaron para que Samuel designara secretamente a Saúl como rey; y este acto extraordinario sería corroborado también por medio de hechos tan importantes y especiales que llevaban en sí la marca divina. El anciano profeta los previó con precisión infalible, y así mismo ocurrieron. «Todas estas señales acontecieron en aquél día».

Primero, junto a la tumba de Raquél, dos hombres lo hallaron y le dijeron que las asnas habían sido encontradas y que su padre había dejado de preocuparse por ellas, y ahora pensaba en su hijo, diciendo: «¿Qué haré acerca de mi hijo?» Cuando Dios ha hecho un llamamiento, tan claro e inconfundible como el que recibió Saúl de labios de Samuel, el recipiente debe esperar confiada y pacientemente a que la profecía se cumpla. Muy pronto recibirá el mensaje en alguna forma, como Saúl: «las asnas ... se han hallado». Cualquier circunstancia de esa clase será una confirmación inconfundible de que la voz del Señor le ha estado hablando al corazón, y que su nube nos indica que lo sigamos.

Después de seguir su camino, lleno de admiración y temor, cerca de la encina de Tabor (cuya situación es completamente desconocida), Saúl encontró tres hombres que iban en peregrinación santa a Betel.

Estos hombres llevaban, como dijo Samuel, sus ofrendas votivas para el santuario: tres cabritos, tres tortas de pan, y una vasija de vino. Después de saludar a Saúl con el invariable saludo oriental, «la paz sea contigo», le entregaron dos tortas de pan, como si obedecieran una convicción interior impresa por el Espíritu divino de que aquél que habían encontrado no era un viajero cualquiera, sino uno que podía compartir el homenaje de ellos aun con el Dios todopoderoso.

Finalmente, Saúl llegó al collado de Dios (Gabaa). Algunas traducciones anotan que había una guarnición de los filisteos allí; pero otros comentaristas, al pensar que es improbable que Samuel le anunciara a Saúl un hecho que este debía de conocer bien, han preferido emplear el otro significado de la palabra que se tradujo guarnición, y han traducido: «donde está el monumento de los filisteos», erigido posiblemente para conmemorar alguna victoria famosa.

Cerca de este sitio, y tal vez a la vista de su casa, Saúl encontró un grupo de jóvenes relacionados con la escuela profética establecida por Samuel. Descendían del lugar alto con salterio, pandero, flauta y arpa. Tenían la inspiración del fervor y el éxtasis proféticos, y al contemplar Saúl su arrobamiento santo cayó en éxtasis también. «El Espíritu de Dios vino sobre él con poder, y profetizó entre ellos».

No debe asombrarnos esta afirmación. No es extraño encontrar personas afectadas temporal y espasmódicamente por impresiones religiosas fuertes sin haber sido libradas de forma permanente y para salvación de su antigua manera de vivir mundana y egoísta.

Lo que para Saúl fue solo una influencia transitoria y superficial puede llegar a ser para cada uno de nosotros una posesión permanente. El Espíritu de Dios puede venir sobre nosotros y llenarnos, y morar en nosotros, como hizo con los que lo recibieron en la iglesia primitiva. En olas sucesivas de poder y gracia puede venir a nosotros, para que no solo seamos llenos del Espíritu repentina y poderosamente para cierta obra sino para que en todo momento estemos conscientes de su santa presencia en nosotros, como lo estuvieron los primeros conversos de las tierras altas del Asia Menor; para que seamos llenos de modo permanente, como Esteban. (Hechos 4:8; 6:5; 13:52).

Siempre que Dios nos llama a un servicio especial nos da una unción especial del Espíritu Santo. Esta es una verdad universal. Y si nos llama, también nos equipa para cumplir sus propósitos en el llamamiento.

La transformación del joven campesino asombró a todos los que lo conocían antes, y se decían uno al otro: «¿Saúl también entre los profetas?» Produjo tanta conmoción como cuando Saulo de Tarso se unió a los cristianos, a quienes había perseguido, o cuando Bunyan y Newton se volvieron ministros del evangelio. Uno de los ancianos, sin embargo, entendió la razón de lo ocurrido. Los rumores de la entrevista de Saúl con Samuel comenzaban a circular, y dijo: «¿No ha estado él con Samuel, el padre de estos profetas benditos y exaltados? No nos sorprenda, entonces, que él participe de sus dones».

Cuando su primera excitación emocional se aplacó y recobró el control de sí mismo, Saúl subió al lugar alto, tal vez a meditar y orar para poder entender toda la importancia de lo que le había sucedido recientemente. ¿A quién iremos, ¡oh, Dios santísimo! en los momentos supremos de la vida, sino a ti? Solo tú puedes entender.

Antes de despedir a su asustado huésped Samuel le dijo: «Haz lo que te viniera a la mano» (10:7). Siempre se puede usar el sentido común santificado. Las circunstancias pueden ser de origen divino, pero nosotros podemos usarlas para bien o para mal, para ayuda o para estorbo la guía divina de nuestras vidas no elimina la necesidad del ejercicio de la discreción, el mirar lo que está antes y después, y consultar con Dios en oración, para ver cual sea la voluntad del Señor.

En la vida hay siempre necesidad de ejercitar nuestro buen juicio, a través del cual pueda brillar la luz de Dios como a través de un cristal transparente. No somos marionetas, ni criaturas del destino o el azar, ni autómatas. Si pedimos la guía divina, se nos da gratuita y abundantemente, pero debemos usarla. De lo contrario nada sirve. Solamente los que reciban la abundancia de la gracia y el don de justicia reinarán en vida.

12
CONFLICTOS INTERNOS Y EXTERNOS
1 Samuel 11

El versículo once registra una gran victoria. Fue el primer acto público del reinado de Saúl y tuvo ocasión un mes después de su unción como rey. De una vez justificó su selección y silenció a sus detractores; surgió a los ojos del pueblo y de las naciones vecinas como todo un hombre y verdadero rey.

Pero en este capítulo, si observa bien se verá otra lucha implícita. Está la batalla externa que Saúl peleó por Israel; y la batalla interna previa que luchó solo, contra sí mismo. Y fue por haber vencido en esta, de la que no había señales para el pueblo, que salió triunfante en su conflicto con Nahas.

1. La lucha interna, el conflicto, y la victoria de Saúl.

a. *Luchó contra la tentación sutil del orgullo.* Samuel quería constituir el nuevo reino y convocó una gran asamblea nacional en Mizpa, donde habían tenido lugar antes una gran victoria y una derrota terrible. En gran tumulto se reunieron allí los israelitas y procedieron a elegir a su rey por sorteo, luego de haber invocado a Dios. Después de orar se echaron las suertes y se le dejó la disposición del resultado a Dios. Primero salió favorecida la tribu de Benjamín, luego el clan de Matri, entonces la familia de Cis, y por último, se escogió a Saúl hijo de Cis; pero él no aparecía por ninguna parte. Él sabía por su conversación anterior con Samuel que era el rey escogido por Dios; el óleo de la unción ya había corrido por su cabeza; tenía porte real y sobresalía en estatura por encima de todo el pueblo. Si hubiera querido pasar al frente y dejar que la ambición lo dominara, ese era el momento en que Saúl debía haberse adelantado y presentado al pueblo como el candidato indisputable a la corona. Pero, no estaba allí y en vano lo buscaron por todas partes. solo cuando se echaron las suertes por el Urim y el Tumim la segunda vez, lo encontraron escondido entre el bagaje.

Esta modestia era hermosa en extremo, y nuestra admiración de las tendencias naturales del carácter de Saúl se ensancha mucho por su discreción. Nos recuerda a Atanasio, que salió de la ciudad de Alejandría para que no lo eligieran obispo; y a Ambrosio, quien más de una vez trató de evadir la responsabilidad que se le impuso en Milán.

b. *Tuvo que vencer la fuerte tentación de la venganza.* Entre los gritos de «¡Viva el rey!» y el aplauso de su nombramiento estaban las voces de sus detractores, hombres de Belial, que murmuraban: «¿Cómo nos ha de salvar este?» Estas voces han de haber aguijoneado el corazón de Saúl, pero el dominó el deseo de venganza y apagó todas las brasas que el odio podía haber encendido. Y no es que fuera tímido o flojo, pues en el mismo capítulo se nos dice que cuando oyó el clamor de Jabes de Galaad «se encendió en ira en gran manera». Podía enojarse contra la injusticia, pero en el caso de sus detractores se contuvo y «disimuló».

En el original hebreo dice que «se hizo el sordo», aunque las palabras contrarias le quebrantaran el espíritu. Damos señales de gran poder cuando podemos disimular o no hacer caso a las calumnias, la detracción, y los discursos faltos de bondad y caridad, y los tratamos como si nunca se hubieran dicho. Quitamos la mirada de los hombres para ponerla en Dios, dejando que él haga justicia, creyendo que, tarde o temprano, él nos dará la oportunidad, como a Saúl, de probar nuestro temple y valor.

Si Saúl les hubiera concedido atención a esos hombres, tal vez se habría puesto en una situación bastante difícil; pues si hubiera desoído sus calumnias, quizá hubiera pasado por cobarde; y si hubiera reaccionado enérgicamente contra ellos, lo habrían tildado de tirano y posiblemente se le hubiera apartado un gran número de gente. No pudo haber hecho nada mejor que pasar por alto a sus detractores, y dominar el espíritu de venganza mediante el control de sí mismo.

c. *La tentación de la ostentación.* Cuando la asamblea se dispersó, Saúl se fue de Mizpa a Gabaa. Él había sido designado por Samuel y besado en señal de sumisión. Todo indicaba que él era el escogido de Dios para Israel; había estado en pie en medio del clamor de la gente reconocido como el rey de Israel; tal vez algunos jóvenes, enardecidos por entusiasmo leal habrían salido a su camino para acompañarlo a su casa con cantos de alegría. Él sabía que podía reunir a su derredor a los más poderosos y distinguidos del país; sin embargo, de regreso a Gabaa fue lo bastante noble para volver a su rústica vida de campesino. De nuevo empuñó el arado y, durante un mes, trabajó con los bueyes en el campo, meditando mucho en la extraña suerte que le había tocado y pensando en cuándo le permitiría Dios comenzar a disfrutar de la realeza que ya era suya.

Estos eran los rasgos de un espíritu verdaderamente grande. No olvidamos tampoco a Gilboa y la locura horrible que destruyó su carrera. Recordamos que le arrojó su jabalina varias veces a David; que se volvió melancólico y malhumorado; que manifestó sentimientos homicidas; y que se suicidó. Pero, en esta época de su vida, por lo menos, permaneció humilde; dominó el deseo de venganza y dejó que Dios lo justificara; sometió la ostentación que nos tienta a todos; y se dedicó a sus labores cotidianas, en espera de la señal de Dios para tomar las riendas del gobierno. Esto es motivo de gran admiración.

2. El conflicto externo. Una noche en que Saúl regresaba del campo oyó esos quejidos de tristeza y pánico con que la gente del Medio Oriente manifiesta su angustia; y al acercarse a Gabaa preguntó qué significaba aquéllo: «¿Qué tiene el pueblo que llora?» Entonces le contaron la historia de que al otro lado del Jordán, en la tierra de Galaad, la ciudad de Jabes estaba bajo fuerte presión de los amonitas. Bajo el mando de Nahas, el rey, se había reunido en gran número alrededor de la ciudad sitiada. Sus ciudadanos habían hecho ya todo lo posible por resolver la situación, pero todo había sido en vano. El inclemente rey Nahas solo les había dado una semana de tregua, y si al cabo de ese tiempo no obtenían liberación de afuera, le sacaría el ojo derecho a cada uno de los hombres del lugar, lo cual los inutilizaba para la guerra, pues el ojo izquierdo estaba generalmente cubierto con el escudo.

Los mensajeros vinieron desesperados a Gabaa de Benjamín, porque en los días de los jueces Jabes de Galaad no quiso tomar parte en la guerra de exterminación contra los benjaminitas, y habían dado en matrimonio cuatrocientas hijas a los hijos de Gabaa. Había entonces lazos de consanguinidad entre los dos pueblos, y en esta hora terrible creyeron que tenían derecho los de Jabes a pedir la ayuda de Gabaa. Y si ellos no los ayudaban, entonces ¿quién? Pero los de Gabaa también se desesperaron. Parecía imposible enviar una ayuda eficaz en tan corto tiempo. Saúl vivía allí, pero no había esperanza de que él pudiera ayudarles. El día ya declinaba y la angustia era desesperada.

Entonces el hombre que se había vencido a sí mismo, de repente se dio cuenta de que había un poder completamente nuevo en su corazón. Se nos dice que «el Espíritu de Dios vino sobre él con poder»; un poco más adelante dice que «cayó temor de Jehová sobre el pueblo»; y más adelante aun: «Jehová ha dado salvación en Israel».

De inmediato Saúl recogió sus bueyes, los mató, y envió sus pedazos por toda la tierra. Sir Walter Scott cuenta también que de modo similar los antiguos capitanes de las tierras altas solían convocar a las familias para la guerra enviando la cruz de fuego. Por todo Israel el pueblo obedeció el llamado real. Al principio eran una multitud sin disciplina; pero Saúl, en el poder de Dios, los comandó, enviándolos por tres rutas diferentes, para caer sobre los amonitas por la mañana. Se envió un mensaje a Jabes para informarle a la gente que la ayuda estaba en camino, y se alegraron. Luego, al despertar la mañana sobre los silenciosos valles y collados de Galaad, por tres lados diferentes Saúl lanzó su ejército contra las huestes dormidas de sus enemigos. Se pusieron en pie, sobrecogidos de pánico; medio dormidos no pudieron resistir el ataque de Israel; y la derrota fue tan completa que al mediodía no quedaban ni dos hombres juntos. Fue una victoria maravillosa y un comienzo propicio para el nuevo reino.

13
¿DESAMPARADO? ¡NUNCA!
1 Samuel 12:22

Como toda la tierra vibraba de emoción al oír las noticias del triunfo de Saúl y la liberación de Jabes, le pareció a Samuel que la situación era favorable para confirmar el reino en manos de Saúl, y convocó a la nación a una gran asamblea en Gilgal.

Era el lugar donde Israel había acampado la primera noche después de cruzar el Jordán, y todavía se podían ver las doce piedras que conmemoraban la ocasión. Allí se había realizado el acto de la circuncisión para limpiar al pueblo del descuido del desierto, y allí se había celebrado la primera pascua en la Tierra Prometida. En medio de estos monumentos y grandes recuerdos se reunió el pueblo que venía de cerca y de lejos para coronar a Saúl como rey. Había sido designado en Mizpa, y sería coronado en Gilgal. Era la inauguración de su reino, su ratificación y confirmación por todo el pueblo. Después de esta gran ceremonia, Saúl y el pueblo se alegraron y presentaron ofrendas de paz y de acción de gracias delante de Dios; este, también, fue el momento que escogió Samuel para dejar su oficio de juez: el último de los jueces y el primero de los profetas.

1. La renuncia de Samuel. Con la cabeza descubierta y delante de su vasto auditorio, señalando sus blancos cabellos, Samuel dijo: «Yo soy ya viejo y lleno de canas ...he andado delante de vosotros desde mi juventud hasta este día». Ansiaba obtener del pueblo una justificación de la impecabilidad de su carrera. Por eso afirmó: (Paráfrasis del autor) «Nunca los he calumniado, ni agraviado. Ni he tomado el buey ni el asno de ninguno. ¿Puede alguien acusarme de haberle quitado siquiera una sandalia, como cohecho, que no pueda yo mirarlo a los ojos?» Y todo el pueblo con voz unánime contestó: «Nunca nos has calumniado ni agraviado, ni has tomado algo de mano de ningún hombre».

Pero el anciano no estaba contento todavía; quería obligar al pueblo con un juramento solemne, delante de Dios y del rey; y por eso dijo, levantando sus manos al cielo: «Pongo a Dios por testigo contra ustedes en este día, y también contra su ungido, de que lo que ustedes han dicho es verdad». Y el pueblo respondió al unísonono: «Él es testigo». El anciano quedó tranquilo y añadió: «Sí, Dios es testigo; el mismo Dios que sacó al pueblo de Egipto y designó a Moisés y a Aarón».

2. Samuel describió los pecados del pueblo. Fue una gran oportunidad para mostrarles en qué habían pecado. El hombre cuyas manos están limpias de maldad puede ser el crítico sincero del mal de otros, Samuel trató de persuadir al pueblo sobre varios asuntos, y se atrevió a sacar a luz los crímenes de su nación, para que los vieran tales cuales eran.

Primero les indicó la diferencia entre el método de procedimiento antiguo y el nuevo. Los hizo regresar con la imaginación a Egipto y les dijo más o menos esto: Cuando sus padres estaban en la esclavitud en Egipto y bajo la opresión de Faraón, ustedes clamaron a Jehová y él en su misericordia les dio la liberación. Y cuando en la época de los jueces ustedes fueron oprimidos por Sisara, luego por los filisteos, y después por el pueblo de Moab, ustedes le pidieron a Dios que los liberara, y él lo hizo; pero, ahora, cuando Nahas amenaza con invadirnos, y la tormenta se alcanza a ver en el horizonte, en vez de reunirse a orar, me insisten en que les ponga un rey. ¿Por qué se han degenerado así? ¿Por qué fue la oración su recurso natural hace trescientos años, y ahora la desprecian? ¿No es por su falta de oración que se han ido a la deriva, abandonando la posición en que por largos años estuvieron anclados? Este es un gran pecado.

Segundo, al hablarle al pueblo, les dio una nueva interpretación de su historia pasada. Señaló las catástrofes sucesivas que el país había sufrido. Samuel, por supuesto, admitió las aflicciones del pueblo, pero aclaró que la causa no era la presencia ni la ausencia de la monarquía sino la falta de rectitud de propósito y de devoción a Jehová.

En tercer lugar le recordó al pueblo que Dios nunca había dejado de mandarles a los israelitas un guía cuando se necesitaba: Vean que sin falta y como respuesta a la oración, Dios les ha enviado los capitanes necesarios. ¿No podían haber confiado en él ahora, como en el pasado, y en vez de pedir un rey con tanta urgencia, haber esperado a que Dios obrara por ustedes como antes?

Por último, tal vez les dijo así: Compatriotas, ustedes se han degenerado mucho; han faltado a la fe; han pedido un rey visible y se han olvidado del Señor invisible. Se han refugiado bajo la idea de una realeza nueva, viendo que Dios era su Rey, su cabeza, y el capitán y patrón de la nación. Debieron haber descansado solo en él.

Samuel tuvo un gran gesto de valentía, nobleza, y justicia al mostrar al pueblo que se había apartado de la verdadera fortaleza de la fe para caer en el ateísmo práctico y la incredulidad.

3. La seguridad dada por Samuel. Después de pasarle el mando a Saúl, quién seguiría como jefe y pastor del pueblo escogido, y después de tratar del fracaso y la degeneración de Israel, dijo además con inimitable dulzura: «Jehová no desamparará a su pueblo, por su grande nombre». ¡Guarda estas palabras en tu corazón, y déjalas que penetren tu alma como una melodía!

El anciano profeta continuó: «Jehová ha querido haceros su pueblo». Dios oculta sus razones. Ama porque quiere. Esta seguridad es para todos los hombres:

a. *Como individuo.* Dios no te desamparará. Él no te escogió por tu bondad ni tu belleza, y no te desamparará porque no hayas hecho lo mejor que podías hacer. Él te ha hecho su hijo por adopción y gracia, no porque tuvieras en ti nada que lo atrajera especialmente, sino porque él quiso. Le plugo a Dios hacernos sus hijos e hijas. Tal vez hayamos pecado contra él y hayamos contristado su Santo Espíritu; tal vez nos hayamos contaminado con los inconversos con los cuales moramos; pero Dios no abandonará a su pueblo. Si así fuera, se podría decir que su amor no era infinito, que cesaba después que el pecado llegara hasta cierto punto, que no excedía los limites del pecado. También se podría impugnar su poder, pues los perdidos en el infierno podrían jactarse de que él había tratado de hacer más de lo que podía realizar; que no había calculado bien el costo.

Habría también una imputación a su inmutabilidad. Se sabría por todo el universo que él tomó un alma pecadora, la limpió y la vistió, la amó y la bendijo, y luego cambió de parecer. Al saberse que Dios puede ser inconstante, el palacio de la eternidad vacilaría, temblaría el trono de los cielos y el firmamento poderoso se convertiría en un caos. Dios no deja la obra que ha comenzado en el corazón del hombre. Por eso podemos saber que somos salvos. ¡Amado lector, Dios no te dejará!

b. *La iglesia.* ¿Por qué no podía Dios olvidar a Israel? Porque el pueblo escogido era el prototipo de lo que él quería que llegara a ser cada nación del mundo; por tanto tenía que seguir edificando a Israel para que no se discontinuara el modelo; y tenía que obrar a través de Israel para poner a las otras naciones al mismo nivel con su pueblo. Si Dios hubiera abandonado a Israel, ¿cómo podría esperar la regeneración de todo el mundo?

c. *El mundo.* Dios no puede olvidar este mundo, aunque hieda por su blasfemia, impureza, tiranía, y pecado. Ha sido abonado con la sangre de su Hijo y de multitud de santos. Ha sido regado con las lágrimas de los espíritus más nobles que hayan existido. Está destinado a brillar con las estrellas del universo con impecable belleza. Será una muestra para todos de lo que Dios puede hacer con un mundo caído y una raza degenerada. Dios no puede abandonar nuestra tierra. Algún día veremos su resplandor en la luz que brilló sobre el Paraíso, y a los hijos de los hombres caminando con las vestiduras blancas de la pureza, el amor y la verdad.

14
ORANDO SIN CESAR
1 Samuel 12:16-25

En toda la carrera de Samuel no hay nada más hermoso que la escena final de su acto público como juez y guía de la nación hebrea. Naturalmente era difícil para él retirarse y darle paso a un régimen que no le gustaba, pues parecía que estaba apartando la gloria mayor de Israel de tener a Dios por Rey. Pero se sobrepuso a sus sentimientos personales e hizo todo lo que pudo para iniciar a la nación por el nuevo sendero que había escogido, seleccionando el rey con el mayor de los cuidados y facilitando la transición del antiguo orden al nuevo.

No podemos dejar el texto de la gran convocación, reunida delante del Señor en Gilgal para ratificar la elección de Saúl, sin observar las repetidas alusiones al poder de la oración de Samuel. Parece que toda su carrera estaba empapada del espíritu de súplica.

Cuando niño, con sus manos humildemente juntas, como lo muestra Sir Joshua Reynolds, pidió a Dios que le hablara, mientras su oído estaba listo y atento a captar aun sus susurros. En los Salmos se le menciona como principal entre los que invocan el nombre de Dios, habiendo recibido respuesta (99:6). Jeremías se refiere a la maravillosa fuerza de su oración intercesora cuando pedía por su pueblo (15:1). Todo Israel conocía el largo y penetrante clamor del profeta del Señor. En los peligros sus oraciones habían traído la liberación, y en las batallas sus oraciones habían asegurado la victoria (1 Samuel 7:8; 8:6). Había un «camino abierto» entre Dios y él, de modo que el pensamiento de Dios podía entrar en su corazón; y él los reflejaba de nuevo con intenso y ardiente anhelo.

1. La oración de Samuel pidiendo truenos y lluvia. El corazón del hombre clama por ver la verificación del Señor. Si pudiéramos conocer el ideal divino, veríamos a Dios en los incidentes comunes y ordinarios de la providencia. Pero los ojos del alma están enceguecidos, y el hombre no puede ver las huellas de los pasos divinos por el mundo cotidiano.

Por falta de capacidad para detectar la presencia de Dios en la vida silenciosa y común, el hombre pide fenómenos extraordinarios para probar que Dios ha hablado. Samuel sabía esto, y quizás deseaba alguna corroboración divina de sus palabras. Había dejado sus prerrogativas y presentado a su sucesor. Había confrontado a su pueblo con sus pecados y anunciado las duras penas que causa la desobediencia; ahora deseaba que oyeran otra voz, afirmando sus palabras, y grabándolas en sus conciencias y corazones.

Concluyó su discurso y su persuasión con este anuncio: «Esperad aún ahora, y mirad esta gran cosa que Jehová hará delante de vuestros ojos. ¿No es ahora la siega del trigo? Yo clamaré a Jehová, y él dará truenos y lluvias, para que conozcáis y veáis que es grande vuestra maldad que habéis hecho ante los ojos de Jehová, pidiendo para vosotros rey» (12:16, 17).

Durante la cosecha del trigo, que dura desde mediados de mayo hasta mediados de junio, casi no se conoce la lluvia en Palestina, y la ocurrencia de una tormenta, llamada por el anciano profeta, era tan poco común que no se podría ver como otra cosa sino como la verificación divina de sus peticiones.

No podemos agradecer bastante el testimonio del Espíritu Santo, cuya voz es para el siervo fiel de Dios mucho más que lo que fue el trueno para Samuel. Esto fue lo que armó a los santos primitivos de potencia irresistible.

Quisiera preguntarles a mis consiervos en el Señor si se dan cuenta de que el Espíritu Santo está activo en la iglesia hoy, que está listo para dar testimonio de toda palabra verdadera que se diga en el nombre de Jesús, y que convence al mundo de pecado, de justicia, y de juicio; para que la fe de nuestros oyentes se base no en la sabiduría humana sino en el poder de Dios.

Esta es a menudo la deficiencia fatal de nuestra predicación. Hablamos con denuedo y fidelidad, pero no nos apoyamos bastante en el testimonio divino; no entendemos la comunión y compañerismo del Consolador, y nuestro auditorio no oye su voz haciendo vibrar sus espíritus como los truenos del mundo natural, con la convicción de que las cosas que hablamos son las verdades de Dios. ¡Qué el anhelo apasionado de nuestro corazón sea «Padre, glorifica tu nombre»! y las voces vendrán como del cielo diciendo: «Lo he glorificado y lo glorificaré otra vez». Mientras que algunos presentes dirán: «Un trueno»; y otros, «un ángel le ha hablado» (Juan 12:28, 29).

2. Las intercesiones sin interrupción de Samuel. Aterrorizados por los truenos y los torrentes de lluvia, el pueblo estaba deseoso de obtener la intercesión de Samuel a su favor. «Ruega por tus siervos a Jehová tu Dios» —dijeron— para que no muramos»; e hicieron hincapié en la palabra tu para indicar que ya no se consideraban dignos de sus antiguos derechos como pueblo escogido. Conmovido con su pedido y confiado de que Jehová solo deseaba corroborar su palabra, el anciano vidente calmó sus temores, y urgiéndolos a no apartarse hacia los vanos ídolos, que no aprovechan ni libran, les aseguró que el Señor no los desampararía, y terminó con las asombrosas palabras: «Lejos sea de mí que peque yo contra Jehová cesando de rogar por vosotros».

a. *Samuel sabía que la oración era acción en el plano espiritual.* Él ya no podía gastar sus energías en el servicio de su pueblo, como lo había hecho antes. Las limitaciones de su ancianidad y de la sustitución de su gobierno por el reino, le impedían hacer sus giras anuales como solía; pero podía trasladar toda esa energía a otro método de ayuda. Desde entonces las oraciones de los santos de Dios han sido equivalentes a batallones de soldados.

b. *Samuel consideraba la oración como un instinto divino.* Para él el acallar los deseos de orar que brotaban de su alma era pecado. «Lejos sea de mí —dijo— que peque yo contra Jehová cesando de rogar»

Debemos reconocer, sea lógico o no, que los hombres oran y quieren orar. Parece un instinto en todos nosotros la necesidad de orar. El impedir la manifestación de este instinto es violentar lo más noble de nuestra naturaleza, contristando al Espíritu Santo de Dios y pecando contra el orden divino. La oración es la respuesta del alma a Dios, la ola que regresa a las playas del mar divino, las lluvias de bendición celestial que regresan al cielo convertidas en vapor de adoración.

c. *Samuel consideraba la oración como dada en custodia.* Ya no podía actuar como juez, pero sentía que los intereses de la nación habían sido puestos en sus manos para fines más elevados, y sería traición el dejar de conservarlos y aumentarlos, al menos mediante sus intercesiones. El fracaso de Saúl al no realizar los ideales divinos solo produjo en Samuel las peticiones más intensas a Dios para salvar tanto al rey como al pueblo. La victoria que comentaremos en el capítulo siguiente se debió en mucho a sus poderosas intercesiones.

15
LA CAUSA DE LA CAÍDA DE SAÚL
1 Samuel 13:13, 14

Este capítulo es la historia de una gran tragedia. Contiene la historia del incidente que reveló la ineptitud de Saúl para ser el fundador de un linaje real.

Estudiemos esta historia porque tiene que ver mucho con la historia del pueblo de Dios y porque está llena de instrucciones para nosotros. Al pasar de Saúl a David, Samuel dijo: «Jehová se ha buscado un varón conforme a su corazón». Por lo tanto queda claro que había dejado de ser «un varón conforme al propio corazón de Dios», y nos conviene conocer las razones para poder evitar los escollos en los cuales se rompió y naufragó aquél magnífico barco.

Se puede ver que el capítulo que contiene la historia de esta tragedia contiene también la historia de la terrible angustia a la cual había sometido al pueblo escogido otra invasión de los filisteos. Se nos dice, por ejemplo, que el pueblo de Israel estaba en una situación difícil, que estaban en aprieto, y que se escondieron en cuevas, peñascos y fosos. En realidad, algunos cruzaron el Jordán y abandonaron al pueblo en su hora de angustia; los que todavía estaban vinculados con Saúl y Jonatán, como el núcleo del ejército real, los seguían temblando (v. 7). Un espíritu de temor había poseído a todo el pueblo; el antiguo espíritu nacional se había deteriorado; parecía que ya no se les podría volver a inducir a hacer frente a los filisteos, pues eran como un rebaño de ovejas ante una manada de lobos.

Una prueba más de la terrible miseria de la gente se da en el versículo 19: No había herreros en toda la tierra de Israel, y los hebreos tenían que llevar sus herramientas agrícolas a los herreros de los filisteos para que se las afilaran. Nunca antes en la historia del pueblo escogido hubo peor calamidad, ni más absoluta falta de esperanza y desesperación, que la que reinó junto a Saúl y por todo el país en esta hora.

Entretanto parece que Saúl había retirado sus tropas, tal como estaban, de Micmas, y había tomado posición en el sitio antiguo de Gilgal, donde se practicó la circuncisión después que Israel cruzó el jordán bajo las órdenes de Josué. Allí en el valle, y expuesto, por lo tanto, al asalto de los filisteos en cualquier momento, parece que Saúl levantó el campamento; en tanto que su heroico hijo, Jonatán, mantuvo un punto de observación en la vecindad del ejército de los filisteos.

Mientras Saúl estaba con sus soldados en Gilgal, su ejército se mermaba cada día. Unos huían, otros cruzaban el Jordán como desertores, o se escondían en algún hueco o rincón de las colinas.

Cabe preguntar por qué en tal ocasión Saúl no hizo un esfuerzo desesperado contra los filisteos. ¿Por qué esperó allí día tras día, mientras se evaporaba su ejército delante de sus ojos? aquí hay algo extraño. Para entenderlo debemos volver atrás una o dos páginas de las Escrituras en el 10:8, en la entrevista a la madrugada en que Samuel designó a Saúl para la corona, le dijo que la crisis de su vida le sobrevendría en Gilgal, profecía cuyo cumplimiento llegaba ahora. «Luego bajarás delante de mi a Gilgal; entonces descenderé yo a ti para ofrecer holocaustos y sacrificar ofrendas de paz. Espera siete días, hasta que yo venga a ti y te enseñe lo que has de hacer».

1. El error de Saúl. Este mandamiento, dado tres años antes a Saúl, cuando estaba en la senda de sus grandes oportunidades, comprendía dos cosas y cada una constituía una prueba suprema.

Primera, si estaba preparado para actuar o no. No como un monarca absoluto que determina sus propias normas sino como el siervo de Dios, recibiendo las órdenes de marcha de su vida de los labios del profeta; no actuando como un autócrata sino como uno en quien se ha delegado la autoridad divina.

Segunda, si él podía controlar su impetuosidad, dominar sus impulsos, y mantenerse como señor de sí mismo.

Este confinamiento que Samuel le había puesto fue lo que lo hacía esperar día tras día. ¿No te imaginas como vendrían sus consejeros y guerreros a pedirle que hiciera algo? Pero él seguía esperando. «Y él esperó siete días, conforme al plazo que Samuel había dicho; pero Samuel no venía a Gilgal, y el pueblo se le desertaba». Parece entonces que poco después de vencerse el plazo asignado no pudo esperar más. Pensó que a Samuel se le había olvidado la cita, o que tal vez había sido interceptado al pasar por las líneas filisteas. Él había esperado hasta una media hora (porque para ofrecer un holocausto y una ofrenda de paz no se necesitaba mucho tiempo), y echó a perder todo por su incapacidad para esperar; y le dijo al sacerdote, que todavía estaba allí junto al sitio antiguo donde se había adorado al Señor y se había levantado el tabernáculo: «Traedme holocausto y ofrendas de paz». «Y cuando él acababa de ofrecer el holocausto, he aquí Samuel que venía; y Saúl salió a recibirle, para saludarle».

La persona según el corazón de Dios es la que le obedece al pie de la letra, que lo espera hasta el último momento, que espera hasta que Dios lo deja en libertad.

Nos cansamos de esperar porque parece que Dios se tarda. Los procesos divinos cubren una órbita demasiado extensa. Un día para él es como mil años, pero vendrá, así como la mañana, como la primavera, como el milenio. «Como el alba está dispuesta su salida, y vendrá a nosotros como la lluvia, como la lluvia tardía y temprana a la tierra» (Oseas 6:3).

2. La excusa engañosa de Saúl. Observe la explicación de Saúl a Samuel: «Me dije: Ahora descenderán los filisteos contra mí a Gilgal, y yo no he implorado el favor de Jehová. Me esforcé, pues, y ofrecí holocausto». Eso fue falto de sinceridad. Le echó la culpa a las circunstancias; es como si hubiera dicho: «Las circunstancias de mi suerte me obligaron; no quería hacerlo; me contuve, pero no pude evitarlo; ya venían los filisteos».

Oh alma humana, tú eres más grande que las circunstancias, las cosas y la multitud de malos consejeros. Tú debes ser el rey coronado y entronizado de Dios. Levántate a obedecer, no sea que se diga también de ti que tu reino no puede continuar.

3. La alternativa. En respuesta a todo esto Samuel, hablando en el nombre de Dios, dijo: «Jehová se ha buscado un varón conforme a su corazón» que haría su voluntad. En la casa de Isaí estaba siendo preparado el joven que podría creer y que no se apresuraría.

Espere en el Señor. ¡Que se detenga esa palpitación febril de su corazón, y su pulso no registre más esas tumultuosas olas de emoción! Si se actúa ahora mismo, se frustran las esperanzas más elevadas, se estorban los propósitos divinos y se echan a rodar piedras que nunca podrán detenerse. Espere a Dios, quédese quieto y conozca la salvación de Jehová. Su siervo viene por el paso de la montaña, sus pasos tal vez no sean tan acelerados como quisiéramos, pero llegará a tiempo: ni demasiado temprano, ni demasiado tarde. Alma mía, espera en Dios; porque él no se atrasa ni se adelanta al momento destinado.

16
DOS HOMBRES HACEN HUIR A DIEZ MIL
1 Samuel 14

Solo dos jóvenes, con el resplandor del patriotismo en sus corazones y la confianza en Dios como su estrella guía: ¡Qué no podrán lograr!

Jonatán era un verdadero caballero de Dios; ciertamente, mostraba ya algunas de las características de la caballerosidad cristiana. Casi podemos decir que él fue el Bayardo hebreo, soldado sin temor y sin reproche. Fue puro, veraz, enderezó lo torcido. Fue fiel a los elevados reclamos del amor humano y siguió a Cristo, aunque todavía no lo conocía. Su personalidad es un fondo brillante sobre el cual su padre ofrece un triste contraste.

Desde las orillas del Jordán, un hermoso valle de dieciocho kilómetros de longitud conduce a las colinas de la Palestina central. A tres kilómetros de la entrada de este paso estrecho y a unos doce kilómetros al norte de Jerusalén, los precipicios a ambos lados se vuelven muy empinados y se acercan casi hasta tocarse.

Un peñasco se llamaba Boses, o «brillante», porque refleja todo el día la luz del sol oriental; el del sur, a unos metros, era conocido como Sene, «la acacia», y estaba siempre en la sombra. Micmas coronaba el primero, y allí estaban acampados los filisteos; mientras que la aldehuela de Gabaa estaba sobre el último, y allí había movido su ejército Saúl, o lo que le quedaba de él, retirándose de las llanuras del Jordán para vigilar los movimientos de las fuerzas hostiles.

No sabemos cuánto tiempo estuvieron observándose los dos ejércitos, ni lo que hubiera sido el resultado de no ser por el acto de heroísmo que vamos a comentar.

1. Jonatán entró en el propósito divino. Jonatán se enfadó por la inercia y la desgracia que esa situación producía en sus compatriotas. Lo animaba solamente una profunda fe en Dios, y fue impulsado por el Espíritu Santo a un acto que resultó en la gloriosa victoria y liberación de todos.

Saúl, al contrario, no podía percibir estas cosas. Desanimado por la escena diaria, se sentía incapaz de apropiarse la promesa de liberación divina. La sentencia de deposición que Samuel había pronunciado parecía desesperarlo. Felices los que, como Jonatán, se levantan por encima de la depresión del momento y ajustan su debilidad a la marcha de Dios, pues él sale siempre para establecer la justicia y el juicio en la tierra, que ha sido redimida por la sangre preciosa de Cristo.

2. Se rindió como instrumento. Dios siempre busca almas creyentes que reciban su poder y su gracia y las transmitan a otros. Bienaventurados los que no son insensibles a los impulsos divinos, ni desobedientes a la visión celestial.

Jonatán era una de esas personas que son tan sensibles a Dios como la retina del ojo a la luz, o el músculo saludable al nervio. Y «dijo pues Jonatán a su paje de armas: Ven, pasemos a la guarnición de estos incircuncisos». Es probable que los dos se deslizaron en silencio al amanecer de entre sus camaradas que todavía estaban dominados por el sueño. Los propósitos divinos llenaban de emoción el espíritu del joven príncipe, de lo que dio indicios en estas palabras: «Quizá haga algo Jehová por nosotros, pues no es difícil para Jehová salvar con muchos o con pocos».

Obsérvese el énfasis de Jonatán. Tenía una fe muy pequeña en sí mismo, y una gran fe en Dios. Todo lo que quería era ser el humilde vehiculo de la manifestación de la gracia liberadora de Dios. Esto es lo que Dios quiere: no nuestra fortaleza sino nuestra debilidad, que en la desesperación absoluta se vuelva a él; no nuestros ejércitos, sino dos o tres almas fieles y selectas que esperen grandes cosas de Dios y se atrevan a reclamarlas.

Saúl, el rey escogido, no tenía ni tal visión, ni tal fe. No era sensible a la voz divina que hablaba en su espíritu, sino tenía que depender de la mediación del sacerdote (19, 36); él hablaba y actuaba como si la victoria dependiera totalmente de los esfuerzos que él y sus hombres pudieran hacer; y al prohibir el uso de refrigerios tan sencillos como la miel silvestre, impidió el logro de la mediación de Dios. Todo el día, y especialmente en esta orden sin sentido. que trataba de ahorrar tiempo pero que en realidad estorbó el éxito, Saúl se mostró ignorante de la idea única que animaba el corazón de su noble hijo: que Dios estaba obrando a través de instrumentos humanos para infligir su propio juicio a las huestes invasoras.

3. Jonatán confió en Dios, y Dios no le faltó. Al ascender por la empinada cuesta, los jóvenes se pusieron de acuerdo acerca de la señal que indicaría que estaban obrando según la voluntad divina, y que Dios no les haría quedar mal. Esta señal fueron las voces burlonas de las avanzadas filisteas, que se reían de la idea de que se debía temer a los hebreos (v. 11), aunque pudieran escalar el peñasco. Dijeron: «He aquí los hebreos, que salen de las cavernas donde se habían escondido. Y los hombres de la guarnición respondieron a Jonatán, y a su paje de armas, y dijeron: Subid a nosotros, y os haremos saber una cosa [o nos gustaría conocerlos].

Esta era la señal divina y conllevaba la promesa de que el Señor ya los había entregado en las manos de Israel (v. 10).

El alma que cuenta con Dios no queda avergonzada. Cuando los dos benjaminitas llegaron a la cima usaron sus hondas con tal precisión que veinte hombres cayeron muertos. Esto hizo que un pánico enviado por Dios se transmitiera desde ellos hasta el resto del ejército y a las bandas de merodeadores que regresaban de sus incursiones nocturnas. Los filisteos no podían saber que los dos que los afrontaban estaban completamente solos. Parecía que fueran precursores de una multitud de hombres resueltos y desesperados y, de repente, por el pánico, cada uno de ellos sospechó de su vecino y pensó que estaba aliado contra él: «La espada de cada uno estaba vuelta contra su compañero, y había gran confusión». Mientras tanto, los hebreos que se habían aliado con los filisteos, o que aceptaban su dominio en silencio, también se pusieron en contra; y los que se habían escondido en las colinas de Efraín, cuando oyeron que los filisteos huían, corrieron tras ellos y les presentaron combate.

Desde su vigía en Gabaa, Saúl observaba la terrible confusión y cómo la multitud iba y venía y se desintegraba. Sin demora, se abalanzó con los soldados sobre el enemigo que huía hacia la frontera filistea junto al valle de Ajalón. Todas las aldeas por donde pasaban los filisteos en su huida se unían a la persecución, de modo que el ejército fugitivo quedó muy reducido, y millares de guerreros enemigos tiñeron de sangre los caminos de la región que tanto había oprimido. Así fue como Dios libró a su pueblo como respuesta a la fe de Jonatán.

La prohibición necia del rey en cuanto a la comida tuvo una consecuencia terrible; primero, en el cansancio de las tropas y, segundo en el comer hambreados del botín del día sin separar debidamente la sangre. Aun peor fue que, al anochecer, cuando Saúl buscó el consejo de Dios, el Oráculo divino no respondió. El pecado lo había hecho callar, y el rey se dio cuenta de que había que descubrir y expiar ese pecado. No buscó el pecado en su propio corazón, donde seguramente lo habría encontrado, sino en la gente que lo rodeaba. Por último él y Jonatán quedaron ante el pueblo como objetos del disgusto divino, y Saúl, en su ira, estuvo dispuesto aun a sacrificar a su propio hijo.

Pero la gente intercedió por Jonatán. Clamaron indignados: «¿Ha de morir Jonatán, el que ha hecho esta grande salvación en Israel? No será así. Vive Jehová, que no ha de caer un cabello de su cabeza en tierra, pues que ha actuado hoy con Dios». No solamente había perdido Saúl la gran oportunidad de su vida sino que se estaba hundiendo en la incredulidad, los celos, y la displicencia de temperamento que eclipsarían prematuramente el sol de su carrera.

17
EL FRACASO EN LA PRUEBA SUPREMA
1 Samuel 15:26

Es imposible volver las páginas de la historia de Saúl sin lamentar el hecho de que la brillante promesa de su juventud se hubiera disipado tan pronto. aquel que se irguió en el albor de su vida entre la aclamación de su pueblo como quien parecía que haría una obra maravillosa se convertiría en uno de esos a quienes los escritores sagrados describen como los que fracasan en los elevados propósitos de su vida. Este capítulo nos da la historia de su rechazo final, que ya se anunciaba antes pero que ahora se convirtió en realidad.

1. La prueba del llamamiento y el mandamiento divinos.
«Ve, pues, y hiere a Amalec, y destruye todo lo que tiene, y no te apiades de él; mata a hombres, mujeres, niños, y aun los de pecho, vacas, ovejas, camellos y asnos».

Se le dio este mandamiento después que hubieron pasado varios años desde el incidente narrado en el capítulo anterior; y durante esos años Saúl había recibido mucho ánimo. El grupo de hombres cobardes que una vez lo seguían se había convertido en un gran ejército, disciplinado y armado debidamente, y dirigido por su primo Abner. También había hecho la guerra con mucho éxito contra Moab y los hijos de Amón en el oriente, Edom en el sur y contra los reyes de Soba en el norte. También es evidente que se había rodeado de gente importante, pues vemos que la mesa real estaba reservada para él, Abner y Jonatán; que lo rodeaba una guardia de corredores; y que su voluntad era ley. El reino que había comenzado en medio de circunstancias adversas ya inspiraba respeto. Como suele suceder en tiempos de prosperidad, fue entonces cuando le vino la prueba suprema.

Se ve que esta prueba le dio una última oportunidad de recuperarse del pasado. El mandato divino comprendía el exterminio total de los amalecitas, pues la palabra que se traduce «destruye todo lo que tiene» se traduciría mejor anatema. Es la palabra que se usa con frecuencia en el libro de Josué para sentenciar la destrucción de las ciudades infestadas de pecado de los cananeos. Estaba sobreentendida en el caso de las ciudades «anatemas» la destrucción de todos los hombres, mujeres, niños, y bestias; solo se guardaban los metales preciosos, después de pasarlos por el fuego purificador (Números 31:21 y siguientes). Con tal devastación se debería borrar para siempre el nombre de Amalec. Parece terrible que Dios le exigiera a Saúl este acto de obediencia; pero los amalecitas, como dice el versículo 18, eran pecadores abominables. También en el 33 se nos dice que Agag, con su espada, había dejado sin hijos a las mujeres. Estos amalecitas eran una tribu de ladrones rapaces y crueles, que hacían frecuentes asaltos a la frontera meridional de Judá. Se hacía necesario, pues, para la seguridad del pueblo escogido, que se terminara para siempre con su poder de destrucción y matanza.

Los amalecitas habían comparecido ante el tribunal de Dios, y habían sido juzgados y hallados culpables. Se había dictado la sentencia, y se había encargado a Saúl de aplicarla. Pero Saúl estaba haciendo lo que ocurriría de todos modos en el proceso natural de su degeneración; pues Dios nos ha hecho de tal modo que cuándo pecamos contra las leyes de la verdad, la pureza, y la justicia, la degeneración se produce inevitablemente de inmediato. Si Amalec no hubiera sido atacado nunca por Saúl y su ejército, los vicios que ya estaban obrando en el corazón de la gente, podían haber llevado la nación a su completa aniquilación. Podemos entonces inferir que la ordenanza divina había sido motivada por la misericordia de Dios. Era mucho mejor para Amalec, y los pueblos vecinos, infectados de lenta deterioración moral, que se terminara la existencia de la nación con un solo golpe del hacha del verdugo.

2. La obediencia con reservas. La historia se condensa en el versículo nueve: «Saúl y el pueblo perdonaron a Agag». Cuando Saúl levantó su estandarte, doscientos mil hombres, de a pie de Israel, y diez mil de Judá, Benjamín, y Simeón, lo rodearon en Telaim, en la frontera del sur; y vinieron a la ciudad principal de los amalecitas, que probablemente estaba un poco al sur de Hebrón. Después de estar emboscados en el lecho de algún río seco o arroyada, y de haber dado aviso a los ceneos —pueblo pacífico y amistoso— para que se fueran, el ejército atacante tomó la ciudad por asalto y mató a espada a los hombres, mujeres, y niños. Persiguieron al resto de los amalecitas que huían desde Havila hasta Shur, la gran pared de Egipto, y con excepción de Agag y unos pocos que tal vez escaparon, y los animales mejores de los rebaños, se exterminó a todos los habitantes del país, el que quedó en un silencio mortal.

Saúl regresó, embriagado con el triunfo, y levantó un monumento en Carmel en conmemoración de la victoria, cerca de Hebrón; luego bajó al sitio sagrado de Gilgal para ofrecer sacrificios al Señor y, tal vez, para dividir el gran botín de ovejas y cabras, de bueyes y camellos, que había caído en sus manos, y que él y su gente no habían querido destruir.

No se sabe si la excepción se debió a ambición, en cuanto a Saúl, lo cual parece muy posible, o, como dice en el versículo 24, a que temía ponerse en contra del pueblo y obedeció a su voz antes que a la voz de Dios; pero la expresión asombrosa que usa Samuel en el versículo 19 arroja bastante luz sobre este incidente: «Vuelto al botín»; la misma expresión se emplea en 14:32, donde dice que el pueblo, con terrible hambre, se lanzó sobre el botín, y comió aun la sangre. Parece que tanto Saúl como los hombres de Israel se caracterizaban por la misma vehemencia apasionada. Es seguro que la rapacidad y la ambición estaban obrando, y en sus corrientes fueron arrastrados todos los baluartes de los principios morales y de conciencia.

Hay una gran lección aquí para todos nosotros. Estamos dispuestos a obedecer los mandamientos divinos hasta cierto punto, y allí paramos. Tan pronto como aparece «lo mejor» y «las primicias», trazamos una línea de separación y ya no queremos obedecer más. Muchos tenemos la tendencia a negociar con Dios, y sacrificar todo a su voluntad, si tan solo nos deja reservar a «Agag» y lo mejor del botín.

Podemos también dar una interpretación aun más profunda a esta historia. En toda la Biblia Amalec representa la carne; había descendido de Esaú, quien por un bocado de comida, deliciosamente deseable, vendió su derecho de primogenitura. Para nosotros Agag debe representar la inclinación al mal que existe en todos nosotros, a la complacencia en los placeres del mundo; y si nos apiadamos de Agag, entonces también de nosotros, para exonerar y excusar nuestras faltas y para condonar el pecado habitual.

¿Es este su caso? Está dispuesto a entregarle a Cristo la llave de todos los secretos que hay en su corazón, excepto uno: el de su pecado favorito, para el cual tiene muchas excusas y por el cual esta dispuesto a sacrificar todo lo demás. Por eso fue que Ananías y Safira, por haber reservado para sí parte del precio, fueron eliminados.

Es impresionante saber que Saúl pereció en el campo de Gilboa a manos de un amalecita (2 Samuel 1:1-10). ¡Qué hecho tan extraordinario! La aplicación de la lección la puede ver cualquiera. Si nos perdonamos, y no quitamos de nosotros aquéllo que nos hace pecar, ciertamente pereceremos a causa de lo que no queremos dejar. El amor de Dios, previendo el riesgo en que incurrimos, intercede delante de nosotros para que destruyamos sin piedad a los enemigos de nuestra propia paz. Pero «Agag» se nos acerca dulcemente y dejamos de aplicar la sentencia divina, y luego caemos mortalmente heridos a manos del asesino, y nuestra corona se le da a otro.

18
UN DIÁLOGO EXTRAORDINARIO
1 Samuel 15:12-35

Al oído de Samuel vino la noticia de la desobediencia de Saúl, durante la noche, cuando Dios se le acercó y le dijo: «Me pesa haber puesto por rey a Saúl, porque se ha vuelto de en pos de mí, y no ha cumplido mis palabras».

El alma fiel de Samuel se conmovió profundamente. Samuel se «apesadumbró» con justa indignación por uno que habiendo sido nombrado con tan solemnes señales, y que había comenzado tan bien para lograr la gloriosa liberación de su pueblo, había errado el blanco tan gravemente.

Samuel «clamó a Jehová toda aquélla noche». Luego viajó unos 23 kilómetros para encontrar a Saúl, siguiéndolo desde Carmel, donde, como vimos, Saúl levantó un monumento, hasta Gilgal, el sitio del antiguo tabernáculo donde, como nos dice una de las versiones, el rey se dedicó a ofrecer sacrificios a Jehová. Y allí tuvo ocasión este famoso diálogo.

Saúl—Lo comenzó el rey, quien, viendo venir a Samuel hacia él, salió a recibirlo con una frase lisonjera en sus labios: «Bendito seas tú de Jehová»; y con gran complacencia en su semblante añadió: «Yo he cumplido la palabra de Jehová». No sabemos si Saúl estaba enceguecido y no sabía cuánto se había desmoralizado, o si quería encubrir su fracaso y parecer como un hijo verdaderamente obediente como para engañar al profeta; pero ese «bendito seas tú de Jehová» salido de sus labios y en tal momento, tiene un sonido muy feo.

Samuel—En ese momento las ovejas comenzaron a balar y las vacas a bramar. Al oído del profeta llegó el viento trayendo una señal inconfundible de la presencia cercana de una gran multitud de ganado. Es algo muy triste que, precisamente cuando un hombre esté afirmando su bondad en voz alta, el balido de las ovejas lo desmienta. Con triste ironía el profeta dijo: «¿Pues qué balido de ovejas y bramido de vacas es este que yo oigo con mis oídos».

Saúl—El rey se excusó echándole la culpa a otros: «De Amalec los han traído; porque el pueblo perdonó lo mejor de las ovejas y de las vacas, para sacrificarlas a Jehová tu Dios». Obsérvese el esfuerzo sutil por conciliar al profeta poniendo el énfasis en otros, el pueblo... «pero lo demás lo destruimos». Fue innoble, bajo, e impropio de la realeza el echarle la culpa al pueblo, y era una excusa inadmisible.

Samuel—El rey descarriado hubiera tal vez seguido hablando, pero Samuel lo interrumpió, diciendo: «Déjame declararte lo que Jehová me ha dicho esta noche». Entonces el profeta anciano y fiel volvió a recordar el pasado. Le recordó a Saúl su origen insignificante, y cómo él había dejado de cumplir con la responsabilidad tan grande de la posición a la cual lo había llamado Dios. Le trajo a la memoria su levantamiento al trono y la manera como el Rey todopoderoso de Israel le había delegado su autoridad, demandando que él actuara como su virrey designado. También le recordó que se le había dado una orden clara, y que la responsabilidad de determinar su método de acción había sido transferida de él, como el agente, al ser divino, quien había emitido su mandato de destrucción. A pesar de todo eso, Saúl dejó que su ambición lo hiciera cometer un acto de desobediencia.

Saúl—El rey reiteró su pobre excusa: «Antes bien he obedecido la voz de Jehová, y fui a la misión que Jehová me envió, y he traído a Agag rey de Amalec, y he destruido a los amalecitas. Mas el pueblo tomó del botín ovejas y vacas, las primicias del anatema, para ofrecer sacrificios a Jehová tu Dios en Gilgal». Fue como si hubiera dicho: «Usted me ha juzgado mal. Si esperara un poquito, vería el resultado de mi acto de aparente desobediencia». Tal vez se había persuadido a sí mismo con la idea de que él tenía la intención de sacrificar este botín ahora que había llegado a Gilgal; o había decidido allí y entonces sacrificarlo, y aliviarse así de la complicada posición en que se encontraba.

Samuel.—Como respuesta a esta última afirmación, el mensajero de Dios expresó una de las declaraciones más grandes de los primeros libros de la Biblia, afirmación que es como el germen de la semilla de propósitos similares en los profetas: «¿Se complace Jehová tanto en los holocaustos y víctimas, como en que se obedezca a las palabras de Jehová? Ciertamente el obedecer es mejor que los sacrificios, y el prestar atención que la grosura de los carneros».

Luego, echando el velo hacia un lado, Samuel mostró la enormidad del pecado cometido, diciendo: «Como pecado de adivinación es la rebelión, y como ídolos e idolatría la obstinación». Estos pecados eran reprobados por todos y eran despreciados por los hombres buenos; pero, a los ojos de Dios, no había nada comparable con el pecado cometido por el rey. Entonces, encarando al monarca, y penetrándolo con una mirada profunda, el profeta, en la majestad de su autoridad como representante de Dios, pronunció la sentencia de deposición final: «Por cuanto tú desechaste la palabra de Jehová, él también te ha desechado para que no seas rey».

Saúl—Por un momento el rey vio que estaba de pie al borde del precipicio; y con un grito no de penitente, sino de fugitivo de la justicia, se asió de Samuel postrándose delante de él y diciendo: «Yo he pecado; pues he quebrantado el mandamiento de Jehová y tus palabras, porque temí al pueblo y consentí a la voz de ellos. Perdona, pues, ahora mi pecado, y vuelve conmigo para que adore a Jehová».

Hay mucha diferencia en el tono de la voz con que los hombres expresan las palabras «Yo he pecado». El hijo pródigo las dijo con la voz entrecortada, no porque temiera las consecuencias del pecado sino porque vio su vileza en el rostro de su padre y las lágrimas que inundaban sus amados ojos. En cambio Saúl temía las consecuencias antes que el pecado; y para tratar de cambiar la sentencia dijo, como si Samuel tuviera el poder de las llaves para abrir y desatar, para perdonar o rehusar el perdón: «Perdona, pues, ahora mi pecado».

Samuel—El profeta vio a través del subterfugio. Sabía que la penitencia de Saúl no era genuina, sino que el rey estaba tratando de engañarlo con sus palabras, y se dio vuelta para irse. Entonces Saúl, en su angustia extrema, con temor de perder en él a su mejor amigo y el respeto de la nación, se adelantó y se asió de la punta de su manto, y al hacerlo con mucha fuerza, como para detener y devolver hacia él al profeta, el manto se rasgó. Cuando Samuel sintió y oyó que el manto se rasgaba, dijo: «Jehová ha rasgado hoy de ti el reino de Israel, y lo ha dado a un prójimo tuyo mejor que tú». Y entonces le dijo a Saúl que recordara que «la Gloria de Israel no mentirá, ni se arrepentirá» pues su sentencia es irrevocable. La palabra había salido de sus labios y no se podría recuperar. Ya no podía cambiar de idea, aunque Saúl implorara con lágrimas amargas.

Saúl—El rey repitió: «Yo he pecado»; pero su verdadero significado se reveló en las palabras siguientes: «Pero te ruego que me honres delante de los ancianos de mi pueblo y delante de Israel, y vuelvas conmigo para que adore a Jehová tu Dios». Todavía lo que lo movía era quedar bien con el pueblo, y estaba listo a hacer cualquier confesión de pecado para ganar la aparente amistad de Samuel.

Al fin Samuel se quedó para que los ancianos no se desencantaran de su rey, y para que el pueblo en general no supiera acerca de la deposición de Saúl, no fuera que el reino mismo se acabara antes de que el sucesor estuviera preparado para tomar su lugar. Los dos se arrodillaron uno al lado del otro delante de Dios; pero ¡qué contraste!: a un lado, la noche oscura, al otro, el brillo del día; aquí el rechazado, allí el siervo fiel escogido.

Por último el anciano llamó a Agag, el rey de los amalecitas, a su presencia, y este vino alegremente, esperando, sin lugar a dudas, de que se le perdonaría la vida, y diciendo al avanzar: «Ciertamente ya pasó la amargura de la muerte». Creyó que no había razón para temer la muerte. Entonces Samuel, fortalecido con inusitado paroxismo de justa indignación, tomó una espada que estaba a su alcance, y corto a Agag en pedazos delante del Señor: una señal del santo celo que no le da indulgencia a la carne; lo cual nos hace recordar las palabras del apóstol Pablo: «No proveáis para los deseos de la carne» (Romanos 13:14). No le demos tregua a «Amalec».

Roguemos que Dios nos ayude a meditar profundamente en esta historia trágica. Siempre que el Dios Padre nuestro nos ponga frente a una prueba suprema en nuestras vidas, obedezcámosle a cualquier precio. Andemos discreta y sabiamente, aprovechando todas las oportunidades, para que Dios saque el mayor provecho de nosotros y para que, por encima de todo, no seamos rechazados.

19
«UN ESPÍRITU MALO DE PARTE DE JEHOVÁ»
1 Samuel 16:13, 14

1. **El amanecer de una buena promesa.** «Samuel clamó al Señor» por Saúl, para ver si tal vez él podría suspender las consecuencias terribles e inminentes de su pecado. Pero se le hizo sa-

ber que la oración no haría que Dios cambiara su decisión. La comisión del presente no era orar sino actuar. El Espíritu de Dios urgió a Samuel a ir a Belén a descubrir entre los hijos de Isaí al rey y a ungirlo. Samuel se asustó por lo que se le pedía que hiciera, y apuntó que si Saúl oía acerca de eso, se vengaría de inmediato haciéndolo matar. Pero el Espíritu de Dios insistió en que fuera y llevara consigo el cuerno de aceite y una becerra. Así atravesó Samuel las colinas de Judea hasta llegar a la aldea de Belén, que quedaba en la pendiente, a cuyo pie, no mucho antes, Booz había cortejado a Rut. El halo de la historia inmortal de su amor estaba todavía tan fresco como el rocío.

Cuando Samuel entró a la aldehuela los ancianos quedaron consternados; les pareció muy extraño que el gran profeta de Dios los visitara sin anunciarse de antemano. Le preguntaron si había venido en paz. Quizás respondió lacónicamente: «En paz». Enseguida se preparó una fiesta sacrificial y se ofreció la víctima; pero como pasaba algún tiempo entre el sacrificio y la preparación de la comida, Samuel se retiró para ir a la casa del jefe de la aldea, Isaí de Belén, y fue así como en la intimidad de su hogar comenzó la carrera de David como rey.

Los vigorosos hijos de Isaí desfilaron delante del profeta, y al apreciar su estatura y masculinidad pensaba que cualquiera de ellos podría ser el escogido de Dios para monarca. Pero su consejero todopoderoso le dijo que la apariencia externa no podía inclinar esta vez el platillo de la balanza de la decisión; su selección sería guiada solamente por las cualidades reales del corazón. Y así pasaron todos los hijos menos el que estaba cuidando las ovejas. Samuel creyó que posiblemente, como era el menor y el más joven, podría ser el rey aceptable para Dios, Y no pudo proseguir las sagradas funciones hasta que llamaron al joven. Entonces llamaron a David, quien descendió aprisa de la montaña, mientras se encendía el color rojo de sus mejillas. Con el cabello agitado por el viento y los hermosos ojos azules destellando pureza y verdad, se presenté delante del anciano. Era como el alba de una nueva época, el comienzo de un tiempo mejor, la piedra angular de la monarquía hebrea; pero, por encima de todo, era el hombre a quien Dios amaba. Ante la mirada de sus hermanos, el anciano profeta tomó el cuerno de aceite, lo abrió, y vertió el óleo sobre los bucles dorados del joven, empapándolos con la santa unción, mientras el muchacho permanecía inclinado. Al ungirlo, parece que el Dios todopoderoso acompañó la señal externa y su sello con la gracia interna, pues se nos dice que el Espíritu de Dios vino desde entonces sobre aquélla joven vida, para bañarla, penetrarla, y llenarla, de modo que saliera en el poder del Espíritu Santo para afrontar su obra el resto de su vida, y se convirtiera en el dulce cantor de Israel, el pastor del pueblo de Dios, y el inaugurador del templo de Salomón.

2. Una tarde nublada. Ya pasamos la mañana con David, y ahora la tarde con Saúl. Vemos la diferencia entre la juventud y la madurez que ya declina; entre la buena promesa y el atardecer encapotado de una vida en bancarrota.

Se dice que «un espíritu malo de parte de Jehová» atormentaba a Saúl. Para una interpretación correcta debemos saber que, en el habla fuerte y tersa de los hebreos, algunas veces se dice que el Todopoderoso hace lo que en realidad permite que se haga. Y esa es la interpretación correcta aquí. Pero eso, cuando leemos que un espíritu malo «de parte de Jehová» atormentaba a Saúl, debemos asumir que, como Saúl había rechazado la influencia buena y misericordiosa del Espíritu Santo y había tomado la senda de la desobediencia, ya solo quedaba dejarlo a los caprichos de su mal corazón.

3. Los lóbregos fulgores de un cielo encapotado. En 2 Samuel 21:2 leemos: «El rey [David] llamó a los gabaonitas». (Los gabaonitas no eran de los hijos de Israel sino del residuo de los amorreos. Los hijos de Israel se habían obligado con ellos bajo juramento, y Saúl procuró matarlos en su celo hacia los hijos de Israel y de Judá). Saúl había quedado resentido por las palabras de Samuel, amargado por la sentencia de deposición y su alma estaba inclinada a neutralizar, si fuera posible, el veredicto divino, para continuar en el favor de Dios. Era verdad, y Saúl lo sabía, que había dejado de obedecer un mandamiento claro; había guardado para sí lo mejor del botín, pero ¿no podría al mostrar un celo excesivo en otros aspectos ganar otra vez su herencia perdida? ¿Por qué no resucitar algún mandamiento antiguo y darle completa obediencia?

Había dos mandamientos tales que se le ocurrieron. Uno era que cuando los hijos de Israel entraran a la Tierra Prometida, tendrían que destruir a toda la gente de ese país. Sin embargo, los gabaonitas lograron la excepción, pues hicieron un convenio con Josué, y este les juró (Josué 9). Pero en su falso celo parece que Saúl había atacado sin misericordia a esta gente pacífica; y, a pesar del convenio antiguo que obligaba a Israel a respetar su vida y libertad, los exterminó, acto que trajo justa retribución sobre su familia años más tarde pues, para compensar su maldad, los hijos de Rizpa y sus cinco nietos fueron colgados de un árbol y dejados allí hasta que la lluvia los pudrió (2 Samuel 21:8-1o). En segundo lugar, había en los estatutos una ley drástica contra los magos y las brujas que mandaba que se los exterminara de la tierra (Éxodo 22:18). Entonces Saúl les cargó la mano. En su corazón todavía creía en ellos pues hacia el fin de su vida buscó la ayuda de una pitonisa. Pero, para demostrar su celo por Dios, y para tratar de conseguir la revocación de la sentencia, comenzó a exterminarlos.

Pero los apresurados edictos del rey no lograron ocultar lo podrido de su corazón. Las propiedades reales aumentaron mucho; de vez en cuando usaba un hermoso turbante como los otros reyes, el cual fue traído del campo de Gilboa a David. El lujo aumentó en gran manera en su corte, pues vistió a las hijas de Israel con escarlata y oro (2 Samuel 1:24). Los nombres de sus hijos, parte del nombre de Baal, y parte de Jehová, manifiestan una mezcla sutil de la adoración de Baal con el reconocimiento de Jehová. Para imitar a sus vecinos tomó concubinas. Aunque mostrara ese arranque de celo por Dios, su propio corazón se empeoraba y se iba llenando de maldad.

Quitemos la mirada de Saúl, por un momento, para ponerla en nuestros propios corazones. Nosotros también hemos sido desobedientes, hemos faltado a Dios, hemos dejado de cumplir sus mandamientos; pero todavía hay perdón en la sangre que vierte de sus heridas y en el amante corazón de Cristo. ¡Busque ese perdón! Pídale a Jesucristo que borre su pasado. «Deja que los muertos entierren a sus muertos». ¡Qué el Espíritu Santo encienda en el altar de nuestros corazones un celo santo por la voluntad de Dios que no se extinga jamás!

20
«EL PECADO DA A LUZ LA MUERTE»
1 Samuel 18:12

Nunca ha habido una ilustración mejor de las palabras con que el apóstol Santiago describe la genealogía del pecado y su terrible descendencia que la que da la biografía de Saúl. Luego de decirnos que él había comenzado a ceder al espíritu del mal, el historiador se apresura a relatarnos las etapas sucesivas de cómo las primeras indicaciones de desobediencia se convirtieron en pasión desenfrenada que hizo que el monarca quebrantara continuamente las leyes divinas.

Ocurrió así. Cuando Saúl estaba aún picado por la sentencia de deposición de Samuel, David se cruzó en su camino por vez primera. Se dan dos relatos de la presentación del pastor joven al monarca malgenioso y abandonado por Dios; pero no se contradicen. Una narración cuenta la entrada de David al palacio como trovador; la otra su heroísmo en la guerra, que lo hizo indispensable en la corte.

Los ataques de depresión y melancolía de Saúl se fueron haciendo más frecuentes y graves; y al fin sus siervos —Doeg el edomita, según la tradición— sugirieron que se probara con la música para ver su efecto sobre el cerebro enfermo.

El rey aprobó la sugerencia al instante y entonces se mencionó el nombre de David. El pastorcito tenía las cualidades que más podían cautivar al rey. Era un músico experto. Ya se conocía su valor en las luchas con los ladrones para proteger el rebaño de su padre. Juzgaba con sabiduría y era elocuente. Su rostro y su porte eran de una hermosa masculinidad. Parece que lo que sucede en cierto grado a todos los siervos de Dios le sucedió a David. La unción y plenitud del Espíritu Santo habían dado hermoso y vivido relieve a sus características naturales.

La descripción de David agradó mucho al rey, quien siempre buscaba jóvenes prometedores, y le ordenó a Isaí que le enviara a su hijo David, que estaba con las ovejas. No se podía desacatar esa orden, y haciendo un regalo de los productos de su finca, el anciano padre envió a su hijo menor por la difícil e intrincada senda del favor real. «Y viniendo David a Saúl, estuvo delante de él; y él le amó mucho». Cuando Saúl tenía uno de sus ataques de melancolía, David, quien probablemente tendría unos dieciocho años de edad, tocaba el arpa para Saúl, para que se calmara y lo dejara el espíritu malo.

Es posible que el efecto de la música, con la cual David buscaba aliviar la angustia del rey, fuera muy bueno. Los impulsos de locura de Saúl se volvieron menos frecuentes. Disminuyó la necesidad de la presencia de David en la corte; y tal vez el rey ya no pensaba en él, pues había muchos que venían a la corte en busca de sus favores.

No sabemos cuánto tiempo pasó, pero otra serie de eventos puso a Saúl y a David en relación más estrecha y trágica. Los filisteos nunca habían perdonado a los hebreos el haberse sacudido el yugo que por tanto tiempo habían soportado con humildad. Por último, luego de muchos ataques de sorpresa e incursiones sobre la frontera sur de Canaán, ya no se pudo contener su ola invasora. Las huestes filisteas pasaron las fronteras y se vertió en los valles, hasta que se reunieron en el valle del Terebinto, que pertenecía a Judá, y acamparon en Efes-damim, llamada también «Frontera de Sangre», tal vez por los oscuros y sangrientos encuentros que allí habían tenido lugar. El valle, o arroyada, es amplio y abierto y tiene unos cuatro kilómetros y medio de largo. Está dividido en el centro por una quebrada o zanja, formada por un torrente de las montañas, que se llena de espumosa agua en el invierno y se seca en el verano. Fue este canal o depresión, de unos seis metros de ancho, con lados verticales, y con una profundidad de tres a cuatro metros, lo que prolongó el encuentro por tanto tiempo, pues los dos ejércitos se quedaron mirándose durante cuarenta días, sin atreverse ninguno a afrontar el peligro de cruzar el valle y la quebrada, en presencia del otro.

El relato completo de Goliat y David pertenece a la biografía de David; aquí se refiere solo en cuanto concierne al infeliz y desventurado Saúl.

Cuando el gigantesco paladín filisteo se adelantó y aun se atrevió a acercarse a las líneas de las tropas hebreas, y cuando desafió valientemente al ejército de Israel a que presentara un hombre digno de combatir, Saúl se quedó tan asustado y sobrecogido de pánico como cualquiera de sus soldados. Se dice que estaba con «gran miedo» (17:11). Aunque era el rey escogido de Dios, y en sus primeros años había tenido el poder de una fe sencilla, su desobediencia había cercenado la fuente de ese poder y se había vuelto tan débil como cualquier otra persona. Todo lo que pudo hacer Saúl frente a la blasfemia jactanciosa de Goliat fue ofrecer las promesas más atractivas de lo que haría con el héroe que aceptara el reto y venciera al orgulloso filisteo de Gat.

Cuando trajeron a David a la presencia de Saúl, con su determinación de salir solo a pelear con el filisteo, Saúl trató de disuadirlo: «No podrás tú ir contra aquél filisteo, para pelear con él». La importante lección de la historia de los éxitos de David en sus encuentros con leones y osos escapó de su mente. Saúl los consideró como el resultado de una agilidad superior y gran fortaleza física; no penetró el profundo significado que ponía David al hablar de las grandes liberaciones que Jehová le había dado (17:37). El joven salmista ya se decía a sí mismo:

El Señor es mi luz y mi salvación,
¿de quién temeré?
Jehová es la fortaleza de mi vida,
¿de quién he de atemorizarme?

Por conveniencia, a su regreso a Gabaa, Saúl puso a David a comandar el ejército. El arpa se cambió por la espada la mayor parte del tiempo; y en tanto que salía en sus expediciones contra los enemigos tradicionales de Israel, David se fue volviendo más indispensable para la estabilidad del trono, al tiempo que crecía su popularidad nacional. «Salía David a dondequiera que Saúl le enviaba, y se portaba prudentemente». Esta popularidad originó el gran pecado de la vida de Saúl.

En cierta ocasión, cuando Saúl y David regresaban de obtener una

victoria culminante y decisiva sobre los filisteos (v. 6), la gente se aglomeró para encontrarlos a ellos y a sus tropas, y las mujeres, vestidas de fiesta, danzaban alrededor, cantando al son de los panderos y los instrumentos de música. Mientras ejecutaban la danza sagrada común, cantaban en responsorio una oda de victoria, que tenía por estribillo:
    Saúl hirió a sus miles,
    Y David a sus diez miles.
    El dardo de los celos golpeó al rey en seguida. Su alma se encendió con la idea de que era probable que David fuera ese vecino del que le había hablado Samuel como el sucesor designado por Dios para el reino, que ya estaba pasado de sus manos. «Y se enojó Saúl en gran manera, y le desagradó este dicho; y dijo: ...no le falta más que el reino».

«Y desde aquél día Saúl no miró con buenos ojos a David». Todo el amor y la admiración que le tenía se convirtieron en hiel y amargura. Su antigua enfermedad, que se le había ahuyentado, volvió con más fuerza que antes; y un día después del incidente, mientras planeaba sus maldades, pareció que toda su naturaleza se abría de repente a un espíritu malo. Revolviéndose en un desesperado ataque de frenesí, tomó la lanza que mantenía junto a él como emblema de su realeza, y se la arrojó a David que estaba sentado frente a él, tratando de ahuyentarle el mal. No solamente una vez, sino dos, el arma mortal surcó el aire; pero David «lo evadió dos veces», sin duda, imputando el atentado contra su vida a la enfermedad del rey, y sin tener idea de los celos que como fuego le quemaban el alma.

21
EL PECADO DE LOS CELOS
1 Samuel 18

Los celos están entre los pecados humanos más terribles, y de todas sus posibles representaciones ninguna se presenta con colores más vívidos que este retrato del primer rey de Israel.

1. Los celos le abren la puerta al diablo. En el caso de Saúl el intervalo fue tan breve como era posible. Al día siguiente, después del canto de las mujeres, que le despertó los celos hacia David, sabemos que «un espíritu malo» vino con poder sobre el desgraciado monarca.

Se dice que este espíritu era «de parte de Dios», frase que solo se puede interpretar con la hipótesis de que Dios le permitió que viniera, y de que esto fue el resultado obvio de su vida pecaminosa.

2. Los celos destruyen al celoso. Casi de un solo salto David había llegado al trono del homenaje y el afecto de todos. «Todo Israel y Judá lo amaban» (v. 16). No solo ellos, sino que la corte también estaba fascinada con él. Se le dio el mando de los guerreros, y su promoción pareció buena no solo «a los ojos de todo el pueblo» sino también «a los ojos de los siervos de Saúl»; en tanto que Jonatán lo amaba con un amor superior al amor de las mujeres; y Mical, la hija de Saúl, se sentía atraída hacia él. Debe de haber habido cierto hechizo en la influencia que aquélla alma pura y radiante tenía sobre todos los que se relacionaban con él.

Además de esto, era evidente que el Señor estaba con él. Obsérvese con cuánta frecuencia las crónicas sagradas lo mencionan: «Saúl estaba temeroso de David, por cuanto Jehová estaba con él» (v. 12); «David se conducía prudentemente en todos sus asuntos, y Jehová estaba con él» (v. 14); «pero Saúl, viendo y considerando que Jehová estaba con David...» (v. 28). Además, se portaba prudentemente, o prosperaba (v. 5); «...prudentemente en todos sus asuntos» (v. 14); «viendo Saúl que se portaba tan prudentemente, tenía temor de él» (v. 15); «tenía más éxito que todos los siervos de Saúl, por lo cual se hizo de mucha estima su nombre» (v. 30).

Debido a estas circunstancias, hubiera sido más sabio que Saúl hubiera convertido al hijo de Isaí en su brazo derecho en el gobierno.

Al admitir con franqueza que él era su sucesor designado, y que gozaba del favor especial de Jehová, el rey pudo haber usado a David para conseguir la rehabilitación de su menguante suerte. La revocación de la decisión divina era evidentemente imposible, pero el rey pudo haber pospuesto la aplicación de la sentencia inevitable. Nada pudo haber sido más fácil ni más diplomático. Pero, al contrario, Saúl dejó que su loca pasión se avivara y se inflamara, hasta que se desató en furia irresistible y consumió su vida.

3. Los celos muy inventivos en métodos de alcanzar lo que se proponen. Veámoslo en nuestra historia. Primero, Saúl bajo la excusa de su enfermedad, trata de matar a David con su propia mano. Sabía que el homicidio se le culparía a su desequilibrio mental y por ello, con impunidad, dos veces le arrojó la jabalina al juglar que trataba de ahuyentarle la enfermedad.

Luego se propuso ponerlo en posiciones de peligro extremo, incitándolo a actos de heroísmo en el campo de batalla y en las guerras fronterizas. Como incentivo, le prometió a su hija mayor, Merab, y además le añadió razones religiosas que tenían mucho peso para esta alma caballerosa y devota. «Entonces dijo Saúl a David: He aquí, yo te daré Merab mi hija mayor por mujer, con tal que me seas hombre valiente, y pelees las batallas de Jehová». Luego, con mano ágil, el escritor sagrado descorre el velo de esa mente oscura y llena de maldad y nos recita los pensamientos secretos que pasaban por ella: «Mas Saúl decía: No será mi mano contra él, sino que será contra él la mano de los filisteos».

La estratagema había fallado, pero parecía demasiado insidiosa, y demasiado plausible para lograr el propósito real, y no se debía abandonar sin ponerla a prueba otra vez; y Mical, la hija menor de Saúl, la que verdaderamente amaba a David, por lo menos en esta época, fue ofrecida como premio para impulsar al guerrero ingenuo a nuevos encuentros con los filisteos. A sus siervos les parecía que Saúl sinceramente quería a David y que genuinamente deseaba introducirlo a su familia. Saúl estaba jugando con mucha astucia. Por un lado, sus siervos realmente creían que el rey se complacía en David y quería su alianza; por el otro, «Saúl pensaba hacer caer a David en manos de los filisteos».

Solamente cuando el complot falló y parecía que, por la providencia de Dios, David tenía una vida encantadora, Saúl les dijo a Jonatán, su hijo, y a todos sus siervos que debían matar a David. Una vez más le arrojó la lanza con tal fuerza que se clavó vibrando en la pared del palacio. Después lo persiguió, primero a su propia casa, y por último a la casa de Samuel en Naiot (véase el capítulo 19).

4. El tener celos del inocente de nada vale contra Dios. Así pasó con David de modo sorprendente. Saúl insistía en incitarlo a la ruina. Sin embargo, por la mediación de Dios, se frustraron todos sus intentos de homicidio, y redundaron en popularidad mayor para su rival. Cuando lo ponen al mando de los guerreros, David prospera dondequiera que lo manden; si se separa del círculo íntimo del rey, y se le permite entrar y salir delante del pueblo, toda la nación lo ama (18:13, 15). Si lo mandan a matar 100 filisteos, él mata 200. De modo que su nombre adquiere mucha estima (v. 30). Si Saúl urge a Jonatán para que lo mate, solo consigue llevar a su propio hijo a una amistad más íntima, obligándolo a interceder por la causa de aquélla alma gemela de la suya. Todo lo que tenía un propósito malo, resultó para bien.

22
«CRUEL COMO LA TUMBA»
1 Samuel 20:27

El hogar es una de las instituciones más sagradas de nuestra vida humana. Se origina en el entrelazamiento de un espíritu con otro, donde dos se vuelven uno: y de esa unión surge el don bendito de los hijos, haciendo que la especie se mantenga siempre joven. En el caso de David tal hogar se debió a lo dispuesto por Saúl. Su hija Mical amaba a David; se lo contaron a Saúl, le pareció bien, y se la entregó a David por esposa. Pero, después de evadir David la jabalina y huir buscando la seguridad de su hogar y pensando: «Por lo menos mi suegro respetará el santuario del amor de su hija», el monarca enloquecido por los celos envió sus mensajeros allí para vigilarlo, y para matarlo a la mañana siguiente.

Mical conocía a su padre bastante bien y no confiaba en él ni en su clemencia; le advirtió a su esposo del peligro de muerte y, por su intuición femenina (¡qué no hacen las mujeres por sus amados!) lo ayudó a escapar por una ventana, bajándolo con sus propias manos. Era su deber evitar la desolación de su nuevo hogar e impedir que se apagara su fuego.

David se apresuró a contarle a Samuel el giro que estaban tomando las cosas y la grave sospecha que albergaba en su alma, de que los atentados de Saúl contra su vida no eran el resultado de su mente desequilibrada sino de una voluntad perversa y asesina. Para ponerlo en sitio más seguro, Samuel lo llevó a un grupo de cabañas, tal vez tejidas con ramas de sauces (llamado Naiot), donde recibían instrucción unos jóvenes que se preparaban para el oficio profético.

Saúl envió tres grupos de mensajeros sucesivamente a esta asamblea sagrada para arrestar a David; y al fin, muy enojado porque no volvían, vino él mismo. Tiempo después se recordó con claridad su llegada al gran pozo, o cisterna, en Secú, preguntando por Samuel y David con mucha insistencia. Cuando le dijeron que estaban en Naiot, se fue allí, pero el Espíritu de Dios vino sobre él antes de que llegara al lugar indicado. Allí despojado también de sus vestidos reales por segunda vez en su vida, cayó al suelo como en un trance que duró todo el día y toda la noche.

Las fuentes mismas del amor y el orgullo paternos se secan ante el fuego volcánico de los celos. Jonatán fue uno de los tipos más nobles de masculinidad. Tanto en la corte como en el campo de batalla, brilló como una estrella de primera magnitud. Pero estas consideraciones no le importaban a Saúl, pues los celos que le tenía a David ocupaban su mente más que las buenas características de su hijo. Él podía ser, como su amigo David lo expresó con elocuencia en su elegía fúnebre, «amado y querido», más ligero que un águila, más fuerte que leones; pero Saúl estaba listo a sacrificarlo todo al espíritu de venganza.

Fue en el festival de la luna nueva cuando se reveló este nuevo escape del volcán que bullía dentro del corazón de Saúl. Fue al segundo día, y como en el anterior, el asiento de David estaba vacío. Saúl se refirió a él con burlas como «el hijo de Isaí», como para acentuar su origen humilde y desconociendo la relación que lo unía a la familia real, el rey le preguntó a Jonatán cuál sería la razón de su ausencia. Cuando recibió la respuesta sobre la cual se habían puesto de acuerdo los dos amigos con anterioridad, se encendió en ira e insultó a Jonatán con los epítetos más viles que pueda usar un oriental —quienes hoy en día desahogan su enojo contra la madre de la persona objeto de su odio—, insistió en el arresto y ejecución de David, y terminó por arrojar su jabalina a su noble hijo, quien había intervenido para aplacar su ira.

1. Los celos también responden a las peores sugerencias posibles. En el capítulo 21 hay una ilustración de esto. El fugitivo se fue esta vez a Nob, donde Ahimelec, el sumo sacerdote, presidía sobre las reliquias del antiguo santuario. Las sospechas que brotaron en la mente de Ahimelec al ver venir al yerno del rey apresuradamente y sin escolta, se esfumaron con una evasiva, y David fue recibido con deferencia, provisto de pan, la espada de Goliat, y el consejo espiritual que el efod podía dar.

Se informó a Saúl de tal incidente unos meses más tarde, estando acampado «sobre un alto» más allá de Gabaa, esperando noticias sobre su odiado rival para poder marchar en seguida con sus tropas domésticas, compuestas de benjaminitas de confianza, hombres de su propia tribu, y capturar y matar a David.

En el acaloramiento de su espíritu se queja con vehemencia de que todos sus siervos estaban conspirando contra él, que nadie se preocupaba por él, que Jonatán era la base para la conspiración de David, y que cada uno estaba abrigando esperanzas de su pronta caída para recibir promociones y posesiones como pago de la traición, de mano de Isaí. En medio del silencio que siguió a estos reproches inmerecidos, Doeg narró lo que había visto ese día fatal, cuando se le ocurrió detenerse en el tabernáculo para alguna ceremonia de ablución o rito y había sido testigo de las atenciones de Ahimelec para con el yerno del rey.

Las declaraciones maliciosas de Doeg desviaron inmediatamente las sospechas del rey de los cortesanos hacia los sacerdotes; Nob no quedaba lejos de Gabaa; y una orden perentoria, después de una breve pausa, trajo a Ahimelec y a toda la casa de su padre —es decir, todos los varones del sumo sacerdote de la casa de Elí— a comparecer delante del rey. Con palabras desmedidas Saúl los acusó a todos de complicidad con David para la deposición de su trono y su dinastía, y no prestó atención a las débiles protestas de Ahimelec. El sumo sacerdote argumentó que, aunque había hecho aquéllo de lo cual lo acusaba el rey, lo había hecho inocentemente. El siempre había considerado a David como uno de los más fieles de los siervos de Saúl, veía que siempre le confiaban comisiones secretas y con frecuencia le había hecho consultas similares a Dios en su nombre, creyendo que lo hacía como servicio a la voluntad real. Pero todo fue en vano; era como estrellarse contra una roca. El rey ya había decidido lo que haría antes de que Ahimilec comenzara su defensa. Dijo: «Sin duda morirás, Ahimelec, tú y toda la casa de tu padre».

La guardia real no se atrevió a ejecutar la terrible sentencia; pero Doeg, el edomita, un extranjero con sus pastores, no tuvo tales escrúpulos e inmediatamente cayó sobre los indefensos sacerdotes, que fueron apuñalados uno tras otro, hasta que se apilaron los cuerpos descuartizados, y sus vestiduras blancas quedaran empapadas en su sangre.

2. Los celos, sin embargo, están sujetos a remordimientos fuertes. Estas mortificaciones son las protestas del bendito Espíritu, que no deja que ninguna alma se vaya a la perdición sin una advertencia. Saúl estuvo muy sujeto a estos poderosos remolinos de la impetuosa corriente.

Cuando poco antes Jonatán le recordó a Saúl los inestimables servicios que David le había prestado, Saúl escuchó con atención, aplacado, y juró que no moriría (19:1-7).

Cuando David le perdonó la vida en la cueva, cerca de la Fuente de las Cabras Monteses, no queriendo alzar la mano contra el ungido de Jehová y conteniendo a sus seguidores sorprendidos e inquietos, dando muestras de una generosidad que era completamente desconocida en aquéllos tiempos, Saúl alzó la voz y lloró, y derramó toda la generosidad acumulada que le había sido tan natural en su juventud pero que había estado retenida por mucho tiempo.

Y cuando otra vez vino en busca of David y acampó en el collado de Haquila, en las colinas del sur, y de nuevo por la clemencia de David no se le fue la vida con un solo golpe de lanza, Saúl se adelantó a confesar delante de su campamento: «He pecado; vuélvete, hijo mío David, que ningún mal te haré más ... he hecho neciamente, y he errado en gran manera» (26:21).

Su remordimiento era siempre de breve duración, y no producía ningún cambio permanente del corazón ni de sus propósitos. El fuego todavía humeaba en su alma, esperando aun el viento más débil para encender sus llamas. Pudo exclamar: «Bendito eres tú, hijo mío

David; sin duda emprenderás tú cosas grandes, y prevalecerás» (v. 25). Pero David no se atrevió a confiar en él: «Dijo luego David en su corazón ... nada, por tanto, me será mejor que fugarme a la tierra de los filisteos» (27:1).

3. Estos terribles capítulos muestran también de manera clara el remedio para los celos. Sin duda, las conjeturas de Saúl eran bien conocidas de todos los miembros de su familia, especialmente de Jonatán. Antes de que Saúl hubiera expresado el peligro de que el reino de Jonatán no sería establecido mientras viviera el hijo de Isaí, el heredero aparente le había afirmado a su amigo que él sabía que vendría el tiempo en que el Señor eliminaría a todos los enemigos de David, sobre la faz de la tierra (20:14, 15, 30:31). Y más tarde, mientras Saúl buscaba a David para matarlo en medio de las quebradas de Zif, excitada su locura por los zifitas traidores, Jonatán vino a David, lo reanimó en el Señor, y le dijo: «No temas, pues la mano de Saúl, mi padre, no te encontrará, y tú serás rey sobre Israel, y yo estaré junto a ti; y Saúl, mi padre, también lo sabe».

La selección de David como rey, afectó aun más a Jonatán que a Saúl. Era cierto que no sucedería al trono. Sería respetado y amado, pero nunca entronizado. Pero, ni una sola nube de celos ensombreció jamás el puro cielo de su amor, ni oscureció el lago cristalino de su paz. Se nos dice que «él amaba a David como a su alma».

23
UN GRAN OCASO
1 Samuel 25:1

Samuel llegó al fin a la conclusión de sus días sobre la tierra; y fue llevado a su tumba como el grano maduro de trigo. Aunque había pasado los últimos años de su vida jubilado, en parte debido a su avanzada edad, y en parte por las diferencias que tenía con el rey, nunca perdió el amor ni el respeto de su pueblo. Por eso, cuando se supo por todo el país la noticia de que él había entrado a disfrutar del sueño bendito que Dios da a sus amados, se consideró el suceso como una calamidad nacional, de modo que desde Dan en el lejano norte hasta Beerseba en la frontera sur, «se juntó todo Israel, y lo lloraron, y lo sepultaron».

La impresión que Samuel había hecho en sus contemporáneos permaneció, como un resplandor crepuscular, por mucho tiempo después de su muerte. Las Sagradas Escrituras se refieren mucho a él.

En 1 Crónicas 9:22 se sugiere que él puso las bases de la complicada organización de los levitas para el servicio del santuario que fue perfeccionada por David y Salomón.

En 1 Crónicas 26:27, 28 se afirma que el comenzó a acumular el tesoro para la construcción del templo del Señor que se terminó en el reinado del poderoso hijo de David.

Hay en 2 Crónicas 35:18 una referencia de paso a una famosa fiesta de Pascua que él instituyó.

Salmo 99:6 y Jeremías 15:1, conmemoran la fragancia de su mediación perpetua.

Hechos 3:24 y 13:20 indican el monumento glorioso que su vida y su obra fueron en la historia de su pueblo.

Hebreos 11:32, 33 lo incluye en la extensa galería de los siglos «Porque el tiempo me faltaría contando de ... Samuel ... quien por la fe ... obró justicia ...»

1. La bendición de su vida. Aunque la carrera de Samuel fue ardua, debe de haber estado llena de los elementos de la verdadera bendición.

a. *Fue principalmente un hombre de oración.* Este fue su recurso perpetuo; nunca dejó de orar. Pasó muchas noches de insomnio y lágrimas en oración por el rey que él había instalado, y en cuyas manos había confiado los intereses nacionales como carga preciosa.

Todos los libros, dice un elocuente escritor, son secos y aburridos si se los compara con el gran libro no escrito, sino orado en el aposento: las oraciones de los exiliados; las oraciones de los mártires; las oraciones de los misioneros; los suspiros, gemidos, y gritos inarticulados de los sufrientes, a quienes los tiranos han enterrado vivos en las cárceles, a quienes el mundo puede olvidar, pero Dios nunca. ¿Puede alguna epopeya igualar aquéllas palabras no escritas que se dicen al oído de Dios y que salen de la abundancia del corazón? Pero estas oraciones han sido hazañas. En las palabras de Santiago 5:16, «la oración eficaz del justo puede mucho». Una energía sale del alma santa, que lucha poderosamente en la oración, y se convierte en fuerza funcional del universo, una unidad de poder indestructible, no separada de Dios sino en unión con su propia poderosa energía.

Oremos más, especialmente al irse consumiendo la vida. «Se hacen más cosas por medio de la oración de lo que este mundo puede imaginarse».

b. *Samuel se caracterizó también por una gran firmeza de propósito.* Él podía soportar sin temor el escrutinio más minucioso de su vida (1 Samuel 12:3). La suya había sido una carrera de honor irreprochable e impoluta. Toda su preocupación había estado concentrada en los intereses de su pueblo. Las tribulaciones que le sobrevinieron a su país no hicieron sino acercarlo más a Dios, y lo habían ligado con más fuerza a sus compatriotas. Pero cuando descubrió que ellos querían que dejara su puesto, necesitó de todos los dones de la gracia de Dios, y de todas las cualidades de su noble carácter, para soportar el golpe sin perder el control de sí mismo. Pero se propuso conseguir al mejor sucesor que entonces pudiera encontrarse, y descendió humildemente de la posición suprema del poder.

¡Oh, qué bueno fuera estar completamente absorbidos por la gloria de Dios en la salvación de otros, dispuestos a olvidarnos de nosotros mismos y a contentarnos con el segundo lugar!

c. *Samuel tuvo también cuidado de construir.* Cuando todo el país estaba desorganizado, Samuel comenzó a poner los fundamentos de un estado nuevo. El tiempo y el cuidado que puso en la escuela de los profetas, su administración de justicia en los itinerarios, su llamado del pueblo en las convocaciones, formaron una gran filosofía política que dio como resultado un pueblo unido y consolidado.

Como el primero de los profetas, como el eslabón entre los primeros días del establecimiento en Palestina y el esplendor del reino de Salomón, por su carácter impecable, por su simpatía y fortaleza, por su evidente comunión con el Dios de Israel desde su niñez hasta su ancianidad, Samuel se ganó la más profunda veneración de su pueblo; y no es de maravillar que uno de ellos —quien le debía todo lo que tenía aunque fue incapaz de apreciar la majestad de su personalidad—, en la hora suprema de su desesperante necesidad, cuando todos sus allegados lo habían dejado, se volvió a pedirle ayuda al gran profeta, aunque este había sido ya retirado de la escena terrenal desde hacia mucho tiempo, y clamó: «Hazme venir a Samuel».

2. Su muerte bendita. La muerte no es un estado sino un paso; no una cámara sino un pasaje; no una merada, sino un puente sobre un golfo. Debemos referirnos a los que partieron como a aquéllos que por un momento pasaron por la sombra del túnel pero ahora viven en la intensidad de una existencia activa en el otro lado. «Dios no es Dios de muertos, sino de vivos, pues todos viven para él». Nadie está muerto en cuanto a la permanencia en una condición de muerte a la otra vida.

Recuerde cómo describe la muerte el apóstol Pedro. Al hablar de su muerte, él usa la misma palabra que se había empleado en la conversación en el monte de la Transfiguración, cuando Moisés y Elías hablaron con el Maestro acerca de la muerte que él iba a experimentar en Jerusalén. «Hablaban de su partida» (Lucas 9:31; 2 Pedro 1:15). La palabra griega éxodos (partida, salida), aparece solo en otro lugar en el Nuevo Testamento, y es cuando se refiere a la salida del pueblo de Israel de Egipto (Hebreos 11:22).

La muerte como se concibe aquí es una salida, no una entrada. Si hay algo que termina, es la vida de esclavitud y dolor, y se abre el camino hacia un mundo donde el desarrollo del alma no conoce fronteras. El Señor con justicia reclama para sí el título «Yo soy la resurrección y la vida». Por su evangelio él abolió la muerte y sacó a luz la vida eterna y la inmortalidad. Ya no estamos indecisos, dudosos, o en tinieblas acerca de esa vida eterna. Sabemos que hay vida más allá de la muerte, porque los hombres vieron al Salvador resucitado.

Sí, él vive, y como él vive, nosotros también viviremos con él. Él se ha ido a preparar mansiones para nosotros en la casa de su Padre. En ese mundo del más allá veremos su rostro; y en compañía de espíritus hermanados obedeceremos sus mandamientos. Creo que aun ahora Moisés y Aarón están en medio de sus sacerdotes, y Samuel entre los que invocan Su nombre.

24
ENDOR Y GILBOA
1 Samuel 28; 1 Crónicas 10

Ya habían pasado muchos años desde la ocasión en que David mató a Goliat con su honda y los filisteos huyeron de Efes-damim ante el ataque de los hombres de Israel. Ahora preparaban una nueva invasión para vengar aquélla desgracia y establecer de nuevo la supremacía filistea en la llanura de Esdraelón, que era el enlace necesario entre las ricas ciudades del valle del Éufrates y el vasto mercado para sus artículos y productos que ofrecían las ciudades del valle del Nilo.

Saúl reunió apresuradamente todas las fuerzas que pudo y marchó hacia el norte, y acampó en las lomas del monte Gilboa, a unos seis kilómetros del ejército invasor y al sur de la Gran Llanura.

Parece que la vista del gran ejército enemigo dispuesto en plan de batalla paralizó por completo el valor de Saúl. Él comparó los pertrechos completos de los filisteos con las lanzas y hondas de Israel y «tuvo gran temor». Ya no era posible tener el valor heroico que la fe le podía haber dado, pues Dios ya no estaba con él. No habla rasgaduras en el negro manto que envolvía su espíritu aterrado. A esto se atribuye la terrible serie de tragedias que siguieron. La gracia de Dios, que Saúl habla resistido y rechazado por tanto tiempo ya no insistió más, y él quedó a merced de las insinuaciones de los espíritus malos a los que, por algún misterioso designio, se les permite que asalten a los hombres. Es verdad que él consultó a Jehová, tal vez por primera vez en muchos años; pero sin arrepentimiento ni confesión de pecados, ni sumisión de la voluntad, ni paciencia para esperar sus instrucciones; solamente con un terror abyecto y una desesperación frenética. No nos sorprendemos al leer que «Jehová no le respondió ni por sueños, ni por Urim, ni por profetas». «Si en mi corazón hubiese yo mirado a la iniquidad, el Señor no me habría escuchado» (Salmo 66:18).

1. Endor. En el versículo 3 dice: «Y Saúl había arrojado de la tierra a los encantadores y adivinos». Sin embargo, se hizo evidente que él no aborrecía de todo corazón los crímenes que castigaba, pues vemos que en su desesperación extrema recurrió a las mismas artes mágicas que había procurado abolir, y buscó en el infierno la ayuda por la cual había en vano clamado al cielo.

A unos tres kilómetros al norte de Sunem —en la retaguardia del ejército filisteo— estaba la aldehuela de Endor. Era uno de aquéllos lugares de los cuales Manasés había dejado de expulsar la antigua población; y entre ellos, descendientes de los cananeos, había una anciana que decía que podía hacer venir las almas de los que habían muerto.

Bien abrigado y disfrazado, acompañado de dos hombres de confianza a quienes la tradición identifica como Abner y Amasa, Saúl salió, en las primeras horas de la noche. Cruzó la llanura, se desvió por la ladera oriental del Pequeño Hermón, y llegó a salvo a la casa de la bruja. La puerta se abrió para dejarlos entrar y, en medio de la misteriosa oscuridad del interior, revelada por la luz indecisa de un brasero y ahogada por el humo, la mujer casi no podía reconocer los rasgos del hombre intratable que se le acercaba con la petición de que le hiciera subir a quien él le dijese.

Al principio ella dudó y le recordó cuan peligrosa era su profesión, y le sugirió que si le daba satisfacción a su pedido, podría perder la vida: «He aquí tú sabes lo que Saúl ha hecho, cómo ha cortado de la tierra a los evocadores y a los adivinos. ¿Por qué, pues, pones tropiezo a mi vida, para hacerme morir?»

Con un juramento, que implicaba extrañamente al Dios a quien negaba en ese momento, y con un toque de su prerrogativa real, el rey le aseguró que no le vendría ningún castigo por hacer lo que le pedía.

Con esta seguridad, la mujer le preguntó a quién debía hacer subir; la mujer debe de haberse quedado asombrada cuando, con un ronco susurro, como de uno paralizado y aterrorizado por su ambiente misterioso, el rey dijo: «Hazme venir a Samuel».

La mujer se retiró un poco de él y comenzó sus encantamientos, quizás echando polvos sobre los carbones del brasero, mascullando sortilegios en voz baja, haciendo pases de mano y conjuros. Pero antes de que ella completara sus preparativos, parece que el Todopoderoso interfirió y envió de regreso a su siervo fiel, para que la bruja ni pareciera haber podido producir esa visita tan maravillosa: «Viendo la mujer a Samuel...»

Al mismo tiempo que reconoció a Samuel, también reconoció a Saúl. Asustada y temiendo por su vida, clamó en alta voz y le dijo a Saúl: «¿Por qué me has engañado?»

Le dijo de nuevo que no temiera y le preguntó qué había visto.

Ella contestó: «He visto dioses [seres majestuosos, augustos, de apariencia divina] que suben de la tierra».

Ante la insistencia de Saúl para que describiera su apariencia en detalle, pues ella estaba viendo una forma misteriosa que, aunque estaba presente en la misma recámara le estaba velada a Saúl, ella dijo: «Un hombre anciano viene, cubierto de un manto». «Saúl entonces entendió que era Samuel, y humillado el rostro a tierra, hizo gran reverencia».

La conversación que siguió fue emocionante y conmovedora. Creo que no necesitaron la mediación de la bruja, y Dios dejó que el profeta hablara con Saúl, como años más tarde Moisés y Elías hablarían con nuestro Señor de la «partida» que iba a realizar muy pronto en Jerusalén. Es, pues, muy posible que en realidad se intercambiaran estas palabras entre el rey y el que fuera su amigo y confidente, a quien fue con remordimiento en su terrible agonía. ¿No crees que si, aun entonces, Saúl se hubiera vuelto a Jehová con lágrimas de arrepentimiento y fe sencilla, hubiera tenido una respuesta según la multitud de las misericordias divinas? Seguro que sí; pero no hubo señales de tal cambio.

Samuel no esperó a que se le preguntara nada, y le dijo con tristeza al atemorizado rey que sus errores le habían llenado el espíritu de inquietud, aun en la otra vida, tanto que no podía tolerar el volver a hablarle ni una vez más. «¿Por qué me has inquietado haciéndome venir?»

La respuesta de Saúl fue desesperada: «Estoy muy angustiado, pues los filisteos pelean contra mí, y Dios se ha apartado de mí, y no me responde más, ni por medio de profetas ni por sueños; por esto te he llamado, para que me declares lo que tengo que hacer».

Los labios del profeta no expresaron palabras de esperanza ni consuelo. No había ya nada que pudiera impedir o sostener la avalancha que amenazaba. Por lo tanto, le fue revelado que Jehová iba a entregar a Israel, junto con Saúl, en manos de los filisteos, y que al día siguiente él y sus hijos también habrían pasado al mundo espiritual; las huestes hebreas serían aniquiladas, el campamento saqueado, y la tierra quedaría abandonada a la suerte que bien conocían en aquéllos tiempos los que eran conquistados.

2. Gilboa. Al día siguiente hubo un pequeño cambio en la disposición de los ejércitos respectivos. Los filisteos se movieron hacia Afec, un poco al occidente del campo; en tanto que los israelitas descendieron de las alturas de Gilboa y tomaron su posición cerca del manantial o fuente de Jesreel (29:1).

Pronto comenzó la batalla. A pesar de los esfuerzos más desesperados para resistir el ataque de las bien armadas tropas que se les oponían, los hebreos fueron vencidos, y huyeron delante de los filisteos. El historiador anota claramente que la parte baja de las lomas del Gilboa estaba cubierta con los heridos cuya sangre empapaba los pastizales de la montaña (31:1).

Saúl y Jonatán hicieron todo lo posible por salvar lo perdido, pero todo fue en vano. «Los filisteos ...mataron a Jonatán, a Abinadab y a Malquisúa, hijos de Saúl». «Y arreció la batalla contra Saúl». Luego, cuando huían los israelitas, los filisteos concentraron su ataque sobre aquél que sobresalía en medio de los fugitivos —la corona real sobre su yelmo, el brazalete real brillando en su brazo—. «Los filisteos siguieron a Saúl ... le alcanzaron los flecheros, y fue herido por los flecheros». Él sabía lo que le esperaba si fuera capturado vivo. «Entonces dijo Saúl a su escudero: Saca tu espada, y traspásame con ella, para que no vengan estos incircuncisos y me traspasen, y me escarnezcan».

El escudero no se atrevió a levantar su mano contra la augusta persona de su rey; entonces Saúl, poniendo la empuñadura de su espada contra la tierra, se echó sobre la punta, que penetró en su corazón.

La historia que el amalecita le contó después a David sugiere que el esfuerzo de Saúl por quitarse la vida no tuvo éxito completo; y parece que le pidió a este hijo de una raza a la cual se le había ordenado antes que destruyera del todo, que le diera el golpe mortal. «Él me volvió a decir: Te ruego que te pongas sobre mí y me mates, porque se ha apoderado de mi la angustia; pues mi vida está aún toda en mi» (2 Samuel 1:9). Es posible que fuera un cuento inventado para ganarse la buena voluntad de David; pues se nos dice que cuando el escudero vio a Saúl muerto, él también se echó sobre su espada y murió con él.

La batalla de Gilboa fue una lucha de persecución. «Así murió Saúl en aquél día, juntamente con sus tres hijos, y su escudero, y todos sus varones». Al día siguiente los filisteos se dispusieron a despojar a los muertos, y al encontrar los cuerpos de Saúl y sus hijos, tomaron sus cabezas, armaduras y cuerpos decapitados, para exhibirlos triunfantes por las calles de las principales ciudades y, al fin, colgarlos de las paredes de Bet-sán. Al saber las noticias, la gente huyó de los pueblos y aldeas vecinos, y pasaron el Jordán. Las bandas de merodeadores completaron la victoria llevando fuego y espada por todas las regiones del país.

Hubo, no obstante, un hecho heroico que cambió el matiz sombrío de aquélla terrible catástrofe. Los hombres de Jabes de Galaad no podían olvidar con cuánta nobleza había acudido Saúl en su socorro en los primeros días de su reino; y resolvieron, por lo menos, recuperar el cadáver real de la ignominia a la que lo había expuesto la malicia de los filisteos. Estos valientes se levantaron, entonces, y después de viajar toda la noche, llegaron y bajaron los cuerpos de Saúl y sus hijos de los muros del templo, los llevaron con mucha reverencia de regreso a Jabes. Allí los quemaron para ocultar la odiosa mutilación a la que habían sido sujetos, los sepultaron bajo «una encina en Jabes», y lamentaron con sincera tristeza el trágico fin de un reino que había sido en otra época como una mañana despejada.

25
EPÍLOGO
2 Samuel 1:19-27

«El Canto del Arco», es el título de la emocionante y hermosa elegía con que el poeta David lloró por la tragedia de Gilboa. Es patético e inspirador. Es como si el cantor se hubiera olvidado de la dura suerte y experiencias amargas que sufrió por los celos maniáticos del rey. Olvidando el pasado reciente, se convertía nuevamente en el juglar pastor, para celebrar la gloria y los poderes de su rey.

¡Ha perecido la gloria de Israel sobre tus alturas!
¡Cómo han caído los valientes!
Saúl y Jonatán, amados y queridos;
Inseparables en su vida, tampoco
en su muerte fueron separados.

El oír a David cantar así nos hace pensar en el amor de Dios. Nos recuerda lo que Dios ha dicho: «Ya no me acordaré más de sus pecados e iniquidades». Aquí, al menos, muchos años antes de la era cristiana, hubo un amor que soportó todas las cosas, todo lo creyó, todo lo esperó, todo lo sobrellevó sin faltar nunca; que pensó solo en lo noble y hermoso, y rechazó todo lo bajo e indigno. Así también debiéramos pensar de Saúl, el primer rey de Israel.

¡Qué pensamiento más solemne! Ninguna carrera podría haber comenzado con perspectivas mejores y más brillantes que la de Saúl, y ninguna podría terminar con una desesperación más tétrica. Tal puede ser nuestra suerte, a menos que velemos, oremos, y caminemos humildemente con Dios.

El reino de Saúl, sería demasiado amargo de contemplar si no pudiéramos contemplar también bajo su áspera cubierta, la formación del delicioso fruto que fue el reino de David, destinado a sembrar su semilla eterna en todo el mundo. Así mismo, las condiciones a las cuales la maldad ha reducido hoy al mundo, nos sumirían en desesperación si no supiéramos que «en los días de estos reyes el Dios del cielo levantará un reino que no será jamás destruido, ni será el reino dejado a otro pueblo; desmenuzará y consumirá a todos estos reinos, pero él permanecerá para siempre» (Daniel 2:44).

«Samuel el profeta» prácticamente sirve de puente para pasar el golfo que hay entre Sansón el juez y David el rey; también tiene mucha importancia que el nombre de Samuel se identifique con los dos libros de las Escrituras que describen este gran período de transición, cuyo desarrollo muestra a todo lo largo la influencia del profeta de Dios.

Nos agradaría recibir noticias suyas.
Por favor, envíe sus comentarios sobre este libro
a la dirección que aparece a continuación.
Muchas gracias.

Vida@zondervan.com
www.editorialvida.com

www.ingramcontent.com/pod-product-compliance
Lightning Source LLC
Chambersburg PA
CBHW010044090426
42735CB00018B/3379